BIBLIOTHÈQUE INTERNATIONALE D'ÉCONOMIE POLITIQUE
publiée sous la direction de Alfred Bonnet

LES

SYSTÈMES SOCIALISTES

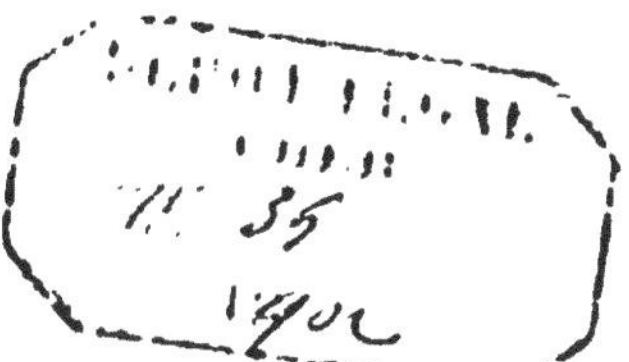

PAR

Vilfredo PARETO

Cours professé à l'Université de Lausanne

TOME PREMIER

PARIS (5e)
V. GIARD & E. BRIÈRE
LIBRAIRES-ÉDITEURS
16, RUE SOUFFLOT, 16

1902

LES SYSTÈMES SOCIALISTES

BIBLIOTHÈQUE INTERNATIONALE D'ÉCONOMIE POLITIQUE

(SÉRIE IN-8)

COSSA (Luigi), professeur à l'Université de Pavie. — **Histoire des doctrines économiques**, traduit par Alfred Bonnet, avec une préface de A. Deschamps, 1899. 1 volume in-8, avec reliure de la Bibliothèque : 11 fr. Broché. . . . . 10 fr. »»

ASHLEY (W. J.), professeur d'histoire économique à Harvard University. — **Histoire et Doctrines économiques de l'Angleterre.** Tome I. *Le Moyen Age*, traduit par P. Bondois. Tome II. *La Fin du Moyen Age*, traduit par S. Bouyssy, 1900. 2 volumes in-8, avec reliure de la Bibliothèque : 17 fr. Broché . . . . 15 fr. »»

SÉE (H.), professeur d'histoire à l'Université de Rennes. — **Les classes rurales et le régime domanial au moyen-âge en France**, 1901. 1 vol. in-8, avec reliure de la Bibliothèque : 13 fr. Broché. . . . . 12 fr. »»

CARROLL D. WRIGHT, commissaire du travail des États-Unis. — **L'Evolution industrielle des Etats-Unis**, traduit par F. Lepelletier, avec une Préface de E. Levasseur, membre de l'Institut, 1901. 1 vol. in 8, avec reliure de la Bibliothèque : 8 fr. Broché. 7 fr. »»

CAIRNES (J. E.), professeur d'économie politique à l'« University College » de Londres. — **Le caractère et la méthode logique de l'Economie politique.** Traduit sur la 2e édit. par G. Valran, docteur ès-lettres. 1902. 1 vol. in-8, avec reliure de la Bibliothèque . 6 fr. Broché . . . . 5 fr. »»

SMART (William), professeur à l'Université de Glascow. — **La Répartition du revenu national**, traduit par G. Guéroult, avec une préface de P. Leroy-Beaulieu, membre de l'Institut. 1902. 1 vol. in-8, avec reliure de la bibliothèque : 8 fr. Broché. . . 7 fr. »»

SCHLOSS (David) — **Les modes de rémunération du travail**, traduit, précédé d'une introduction et augmenté de notes et d'appendices par Charles Rist. 1902. 1 vol. in-8, avec reliure de la Bibliothèque : 8 fr. 50. Broché . . . . 7 fr. 50

SCHMOLLER (Gustav), professeur à l'Université de Berlin. — **Questions fondamentales d'Economie politique et de politique sociale**, 1902. 1 vol. in-8 avec reliure de la Bibliothèque : 8 fr. 50. Broché. . . . . 7 fr. 50

BOHM-BAWERK (E.), ministre des finances d'Autriche. — **Histoire critique des théories de l'intérêt du capital**, traduit par J. Bernard, ancien élève de l'école normale supérieure. 1902. 2 vol. in-8, avec reliure de la Bibliothèque : 16 fr. Broché . . 14 fr. »»

PARETO (Vilfredo), professeur à l'Université de Lausanne. — **Les systèmes socialistes.** 1902. 2 vol. in-8, avec reliure de la Bibliothèque : Relié : 16 fr. Broché . . . . 14 fr. »»

(SÉRIE IN-18)

MENGER (Anton), professeur de droit à l'Université de Vienne. — **Le droit au produit intégral du travail** (essai historique), traduit par Alfred Bonnet, avec une préface de Charles Andler. 1900. 1 vol. in-18, avec reliure de la Bibliothèque : 4 fr. Broché. 3 fr. 50

PATTEN (S. N.), professeur d'économie politique à l'Université de Pensylvanie. — **Les fondements économiques de la protection**, traduit par F. Lepelletier, avec une préface de Paul Cauwès, 1899. 1 volume in-18, avec reliure de la Bibliothèque : 3 fr. Broché . . . . 2 fr. 50

BASTABLE (C. F.), professeur à l'Université de Dublin. — **La théorie du commerce international**, traduit et précédé d'une introduction par Sauvaire-Jourdan, 1900. 1 vol. in-18, avec reliure de la Bibliothèque : 3 fr. 50. Broché . . . . 3 fr. »»

Sous presse

WAGNER (Ad.), professeur à l'Université de Berlin. — **Les fondements de l'économie politique**, tome I.

SAINT-AMAND, CHER. — IMPRIMERIE BUSSIÈRE

BIBLIOTHÈQUE INTERNATIONALE D'ÉCONOMIE POLITIQUE
publiée sous la direction de Alfred Bonnet

LES

SYSTÈMES SOCIALISTES

PAR

Vilfredo PARETO

Cours professé à l'Université de Lausanne

TOME PREMIER

PARIS (5e)
V. GIARD & E. BRIÈRE
LIBRAIRES-ÉDITEURS
16, RUE SOUFFLOT, 16

1902

INTRODUCTION

Dessein de l'ouvrage. — Le point de vue scientifique. — Influence du sentiment. — Il doit demeurer étranger à la science. — Résumé de quelques principes de physiologie sociale. — La distribution de la richesse. — Les hiérarchies sociales. — La succession des élites. — Décadence des élites. — Les aristocraties doivent se renouveler constamment. — Un simple retard dans la circulation des élites a une influence funeste sur la société. — Les élites peuvent venir du dehors ou être produites dans la société. — Elles proviennent principalement des classes agricoles et sont le produit d'une sélection rigoureuse. — Comment le phénomène de circulation des élites se présente à la conscience des hommes. — En général, le phénomène objectif et le phénomène subjectif diffèrent. — L'histoire et la sociologie doivent du dernier déduire le premier. — Les hommes, fort souvent, n'ont pas conscience des forces qui les poussent à agir. — Un grand nombre de leurs actions n'ont pas leur source dans le raisonnement. — Mais les hommes aiment à se figurer qu'elles en dépendent. — Ils trouvent des causes imaginaires. — Nous traiterons toutes les questions au point de vue objectif et au point de vue subjectif. — La théorie matérialiste de l'histoire. — Son insuffisance. — Mouvement ondulé, rythmique. — Exemple. — Il ne faut pas confondre la forme, éminemment variable, avec le fond, beaucoup plus persistant, des sentiments. — L'élite qui veut chasser une autre du pouvoir se pose souvent en défenseur des opprimés. — Mais à peine arrivée au pouvoir, elle les opprime à son tour. — Illusions à ce sujet. — L'invasion des sentiments humanitaires est souvent un signe qui annonce la décadence d'une élite. — Le droit se réalise par la force. —

Exemple d'un cas concret de la succession des élites. — Source des sentiments socialistes. — Les sentiments des classes inférieures. — Les sentiments des classes supérieures. — Les idées scientifiques.

Ce livre est écrit dans un but exclusivement scientifique. Aucun dessein de défendre une doctrine, une tendance, ou d'en combattre d'autres ne s'y rattache. Je n'ai même pas le désir de persuader qui que ce soit, je n'ai que celui de rechercher objectivement la vérité.

La science ne s'occupe que de constater les rapports des choses, des phénomènes, et de découvrir les uniformités que présentent ces rapports. L'étude de ce qu'on appelle des *causes*, si par là on entend des faits en certains rapports avec d'autres, appartient à la science et rentre dans la catégorie précédente des uniformités. Mais ce que l'on a appelé les *causes premières*, et en général toutes les entités qui dépassent les bornes de l'expérience, se trouvent par là même en dehors du domaine de la science.

On entend souvent parler d'une économie politique libérale, chrétienne, catholique, socialiste, etc. Au point de vue scientifique cela n'a pas de sens. Une proposition scientifique est vraie ou est fausse, elle ne peut en outre satisfaire à une autre condition, telle que celle d'être libérale ou socialiste. Vouloir intégrer les équations de la mécanique céleste grâce à l'introduction d'une condition catholique ou athée serait un acte de pure folie.

Mais si de tels caractères accessoires sont absolument repoussés par les théories scientifiques, ils ne font, au contraire, jamais défaut chez les hommes qui étudient ces théories.

L'homme n'est pas un être de pure raison, c'est aussi un être de sentiment et de foi, et le plus raisonnable ne peut se dispenser de prendre parti, peut-être même sans en avoir nettement conscience, au sujet de quelques-uns, au moins, des problèmes dont la solution dépasse les bornes de la science. Il n'y a pas une astronomie catholique et une astronomie athée, mais il y a des astronomes catholiques et des astronomes athées.

La science n'a rien à voir dans les solutions que le sentiment fournit pour des questions qui échappent aux recherches scientifiques ou, ce qui revient au même, expérimentales. Toutes les fois qu'elle a essayé de sortir de son terrain, elle n'a produit que des logomachies. De même le sentiment n'a pas de place dans les recherches scientifiques, et lorsque, ce qui malheureusement n'est arrivé que trop souvent, il a voulu envahir le domaine de la science, il a gravement entravé la recherche de la vérité et a été une source inépuisable d'erreurs et de conceptions fantastiques. Vouloir démontrer le théorème du carré de l'hypoténuse par un appel aux « immortels principes de 1789 » ou à « la foi en l'avenir de la patrie », serait parfaitement absurde. Il l'est de même d'invoquer la foi socialiste pour démontrer la loi que suit, dans nos sociétés, la répartition de la richesse. La foi catholique a fini par se mettre d'accord avec les résultats auxquels conduit l'astronomie et la géologie ; que la foi des marxistes et celle des *éthiques* tâchent aussi de se concilier avec les résultats donnés par la science économique. L'exégèse offre, pour cela, de merveilleuses ressources. On a déjà découvert que Marx n'avait jamais voulu faire une théorie de la valeur ; en y mettant un peu de bonne volonté, on pourra faire encore bien d'autres découvertes semblables. Ce sont des choses dont la science se soucie médiocrement.

L'intrusion du sentiment dans le domaine des sciences physiques en a toujours retardé le progrès et, parfois, l'a entièrement arrêté. Ce n'est que depuis un petit nombre d'années que ces sciences ont pu se soustraire presque entièrement à cette influence pernicieuse et c'est de là que date l'essor vraiment extraordinaire qu'elles ont pris à notre époque. Les sciences sociales ne sont, au contraire, restées que trop soumises au sentiment (1), dont

(1) M. L. de Saussure, *Le point de vue scientifique en sociologie* (*Revue scientifique*, 12 janvier 1901), dit fort bien : « De nos jours, les sciences sociologiques en sont encore à une phase primitive ; étant d'origine récente, elles ne sont dégagées ni du point de vue sentimental, ni du point de vue utilitaire. » Mais il aurait dû ajouter que quelques ouvrages de sociologie, malheureusement encore trop rares, commencent à s'en dégager. Il est vrai qu'il y a actuellement une réaction, qui, commencée par le *positivisme*, se continue sous l'influence des sentiments religio-socialistes. D'autre part, les progrès, dans le sens purement scientifique, de l'économie politique sont considérables. Des ouvrages tels que *Mathematical psychics*, de F. L. Edgeworth, *Principii di economia pura* de Maffeo Pantaleoni, *Mathematical investigation in the theorie of value and prices* de Irving Fisher, etc., sont écrits à un point de vue exclusivement scientifique. Une tentative semblable est celle de mon *Cours* ; dans le 1er volume, publié en 1896, je disais : « Dans tous les traités d'économie politique, la partie principale est formée par la science de l'ophélimité et par celle de l'utilité. Il est probable qu'il ne convient pas encore de séparer ces deux sciences; *toutefois le moment nous semble venu de ne plus les confondre avec les appendices moraux et juridiques dont on les a jusqu'ici surchargées.* »

C'est avec raison que M. L. de Saussure écarte de la science le point de vue *sentimental* et l'*utilitaire*. C'est ce que j'ai déjà tâché de faire pour l'économie politique et je renouvelle ici cette tentative pour une toute petite partie de la sociologie.

M. G. Negri, *L'imperatore Giuliano l'apostata*, dit avec raison : « Qui a un tempérament critique sait regarder les phénomènes moraux avec le même détachement spéculatif avec lequel il regarde les phénomènes physiques, avec lequel le chimiste analyse un corps et l'astronome détermine l'orbite d'un astre. Une chose est le sentiment, une autre la raison. La vraie cause du désordre qui trouble les jugements humains, c'est que les hommes mettent le sentiment là où ils ne devraient mettre que la raison. C'est une erreur funeste, mais qui n'est pas plus funeste que l'erreur des penseurs qui croient que la raison comprend tout l'Univers, et qui ne s'aperçoivent pas, à cause de

l'influence, aussi néfaste que pour les sciences physiques, a même augmenté, dans la seconde moitié du XIXe siècle, grâce à une recrudescence des sentiments « éthiques » et aux progrès de la foi socialiste.

Ce phénomène s'explique aisément. Il est bien plus facile pour un homme de faire abstraction de ses sentiments dans une question d'astronomie, de physique ou de chimie, que dans une question qui touche à ses intérêts sociaux ou qui affecte ses passions. Augustin Cauchy était fervent catholique et royaliste ; on peut raisonnablement supposer qu'il lui fut fort aisé de ne pas mêler ces sentiments aux admirables découvertes que lui doivent les mathématiques ; il lui aurait été bien plus difficile de s'y soustraire, s'il s'était livré à une étude sociale ou politique.

Faire au raisonnement et au sentiment leur part dans les phénomènes sociaux, attribuer à chacun un domaine bien déterminé, n'est nullement avoir le dessein de déprécier l'un ou l'autre. Parce que, écrivant un livre scientifique, je me tiens naturellement et nécessairement dans le domaine du raisonnement, cela ne veut pas dire que je nie l'existence du domaine du sentiment et de la foi. Le lecteur verra, au contraire, que je lui attribue une extension que plusieurs personnes trouveront peut-être exagérée. Ce que je désire éviter ce sont les dissertations, qui ne sont que trop en usage dans les sciences sociales, et dans lesquelles le raisonnement se mêle au sentiment, en un étrange alliage.

Cela n'est pas facile. Chacun de nous a en soi un secret adversaire, qui tâche de l'empêcher de suivre cette voie et de s'abstenir de mêler ses propres sentiments aux déductions logiques des faits. En signalant ce défaut en général,

leur courte vue, qu'elle laisse une large bande inconnue, où le sentiment règne d'une manière absolue et invincible. »

je sais bien que je n'en suis pas exempt. Mes sentiments m'entraînent vers la liberté ; j'ai donc eu soin de réagir contre eux, mais en faisant cela, il se peut que j'aie dépassé la mesure et que, crainte de donner trop de poids aux arguments en faveur de la liberté, je ne leur en ai pas donné assez. De même il est possible que, crainte de trop déprécier des sentiments que je ne partage pas, je leur ai, au contraire, donné trop de valeur. En tout cas, n'étant pas parfaitement sûr que cette source d'erreurs n'existe pas, il était de mon devoir de la signaler au lecteur.

Les recherches critiques contenues dans ce livre supposent connus certains principes de physiologie sociale, qui ont déjà été exposés en partie dans mon *Cours d'économie politique* (1). Il sera utile de les résumer ici, avec les additions que de nouvelles études m'ont conduit à y introduire.

La courbe de la distribution de la richesse, dans nos sociétés, varie fort peu d'une époque à une autre. Ce que l'on a appelé la *pyramide sociale* est, en réalité, une sorte de toupie, dont la figure ci-contre peut donner une idée.

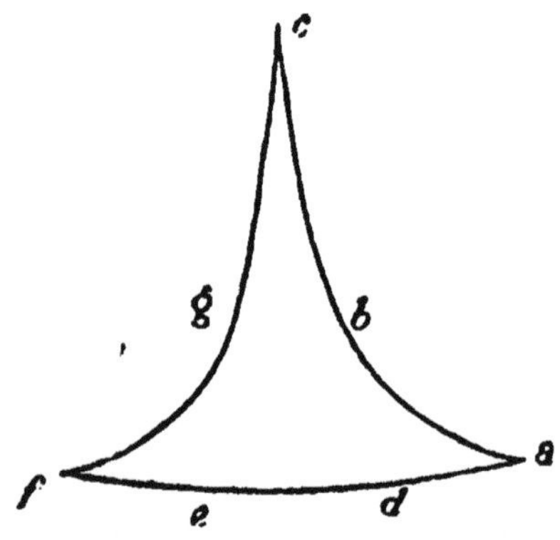

Les riches en occupent le sommet, les pauvres sont à la base. La partie *abcgf* de la courbe nous est seule bien connue, grâce aux données de la statistique. La partie *adef* n'est que conjecturale. Nous avons adopté la forme indiquée par Otto Ammon et qui nous paraît assez probable.

La forme de la courbe n'est pas due au hasard. Cela est

(1) Lausanne, 1896 et 1897, Rouge, éditeur. Cet ouvrage sera ici cité simplement sous le titre de : *Cours*.

certain (1). Elle dépend probablement de la distribution des caractères physiologiques et psychologiques des hommes. D'autre part, on peut, en partie, la rattacher aux théories de l'économie pure, c'est-à-dire aux choix des hommes (ces choix sont précisément en rapport avec les caractères physiologiques et psychologiques) et aux obstacles que rencontre la production.

Si l'on suppose les hommes disposés par couches, selon leur richesse, la figure *abcgfed* représente la forme extérieure de l'organisme social. D'après ce que nous venons de dire cette forme ne change guère ; elle peut être supposée à peu près constante, en moyenne et pour un temps assez court. Mais les molécules dont se compose l'agrégat social né demeurent pas en repos ; des individus s'enrichissent, d'autres s'appauvrissent. Des mouvements assez étendus agitent donc l'intérieur de l'organisme social, qui ressemble, en cela, à un organisme vivant. Dans ce dernier, la circulation du sang fait mouvoir rapidement certaines molécules, les procédés d'assimilation et de sécrétion changent incessamment les molécules dont se composent les tissus, tandis que la forme extérieure de l'organisme, par exemple d'un animal adulte, n'éprouve que des changements insignifiants.

Si l'on suppose les hommes disposés par couches selon d'autres caractères, par exemple selon leur intelligence, leur aptitude à étudier les mathématiques, leur talent musical, poétique, littéraire, leurs caractères moraux, etc., on aura probablement des courbes de formes plus ou moins semblables à celle que nous venons de trouver pour la distribution de la richesse (2). Celle-ci est une

(1) La démonstration ne peut se donner qu'avec le secours des mathématiques. On la trouvera dans *Cours*, tome II, § 962[1].

(2) Voir un important article de M. R. Benini, *Gerarchie sociali* (*Rivista italiana di sociologia*, Roma, janvier 1899).

courbe résultant d'un assez grand nombre de caractères, bons ou mauvais d'ailleurs, dont l'ensemble est favorable à la réussite de l'individu qui poursuit la richesse, ou qui, l'ayant acquise, la conserve.

Les mêmes individus n'occupent pas les mêmes places dans les mêmes figures que, par hypothèse, nous venons de tracer. Il serait, en effet, évidemment absurde d'affirmer que les individus qui occupent les couches supérieures, dans la figure qui représente la distribution du génie mathématique ou poétique, sont les mêmes que ceux qui occupent les couches supérieures, dans la figure qui donne la distribution de la richesse. Cette différente distribution par rapport aux qualités morales, ou réputées telles, et par rapport à la richesse a donné lieu à des déclamations sans fin. Pourtant il n'y a rien là que de très compréhensible. Les qualités d'un saint François d'Assise, par exemple, sont tout autres que celles d'un Krupp. Les gens qui achètent des canons d'acier ont besoin d'un Krupp et non d'un saint François d'Assise.

Mais si l'on dispose les hommes selon leur degré d'influence et de pouvoir politique et social, en ce cas, dans la plupart des sociétés, ce seront, au moins en partie, les mêmes hommes qui occuperont la même place dans cette figure et dans celle de la distribution de la richesse. Les classes dites *supérieures* sont aussi généralement les plus riches.

Ces classes représentent une élite, une *aristocratie* (1) (dans le sens étymologique : ἄριστος = meilleur). Tant que l'équilibre social est stable, la majorité des individus qui les composent apparaît éminemment douée de certaines qualités, bonnes ou mauvaises d'ailleurs, qui assurent le pouvoir.

(1) Il y a de bonnes observations sur les élites dans *Conscience et volonté sociales* de J. Novicow.

Il est un fait d'une extrême importance pour la physiologie sociale et c'est que les aristocraties ne durent pas. Elles sont toutes frappées d'une déchéance plus ou moins rapide. Nous n'avons pas à rechercher ici les causes de ce fait (1), il nous suffit de constater son existence, non seulement pour les élites qui se perpétuent par l'hérédité, mais aussi, bien qu'à un moindre degré, pour celles qui se recrutent par cooptation.

La guerre est une cause puissante d'extinction des élites belliqueuses (2). Le fait a été connu de tout temps et l'on a même été tenté de considérer cette cause comme étant la seule qui faisait disparaître ces élites. Mais cela n'est pas. Même au sein de la paix la plus profonde, le mouvement de circulation des élites continue, même les élites qui n'éprouvent aucune perte par la guerre disparaissent, et souvent assez promptement. Il ne s'agit pas seulement de l'extinction des aristocraties par l'excès des morts sur les naissances mais aussi de la dégénération des éléments qui les composent (3). Les aristocraties ne

(1) Voir entre autres, le chap. XXX de la Ire partie de l'excellent ouvrage de Otto Ammon, *L'ordre social*. Tout cet ouvrage mérite d'être lu et médité avec soin.

(2) Aristote, Ἀθην. Πολιτ. 26, note qu'à Athènes, au temps des réformes d'Ephiate, le parti au pouvoir avait été fort réduit par la guerre, chaque campagne amenant la mort de deux ou trois mille membres de cette élite. La guerre des deux roses, en Angleterre, faucha largement l'aristocratie.

Déjà du temps de Théognis de Mégare, on voit une élite qui surgit et une autre qui décline. Comme à Florence au Moyen Age, en France au XVIIIe siècle, etc., c'était une élite de nouveaux riches. « L'homme bien-né — dit Théognis — ne refuse pas d'épouser la fille d'un homme de race inférieure, si elle a beaucoup d'argent » (185-186). « La richesse mêle les races — πλοῦτος ἔμιξε γένος » (190). Boccace, VII, 22, nous montre un Georges Dandin florentin, marchand enrichi, qui avait épousé une femme de l'ancienne élite.

(3) Cela a été connu de tout temps, aussi bien par les littéra-

peuvent donc subsister que par l'élimination de ces éléments et l'apport de nouveaux. Il y a là un processus semblable à celui qui s'observe chez l'animal vivant, lequel ne subsiste qu'en éliminant certains éléments et en

teurs que par les savants. Jacoby (cité par de LAPOUGE, *Les sélections sociales*, p. 474) « a démontré que toute aristocratie finit par la débilité, la névrose ou l'aliénation ». Il y a de l'exagération en cela, mais il y a aussi un fonds de vérité.

Le t. XIIe du *Bulletin de l'institut international de statistique*, contient une importante étude de M. P. E. Fahlbeck sur la noblesse suédoise. Il donne la table suivante de survie des familles :

âges	Familles survivantes	
ans	simple noblesse	comtes et barons
0	1000	1000
25	797	764
50	626	630
75	513	537
100	431	470
125	358	427
150	309	398
175	266	
200	237	
225	230	

Il conclut que, pour la noblesse suédoise, on n'a pas observé les symptômes suivants de dégénérescence : difformités, alcoolisme, névrose, folie, « à un plus haut degré que dans la population entière. Les fondateurs des familles nobles ont formé en général une sélection sociale ; et quoique leur progéniture n'ait pas hérité de leurs qualités naturelles éminentes, elle ne montre point, d'autre part, des traces de dégénérescence que nous avons mentionnées. La dégénérescence qu'on peut observer dans les races nobles suédoises a trait uniquement à la fécondité. Celle-ci va en diminuant et avec elle aussi la vitalité des enfants... Ses causes ne peuvent s'expliquer que d'une manière purement hypothétique ; on peut les voir dans un excès de travail pour le cerveau et les nerfs en général, ou dans des habitudes plus raffinées... le même genre de dégénérescence ne se montre-t-il pas toujours et partout dans toutes les classes supérieures ? »

les remplaçant par d'autres, qu'il s'assimile. Si cette circulation est supprimée, l'animal meurt, il est détruit. Il en est de même pour l'*élite* sociale et si la destruction peut en être plus lente, elle n'en est pas moins sûre.

Un simple retard dans cette circulation peut avoir pour effet d'augmenter considérablement le nombre d'éléments dégénérés que renferment les classes qui possèdent encore le pouvoir et d'augmenter, d'autre part, le nombre d'éléments de qualité supérieure que renferment les classes sujettes. En ce cas l'équilibre social devient instable ; le moindre choc, qu'il vienne de l'extérieur ou de l'intérieur, le détruit. Une conquête ou une révolution viennent tout bouleverser, porter au pouvoir une nouvelle élite, et établir un nouvel équilibre, qui demeurera stable pendant un temps plus ou moins long.

MM. Ammon et de Lapouge spécifient trop lorsqu'ils veulent nous donner les caractères anthropologiques de ces élites, de ces eugéniques, et les identifier avec les dolichocéphales blonds. Pour le moment, ce point demeure obscur, et de longues études sont encore nécessaires avant de pouvoir décider si les qualités psychiques des élites se traduisent par des caractères extérieurs, anthropométriques, et pour pouvoir connaître quels sont précisément ces caractères.

Pour les sociétés contemporaines, en Europe, la conquête par des races eugéniques étrangères a perdu toute importance, depuis les dernières grandes invasions des barbares, et n'existe plus. Mais rien n'indique qu'elle ne puisse encore apparaître dans l'avenir. Si les sociétés européennes devaient se modeler sur l'idéal cher aux éthiques, si l'on parvenait à entraver la sélection, à favoriser systématiquement les faibles, les vicieux, les paresseux, les mal adaptés, les « petits et les humbles », comme les nomment nos philanthropes, aux dépens des forts, des hommes énergiques, qui constituent l'élite, une nouvelle conquête de nouveaux « barbares » ne serait nullement impossible.

Actuellement, dans nos sociétés, l'apport des nouveaux éléments, indispensables à l'élite pour subsister, vient des classes inférieures et principalement des classes rurales (1). Celles-ci sont le creuset où s'élaborent, dans l'ombre, les futures élites. Elles sont comme les racines de la plante dont l'élite est la fleur ; cette fleur passe et se fane, mais elle est bientôt remplacée par une autre, si les racines ne sont pas atteintes.

Le fait est certain, les causes n'en sont pas encore bien connues. Pourtant il paraît fort probable que la sélection rigoureuse qui s'exerce dans les classes inférieures, surtout pour les enfants, a une action des plus importantes (2). Les classes riches ont peu d'enfants et les sauvent presque tous, les classes pauvres ont beaucoup d'enfants et perdent en grand nombre ceux qui ne sont pas particulièrement robustes et bien doués. C'est la même raison pour laquelle les races perfectionnées des animaux et des plantes sont très délicates en comparaison des races ordinaires. Pourquoi les chats d'Angora sont-ils des animaux bien plus délicats que les chats de gouttière ? Parce qu'ils sont entourés de soins ; on tâche

(1) Otto Ammon, *loc. cit.*, p. 210, de la trad. franç. : « L'ascension des classes inférieures et, en dernière analyse, de la classe rurale, la disparition des classes supérieures sont deux phénomènes étroitement corrélatifs dans le corps social. » Plus loin, p. 215 : « Le fonctionnement régulier de la machine sociale a pour condition que les couches sociales inférieures continuent à fournir réellement les matériaux nécessaires au renouvellement des classes supérieures. Si ces matériaux venaient à manquer, l'organisation même la plus parfaite ne serait d'aucun secours. » On ne saurait mieux dire.

(2) Voir chap. x.

de sauver tous les petits de la portée d'une chatte d'Angora, tandis que de la portée d'une malheureuse chatte ordinaire, errante et famélique, ne se sauvent que les petits qui sont doués d'une excellente santé. Les soins dont le blé est entouré depuis un grand nombre de siècles ont rendu cette plante incapable de résister à la concurrence vitale : le blé sauvage n'existe pas.

Les éthiques qui veulent persuader les classes riches de nos sociétés à avoir beaucoup d'enfants, les humanitaires qui voulant, avec raison, éviter certains modes de sélection, ne songent point à les remplacer par d'autres, travaillent, sans s'en rendre compte, à l'affaiblissement de la race, à sa déchéance. Si les classes riches, dans nos sociétés, avaient beaucoup d'enfants, il est probable qu'elles les sauveraient presque tous, même les plus malingres et les moins bien doués. Cela augmenterait d'autant les éléments dégénérés dans les classes supérieures et retarderait l'ascension de l'élite provenant des classes inférieures. Si la sélection n'exerçait plus ses effets dans les classes inférieures, celles-ci cesseraient de produire des élites et la qualité moyenne de la société s'abaisserait considérablement.

Il est moins facile d'expliquer pourquoi, parmi les classes inférieures, ce sont surtout les classes rurales qui paraissent avoir le privilège de produire des sujets de choix (1). Il y a d'ailleurs un grand nombre de phénomènes analogues pour les plantes et pour les animaux et

(1) Otto Ammon, *loc. cit.*, p. 209 : « On voit ainsi la grande importance de la classe rurale pour l'Etat et la société. La classe rurale doit, en dernière analyse, subvenir au recrutement de toutes les autres classes, incapables de se maintenir par elles-mêmes. » Il faut pourtant ajouter que l'industrie moderne donne aussi, en Angleterre et en Amérique, des classes d'ouvriers susceptibles de produire des *élites*, telles que celle des ouvriers des Trade-Unions.

qui tout en étant bien constatés demeurent inexplicables. Tel est, par exemple, celui de la nécessité d'employer la semence du lin de Riga pour produire certaines qualités de lin. La semence du blé qui, cultivé en Toscanne, donne la paille dite de Florence, vient de la Romagne et dégénère rapidement. Les plus beaux bulbes de jacinthes se tirent de la Hollande et dégénèrent dans d'autres pays.

Il se peut que le fait même que les classes rurales développent leurs muscles et laissent reposer leur cerveau ait précisément pour effet de produire des individus qui pourront laisser reposer leurs muscles et faire travailler excessivement leur cerveau. En tout cas la vie rurale paraît éminemment propre à produire les réserves que dévore la vie excessivement active des grands centres civilisés.

La décadence des élites qui se recrutent par cooptation, ou par quelque autre mode semblable, a des causes différentes et en partie obscures. A propos de ces élites, l'exemple qui vient immédiatement à l'esprit est celui du clergé catholique. Quelle décadence profonde a subi cette élite du IXe siècle au XVIIIe siècle ! Ici l'hérédité n'est pour rien dans le phénomène. La décadence a son origine dans le fait que l'élite, pour se recruter, choisissait des sujets d'une qualité de plus en plus médiocre. En partie cela provient de ce que cette élite perdait de vue peu à peu son idéal, était de moins en moins soutenue par la foi et l'esprit de sacrifice ; en partie cela provient aussi de circonstances extérieures : de ce que d'autres élites surgissaient et enlevaient à l'élite en décadence les sujets de choix. La proportion de ces sujets au reste de la population variant fort peu, s'ils se portent d'un côté ils font défaut de l'autre ; si le commerce, l'industrie, l'administration, etc., leur offrent un large débouché, ils manqueront nécessairement à quelque autre élite, par exemple au clergé.

Ce phénomène des nouvelles élites, qui, par un mouvement incessant de circulation, surgissent des couches inférieures de la société, montent dans les couches supérieures, s'y épanouissent et, ensuite, tombent en décadence, sont anéanties, disparaissent, est un des principaux de l'histoire, et il est indispensable d'en tenir compte pour comprendre les grands mouvements sociaux.

Fort souvent l'existence de ce phénomène objectif est voilé par nos passions et nos préjugés, et la perception que nous en avons diffère considérablement de la réalité.

En général il y a toujours lieu de distinguer entre le phénomène objectif concret et la forme sous laquelle notre esprit le perçoit, forme qui constitue un autre phénomène, que l'on peut nommer subjectif. Pour éclaircir la chose par un exemple vulgaire, l'immersion d'un bâton droit dans l'eau est le phénomène objectif; nous voyons ce bâton comme s'il était brisé et, si nous ne connaissions pas notre erreur, nous le décririons comme tel : c'est le phénomène subjectif.

Tite-Live voit brisé un bâton qui était droit en réalité, lorsqu'il rapporte une anecdote pour expliquer certains faits qui marquèrent l'avènement au pouvoir des familles plébéiennes. Il advint, dit-il, un léger événement, qui comme cela arrive souvent, eut de graves conséquences. La jalousie entre les deux filles de M. Fabius Ambustus, mariées l'une à un patricien, l'autre à un plébéien, eut pour effet de faire acquérir aux plébéiens les honneurs dont jusque-là ils avaient été privés (1). Mais la raison des

(1) Tite-Live, VI, 34.

historiens modernes redresse le bâton (1). Niebuhr est un des premiers qui ait bien compris le mouvement ascensionnel de la nouvelle élite à Rome, c'est-à-dire de la noblesse plébéienne. Il a surtout été guidé par l'analogie des luttes entre les bourgeois et le peuple en nos contrées. Cette analogie est réelle, car ce sont là tous des cas particuliers d'un seul et même phénomène général.

La conception qui consiste à assigner de petites causes personnelles aux grands événements historiques est maintenant assez généralement abandonnée, mais souvent une autre erreur la remplace : on nie toute influence de l'individu. Sans doute, la bataille d'Austerlitz aurait pu être gagnée par un autre général que Napoléon, si cet autre général avait été un grand homme de guerre, mais si les Français avaient été commandés par un général incapable, ils auraient bel et bien perdu la bataille. Le moyen d'échapper à une erreur ne consiste pas à donner dans l'erreur opposée. Parce qu'il y a des bâtons droits qui nous paraissent brisés, il ne faut pas s'imaginer qu'il n'y a pas, en réalité, de bâtons brisés. Le phénomène subjectif coïncide en partie avec le phénomène objectif, et il en diffère en partie. Notre ignorance des faits, nos passions, nos préjugés, les idées en vogue dans la société dans laquelle nous vivons, les événements qui nous affectent fortement et mille autres circonstances nous voilent la vérité et empêchent nos impressions d'être la copie exacte du phénomène objectif qui leur a donné naissance. Nous sommes dans la situation d'un

(1) Duruy, *Hist. des Romains*, I, p. 262 : « La révolution qui s'apprêtait ne provint pas plus d'une jalousie de femme que la guerre de Troie n'eut pour cause l'enlèvement d'Hélène ; elle fut le dernier acte d'une lutte poursuivie depuis cent vingt années et qui ne s'était pas arrêtée un jour. »

homme qui voit des objets dans un miroir courbe ; une partie de leurs proportions est altérée. Or, il faut noter que le plus souvent c'est ce phénomène subjectif, c'est-à-dire le phénomène objectif déformé, qui nous est seul connu, soit directement par une enquête sur l'état d'esprit des hommes qui ont assisté à un événement, soit indirectement par le témoignage d'un historien qui s'est livré à cette enquête. Le problème que doit résoudre la critique historique est donc loin d'être seulement celui de la critique des textes, il consiste principalement, étant donnée l'image déformée de l'objet, à reconstituer l'objet même (1).

C'est une opération difficile et délicate et qui est rendue plus ardue par une circonstance singulière (2). Fort souvent les hommes n'ont pas conscience des forces qui les poussent à agir (3), ils donnent à leurs actions des

(1) R. von Jhering, *L'esprit du droit romain*, note fort bien cette règle, à propos du droit. « Fussions-nous en possession de toutes ces règles [du droit], encore n'aurions-nous pas une image fidèle de son droit [d'une époque donnée]. Ce qu'elles nous donnent, c'est la conscience qu'avait cette époque de son droit, et non le droit lui-même... Il est paradoxal, en apparence, de vouloir découvrir une règle de droit longtemps après qu'elle a cessé d'exister. Mais cela est-il si téméraire en réalité ? Que d'événements historiques ne sont compris pour la première fois que longtemps après qu'ils se sont passés. » Introd., Tit. II, chap. I, § 3.

(2) J'ai développé ce sujet et donné quelques applications dans : *Un' applicazione di teorie sociologiche* (*Rivista italiana di sociologia*, Roma, juillet-août 1900).

(3) R. von Jhering, *L'esprit du droit romain*, Introd., Tit. II, chap. I, § 3 : « Si grande qu'ait été l'habileté des jurisconsultes classiques de Rome, il existait cependant, même de leur temps, des règles de droit qui leur restèrent inconnues, et qui furent mises en lumière la première fois, grâce aux efforts de la jurisprudence actuelle : je les nomme les règles *latentes* du droit. Cela est-il possible, nous demandera-t-on, en objectant que pour appliquer ces règles, il fallait les connaître ? Pour

causes imaginaires fort différentes des causes réelles. C'est une erreur de croire que l'homme qui trompe ainsi autrui est toujours de mauvaise foi ; au contraire, c'est là un cas fort rare, le plus souvent cet homme a commencé par se tromper lui-même, c'est le plus sincèrement du monde qu'il croit à l'existence de ces causes imaginaires et qu'il les donne comme ayant déterminé ses actions (1). Le témoignage des hommes qui ont assisté et même de ceux qui ont pris part à un certain mouvement social ne doit donc pas être accepté sans réserve, quant aux causes réelles de ce mouvement. Ces hommes peuvent, à leur insu, être entraînés à négliger les causes réelles et à assigner au mouvement des causes imaginaires.

Plus d'un gentilhomme, partant pour les Croisades, a pu croire sincèrement qu'il n'obéissait qu'à un pur sentiment religieux. Il ne se doutait pas qu'il cédait à un des

toute réponse, nous pouvons nous borner à renvoyer aux lois du langage. Des milliers de personnes *appliquent* chaque jour ces lois dont elles n'ont jamais entendu parler, dont le savant lui-même n'a pas toujours pleine conscience ; mais ce qui manque à l'entendement est suppléé par le sentiment, par l'instinct grammatical. » J. Bentham, *Tactique des assemb. polit. suivie d'un traité des soph. polit.*, II, p. 228 : « Mais se peut-il que les motifs qui agissent sans cesse sur l'esprit d'un homme, soient un secret pour lui-même ? Oui, certes, cela se peut. Rien de plus aisé, rien de plus commun : disons plus, ce qui est rare, ce n'est pas de les ignorer, c'est de les connaître. »

(1) Grote, *Hist. de la Grèce*, t. VI, ch. vi, parlant de Pythagore, dit qu'il n'y a pas lieu de le regarder « comme un imposteur, parce que l'expérience semble démontrer que si, à certaines époques, il n'est pas difficile à un homme de persuader à un autre qu'il est inspiré, il est encore moins difficile pour lui de se le persuader à lui-même. »

Deux hommes peuvent rapporter le même fait de deux manières fort différentes, sans avoir aucune intention de tromper. Ils le voient simplement au travers du prisme de leurs passions et de leurs préjugés.

instincts de sa race, instinct que déjà avait décrit Tacite, en parlant des anciens Germains : « Si la cité où ils sont nés languit dans la paix et l'oisiveté, un grand nombre de jeunes adolescents vont s'offrir aux nations qui sont en guerre, car le repos est pénible à ces peuples, et il est facile de s'illustrer dans les entreprises hasardeuses. » (*Germ.*, 14).

Les Athéniens, craignant l'invasion des Perses, envoyèrent consulter l'oracle de Delphes, qui répondit : «... Zeus, qui voit tout, accorde à la Tritogénie un mur de bois qui seul sera inexpugnable... Oh ! divine Salamis, toi aussi tu feras périr les enfants des femmes... » Qu'avait voulu dire le dieu ? Telle fut la question que, suivant le récit d'Hérodote, se posèrent les Athéniens, et ils ne paraissent nullement avoir discuté la question sous l'aspect pratique du meilleur moyen de se sauver, corps et biens. Les uns disaient que le « mur de bois » était la palissade qui autrefois entourait la citadelle, les autres disaient que c'était la flotte. Thémistocle adopta cette dernière opinion, il ajoutait que le dieu prédisait une victoire aux Athéniens, car si c'était eux qui devaient périr à Salamis, la Pythie n'aurait pas dit : *Oh ! divine Salamis*, mais aurait employé quelque expression semblable à : *Oh ! infortunée Salamis* (1).

Il faut espérer qu'il n'y a plus maintenant personne qui croit à Apollon ni à la Tritogénie, ni même à Zeus ; on peut donc parler librement de ce fait et affirmer que la question à résoudre était tout autre qu'une question d'exégèse. Il y avait quelque autre chose de bien plus réel : l'existence d'une flotte puissante. Hérodote (VII, 144) note le fait comme une simple coïncidence : « Antérieurement une autre opinion de Thémistocle avait heu-

(1) Hérod., vii, 143.

rousement prévalu ». Il avait conseillé aux Athéniens d'employer les ressources du trésor à construire deux cents navires de guerre. Hérodote décrit uniquement le phénomène subjectif; et bien d'autres personnes, de son temps, doivent avoir été de son opinion. L'oracle d'Apollon était le fait principal d'où, par une suite de déductions logiques, a eu origine la victoire remportée à Salamis. Les Athéniens ont eu le mérite de découvrir la vraie interprétation, de la même manière qu'Euclide a découvert des théorèmes de géométrie.

Il est difficile de croire que les motifs pratiques qui avaient poussé Thémistocle à faire préparer les navires, n'aient eu aucune influence quand il s'est agi de décider si on en ferait usage à Salamis. On serait donc tenté de croire que ce n'était qu'en apparence et pour se faire écouter des Athéniens qu'il avait recours à l'exégèse de l'oracle. Certes, cela est possible et nous ne saurons jamais ce que, sur ce point, pensait réellement Thémistocle, mais à en juger par ce qui se passe de nos jours, il est aussi possible qu'il ait été de bonne foi dans son exégèse. On interprète facilement, et sans s'en douter, non seulement les oracles mais même les propositions scientifiques dans le sens qu'on désire (1) Thémistocle

(1) Il y a quelque chose de vrai dans les reproches que fait Nietzsche aux philosophes : « Ils font tous semblant d'avoir découvert leurs opinions par le développement spontané d'une dialectique froide, pure, divinement insouciante (différents en cela des mystiques de tout rang, qui, plus honnêtement qu'eux et plus lourdement parlent d' « inspiration »): tandis qu'au fond, une thèse anticipée, une idée, une suggestion, le plus souvent un souhait du cœur, abstrait et passé au crible, est défendu par eux, appuyé de motifs laborieusement cherchés... » *Par delà le bien et le mal*, trad. franç., p. 7.

G. Sorel, *Les aspects juridiques du socialisme* (*Revue socialiste*, nov. 1900), parlant d'un raisonnement de Pecqueur, dit : « Ce raisonnement est très saisissant, parce qu'il s'adresse beaucoup

devait avoir le désir de tirer parti de la flotte qu'il avait fait préparer, et c'est plus ou moins instinctivement qu'il aura interprété dans ce sens l'oracle. Il aura ainsi commencé à se persuader lui-même, et ensuite, entièrement de bonne foi, il aura persuadé les autres.

Nous observons tous les jours des faits analogues. Etant données les conditions dans lesquelles vit un homme, on peut s'attendre souvent à lui entendre exprimer certaines opinions, mais il n'a pas conscience de ce rapport et tâche de justifier ses opinions par de tout autres raisons.

Beaucoup de personnes ne sont pas socialistes parce qu'elles ont été persuadées par un certain raisonnement, mais, ce qui est fort différent, elles acquiescent à ce raisonnement parce qu'elles sont socialistes.

Les sources des illusions que se font les hommes, quant aux motifs qui déterminent leurs actions, sont multiples; une des principales se trouve dans le fait qu'un très grand nombre d'actions humaines ne sont pas la conséquence du raisonnement (1). Ces actions sont

plus à nos facultés poétiques qu'à nos facultés critiques ou scientifiques. » Pecqueur affirme que : « La matière nous a été donnée *collectivement et également* par Dieu ; mais le travail c'est l'homme. Celui qui ne veut pas travailler, dit saint Paul, n'a pas le droit de manger. *Dans cette sentence se trouve en germe toute l'économie sociale et politique de l'avenir.* » Là-dessus, G. Sorel observe avec beaucoup de raison : « Il est très évident que toute personne qui admettra cette formule, rejettera la légitimité du profit capitaliste ; mais il est évident aussi que si Pecqueur admet cette formule, c'est parce qu'il rejette le régime capitaliste. S'il n'était pas, tout d'abord, adversaire du capitalisme, il n'affirmerait pas que « la matière nous a été donnée collectivement et également ». Bernstein s'est bien aperçu que même chez son maître Marx, en dépit d'allures plus scientifiques, les conclusions avaient été souvent posées avant la démonstration. »

(1) Ce point de vue est fort bien résumé par Herbert Spencer :

purement instinctives, mais l'homme qui les accomplit éprouve un sentiment de plaisir à leur donner, arbitrairement du reste, des causes logiques. Il n'est en général pas bien difficile sur la qualité de cette logique et se contente très facilement d'un semblant de raisonnement, mais il éprouverait un sentiment pénible à s'en passer entièrement.

Une figure graphique fera peut-être mieux comprendre la chose. A est une cause réelle dont le phénomène, également réel, B est la conséquence. Les hommes ignorent, ou veulent ignorer l'existence du rapport réel entre A et B, mais ils éprouvent le besoin de relier B à quelque

« Les idées ne gouvernent ni ne bouleversent le monde : le monde est gouverné ou bouleversé par les sentiments, auxquels les idées servent seulement de guides. Le mécanisme social ne repose pas finalement sur des opinions, mais presque entièrement sur le caractère. » *Statique sociale*, ch. XXX, reproduit dans : *Classific. des sciences*, trad. franç., p. 115-118.

G. Le Bon, *Lois psych. de l'évol. des peuples*, p. 30 : « Le caractère d'un peuple et non son intelligence détermine son évolution dans l'histoire et règle sa destinée... L'influence du caractère est souveraine dans la vie des peuples, alors que celle de l'intelligence est véritablement bien faible. » Il y a du vrai dans ces propositions, mais aussi beaucoup d'exagération. Voulant échapper à une erreur courante, G. Le Bon tombe en plein dans l'erreur opposée. Pour prouver sa proposition, il ajoute : « Les Romains de la décadence avaient une intelligence autrement raffinée que celle de leurs rudes ancêtres, mais ils avaient perdu les qualités de caractère... » Cette assertion est contredite par les faits. Comment peut-on dire que les contemporains de l'empereur Gratien et de Sidoine Apollinaire avaient « une intelligence autrement raffinée » que celle des contemporains de César et de Cicéron, ou d'Auguste et d'Horace ! Les Romains de la décadence ne savaient même plus écrire correctement le latin. Qu'a à voir le « caractère » en cela ? Peut-on raisonnablement prétendre qu'Ausone avait « une intelligence autrement raffinée » que Virgile ?

Nous nous rapportons à l'époque d'Auguste, parce que c'est celle où la puissance de Rome atteint son maximum.

cause, et ils donnent B comme conséquence de C. Plusieurs cas peuvent se présenter : 1° C existe réellement, mais B n'en est pas la conséquence. C'est le cas assez fréquent de généralisations hâtives, d'observations mal faites, de raisonnements défectueux. Le lien C B n'existe que dans l'imagination des personnes qui le décrivent. En réalité, et ces personnes l'ignorent, la conséquence de C est D. Dans d'autres cas on connaît parfaitement cette conséquence, mais on désire l'éviter et c'est dans ce dessein qu'on établit le lien C B. Telle est une des origines de la casuistique (1). 2° C est imaginaire, mais le lien qui relie C à B est rigoureusement logique, c'est-à-dire que si C existait, sa conséquence serait B. Pourquoi l'eau monte-t-elle dans un corps de pompe ? Parce que la Nature a horreur du vide. Le fait B que l'eau monte dans une pompe aspirante est réel. La conséquence de l'horreur du vide est logique. Mais dame Nature et son sentiment d'horreur du vide sont des entités imaginaires. Les faits qu'on expliquait par la *force vitale* étaient souvent réels, le raisonnement pouvait ne pas être mauvais, mais la *force vitale* est chose inconnue. C'est parfois de propos délibéré que l'on a recours à une cause imaginaire C, par exemple dans les *fictions* légales (2). 3° Non seulement C est imaginaire, mais encore le lien qui l'unit à B n'est pas logique. Cette erreur est fréquente chez les métaphysiciens. C'est ainsi que dans la *Philosophie de la nature* de Hegel

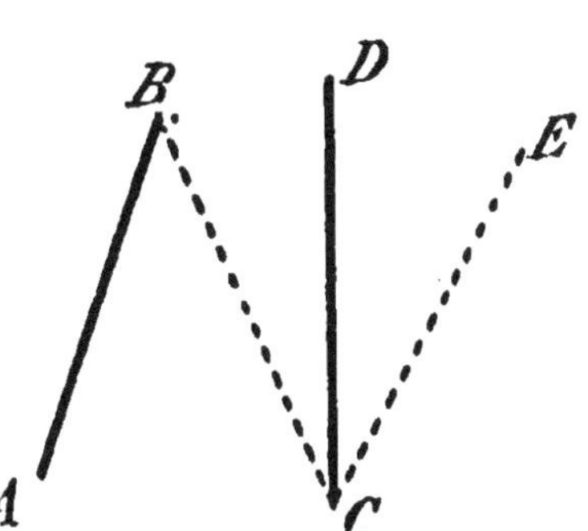

(1) Voir plus loin, p. 27.
(2) Voir chap. IV.

on voit apparaître certaines entités inconnues, desquelles, par des raisonnements incompréhensibles, on déduit l'explication de phénomènes réels. Poussées à l'extrême ces sortes de dissertations dégénèrent en de pures rêveries. La raison pour laquelle la mythologie des Grecs est attrayante pour des esprits clairs, qui se sentent repoussés par les mythologies orientales, tient peut-être, en partie, à ce que la mythologie grecque se rapproche plus du deuxième cas, et les mythologies orientales, du troisième. Les dieux d'Homère, d'Eschyle, de Sophocle sont imaginaires, mais, leur existence étant une fois admise, on voit qu'ils n'agissent pas trop illogiquement. Tandis que pour les dieux orientaux, non seulement il faut faire l'effort d'admettre leur existence, mais il faut renouveler à chaque instant cet effort, car on ne comprend rien à leur manière d'agir. 4° Enfin il resterait à considérer les cas où l'événement même que l'on veut expliquer, c'est-à-dire B est imaginaire. On peut encore le relier à une cause réelle, ou imaginaire, par des raisonnements rigoureux, ou manquant de rigueur et de précision (1).

L'étude du phénomène objectif consiste à rechercher quel est le lien de mutuelle dépendance qui relie des faits réels A et B. L'étude du phénomène subjectif a pour but de découvrir les rapports C B que les hommes substituent aux rapports réels, et même de découvrir des rapports tels que C E que les auteurs établissent entre deux faits C et E, également imaginaires.

Dans cet ouvrage toutes les questions seront autant que possible considérées successivement à ce double

(1) Cette étude est fort importante pour la sociologie. Nous la reprendrons ailleurs. Ici, nous n'en exposons que ce qui est strictement indispensable au sujet que nous traitons.

point de vue, c'est-à-dire à un point de vue que nous nommerons objectif et à un autre que nous nommerons subjectif. D'une part nous rechercherons quels sont les faits réels qui ont favorisé l'établissement de certains systèmes sociaux ou l'éclosion de projets de systèmes sociaux, en d'autres termes : quelles sont les choses et les faits qui se révèlent à nous sous ces formes ; d'autre part nous examinerons les raisonnements dont on a fait usage pour justifier ces systèmes ou ces projets de systèmes et nous verrons jusqu'à quel point les prémisses sont tirées de l'expérience et les déductions sont logiques.

L'étendue respective des différentes parties de cette étude ne peut malheureusement pas être en rapport avec leur importance pratique. A cet égard, on devrait presque se limiter à l'étude objective et, tout au plus, à la partie de l'étude subjective qui nous fait connaître les raisonnements dont se payent les partisans des différents systèmes. Quant à l'étude de la valeur logique de ces raisonnements, étude qui occupe une grande partie de ce livre, elle est curieuse et intéressante en tant que spéculation philosophique, mais n'a qu'une importance pratique des plus minces. La diffusion d'une doctrine ne dépend presque pas de la valeur logique de cette doctrine. Bien plus, celui qui croirait pouvoir juger des effets sociaux d'une doctrine d'après la valeur logique qu'elle possède s'exposerait à d'énormes erreurs (1).

(1) L. DE MORRENS (L. DE SAUSSURE), *Les milieux et les races*, février 1901, p. 41 : « Un journal, pour éclairer ses lecteurs sur les événements de Chine, leur exposa les doctrines du Fong-Shoui : le public comprend-il mieux la conduite des Chinois après cette lecture ? Elle lui donne sans doute un aperçu nouveau de la différence entre le milieu chinois et le sien ; mais elle le renseigne bien mal sur les rapports de cause à effet existant entre les croyances chinoises et la conduite chinoise, parce que, placé sur le terrain

Ce n'est pas ainsi que le phénomène se reflète dans la conscience des hommes. Quand ceux-ci se sentent entraînés par un certain mouvement religieux, moral, humanitaire, ils croient, et presque tous entièrement de bonne foi, que leurs convictions se sont formées par une suite de syllogismes rigoureux ayant pour point de départ des faits réels et incontestables.

Nous nous garderons bien de partager cette illusion ; et nous ferons tous nos efforts pour en découvrir les sources. Cette recherche nous fera souvent connaître que ce sont des faits économiques qui modifient les institutions sociales et les doctrines, et qui se reflètent ainsi dans la conscience des hommes, comme le veut la « théorie matérialiste de l'histoire » (1) ; mais nous trouverons aussi assez souvent que ce sont d'autres faits qui, du moins dans l'état actuel de nos connaissances, ne sont pas réductibles à de purs faits économiques.

La « théorie matérialiste » de l'histoire a donc son

de la doctrine, le lecteur jugera le *Fong-Shouï en tant que doctrine*, c'est-à-dire au point de vue logique... il cherchera dans la logique de cette doctrine une explication de la conduite des Chinois. Or, cette doctrine est extrêmement illogique ; le lecteur retirera donc de ce renseignement une impression de dérision à l'égard de la civilisation chinoise ; au lieu d'en comprendre mieux la puissante stabilité... Ces jugements, inspirés par la pauvreté logique du Fong-Shouï, ne seront certainement pas inexacts en eux-mêmes, parce que la logique joue un rôle incontestable dans le *concept*, lequel préside lui-même à l'orientation des sentiments. Mais ils négligent le principal en cherchant l'explication de la conduite dans la seule logique du concept, et en oubliant que cette explication réside surtout dans les sentiments chinois, sentiments sur lesquels nous ne sommes renseignés ici ni par l'intuition, ni par la raison pure du concept. »

(1) C'est le sens de l'interprétation populaire, à laquelle d'ailleurs prêtent leur appui des passages de Marx et de Engels. Il existe une exégèse savante d'un sens entièrement différent. Voir chap. xv.

point de départ dans un principe qui est vrai ; mais elle a eu le tort de trop vouloir préciser et de dépasser ainsi les conclusions qui peuvent se tirer légitimement de l'expérience. Cette marche paraît du reste assez naturelle à l'esprit humain, car on trouve un semblable défaut dans la théorie de Malthus, dans celle de la *rente*, de Ricardo, et dans bien d'autres. Ce n'est que par des rectifications successives et en élaguant des propositions particulières qui se sont trouvées fausses, qu'on est arrivé à la vérité.

Les hommes ont coutume de faire dépendre toutes leurs actions d'un petit nombre de règles de conduite, en lesquelles ils ont une foi religieuse. Il est indispensable qu'il en soit ainsi, car la grande masse des hommes ne possède ni le caractère ni l'intelligence nécessaires pour pouvoir relier ces actions à leurs causes réelles : d'ailleurs, même les hommes les plus intelligents sont obligés de condenser leurs règles de conduite en un petit nombre d'axiomes, car on n'a vraiment pas le temps, quand on doit agir, de se livrer à de longues et subtiles considérations théoriques.

Mais les causes des phénomènes sociaux sont énormément plus nombreuses et variées que le petit nombre d'axiomes religieux ou autres, ainsi posés. Vouloir, ainsi qu'on y est obligé, relier toutes ses actions à ces axiomes, conduit donc nécessairement à assigner aux actions des causes fictives. De là, entre autres conséquences, la nécessité d'une casuistique. La vie sociale rend impossible d'accepter toutes les conséquences logiques des principes qu'on veut respecter, il faut donc trouver moyen d'interpréter ces principes en sorte que leurs conséquences ne heurtent pas trop les conditions de la vie réelle. En d'autres termes, un certain principe X, en lequel les hommes ont une foi religieuse, a pour conséquence logique des actions M, N, etc., qui sont utiles à la société, et aussi d'autres actions P, Q, etc., qui heurteraient trop fortement les conditions de la vie sociale. Refuser X, pour éviter P, Q,... est généralement un mauvais moyen, car X devra être nécessairement remplacé par Z, qui aura peut-être des conséquences logiques pires que P, Q,... (1) Le moyen habituellement employé, consiste donc à donner quelques légères entorses à la logique, de manière à exclure P, Q,... des conséquences de X. C'est l'œuvre des casuistes et des exégètes. Si on la juge au point de vue logique, elle n'a aucune valeur, si on la juge au point de vue pratique, elle est indispensable, et, en fait, on l'a vue en œuvre de tout temps. A un certain degré d'évolution du polythéisme gréco-latin, on tâcha de concilier, au moyen de tours de force d'interprétation, une morale épurée avec les crimes légendaires des dieux ; quand le christianisme vit croître énormément le nombre de ses prosélytes dans le monde romain, il dut faire de remarquables efforts pour concilier ses préceptes, évidemment à l'usage exclusif de fort petites gens, avec les conditions

(1) Les Spartiates croyaient de leur honneur de ne pas reculer devant l'ennemi. Voilà le principe X. Il avait de nombreuses conséquences favorables à Sparte, il inspira les héros des Thermopyles, auxquels Simonide fait dire qu'ils sont tombés pour obéir aux lois de Sparte, *Anth., Epigramm. sepul.*, 249 :

> Ὦ ξεῖν', ἄγγειλον Λακεδαιμονίοις ὅτι τῇδε
> κείμεθα, τοῖς κείνων ῥήμασι πειθόμενοι.

Mais il faillit avoir de funestes conséquences à Platée. Amompharetos ne voulait pas exécuter un mouvement stratégique que lui prescrivait son chef Pausanias, parce que ce mouvement le forçait à rétrograder devant l'ennemi ! Pausanias épuisa, probablement, toutes les ressources de la casuistique pour le persuader et, n'y pouvant réussir, il finit par appeler fou et insensé, cet obstiné et rigoureux logicien : « Ὁ δὲ μαινόμενον καὶ οὐ φρενήρεα καλέων ἐκεῖνον,... » Herod. IX, 55, 3.

de la vie d'une société où ne manquaient pas les riches et les puissants (1). Nous verrons au chap. XV que le socialisme, à son tour, commence maintenant à entrer dans cette phase.

Au point de vue logique, Pascal, dans ses *Provinciales*, a raison ; au point de vue pratique ou synthétique, on verra qu'en quelques cas du moins ses adversaires n'ont pas tort. Ils tâchent de concilier certains principes religieux avec les conditions d'existence d'une société civilisée, belliqueuse et recherchant la richesse, et si parfois ils se laissent entraîner à des excès blâmables, il n'en est pas moins vrai que le principe même de la conciliation est nécessaire (2).

(1) RENAN, *Marc-Aurèle*, p. 601 : « C'était le riche qui, sur toute la ligne, était sacrifié. Il entrait peu de riches dans l'Eglise, et leur position y était des plus difficiles. Les pauvres, fiers des promesses évangéliques, les traitaient avec un air qui pouvait sembler arrogant. Le riche devait se faire pardonner sa fortune comme une dérogation à l'esprit du christianisme. »

Le cas du premier personnage consulaire qui se fit chrétien a dû être, pour le moins, aussi embarrassant que celui de M. Millerand devenant membre d'un ministère « bourgeois ». Plus d'un riche chrétien, dans les premiers temps du christianisme, a dû éprouver des contrariétés analogues à celles qui, de nos jours, ont affligé M. Jaurès, pour avoir permis la première communion de sa fille, et qui ont donné l'occasion, à la casuistique socialiste, de s'affirmer brillamment.

(2) G. BOISSIER, *La religion romaine*, II, p. 98, observe que les stoïciens « avaient composé des livres où ils posaient des cas de conscience, et ils peuvent passer pour les créateurs véritables de la casuistique ». Il se trompe, la casuistique est bien antérieure. Euripide fait dire à Hippolyte : « C'est ma bouche qui a juré, mon esprit n'a pas juré » (612 — Ἡ γλῶσσ' ὀμώμοχ', ἡ δὲ φρὴν ἀνώμοτος.). Cette restriction mentale ne déparerait pas les *Provinciales*, et Aristophane la relève, *Thesmoph.*, 275-276, comme Pascal relèverait celle d'un jésuite. Du reste, les Grecs et les Romains étaient passés maîtres dans l'art de semblables restrictions mentales et ils savaient parfaitement éluder les promesses qui les gênaient. Certains sectaires, nos contemporains, croient naïvement que les jésuites ont inventé le principe que la

Cela n'est qu'un exemple des conclusions en apparence contradictoires auxquelles on arrive en considérant le phénomène social sous des aspects différents. La cause la plus commune d'erreur gît précisément dans l'étroitesse de vue qu'on apporte généralement à cet examen.

Les grands courants qui entraînent les hommes et qui se révèlent à nous par les conceptions et les opinions qui dominent à une époque donnée, par l'état d'esprit et les actions de ces hommes, ne sont pas uniformes. L'intensité en est fort variable et présente de grandes différences d'une époque à une autre. Pour des causes en partie connues et en partie inconnues, mais dont quelques-unes paraissent tenir à la nature psychologique de l'homme, le mouvement moral et religieux est rythmique ainsi que le mouvement économique. Le rythme de ce dernier mouvement donne lieu aux crises économiques, qui, à notre époque, ont été étudiées avec soin et sont maintenant assez bien connues (1). Le rythme du premier mouvement est au contraire souvent passé inaperçu ; pourtant il suffit de parcourir l'histoire pour le reconnaître très distinctement (2). On voit, par exemple, en un même pays se succéder de nombreuses périodes de foi et d'incrédulité. Le mouvement parfois atteint une grande amplitude, il est alors noté par tous les historiens ; mais ceux-ci n'y voient le plus souvent qu'un fait singu-

fin justifie les moyens. Il est ancien comme le monde. Même le « divin » Platon ne dédaigne pas d'en faire usage. Il dit, *De rep.*, p. 459 *c*, *d*, que « les magistrats devront souvent faire usage du mensonge et de la ruse », et il rappelle qu'il a dit autre part « que c'étaient des choses utiles, quand on les employait comme remède ».

(1) *Cours*, § 925 et suivants.

(2) Pour la littérature, le mouvement rythmique a été constaté et fort bien décrit par M. G. Renard, *La méthode scientifique de l'histoire littéraire*, Paris, 1900.

lier tandis que c'est une manifestation de la loi générale du rythme.

C'est parce que le mouvement social a lieu selon une courbe ondulée qu'il est difficile de prévoir, d'après les faits du passé, le sens futur de ce mouvement (1). Vous trouvez un certain caractère qui, dans la littérature, la morale, le droit, va en s'accentuant de plus en plus, vous auriez tort d'en conclure que ce mouvement continuera indéfiniment et que la société tendra vers un certain but. La réaction peut être proche, et un mouvement en sens contraire peut ne pas tarder à se produire. En outre, quand un mouvement va changer de sens, il ne commence pas, en général, par diminuer d'intensité, ce qui faciliterait les prévisions, au contraire, il arrive fort souvent que le mouvement atteint son maximum d'intensité précisément au moment qui précède le changement de sens.

Tous les auteurs qui ont étudié l'histoire romaine ont remarqué la grande oscillation qui, de l'incrédulité de la fin de la république, a conduit à la crédulité du bas empire. Friendlænder a observé que l'incrédulité n'avait guère atteint que la haute société. L'observation est générale et doit être étendue. Ces mouvements sont surtout sensibles dans les hautes classes sociales et atteignent beaucoup moins les classes inférieures, qui en ressentent pourtant plus ou moins les effets. « Le peuple même — dit Gibbon (chap. XV) — lorsqu'il voyait ses divinités rejetées et tournées en ridicule par ceux dont il avait coutume de respecter le rang et les talents, se formait des doutes et des soupçons sur la vérité de la doctrine qu'il avait adoptée avec la foi la plus implicite. » Renan a fort bien vu le mouvement religieux général, qui comprenait jusqu'à des doctrines philosophiques, telles que le stoï-

(1) Voir le chap. VI.

cisme, et qui a finalement abouti au triomphe d'une des religions concurrentes. Les œuvres des philosophes païens renferment souvent des pensées « chrétiennes » ; mais il n'y a pas d'emprunt, c'est uniquement la forme que revêt chez eux un même fonds d'idées, commun aux hommes de ce temps. La religion qui a triomphé se montre ainsi à nous sous la forme de la synthèse et du couronnement du mouvement général ; et d'ailleurs, pour réussir, elle a dû se modifier profondément et faire de nombreux emprunts à ses rivales.

Il est essentiel de ne pas confondre le sentiment religieux existant chez les hommes et les formes qu'il revêt. Les oscillations existent aussi bien pour le premier que pour les dernières, mais il est en général bien moins intense pour le sentiment que pour certaines formes. Il faut donc bien se garder, lorsqu'on voit décliner une forme religieuse, de conclure que le sentiment lui-même est en décadence, il peut ne guère avoir changé d'intensité et se manifester sous d'autres formes.

Les auteurs qui ont étudié l'histoire de la fin du XVIIIe siècle et du commencement du XIXe siècle, ont noté une profonde oscillation des croyances religieuses mais ils confondent souvent la forme avec le fond. Quand certaines formes religieuses perdent du terrain, ils ne voient pas que, par rapport au sentiment religieux en général, il y a parfois une compensation partielle, qui vient de ce que d'autres formes religieuses gagnent du terrain.

Sous cette réserve, de Tocqueville (*L'anc. rég.*, p. 220) décrit fort bien la période d'oscillation irréligieuse qui précéda la révolution française : « On peut dire d'une manière générale qu'au XVIIIe siècle le christianisme avait perdu sur tout le continent de l'Europe une grande partie de sa puissance... L'irréligion était répandue parmi les princes et les beaux esprits... Nulle part l'irréligion n'était encore devenue une passion générale, intolérante ni oppressive, si ce n'est en France (1) ». Plus loin, p. 226 : « Notre philosophie irréligieuse leur fut prêchée [aux Anglais] avant même que la plupart de nos philosophes vinssent au monde : ce fut Bolingbroke qui acheva de dresser Voltaire. Pendant tout le cours du XVIIIe siècle, l'incrédulité eut des représentants célèbres en Angleterre. » C'est un caractère que les grandes crises morales ont en commun avec les crises économiques. Les unes comme les autres sont générales et non locales. L'oscillation en sens contraire était proche. D'ailleurs, l'ampleur de l'oscillation des sentiments religieux en général était bien moindre que celle qui s'observait pour une des formes spéciales de ces sentiments, c'est-à-dire pour la religion chrétienne. Ce que celle-ci avait perdu, les religions de « la Nature », de « l'Humanité », de « la sensibilité », l'occultisme, l'avaient gagné. La révolution française a été une révolution religieuse. De Tocqueville est trop timide quand il dit (p. 16) : « La révolution française est donc une révolution politique qui a opéré à la manière et qui a pris en quelque sorte l'aspect d'une révolution religieuse. » Ce n'est pas seulement d'une analogie qu'il s'agit, mais d'une identité. Depuis, le mouvement rythmique a continué et, toujours comme pour les crises économiques, de nombreuses petites oscillations ont accompagné les grandes. Actuellement, en 1901, nous sommes encore dans la période ascendante de l'intensité des sentiments religieux. Leur recrudescence n'a profité qu'en faible partie aux anciennes religions, une nouvelle religion : le socialisme, et d'autres croyances « humani-

(1) Ces lignes paraissent avoir été écrites pour la France de nos jours.

taires » du même genre, le spiritisme, etc., en ont eu presque tout le bénéfice.

Friendlænder a vu l'analogie de ces mouvements avec ceux qui marquèrent l'avènement du christianisme ; il dit : « De même que le flux des tendances antichrétiennes du siècle dernier baissa rapidement, après avoir atteint son maximum d'élévation, et fut suivi d'un puissant reflux, qui entraîna, irrésistiblement aussi, une grande partie de la société instruite, de même nous voyons, dans le monde gréco-romain, après les tendances qui avaient prédominé du premier siècle, une forte réaction vers la foi positive prendre le dessus et s'emparer, là aussi, des mêmes cercles (1) ».

Le mouvement de circulation, qui porte les élites, nées des couches inférieures, au sommet, et qui fait descendre et disparaître les élites au pouvoir, est le plus souvent voilé par plusieurs faits. D'abord, comme il est en général assez lent, ce n'est qu'en étudiant l'histoire d'une longue période de temps, de plusieurs siècles, par exemple, qu'on peut percevoir le sens général et les grandes lignes de ce mouvement. L'observateur contemporain, celui qui ne porte ses regards que sur une courte période de temps, n'aperçoit que les circonstances accidentelles. Il voit des rivalités de castes, l'oppression d'un tyran, des soulèvements populaires, des revendications libérales, des aristocraties, des théocraties, des ochlocraties ; mais le phénomène général, dont ce ne sont là que des aspects particuliers, lui échappe souvent entièrement.

Parmi les illusions qui se produisent ainsi, il en est quelques-unes qui, étant particulièrement fréquentes, méritent d'être notées.

Pour éviter que l'influence du sentiment, à laquelle il

(1) *Civilisation et mœurs romaines*, trad. de Ch. Vogel, IV, p. 167.

est bien difficile de se soustraire quand il s'agit d'un cas concret, ne vienne obscurcir notre raisonnement, exprimons-nous d'une manière abstraite. Soit A l'élite au pouvoir, B celle qui cherche à l'en chasser, pour y arriver elle-même, C le reste de la population, comprenant les inadaptés, les hommes auxquels l'énergie, le caractère, l'intelligence, font défaut, et qui, en somme, sont ce qui reste lorsqu'on met à part les élites. A et B sont des chefs, c'est sur C qu'ils comptent pour se procurer des partisans, des instruments. Les C seuls seraient impuissants, c'est une armée sans chefs, ils n'acquièrent d'importance que quand ils sont guidés par A ou par B. Fort souvent, presque toujours, ce sont les B qui se mettent à leur tête, les A s'endormant dans une fausse sécurité ou méprisant les C. D'ailleurs ce sont les B qui peuvent mieux leurrer les C, précisément parce que, n'ayant pas le pouvoir, leurs promesses sont à plus longue échéance. Parfois pourtant les A tâchent d'enchérir sur les B, espérant de pouvoir contenter les C par des concessions apparentes sans trop en faire de réelles. Si les B prennent peu à peu la place des A, par une lente infiltration, si le mouvement de circulation sociale n'est pas interrompu, les C sont privés des chefs qui pourraient les pousser à la révolte et l'on observe une période de prospérité. Les A tâchent généralement de s'opposer à cette infiltration, mais leur opposition peut être inefficace et n'aboutir qu'à une bouderie sans conséquence.

Si l'opposition est efficace, les B ne peuvent emporter la position qu'en livrant bataille, avec l'aide des C. Quand ils auront réussi et qu'ils occuperont le pouvoir, une nouvelle élite D se formera et jouera, à leur égard, le même rôle qu'ils ont joué par rapport aux A ; et ainsi de suite.

La plupart des historiens ne voient pas ce mouvement.

Ils décrivent le phénomène comme si c'était la lutte d'une aristocratie ou d'une oligarchie, toujours la même, contre un peuple, aussi toujours le même. Or, en fait : 1° Il s'agit d'une lutte entre une aristocratie et une autre. 2° L'aristocratie au pouvoir change constamment ; celle d'aujourd'hui étant remplacée, après un certain laps de temps, par ses adversaires.

Lorsque les B arrivent au pouvoir, et qu'ils remplacent une élite A en pleine décadence, on observe généralement une période de grande prospérité. Certains historiens en donnent tout le mérite au « peuple », c'est-à-dire aux C. Ce qu'il y a de vrai dans cette observation est seulement que les classes inférieures produisent de nouvelles élites ; quant à ces classes inférieures elles-mêmes, elles sont incapables de gouverner, et l'ochlocratie n'a jamais abouti qu'à des désastres.

Mais, plus considérable que l'illusion des hommes qui voient les choses de loin, est celle des hommes qui se trouvent entraînés par le mouvement et qui y prennent une part active. Beaucoup de B s'imaginent de bonne foi qu'ils poursuivent, au lieu d'un avantage personnel pour eux ou leur classe, un avantage pour les C, et qu'ils luttent simplement pour ce qu'ils appellent la justice, la liberté, l'humanité. Cette illusion agit aussi sur les A. Plusieurs d'entre eux trahissent les intérêts de leur classe, croyant combattre pour la réalisation de ces beaux principes et pour venir en aide aux malheureux C, tandis qu'en réalité leur action a uniquement pour effet d'aider les B à s'emparer du pouvoir, et à faire, ensuite, peser sur les C un joug souvent plus dur que celui des A.

Les personnes qui finissent par se rendre compte de ce résultat accusent parfois d'hypocrisie soit les B, soit les A, qui affirmaient n'être guidés que par le désir d'aider les C, mais c'est généralement à tort et beaucoup de ces

B comme de ces A sont irréprochables au point de vue de la sincérité.

Un signe qui annonce presque toujours la décadence d'une aristocratie est l'invasion des sentiments humanitaires et de mièvre sensiblerie qui la rendent incapable de défendre ses positions (1). Il ne faut pas confondre la violence avec la force. La violence accompagne souvent la faiblesse. On voit des individus et des classes qui ont perdu la force de se maintenir au pouvoir se rendre de plus en plus odieux par leur violence en frappant à tort et à travers. Le fort ne frappe que lorsque cela est absolument nécessaire, mais alors rien ne l'arrête. Trajan était fort et n'était pas violent ; Caligula était violent et n'était pas fort.

Lorsqu'un être vivant perd les sentiments qui, en des circonstances données, lui sont nécessaires pour soutenir la lutte pour la vie, c'est un signe certain de dégéné-

(1) RENAN, *L'église chrét.*, p. 206 : « Tout le monde s'améliorait... le soulagement de ceux qui souffrent devenait le souci universel. . A la cruelle aristocratie romaine se substituait une aristocratie provinciale de gens honnêtes voulant le bien. La force et la hauteur du monde antique se perdaient ; on devenait bon, doux, patient, humain. Comme il arrive toujours, les idées socialistes profitaient de cette largeur d'idées et faisaient leur apparition... »

TAINE, *L'ancien régime*, p. 212 : « A la fin du XVIIIe siècle, dans la classe élevée et même dans la classe moyenne, on avait horreur du sang ; la douceur des mœurs et le rêve idyllique avaient détrempé la volonté militante. Partout, les magistrats oubliaient que le maintien de la société et de la civilisation est un bien infiniment supérieur à la vie d'une poignée de malfaiteurs et de fous, que l'objet primordial du gouvernement, comme de la gendarmerie, est la préservation de l'ordre par la force. »

LE BON, *Psych. du social.*, p. 384 : « ... Les adversaires des nouveaux barbares ne songent qu'à parlementer avec eux, et à prolonger un peu leur existence par une série de concessions, qui ne font qu'encourager ceux qui montent à l'assaut contre eux et provoquer leur mépris. »

Ce n'est pas le hasard qui réunit ainsi ces trois citations.

ration, car l'absence de ces sentiments va entraîner, dans un avenir plus ou moins proche, l'extinction de l'espèce. L'être vivant qui craint de rendre coup pour coup et de répandre le sang de son adversaire se met, par là même, à la merci de cet adversaire. Le mouton a toujours trouvé un loup prêt à le dévorer, et si maintenant il échappe à ce danger, c'est simplement parce que l'homme le réserve pour sa pâture. Tout peuple qui aura l'horreur du sang au point de ne pas savoir se défendre deviendra tôt ou tard la proie de quelque peuple belliqueux. Il n'est peut-être pas, sur notre globe, un seul pied de terre qui n'ait été conquis par le glaive et où les peuples qui l'occupent ne se soient maintenus par la force. Si les nègres étaient plus forts que les Européens, ce seraient les nègres qui se partageraient l'Europe, et non les Européens, l'Afrique. Le « droit » que prétendent avoir les peuples qui s'octroyent le titre de « civilisé » de conquérir d'autres peuples, qu'il leur plaît d'appeler « non-civilisés », est tout à fait ridicule, ou pour mieux dire ce droit n'est autre que la force. Tant que les Européens seront plus forts que les Chinois, ils leur imposeront leur volonté, mais si les Chinois devenaient plus forts que les Européens, les rôles seraient renversés, et il n'est nullement probable que des déclamations humanitaires puissent jamais être opposées avec quelque efficacité à une armée.

De même, dans la société, le droit pour être une réalité a besoin de la force. Qu'il se développe spontanément ou qu'il soit l'œuvre d'une minorité, il ne peut être imposé aux dissidents que par la force. L'utilité de certaines institutions, les sentiments qu'elles inspirent, préparent leur établissement, mais pour qu'elles deviennent un fait accompli, il est bien évident qu'il faut que ceux qui veulent ces institutions aient le pouvoir de les imposer à ceux qui ne les veulent pas. Anton Menger s'imagine prouver que notre droit actuel doit être changé parce qu'il « repose presque exclusivement sur des relations traditionnelles fondées sur la force » ; mais tel est le caractère de tous les droits qui ont existé, et si celui que désire notre auteur devient jamais une réalité, ce sera uniquement parce que, à son tour, il aura pour lui la force ; s'il ne l'a pas, il demeurera toujours à l'état de rêve. Le droit a commencé par la force d'individus isolés, il se réalise maintenant par la force de la collectivité, mais c'est toujours la force (1).

Il ne faut pas, ainsi qu'on le fait souvent, opposer, quant au succès d'un changement d'institutions, la persuasion à la force. La persuasion n'est qu'un moyen de se procurer la force. On n'a jamais persuadé tous les membres, sans exception, d'une société ; on a persuadé seulement, pour s'assurer du succès, une partie de ces hommes : la partie qui a la force, soit parce qu'elle est la plus nombreuse, soit pour toute autre raison.

(1) Sir Henry Sumner Maine, *Etudes sur l'hist. des inst. prim.*, trad., franç., p. 337, dit qu'aux yeux des auteurs primitifs du progrès juridique, « celui qui était censé avoir pour lui le bon droit, c'était celui qui affrontait, pour obtenir satisfaction, des périls multipliés, qui se plaignait à l'assemblée du peuple, qui demandait à grands cris justice au roi, siégeant à la porte de la cité ». Parlant de l'ancien droit de l'Islande, p. 51, il dit que « l'absence de toute sanction est souvent l'une des plus grandes difficultés qui s'oppose à l'intelligence du droit brehon. » C'était aux parties à exécuter elles-mêmes l'arrêt. R. von Jhering nous fait voir aussi, dans le droit romain, « une époque où la partie *réalise* elle-même son droit ». Sir Henry Sumner Maine, *Etudes sur l'anc. droit et la cout. prim.*, trad. franç., p. 521 : « Le respect de leurs prescriptions [des cours de justice] est tellement passé dans nos mœurs... que les tribunaux ont rarement besoin de recourir à la contrainte matérielle, pour se faire obéir... Sans doute la force est toujours au service du droit, mais on la tient en réserve, sous une forme pour ainsi dire condensée, qui permet de la soustraire aux regards. »

C'est par la force que les institutions sociales s'établissent, c'est par la force qu'elles se maintiennent.

Toute élite qui n'est pas prête à livrer bataille, pour défendre ses positions, est en pleine décadence, il ne lui reste plus qu'à laisser sa place à une autre élite ayant les qualités viriles qui lui manquent. C'est pure rêverie, si elle s'imagine que les principes humanitaires qu'elle a proclamés lui seront appliqués : les vainqueurs feront résonner à ses oreilles l'implacable *vae victis*. Le couperet de la guillotine s'aiguisait dans l'ombre quand, à la fin du siècle dernier, les classes dirigeantes françaises s'appliquaient à développer leur « sensibilité ». Cette société oisive et frivole, qui vivait en parasite dans le pays, parlait, dans ses soupers élégants, de délivrer le monde de « la superstition et d'écraser l'infâme », sans se douter qu'elle-même allait être écrasée.

Parallèlement au phénomène de succession des élites, on en observe un autre, d'une grande importance, chez les peuples civilisés. La production des biens économiques va en augmentant, grâce surtout à l'accroissement des capitaux mobiliers, dont la quantité moyenne, par tête d'habitant, est un des plus sûrs indices de civilisation et de progrès. Le bien-être matériel se répand ainsi de plus en plus. D'autre part, les guerres étrangères et les guerres civiles, devenant une industrie de moins en moins lucrative, vont en diminuant de nombre et d'intensité. Par conséquent, les mœurs s'adoucissent et la morale s'épure. En dehors des vaines agitations des politiciens, s'accomplit ainsi ce que M. G. de Molinari a nommé « la révolution silencieuse » (1), c'est-à-dire la lente transformation et l'amélioration des conditions sociales. Ce mouvement est entravé, parfois arrêté, par les

(1) *Comment se résoudra la question sociale*, Paris, 1896.

gaspillages du socialisme d'Etat, par les lois protectionnistes de tout genre, mais il n'en est pas moins réel, et toutes les statistiques des peuples les plus civilisés en portent la trace.

Après avoir noté l'importance qu'a dans l'histoire le fait de la succession des élites, il ne faut pas tomber en une erreur qui n'est que trop fréquente, et prétendre tout expliquer par cette seule cause. L'évolution sociale est extrêmement complexe; nous pouvons y distinguer plusieurs courants principaux, et vouloir les réduire à un seul est une entreprise téméraire, du moins pour le moment. Il faut, en attendant, étudier ces grandes classes de phénomènes et tâcher de découvrir leurs rapports.

L'étude générale, que nous venons de faire, sur la succession des élites sera utilement complétée par l'examen de quelques cas concrets.

L'histoire de Rome nous montre un grand nombre d'élites arrivant successivement au pouvoir.

Elles surgissent d'abord des classes rurales de Rome (1) et du Latium, puis, quand celles-ci sont épuisées (2), du

(1) Peut-être la connaissance plus ou moins confuse du fait que les classes rurales produisent des élites, avait-elle quelque part dans l'opinion commune qu'exprime Caton, *De re rustica : At ex agricolis et viri fortissimi et milites strenuissimi gignuntur, maximeque pius quæstus stabilissimusque consequitur, minimeque invidiosus : minimeque male cogitantes sunt, qui in eo studio occupati sunt.*

Pour Athènes, H. Francotte, *L'industrie dans la Grèce ancienne*, II, p. 327, note avec raison : « La cité puisait, dans ses populations rurales, une sève qui la rajeunissait et il fallut longtemps pour que cette sève s'épuisât tout à fait. »

(2) Selon M. de Lapouge, *Les sélections sociales*, p. 87, c'est d'une consommation d'eugéniques, d'hommes de race supérieure, qu'il s'agit. Les faits manquent pour accepter ou rejeter absolument cette opinion.

reste de l'Italie, des Gaules, de l'Espagne, enfin ce sont les barbares mêmes qui sont mis à contribution.

Dès les temps les plus reculés, on entrevoit une lutte entre les *majores gentes* et une nouvelle élite : les *minores gentes*, que Tarquin l'ancien aurait appelés à faire partie du Sénat avec les *majores gentes*. « Les familles patriciennes ne paraissent pas avoir été très fécondes — dit Ch. Lécrivain (1). — On a soutenu à tort que le chiffre normal des enfants avait été de cinq... L'histoire des familles patriciennes aboutit... à la même conclusion ; le patriciat de la royauté et de la République est en voie de disparition continuelle... On peut donc admettre que Tarquin a comblé les vides du Sénat en élevant au patriciat les *minores gentes*. » Il s'agirait ici, par conséquent, d'une infiltration, qui, d'ailleurs, paraît avoir eu pour origine l'annexion des cités palatine et quirinale. Pourtant des indices de rivalité entre les *majores* et les *minores gentes* ne manquent pas (2). Naturellement,

(1) Dict. Daremb. Saglio, s. v. *Gens*, p. 1514.

(2) Niebuhr, *Hist. rom.*, trad. franç., II, p. 153 : « En 253, ils [les *minores gentes*] reprennent possession de la seconde place [de consul] ; néanmoins on ne leur garda pas plus de foi qu'eux-mêmes, quand ils furent réunis à leurs anciens oppresseurs, n'en gardèrent ensuite à la commune, et plus d'une fois ils furent repoussés de la place qui leur revenait » ; p. 209 : « Nous sommes sûrs de ne pas nous tromper, en affirmant qu'en 269, ce qui prévint l'entier asservissement de la commune, c'est qu'une nombreuse partie de l'oligarchie, se voyant exclue du consulat, s'unit à elle. » Voilà donc les B qui s'unissent au C. A peine ils ont obtenu ce qu'ils voulaient, ils se retournent contre les C ; p. 211 : Tout fait penser que les *majores gentes* comprirent alors les conséquences de la scission qui s'était faite parmi les patriciens, et qu'il y eut une réconciliation que rien ne vint plus troubler : à dater de ce moment, ce sont précisément les *minores* qui montrent le plus d'animosité contre « la commune ». Ce que Niebuhr appelle « la commune » n'est autre que l'ensemble d'une nouvelle élite des D et des C.

Le témoignage d'historiens, tels que Niebuhr, Mommsen,

quand les *minores* eurent le pouvoir, en partage avec les *majores*, ils devinrent aussi durs que ceux-ci envers le reste du peuple (1).

A peine la république est établie, commence, selon l'opinion vulgaire, la lutte entre « l'aristocratie » et le « peuple » (2), en réalité, entre l'ancienne aristocratie et une nouvelle aristocratie, qui surgit des classes inférieures. « Le combat se concentre à l'intérieur parmi les citoyens. A côté se fait sentir un second mouvement parallèle, celui des non-citoyens qui aspirent à la cité. De là les agitations de la plèbe, des Latins, des Italiens, des affranchis. Tous, qu'ils portent déjà le nom de citoyens, comme les plébéiens et les affranchis, ou que ce nom leur soit refusé encore, comme aux Latins et aux Italiens, tous ressentent le besoin d'égalité politique et la réclament (3) ». Ce n'est qu'une partie de la vérité. Ce sont les nouvelles élites qui poussent leurs troupes à l'assaut et qui leur promettent l'égalité politique et, mieux encore, les biens des adversaires. « Le désespoir de leurs pauvres est l'arme la plus puissante de leurs chefs, dont les griefs seraient indifférents aux premiers, si les lois ne

Duruy, etc., en faveur de notre théorie est précieux, car ces savants ne connaissant pas cette théorie et ayant même des conceptions qui lui sont absolument contraires, n'ont pu être guidés par des idées préconçues pour interpréter les événements et trouver des arguments en sa faveur, mais ont dû y être amenés par la force irrésistible des faits.

(1) Tite-Live, III, 65 : *Quiescenti plebi ab junioribus patrum injuriae fieri coeptae.* Il ne faut pas traduire *juniores patrum* par « les jeunes patriciens » ; c'est des *minores gentes* qu'il s'agit.

(2) E. Belot, *Hist. des chevaliers rom.*, Paris, 1873, II, p. 8, écrit : « On n'est pas encore habitué, en France, à considérer la lutte soutenue par la plèbe, d'abord contre le patriciat, puis contre la noblesse, comme celle de deux aristocraties presque également fières et puissantes. Il serait pourtant difficile d'imaginer qu'elle ait pu être autre chose. »

(3) Mommsen, *Hist. rom.*, trad. franç., II, p. 3-4.

les réunissaient en une seule corporation (1) ». Les pauvres, à Rome, suivaient leurs chefs, parce qu'ils espéraient « l'affranchissement des dettes et quelques terres en propriétés (2) ». Tout le monde sait qu'il existait une noblesse plébéienne, aussi riche, et qui voulait devenir aussi puissante que l'ancienne. « La force du peuple était passée dans la plèbe, ou multitude, qui déjà comptait dans ses rangs et en grand nombre des hommes notables et riches (3) ». C'est la nouvelle élite qui marche à la conquête du pouvoir. Elle déguise ses prétentions sous le voile de réclamations en faveur de la multitude, mais celles-ci sont un moyen, non un but. A la multitude, ses chefs promettront des lois agraires et l'affranchissement des dettes, exactement comme, plus tard, les candidats à l'empire promettront un *donativum* aux légions.

L'élite des plébéiens entra au Sénat, et, si la tradition est exacte, y eut à peu près la moitié des places. Alors « on voit naturellement la classe riche profiter en masse des avantages matériels que la noblesse fait abusivement sortir de ses privilèges dans l'ordre politique ; et le mal descend d'autant plus pesant sur l'homme du peuple, qu'en entrant dans le Sénat les personnages les plus habiles et les plus capables de conduire la résistance passent des rangs des opprimés dans les rangs des oppresseurs (4) ». Mais l'ancienne aristocratie conservait

(1) NIEBUHR, *Hist. rom.*, I, p. 550. Il parle des Irlandais et les compare aux Romains.

(2) NIEBUHR, *ibidem*, p. 551.

(3) MOMMSEN, *Hist. rom.*, II, p. 16.

(4) MOMMSEN, *ibidem*, II, p. 35. Les termes d'*opprimés* et d'*oppresseurs* sont de trop. Il ne s'agit que d'une nouvelle élite qui arrive au pouvoir.

Le nombre des sénateurs plébéiens alla en augmentant. L'ancienne aristocratie disparaissait, la nouvelle prenait sa place. En

encore des droits dont elle voulait jouir exclusivement. La lutte recommença donc pour le partage des charges curules ; elle fut longue, « car il ne s'agissait plus ici de satisfaire des intérêts généraux, mais seulement l'ambition de quelques chefs du peuple. Aussi l'attaque, bien que vive, fut mal soutenue ; et les plébéiens, contents du nom, laissèrent longtemps la chose. Nous les verrons, au moment suprême, prêts à abandonner Licinius Stolon et le consulat pour quelques arpents de terre (1) ». Ils n'avaient peut-être pas tort ; les arpents de terre étaient au moins un bien tangible. Tels, de nos jours, bien des socialistes, en France, ne trouvent pas que l'honneur qu'on a fait à un de leurs chefs, en l'accueillant dans le ministère Waldeck-Rousseau, puisse leur tenir lieu du partage des biens des bourgeois.

A Rome, « depuis que l'aristocratie plébéienne, s'emparant du tribunat, l'avait tourné vers ses fins, les lois agraires et de crédit avaient été laissées de côté, en quelque sorte, et pourtant il ne manquait ni de territoire nouvellement conquis, ni de citoyens pauvres, ou allant s'appauvrissant, dans la campagne (2) ». Mais comme, à une certaine époque, tout candidat à l'empire finira par se persuader qu'il n'y a rien à faire si l'on ne paye les soldats, de même « un jour enfin, exclue jusqu'alors des bénéfices de l'égalité politique par la résistance des nobles, auxquels l'indifférence du peuple était venue en

179, selon Willems, *Le sénat de la république romaine*, sur trois cent quatre sénateurs, il y en avait quatre-vingt-dix-huit patriciens et deux cent seize plébéiens. « Sulla — dit Niebuhr, III, p. 280 — ne put faire rétrograder la constitution au-delà de la loi de Licinius, parce que les familles patriciennes étaient la plupart éteintes et que les familles plébéiennes voulaient aussi trouver des avantages dans son système. »

(1) DURUY, *Hist. des Rom.*, I. p. 223.

(2) MOMMSEN, *Hist. rom.*, II, p. 67.

aide, l'aristocratie plébéienne scella le pacte d'alliance avec la foule malheureuse, isolée et impuissante en face du patriciat (1) ».

La nouvelle aristocratie triomphe ; les lois *Liciniae sextiae* établissent en apparence l'égalité entre les citoyens ; en réalité « après comme avant, le gouvernement resta aristocratique (2) ». Le hasard donne souvent une forme concrète à certains rapports abstraits. L'auteur des nouvelles lois, Gaius Licinius Stolon, fut condamné le premier en vertu de sa loi (3) ; il dut être étonné qu'on lui appliquât une loi qui avait été faite seulement pour procurer des troupes à sa classe.

Le mouvement de circulation des élites recommence. « Un nouveau gouvernement aristocratique s'était constitué ; en face de lui s'éleva aussitôt un parti d'opposition... ils [les nouveaux opposants] prennent en main la cause des petites gens, celle surtout des petits cultivateurs (4). » C'est-à-dire que la nouvelle élite recrute des adhérents là où elle en peut trouver, là où du reste on avait recruté celle qui venait d'arriver au pouvoir.

Une autre élite entre en scène. La classe rurale propre-

(1) Mommsen, *Hist. rom.*, II, p. 69.

(2) Mommsen, *ibidem*, p. 83.

(3) Val. Max., VIII, 6, 3. A ce sujet, Niebuhr est singulier. Il commence par s'indigner, III, p. 1-2, contre les détracteurs de G. Licinius Stolon ; ensuite, p. 47, comme s'il ne se rappelait plus ce qu'il vient de dire, il ajoute, après avoir cité la condamnation de G. Licinius Stolon : « C'est un triste exemple de la puissance de l'avarice, même sur ceux que l'honneur devrait mettre le plus en garde contre elle ; ou, si l'on veut, cet exemple prouve que les bienfaits ne partent pas toujours des mains les plus pures. »

(4) Mommsen, *ibidem*, p. 84. Plus loin, p. 85 : « Déjà au sein de l'égalité civile conquise depuis la veille, s'étaient montrés les premiers éléments d'un parti aristocratique et d'un parti démocratique nouveaux. » Mommsen décrit ainsi, sans le savoir, le phénomène des élites qui se succèdent les unes aux autres.

ment romaine allait en s'épuisant et en disparaissant. « Au-dessous du plébéien devenu quirite, en dehors des centuries et des tribus, vivaient les affranchis (1) qui déjà pullulaient, les gens de métier, les marchands, les habitants des municipes, *sine suffragio*, qui s'étaient établis à Rome, les *aerarii* enfin,..... comptant parmi eux des hommes riches, actifs, intelligents (2). » Niebuhr dit fort bien que « les municipes rajeunissaient la nation en lui fournissant de nouvelles familles (3) » (III, p. 11). Dorénavant c'est le grand fait qui dominera l'histoire romaine. De proche en proche, Rome moissonnera toutes les élites des peuples voisins (4) ; elle succombera quand elle les aura toutes dévorées.

(1) Les affranchis sont évidemment une élite des esclaves. Une très petite partie des affranchis aura dû la liberté au vice, le plus grand nombre la devait à des qualités de caractère, d'intelligence, d'activité, d'aptitude à des travaux variés. Au point de vue moral, c'était pourtant une élite de qualité inférieure.

(2) Duruy, *Hist. des Rom.*, I, p. 287.

(3) Une sélection intelligente eut lieu. Ceux qui, dans leur municipe, obtenaient une charge devenaient citoyens romains. Gaius, I, 96 : *Ei qui honorem aliquem aut magistratum gerunt, civitatem romanam consecuntur.* Cic., *Philipp. tertia*, VI, 15 : *Videte, quam despiciamur omnes, qui sumus e municipiis, id est, omnes plane : quotus enim quisque non est ?*

(4) Duruy, *Hist. des Rom.*, V, p. 529 : « Ainsi par une loi fatale que produisait le rayonnement de la civilisation romaine autour de l'Italie et par l'effet de la prospérité générale, il arrivait, pour chaque province, un moment où les hommes que le maniement des affaires municipales avait formés, ou que le commerce avait enrichis, étaient naturellement revendiqués par l'État pour ses divers services. Au second siècle, cette nouvelle noblesse remplissait, à Rome, le sénat ; à l'armée, le prétoire ; partout la haute administration. »

Les faits sont vrais. L'interprétation est de celle qui sont puisées dans la rhétorique et la métaphysique et qu'affectionnent malheureusement encore les historiens. « La loi fatale que produisait le rayonnement de la civilisation romaine » peut aller rejoindre « l'horreur de la Nature pour le vide », des anciens

Les *patres* tentèrent de s'appuyer sur l'élite de ces nouvelles classes. Ce phénomène est fréquent ; les restes des anciennes aristocraties tâchent, par de semblables moyens, de se procurer des alliés.

Appius, étant censeur, inscrivit dans les tribus les hommes des nouvelles classes (1), excitant ainsi l'indignation de la noblesse plébéienne qui, depuis qu'elle était au pouvoir, se souciait médiocrement « des petits et des humbles ». A la nouvelle élite on voit appartenir le greffier Cn. Flavius, « sans contredit l'un des hommes les plus marquants de l'époque. » (Niebuhr, III, p. 277).

La réforme d'Appius était, en partie, prématurée ; un changement dans le mode d'inscription des nouveaux citoyens, changement qui diminuait l'importance du vote de ceux-ci, eut lieu peu de temps après. Bientôt le mouvement recommença pour ne plus s'arrêter.

Mais il nous faut abréger et supprimer bien des détails, qui seraient pourtant intéressants, car autrement l'exposé de cet exemple prendrait une extension hors de proportion avec celle du reste de l'ouvrage.

Les élites se manifestent de plusieurs manières, selon les conditions de la vie économique et sociale. L'acquisition de la richesse, chez les peuples commerçants et

physiciens. Comment se distinguent les « lois fatales » des lois non fatales ? Cela ne veut rien dire. Ce sont des explications purement verbales.

Le maniement des affaires municipales n'avait pas seulement « formé » les membres de la nouvelle élite ; le commerce ne les avait pas seulement « enrichis » ; avant tout, c'étaient là des moyens de sélection, c'étaient des mécanismes pour choisir les meilleurs et repousser les pires. Bien entendu que les termes *meilleurs* et *pires* se rapportent ici uniquement aux fonctions que devaient remplir ces hommes.

(1) Tite-Live, IX, 46, parlant de la censure d'Appius, dit : *qui senatum primus libertinorum filiis lectis inquinaverat; et postquam eam lectionem nemo ratam habuit ;... humilibus per omnes tribus divisis, Forum et Campum corrupit.*

industriels, le succès militaire, chez les peuples belliqueux, l'habileté politique et souvent l'esprit d'intrigue et la bassesse de caractère, chez les autocraties, les démocraties et les démagogies, les succès littéraires, chez le peuple chinois, l'acquisition des dignités ecclésiastiques au Moyen Age, etc., sont autant de moyens par lesquels s'effectue la sélection des hommes.

A Rome les chevaliers *equo privato*, après le tribunat des Gracques jusqu'à la fin de la république, sortent pour la plupart des tribus rustiques et sont un produit de la sélection ploutocratique (1); les publicains enrichis venaient en augmenter le nombre.

Mais à côté de cette élite, une autre provenant des milices se formait. Tous les citoyens *sine suffragio*, les *socii* étaient soumis au service militaire ; ainsi la sélection s'étendit bientôt à tous les Italiens et leurs chefs, *praefecti sociorum*, devenaient de droit des citoyens romains. La sélection devint plus intense quand le service sous les drapeaux, au lieu d'être l'occupation temporaire de citoyens, devint un métier (2). Cela commence avec Marius, qui « le premier n'avait plus regardé aux conditions de fortune, jusque-là requises : il avait ouvert les rangs de la légion au plus pauvre volontaire d'entre les citoyens, pourvu qu'il se montrât bon soldat (3) ». Marius, Sulla, César, Octave, représentent des principes politiques diffé-

(1) Cic., *Pro Q. Rosc. comoe.*, XIV, 42 : *Quem tu si ex censu spectas : eques romanus est ; si ex vita : homo clarissimus est.*

(2) Arrius Menander, *Dig.* XLIX, 16, 4, § 10 : *Sed mutato statu militiæ recessum a capitis poena est, quia plerumque voluntario milite numeri supplentur.*

(3) Mommsen, *Hist. rom.*, V, p. 120. Plus loin, p. 167 : « Pour moi, en introduisant les enrôlements à l'intérieur, Marius, militairement parlant, a sauvé l'Etat, de même que bien des siècles après, en recourant aux enrôlements de l'étranger, Stilicon et Arbogaste prolongeront encore pour quelque temps son existence. »

rents, mais, au fond, il sont tous également les chefs de la nouvelle élite, produite par la sélection militaire, élite qui, s'alliant avec celle des chevaliers, fondera l'empire et le conservera pendant des siècles.

Sulla, le restaurateur du gouvernement aristocratique, dut son triomphe aux hommes nouveaux. A Nola, quand deux tribuns vinrent pour lui arracher ses légions et les donner à Marius, pour la guerre d'Asie, les officiers, sauf un questeur, abandonnent Sulla, mais les soldats lui demeurent fidèles, et c'est à leur tête qu'il entre dans Rome et impose sa volonté. Longtemps l'armée représenta une élite, qui, comme toutes les élites, sourdait des classes inférieures. « Il était inévitable — dit Duruy en parlant de l'empire (1) — que la force militaire, restée seule vivante dans la ruine des autres institutions d'Auguste, dominât tout. Les contemporains ne s'en étonnaient pas. Durant des siècles, l'armée avait été le peuple romain sous les armes ; ce lointain souvenir n'était pas absolument effacé ; et, malgré sa composition, l'armée qui défendait l'empire était le seul corps qui parût digne de le représenter. Saint Jérôme pensait ainsi, car il compare l'élection de l'évêque par les prêtres à l'élection de l'empereur par les soldats. »

C'est d'ailleurs un fait général, qui se présente souvent dans l'évolution sociale. « Les premières républiques chez les Grecs, après que la royauté eut cessé, étaient constituées des guerriers (2). » De nouveau, au Moyen Age, en Europe, la noblesse féodale concentre le pouvoir dans une élite de guerriers.

Claude étendit à la Gaule le choix de l'élite pour remplir la curie, Vespasien, aux autres provinces ; avec

(1) *Hist. des Rom.*, VI, p. 361-362.
(2) Aristote, *Polit.*, IV, 10, 10.

Trajan, l'Espagne donna un empereur à Rome ; ensuite les barbares mêmes revêtirent la pourpre.

Le bas empire arrêta en grande partie la circulation des élites par des dispositions qui attachaient chaque homme à sa profession. L'agriculteur ne pouvait plus abandonner son champ, l'artisan sa corporation, le décurion sa curie.

En l'an 400, l'empereur Honorius ordonne de rechercher les *collegiati* et partout où on les trouvera (*ubicumque terrarum reperti fuerint*) de les ramener, sans aucune exception, à leur profession (*ad officia sua sine ullius nisu exceptionis revocentur*) (1). En l'an 458, l'empereur Majorien édicte de nouveau des dispositions semblables, il veut qu'on remette dans leur état originaire tous ceux « qui ne veulent pas être ce qu'ils sont nés » (*qui nolunt esse, quod nati sunt*) (2). « Le lien de l'origine — dit H. Wallon (3) — est le seul qui, dans cette dissolution de de toutes choses, semble assez fort et assez général pour contenir l'Etat ; la fatalité de la naissance, telle est la loi suprême de l'empire... Rome avait traversé la civilisation de la Grèce pour en venir au régime des castes de l'Orient. » Les gaspillages du socialisme d'Etat (4) détruisaient la richesse, l'institution des castes immobilisait les hommes, les nouvelles élites ne pouvaient donc ni se former ni s'élever et prendre la place de l'élite absolument dégénérée qui gouvernait. « Le mouvement ascensionnel — dit Waltzing (5) — qui renouvelle et maintient la classe moyenne et la classe supérieure, était arrêté. »

(1) *Cod. Theod.*, XII, 19, 1.

(2) *Nov. Major.*, VII, § 7.

(3) *Hist. de l'esclav.*, III, p. 220.

(4) Voir le chap. III.

(5) *Etude hist. sur les corpor. prof. chez les Romains*, II, p. 263.

Cette société était atteinte dans ses parties vitales : c'était un corps qui se mourait. L'invasion barbare la sauva, non seulement parce qu'elle lui apporta une élite du dehors, mais surtout parce qu'elle brisa les barrages qui empêchaient la circulation des élites. Les artisans, les bourgeois, qui vont créer les prospères républiques italiennes, ne sont pas une élite venue du dehors ; ils viennent de la race indigène, seulement la constitution du bas empire leur aurait empêché de s'élever ; ce qu'on a appelé l'*anarchie* du Moyen Age le leur permet. La circulation des élites recommence, et avec elle revient la prospérité.

Vers la fin de l'empire romain apparaît un moyen de sélection, différent sous bien des rapports de ceux qu'on avait vus à l'œuvre jusqu'alors : l'Eglise. Celle-ci, au Moyen Age, attirera à elle à peu près tout ce qu'il y a d'hommes cultivés et intelligents (1). A cette époque il n'y aura guère d'autres moyens de choisir les hommes que la carrière ecclésiastique et celle des armes. Un peu plus tard, les communes naîtront, grâce à un troisième mode de sélection : le commerce et l'industrie, et c'est cette nouvelle élite qui peu à peu prendra la place des deux autres.

La sélection qui s'exerçait au sein des communautés chrétiennes n'a pas échappé à la plupart des historiens. « Dès le IIIe siècle, les chefs des communautés, c'est-à-dire les anciens et les surveillants, devenus des dignitaires permanents et inamovibles, formèrent entre eux une véritable corporation, un clergé, κλῆρος, qui se distingua et se détacha de la foule, λαός, c'est-à-dire des laïques...

(1) Ceux qu'on appelle aujourd'hui les « intellectuels », en France, ignorent qu'ils représentent, en partie du moins, ce qu'étaient au Moyen Age les gens appartenant à l'Eglise. Pourtant ces derniers, si l'on compare chacune de ces élites au reste de la population, paraissent avoir été supérieurs aux « intellectuels » de nos jours.

Prêtres et évêques étaient élus par les laïques. Ils étaient à l'égard de la société religieuse un corps dirigeant, un gouvernement; mais ce gouvernement n'émanait d'aucune autre source que de la société religieuse elle-même (1). » D'ailleurs, l'élection ne s'inspirait pas à des principes exclusivement religieux, elle choisissait souvent des membres de l'élite civile.

« La carrière ecclésiastique, particulièrement du ve au xiie siècle, était ouverte à tous. L'Eglise se recrutait dans tous les rangs, dans les inférieurs comme dans les supérieurs, plus souvent même dans les inférieurs (2). Autour d'elle tout était placé sous le régime du privilège; elle maintenait seule le principe de l'égalité, de la concurrence (3); elle appelait toutes les supériorités légitimes à la possession du pouvoir (4). »

Peu à peu le gouvernement de l'Eglise devient de plus en plus aristocratique, ensuite il incline vers la monarchie, et la suprématie de l'évêque de Rome s'établit. Mais cela n'arrête pas, dans le sein de l'Eglise même, l'éclo-

(1) Fustel de Coulanges, *L'invasion germanique*, p. 67.

(2) C'est des classes inférieures que surgissent les nouvelles élites.

(3) La concurrence est le seul moyen connu pour une sélection efficace.

(4) Guizot, *Hist. de la civil. en Europe*, p. 139-140. L'auteur n'avait qu'à généraliser ces conceptions et il serait arrivé à la théorie des élites.

Ce qui empêche, en des cas semblables, d'arriver à découvrir la vérité, c'est qu'au lieu de rechercher exclusivement les rapports qu'ont entre eux les faits, on les considère à un point de vue moral ou pratique. Ici, Guizot pense principalement aux mérites et aux défauts que peut avoir eu l'Eglise et aux applications que ces considérations peuvent avoir en notre temps. Absorbé par ces idées, les rapports purement objectifs des faits lui échappent. Tel est le cultivateur qui distingue les plantes en *bonnes* et en *mauvaises* herbes, sans se soucier autrement de leur classification botanique.

sion de nouvelles élites. Celles-ci revêtent d'une forme religieuse leurs revendications, parce que c'était alors la langue dans laquelle s'exprimaient les discussions sociales, parfois elles se séparent entièrement de l'ancienne élite et alors naissent des schismes ou des hérésies, parfois l'ancienne élite parvient à les absorber et à user de leur énergie pour raffermir son pouvoir. C'est ainsi que vers le XIe siècle apparaissent les *Cathares*, et que la lutte aboutit, au XIIIe siècle, aux croisades contre les Albigeois. D'autre part, Rome parvient à faire dévier le mouvement de réformation de saint François d'Assise et à absorber la nouvelle élite. Elle a encore assez de puissance et d'énergie pour mettre en œuvre le principe : *parcere subjectis et debellare superbos.*

Le Moyen Age vit un essai extrêmement intéressant : celui d'une organisation chez laquelle le pouvoir aurait été exclusivement exercé par une certaine élite intellectuelle. Si cet essai avait réussi, si les papes avaient pu réaliser leurs desseins de domination absolue sur toute la chrétienté, il est probable que le caractère religieux de l'élite dominante aurait été peu à peu en s'effaçant et que les caractères littéraires et scientifiques auraient pris le dessus. L'Europe actuelle aurait à certains égards ressemblé à ce qu'est la Chine. L'évolution ne suivit pas ce cours parce que, d'une part, et c'est le fait le plus important (1), l'élite guerrière ne se laissa pas déposséder, et que, d'autre part, les membres de l'élite intellectuelle ne de-

(1) Le légiste, le médecin, l'alchimiste, et, plus tard, le littérateur sont protégés par le prince contre l'Église.

On ne pouvait se soustraire à la domination de l'Église de Rome que grâce à la protection de l'élite guerrière, qui se divisait et ne demeurait pas toute fidèle à Rome. C'est au glaive des princes que la Réforme doit son succès en Allemagne, si cet appui lui avait manqué, elle aurait eu la fin de l'hérésie des Albigeois.

meurèrent pas unis ; un mouvement se produisit tendant à séparer de plus en plus l'élite religieuse de l'élite intellectuelle, qui trouvait de nouveaux débouchés dans les études du droit, les recherches scientifiques et principalement dans les occupations économiques. Un moment l'élite religieuse et l'élite intellectuelle avaient été entièrement confondues, un jour elles devinrent rivales, ennemies, et de ce jour commence la décadence de l'élite religieuse. Celle-ci, après s'être affaiblie, se réconcilia non seulement avec son ancienne rivale : l'élite guerrière, mais se mit entièrement sous sa dépendance.

On ne peut rien comprendre à ces événements, si l'on ne sépare le fond de la forme. Le fond c'est le mouvement de circulation des élites, la forme est celle qui domine dans la société où le mouvement a lieu. Ce sera une dispute de lettrés en Chine, une lutte politique à Rome anciennement, une controverse religieuse au Moyen Age, une lutte sociale de nos jours. Tel mécontent qui vivait au Moyen Age, exprimait alors son besoin de réforme par des considérations religieuses et puisait ses arguments dans l'évangile ; s'il vivait maintenant, il exprimerait le même besoin par des théories socialistes et puiserait ses arguments dans Marx (1).

(1) J. Janssen met comme épigraphe au Ve volume de son ouvrage, *L'Allemagne et la réforme*, cette citation de La Huguerye : « La religion ne sert plus que de masque aux affaires de notre temps. »

Guizot, *Hist. de la civil. en Europe*, p. 171 : « Parcourez l'histoire du ve au xvie siècle : c'est la théologie qui possède et dirige l'esprit humain. » Il faudrait dire que les manifestations de l'esprit revêtent une forme théologique. « Toutes les opinions sont empreintes de théologie ; les questions philosophiques, politiques, historiques, sont toujours considérées sous un point de vue théologique. »

Même les matières amoureuses revêtent une forme quelque peu théologique. Une admirable satire de cette tendance se

Mais si tel est le fond des sentiments qui poussent les hommes à l'action, le choix des élites se ressent des formes sociales. Ces élites n'ont rien d'absolu ; il peut y avoir une élite de brigands comme une élite de saints. Le clergé au temps des Cathares et, ensuite, de saint François d'Assise, était corrompu et immoral, tandis que, nominalement, le mode de sélection demeurait la perfection religieuse et morale. Or, sous ce rapport, les Cathares et les Franciscains étaient réellement une élite, bien que, sous d'autres rapports, tels que celui du progrès économique et social, le clergé, tout corrompu qu'il était, pût leur être supérieur. Plus tard, lorsque se produisit la grande oscillation religieuse du XVIe siècle, l'avènement d'une nouvelle élite non seulement dans les contrées qui se séparaient de Rome, mais encore et surtout à Rome même, mit fin à la brillante époque de la Renaissance, et retarda, peut-être de plusieurs siècles, l'établissement de la tolérance religieuse.

La sélection civile qui, dans les Gaules, opérait encore, au IVe siècle, concurremment avec la sélection religieuse, disparait vers le Ve siècle. « C'étaient surtout les jeunes gens des classes supérieures qui fréquentaient les écoles : or, ces classes étaient... en pleine dissolution. Les écoles tombaient avec elles ; les institutions subsistaient encore, mais vides ; l'âme avait quitté le corps (1) ».

Une évolution semblable avait lieu pour la société militaire. Celle-ci avait fini par réduire sous son pouvoir tout ce qui n'appartenait pas à la société religieuse ; mais alors commença sa décadence, sous l'influence, principalement, de forces économiques. C'est en Italie que le phénomène s'observe le mieux, parce que c'est dans

trouve dans Boccace, et surtout dans les discours de *Fra Timoteo*, dans la *Mandragola* de Machiavel.

(1) GUIZOT, *Hist. de la civil. en France*, I, p. 118.

ce pays que commence la renaissance économique. Déjà, au temps du Dante, l'ancienne noblesse florentine était en décadence et une nouvelle élite se mettait à sa place (1). La riche bourgeoisie entre en lutte avec la no-

(1) *Enfer*. XVI :

(73) *La gente nuova e i subiti guadagni*
Orgoglio e dismisura han generata,
Fiorenza, in te, sì che tu già ten piagni.

Dans le xvie chant du *Paradis*, il décrit l'invasion de la nouvelle élite :

(61) *Tal fatto è fiorentino, e cambia e merca,*
Che si sarebbe volto a Simifonti,
Là dove andava l'avolo alla cerca.

et la décadence de l'ancienne :

(76) *Udir come le schiatte si disfanno*
Non ti parrà nuova cosa nè forte,
Poscia che le cittadi termine hanno.

Il continue et nomme des familles autrefois riches et puissantes, et qui, de son temps, étaient déchues.

M. Salvemini, *Magnati e popolani in Firenze*, p. 24, cite d'autres exemples. Villani parle de nobles réduits à travailler la terre. Les comtes de Tintinnano, après avoir vendu leur château aux Salimbeni, vers la fin du xiiie siècle, vivaient d'aumônes.

M. Salvemini a assez bien décrit les luttes entre les diverses élites, mais sans voir le mouvement général. On trouvera beaucoup de bons renseignements dans son ouvrage. Mais il se trompe entièrement, lorsqu'il s'imagine que les communes italiennes, n'ayant aucune liberté économique, n'ont pu devoir leur prospérité à cette liberté. Non seulement les républiques les plus prospères, telles que Venise et Florence, avaient une meilleure monnaie et moins d'entrave au prêt d'argent qu'ailleurs, mais le fait même, que personne ne songe à nier, que leur commerce était très étendu, prouve que des mesures prohibitives efficaces pour empêcher ce commerce n'avaient pas été adoptées. La mesure de la liberté *réelle* du commerce étranger se trouve dans le développement de ce commerce. Le but du système protectionniste, ou prohibitif, est précisément de restreindre ce commerce et ce n'est que dans la mesure où ce but est atteint, que ces systèmes sont efficaces.

Voyez, au chap. xv, d'autres semblables erreurs, provenant de cette manière simpliste de considérer les choses, et de la substitution de rapports qualitatifs à des rapports quantitatifs.

blesse féodale ; mais bientôt une nouvelle couche veut se frayer la voie et la lutte a lieu entre la bourgeoisie et le peuple (1). Toute personne qui étudie l'histoire de Florence est frappé du parallélisme de l'évolution sociale de la république de Florence et de la république romaine ; l'analogie s'étend même à des points secondaires : c'est ainsi que le principat des Médicis vient mettre un terme à l'ochlocratie à Florence, comme le principat d'Auguste mit un terme à l'ochlocratie à Rome (2).

Nous devons encore répéter, car de toute part les faits nous reconduisent à cette observation, que les historiens souvent ne voient ces événements qu'à travers le voile de leurs passions et de leurs préjugés, nous décrivant comme un combat pour la conquête de la liberté une simple lutte de deux élites concurrentes. Ils croient et veulent nous faire croire que l'élite, qui en réalité cherche

(1) Ces faits, aussi nombreux que bien connus, s'observent dans tous les pays. A. Luchaire, *Hist. des inst. monarch. de la France*, II, p. 161 : « On doit se garder de partager l'admiration exagérée de certains historiens pour le caractère libéral et démocratique du courant d'opinion qui a produit les communes. Ces sociétés de marchands, véritables baronnies au petit pied, devinrent bien vite et presque partout des castes héréditaires, accaparèrent toutes les fonctions municipales, tyrannisèrent la population inférieure (généralement composée de gildes, d'artisans), en faisant peser sur elle tous les impôts, et provoquèrent ainsi les haines furieuses et les rébellions qui amenèrent, au XIVe siècle, la transformation plus ou moins violente des communes, dans le sens démocratique. En général, les municipalités indépendantes du XIIe siècle sont déjà des aristocraties étroites et jalouses, aussi promptes à refuser la liberté au même peuple, qu'à la revendiquer contre le seigneur. »

Ce que M. Luchaire appelle « la transformation dans le sens démocratique » est simplement l'avènement d'une nouvelle élite.

(2) Il ne faut pas trop généraliser en ces matières. Pourtant, il n'est pas impossible qu'une fin semblable attende l'ochlocratie jacobine qui commence à poindre maintenant.

à s'emparer du pouvoir pour en user et en abuser tout autant que celle qu'elle veut déposséder, n'est mue que par le pur amour du prochain, ou, si l'on veut faire usage de la phraséologie de notre époque, par le désir du bien « des petits et des humbles ». Ce n'est que lorsqu'ils veulent combattre certains adversaires que ces historiens finissent par découvrir la vérité, au moins en ce qui concerne ces adversaires. C'est ainsi que Taine perce à jour les déclamations des jacobins et nous montre les cupides intérêts qu'elles recouvraient. De même Jean Janssen nous montre des dissensions théologiques qui ne sont que le voile très transparent d'intérêts exclusivement terrestres. Son ouvrage décrit d'une façon remarquable comment les nouvelles élites, quand elles arrivent au pouvoir, traitent leurs alliés de la veille, « les petits et les humbles », qui se trouvent simplement avoir changé de joug (1). De même encore, de nos jours, les socialistes

(1) Cet auteur, II, p. 608, trad. franç., cite une chanson faite après la révolte des paysans :

On nous avait dit : Vous deviendrez riches,
Vous serez heureux, considérés !
On nous avait promis cent félicités ;
C'est ainsi qu'on nous a égarés !
Sommes-nous devenus riches ?
Oh ! que Dieu ait pitié de nous !
Le peu que nous avions, nous l'avons perdu !
C'est maintenant que nous sommes pauvres !

On pourra peut-être chanter encore quelque chose de semblable après la révolution sociale qui se prépare actuellement. De Goncourt, *Hist. de la soc. franç. pendant le Directoire*, p. 394 : « La voilà réalisée par les destins moqueurs, au delà même de la pensée du prophète, la prophétie de Dumouriez, « qu'une nouvelle aristocratie allait remplacer celle de la monarchie »... Qu'un petit avocat à brevet ait amassé quinze ou dix-huit millions, que le républicain, père de quatre enfants, mette dans la corbeille de mariage d'une de ses filles huit cent mille livres ; que, sortant du Directoire, le républicain emporte pour

ont fort bien vu que la révolution de la fin du XVIIIe siècle avait simplement mis la bourgeoisie à la place de l'ancienne élite, et ils ont même considérablement exagéré le poids de l'oppression des nouveaux maîtres, mais ils croient sincèrement qu'une nouvelle élite de politiciens tiendra mieux ses promesses que celles qui se sont succédé jusqu'à ce jour. Du reste, tous les révolutionnaires proclament, successivement, que les révolutions passées n'ont abouti en définitive qu'à duper le peuple ; c'est seulement celle qu'ils ont en vue qui sera la *vraie* révolution (1). « Tous les mouvements historiques — disait,

ses galas futurs un service de porcelaine de douze mille livres... » Ces *sensibles humanitaires* s'entendaient à jouir de la vie.

PH. BUONARROTI, *Conspiration pour l'égalité dite de Babœuf*, se plaint fort du joug que la nouvelle élite jacobine avait imposé au peuple, p. 48 : « Dès que le gouvernement révolutionnaire fut passé entre les mains des égoïstes, il devint un véritable fléau public. Son action... démoralisa tout ; elle rappela le luxe, les mœurs efféminées et le brigandage ; elle dissipa le domaine public... C'était au maintien de l'inégalité et à l'établissement de l'aristocratie que tendaient évidemment, à cette époque, les efforts du parti dominant. » p. 66 : « Après le combat du 13 vendémiaire, ceux que l'amour de l'égalité avait menés à la victoire, sommèrent les chefs de cette journée de tenir la promesse qu'ils avaient faite de rétablir les droits du peuple : ce fut en vain. »

Si les amis de Buonarrotti étaient arrivés au pouvoir, d'autres auraient dit d'eux ce que Buonarroti dit des gens qui gouvernaient, ce que Jules Guesde dit des socialistes arrivés au pouvoir en 1900.

(1) Il faudrait un volume pour citer tous les exemples. En voici un des plus récents. P. KROPOTKINE, *La conquête du pain*, Paris, 1894, p. 65 : « Si la prochaine révolution doit être une révolution sociale, elle se distinguera des soulèvements précédents, non seulement par son but, mais aussi par ses procédés... Le peuple se bat pour renverser l'ancien régime : il verse son sang précieux. Puis, après avoir donné le coup de collier, il rentre dans l'ombre. Un gouvernement composé d'hommes plus ou moins honnêtes se constitue, et c'est lui qui se charge d'organiser. »

en 1848, le *Manifeste du parti communiste* — ont été, jusqu'ici, des mouvements de minorités au profit de minorités. Le mouvement prolétaire est le mouvement spontané de l'immense majorité au profit de l'immense majorité. » Malheureusement, cette *vraie* révolution, qui doit apporter aux hommes un bonheur sans mélange, n'est qu'un décevant mirage, qui jamais ne devient une réalité ; elle ressemble à l'âge d'or des millénaires ; toujours attendue, toujours elle se perd dans les brumes de l'avenir, toujours elle échappe à ses fidèles au moment même où ils croient la tenir.

Le socialisme a certaines causes qui se trouvent dans presques toutes les classes de la société et d'autres qui diffèrent selon les classes.

Parmi les premières il faut mettre les sentiments qui poussent les hommes à compatir aux maux de leurs semblables et à y chercher un remède. Ce sentiment est des plus respectables et des plus utiles pour la société, dont, à proprement parler, il est le ciment.

Aujourd'hui presque tout le monde adule les socialistes, parce qu'ils sont devenus puissants ; mais le temps n'est pas loin où beaucoup de personnes ne les estimaient guère plus que des malfaiteurs. Rien n'est plus faux qu'un tel point de vue. Les socialistes jusqu'à présent n'ont certes pas été moralement inférieurs aux membres des partis « bourgeois », surtout de ceux qui se servent de la loi pour prélever des tribus sur les autres citoyens, et qui constituent ce qu'on peut appeler le « socialisme bourgeois ». Si les « bourgeois » étaient animés du même esprit d'abnégation et de sacrifice en faveur de leur classe que le sont les socialistes en faveur de la leur, le socialisme serait loin d'être aussi menaçant qu'il l'est actuellement. La présence de la nouvelle élite dans ses rangs est précisément attestée par les qualités morales que ses adeptes déploient, et qui leur a permis de traverser victorieusement les rudes épreuves de nombreuses persécutions.

Le sentiment de bienveillance qu'éprouvent les hommes envers leurs semblables, et sans lequel la société n'existerait probablement pas, n'est nullement incompatible avec le principe de la lutte des classes. Une défense même très énergique de ses propres droits peut parfaitement s'allier au respect de ceux du voisin. Chaque classe, si elle veut éviter d'être opprimée, doit avoir la force de défendre ses intérêts, mais cela n'implique point qu'elle doive avoir pour but d'opprimer les autres classes ; au contraire, l'expérience pourrait lui apprendre qu'un des meilleurs moyens de défendre ces intérêts est précisément de tenir compte, avec justice, équité et même bienveillance, de ceux des autres.

Malheureusement, ce sentiment de bienveillance n'est pas toujours très éclairé ; les hommes qui l'éprouvent ressemblent parfois aux bonnes femmes qui se pressent autour d'un malade, auquel chacune conseille un remède. Leur désir d'être utiles au malade est hors de doute, c'est seulement l'efficacité des remèdes qui est douteuse ; l'affection même la plus dévouée qu'elles peuvent sentir pour le malade ne saurait leur procurer les connaissances médicales qui leur font défaut. Quand elles s'adressent à des personnes se trouvant dans le même état d'esprit qu'elles, on finit par choisir un remède à peu près au hasard, parce qu'il faut bien « faire quelque chose » ; et le malade a de la chance si son mal n'empire pas.

Il en est de même dans les questions de pathologie sociale. L'amour le plus ardent pour le prochain, le plus vif désir de lui être utile, ne peuvent en aucune manière suppléer au défaut de connaissance, qui nous empêche d'être sûrs que les mesures que nous proposons n'auront pas un effet opposé à celui que nous espérons et ne finiront pas par augmenter le mal que nous voulons guérir. Mais les personnes qui sont entraînées par la passion supportent malaisément qu'on leur parle ainsi le langage de la raison. Elles veulent « faire quelque chose », n'importe quoi, et s'indignent, entièrement de bonne foi, contre les gens prudents qui ne cèdent pas à cet entraînement.

Tout observateur impartial peut reconnaître que si le socialisme n'a pas pu faire du bien, par des mesures qu'il aurait inspirées directement, il a été, au moins indirectement, un élément essentiel de progrès dans nos sociétés, et cela indépendamment de la valeur logique que peuvent avoir intrinsèquement ses théories. Il importe peu, à un certain point de vue, qu'elles soient fausses, si les sentiments qu'elles inspirent sont utiles. Or, la religion socialiste a servi à donner aux prolétaires l'énergie et la force nécessaires pour défendre leurs droits ; en outre, elle les a moralement relevés. En cette œuvre, si l'on excepte le Trade-Unionisme anglais, elle n'a guère eu de concurrents sérieux, si ce n'est parmi les anciennes religions, dont elle a d'ailleurs stimulé le zèle en faveur des classes populaires. Le socialisme paraît actuellement être la forme religieuse qui s'adapte le mieux aux milieux des ouvriers de la grande industrie ; partout où celle-ci s'établit, la religion socialiste apparaît et recrute des adhérents en proportion du développement de l'industrie. Le socialisme facilite l'organisation des élites qui surgissent des classes inférieures et il est, à notre époque, un des meilleurs instruments d'éducation de ces classes.

Ce que nous venons de dire ne sera pas accepté par les personnes qui confondent encore l'éducation avec l'instruction et qui s'obstinent à vouloir juger de la valeur sociale d'une religion par la valeur logique de ses dogmes. Mais la science sociale nous enseigne que ce sont là des erreurs radicales.

D'autres causes, différentes selon les différentes classes sociales, favorisent le développement du socialisme. En notant les sentiments élevés qui souvent sont une des causes de la croyance socialiste, nous n'avons nullement entendu affirmer que l'or en fût pur de tout alliage, et que le socialisme, par une exception vraiment unique, échappât à l'influence que nos passions et nos intérêts exercent plus ou moins sur toutes nos croyances.

Sous cet aspect on peut voir que les sentiments socialistes forment comme deux fleuves principaux. L'un coule des couches inférieures de la société ; il a ses sources dans les souffrances qu'endurent les hommes de ces couches et dans le désir qu'ils éprouvent d'y mettre fin, en s'emparant des biens dont jouissent les hommes des couches supérieures ou tout simplement dans la convoitise des biens d'autrui. Autrefois, ce n'étaient pas seulement les biens économiques mais aussi les femmes que les classes inférieures enviaient aux classes supérieures. La communauté des biens avait presque toujours pour complément la communauté des femmes. Maintenant cette seconde partie des revendications populaires est laissée dans l'ombre (1). Il y aurait une curieuse étude à faire pour découvrir la cause de ce phénomène. L'autre fleuve vient des couches supérieures ; ses sources sont nombreuses. L'instinct de sociabilité, qui existe dans toutes les classes sociales, a pour conséquence l'existence, chez la plupart des hommes, de sentiments de bienveillance envers leurs semblables. Ces

(1) De nos jours, les partisans de « l'amour libre » se placent volontiers au point de vue de l'intérêt des femmes. Autrefois, la communauté des femmes était défendue principalement au point de vue de l'intérêt des hommes.

sentiments, nous venons de le voir, sont en général favorables aux systèmes socialistes ; mais, en particulier, ils revêtent, dans les classes supérieures, une forme différente de celle qu'ils ont dans les classes inférieures, et d'autant plus différente que la décadence de ces classes supérieures est plus grande.

Les hommes qui sont heureux désirent que leurs semblables le soient aussi, et cette bienveillance s'étend jusqu'aux animaux domestiques. Rien n'est plus respectable ni plus utile ; c'est seulement l'excès qui, comme en toute chose du reste, est nuisible. Il est bon que les parents aiment leurs enfants, il est mauvais qu'ils les gâtent. Or, ces sentiments de bienveillance dégénèrent souvent en rêveries sentimentales, et de là naissent les utopies qui, selon leurs auteurs, doivent faire régner le bonheur sur la terre. Les moyens pour atteindre le but sont en général fort simples ; ils consistent essentiellement à décréter l'abolition de certaines institutions qui existent en même temps que les maux qu'on veut éviter et qui, en vertu du raisonnement *post hoc, propter hoc*, sont jugées cause de ces maux. L'homme est malheureux en société, retournons à l'état de nature, il sera heureux. Les avares désirent l'or, supprimons l'or, nous aurons supprimé l'avarice. Le mariage a ses maux, comme toute autre institution humaine, substituons « l'amour libre » au mariage. Tant que l'élite est pleine de sève et de vigueur, ces divagations ne sont accueillies que dans un petit cercle de littérateurs, de poètes, de *dilettanti*, mais quand l'élite est en décadence, elles deviennent propres à la plupart des personnes qui la composent. Il ne faut pas confondre la bienveillance du fort avec la lâcheté du faible. Etre en mesure de défendre ses intérêts et son droit, et avoir assez d'empire sur soi-même, assez de bienveillance pour ses semblables, pour s'arrêter juste au point où l'on commencerait à empiéter sur les intérêts et le droit d'autrui, est le propre du fort. Au contraire, manquer du courage nécessaire pour se défendre, renoncer à toute résistance, s'en remettre à la générosité du vainqueur, bien plus, pousser la lâcheté jusqu'à l'aider et lui faciliter la victoire, est le propre de l'individu faible et dégénéré. Cet individu ne mérite que du mépris et, pour le bien de la société, il est bon qu'il disparaisse le plus tôt possible.

Non seulement, ainsi que nous l'avons vu, la décadence a pour symptôme principal l'affaiblissement des sentiments virils dont il est indispensable d'être pourvu dans la lutte pour la vie, mais encore elle développe des goûts dépravés, elle pousse les hommes à rechercher de nouvelles et étranges jouissances. Parmi celles-ci il en est une qui apparaît souvent, au moins chez nos races, aux époques de décadence. On éprouve une âpre volupté à s'avilir soi-même, à se dégrader, à bafouer la classe à laquelle on appartient, à tourner en dérision tout ce qui, jusqu'alors, avait été cru respectable. Les Romains de la décadence se ravalaient au niveau des histrions. Déjà, sous Tibère, on avait défendu aux sénateurs d'entrer dans la maison des pantomimes, aux chevaliers de les entourer quand ils paraissaient en public (1). Domitien chassa du Sénat un ancien questeur qui avait la passion de la pantomime (2). On vit des matrones romaines se faire inscrire parmi les prostituées (3). Il est

(1) TACIT., *Ann.*, I, 77 : *Ne domos pantomimorum senator introiret; ne egredientes in publicum, equites romani cingerent.* »

Caton, cité par GELL., XI, 2, dit, qu'auprès des anciens Romains, la poésie n'était pas en honneur; si quelqu'un s'y appliquait et se plaisait à table, on l'appelait parasite.

(2) SUET., *Domit.*, 8.

(3) TACIT., *Ann.*, II, 85. *Dig.* XLVIII, 5, 11 (10), § 2., SUET., *Tib.*, 35 : *Feminae famosae, ut ad evitandas legum poenas jure ac digni-*

inutile de rappeler ce qu'étaient les idées et les mœurs des hautes classes, en France, à la fin du XVIIIe siècle. Ceux qui, après en avoir pris connaissance dans les livres, veulent les voir dans la réalité, n'ont qu'à observer une petite partie, au moins, de la haute bourgeoisie de notre temps. Les hautes classes de la fin du XVIIIe siècle étaient heureuses de s'entendre bafouer sur la scène par Beaumarchais ; maintenant on voit, en quelques pays, la bourgeoisie couvrir d'or les auteurs qui, au théâtre, l'insultent journellement, qui éclaboussent de boue la robe du magistrat, qui salissent de bave tout ce qui constitue la force d'une société. Elle se repaît de livres immondes, auprès desquels le *Satyricon* paraît chaste, et dans lesquels elle est atrocement insultée. Ce n'est pas seulement l'obscénité qui l'attire, c'est la jouissance perverse de voir traîner dans la fange tout ce qu'elle avait respecté jusqu'à ce jour, de voir ébranler les bases de l'ordre social. Les frivolités du théâtre sont redevenues la principale préoccupation d'une société dégénérée (1), qui a perdu toute dignité.

tate matronali exsolverentur, lenocinium profiteri coeperant ; et ex juventute utriusque ordinis profligatissimus quisque, quo minus in opera scenae arenaeque edenda senatusconsulto tenerentur, famosi judicii notam sponte subibant. « Des femmes infâmes, pour éviter les peines de la loi (contre l'adultère) *et pour se débarrasser de la condition et de la dignité de matrone*, s'étaient inscrites parmi les prostituées. Des jeunes gens des deux ordres, pour pouvoir, en dépit des sénatus-consultes, paraître sur la scène et dans l'arène, s'étaient volontairement fait noter d'infamie par un tribunal. »

(1) Au XVIIIe siècle, il y avait au moins encore un peu de résistance. Bachaumont a conservé les couplets du chevalier de Boufflers, sur un certain acteur Molé :

. . . .
Quel autre joujou vous occupe ?
Ce ne peut être que Molet,
Ou le singe de Nicolet.
. . . .

Un magistrat ose, dans ses arrêts, réprimander les personnes qui se refusent à admirer les libres amours des filles-mères, et il est applaudi par des *dilettanti*, qui seraient pourtant au désespoir si leurs filles ou leurs sœurs suivaient ces beaux exemples. Parce que la loi permet le divorce, on prétend, par un singulier sophisme, que celui qui préfère la femme qui n'use pas de ce droit est un contempteur des lois et de « l'esprit républicain ». Pourtant, à Rome, s'il y avait des femmes qui comptaient les années non d'après les consulats mais d'après leurs maris, il y en avait d'autres qui se vantaient, sans qu'une société dégénérée crût qu'elles offensassent les lois, d'avoir été *univirae* (1).

Les hautes classes croient pouvoir se livrer, sans danger, à ces jeux d'esprit socialistes ; et d'ailleurs, si elles admettent parfois l'existence de quelque danger, elles estiment qu'il est fort léger, et il ne sert qu'à aiguiser le plaisir que leur procure ce *sport*.

Tout cela est accompagné de mièvreries sentimentales. On disserte agréablement, au milieu du luxe, sur la misère. L'auteur du *Satyricon* doit vouloir parodier

Généraux, catins, magistrats,
Grands écrivains, pieux prélats,
Femmes de cour bien affligées,

Vont tous lui porter des dragées :
Ce ne peut être que Molet,
Ou le singe de Nicolet.
. . . .

Mais qui, actuellement, oserait écrire des vers aussi irrévérencieux pour les comédiens ?

(1) Orelli, 2742 : *Q. Ragoniae Cyriaceti coniugi dulcissime et incomparibili, uni viriae, caste bone : etc.* Certains de nos socialistes bourgeois auraient peut-être fait marteler cette inscription. *Anth. lat.*, II, p. 275 : *Celsino nupta univira unanimis. Anth. Palat.*, *Epigr. sepul.*, 324 : « ... je repose sous cette pierre, n'ayant délié ma ceinture que pour un seul mari. »

quelque affectation de ce genre, quand il fait dire à Trimalchion : « Mes amis, les esclaves aussi sont des hommes, et ils ont bu le même lait que nous, bien qu'ils aient été opprimés par le destin (1). » Mais un peu avant, Trimalchion avait entendu dire sans sourciller que son esclave Mithridate avait été mis en croix, pour avoir blasphémé le génie tutélaire du maître. Les gens riches qui, de nos jours, aident de leurs deniers des institutions où l'on enseigne que les biens des bourgeois sont mal acquis et qu'il les en faut dépouiller, sont pour le moins inconséquents. Si réellement ils estiment que ces biens sont usurpés sur la communauté, ils les doivent restituer en entier et non seulement en rendre une petite parcelle. N'est-il pas piquant d'entendre déclamer contre « le capital » des gens qui vivent exclusivement des revenus de ce « capital » ? La plupart des personnes qui déclament sur le droit des ouvriers au produit intégral du travail, non seulement ne sont pas ouvriers, mais encore ne font aucune œuvre utile de leurs dix doigts. *Quis tulerit Gracchos de seditione querentes?*

Le manque de virilité apparaît plus clairement encore dans l'absurde pitié pour les malfaiteurs. Ceux-ci d'ailleurs, et c'est ce qui peut expliquer jusqu'à un certain point la faveur dont ils jouissent actuellement, sont souvent des dégénérés, comme beaucoup des membres des élites en décadence.

Si un individu tue un autre, ou essaie de le tuer, la pitié de nos philanthropes se porte exclusivement sur l'assassin. Personne ne plaint la victime, mais c'est de l'assassin qu'on s'occupe. Le juge ne persécute-t-il pas trop le pauvre cher homme ? Ne lui fait-on pas endurer des « tortures morales » ? Le rendra-t-on bientôt à la so-

(1) *Satyricon*, 71.

ciété, pour qu'il puisse, apparemment, continuer la série de ses exploits (1)? Les pauvres voleurs ont aussi leur part de cette immense pitié, à laquelle les volés n'ont évidemment aucun droit. On en est venu au point de proclamer, en certains cas, le droit au vol. Certes, l'homme qui, poussé par le besoin, vole un pain est digne de quelque indulgence, du moins si ce n'est pas volontairement, par sa faute, qu'il s'est mis dans cette triste situation ; mais le boulanger qui se voit ainsi dépouillé de sa propriété, n'est-il digne d'aucun intérêt? Si tous les besogneux lui prennent son pain, il sera acculé à la faillite et tombera dans la misère, lui et sa famille. Admettons, pour un moment, que la société doive procurer du pain à tous ces besogneux, pourquoi est-ce exclusivement aux boulangers à acquitter une dette qui est de tous les citoyens? Mais il est inutile d'essayer de raison-

(1) En septembre 1901, à Paris, le convent maçonnique du Grand-Orient « a approuvé le principe d'une modification à l'art. 463 du Code pénal, qui permettrait au juge d'absoudre les coupables, par application des principes de généreuse humanité, déjà innovés, etc. » Le convent n'a pas daigné s'occuper de rechercher des mesures propres à alléger les maux des victimes de ces excellents « coupables ». Il est difficile de comprendre pourquoi elles se trouvent exclues de « l'application des principes de généreuse humanité ». Cesserait-on d'appartenir à la race humaine, par le seul fait qu'on a été volé ou blessé par un criminel?

La loi ainsi réclamée a été proposée aux Chambres ; on la nomme « loi de pardon », dans la phraséologie sentimentale de notre époque. Elle a pour but de soustraire les juges à la douloureuse nécessité d'appliquer aux chers malfaiteurs les dispositions des lois pénales. C'est de la pure hypocrisie ; on n'ose pas encore abolir explicitement ces dispositions ; on permet de les tourner aux magistrats en quête d'une popularité malsaine.

C'est déjà bien ; mais nous aurons certainement plus et mieux une foule de gens exerçant leur sagacité, pour enchérir les uns sur les autres et découvrir des mesures de plus en plus favorables aux malfaiteurs.

ner avec les gens qui sont atteints de la manie sentimentale.

Une autre source du socialisme des élites se trouve dans l'intérêt d'une partie de leurs membres. Aucune classe sociale n'est homogène, il y a toujours dans son sein des rivalités, et un des partis qui se forme ainsi peut chercher son point d'appui dans les classes inférieures. C'est là un phénomène très général. Presque toutes les révolutions ont eu pour chefs des membres dissidents d'une élite.

A un certain point du progrès des doctrines et des religions, elles deviennent un moyen de se procurer des avantages dans la société, et bien des conversions ne sont plus alors qu'une affaire d'intérêt. Le socialisme ne pouvait échapper à cette règle générale, et, en quelques pays, il est devenu une carrière, à laquelle on se prépare par des études et des exercices appropriés (1). Parmi les individus qui suivent cette voie, les uns n'aspirent qu'à obtenir ainsi les faveurs du gouvernement, d'autres veulent prendre place parmi les législateurs ou au moins parmi les membres des administrations locales. Les grèves sont d'excellentes occasions d'avancement pour les politiciens, comme les guerres pour les militaires.

Tant que le christianisme fut persécuté, ce n'était, en général, que les personnes capables de sacrifier leurs intérêts à leurs convictions qui se convertissaient. C'est ce qui arrive de nos jours pour le socialisme, dans les pays où il est persécuté. A peine le christianisme devint la religion dominante, il attira des gens pour lesquels la religion était avant tout affaire d'intérêt (2). Et il en est

(1) Voyez G. Ferrero, *L'Europa giovane*.

(2) Tout le monde connaît ce que dit Ammien Marcellin, XXVII, 3, à propos de l'élection de l'évêque de Rome : « Je ne

aussi de même, maintenant, en certains pays, pour le socialisme.

En outre, il arrive souvent que lorsque une doctrine a beaucoup d'adhérents, quand certains sentiments sont très répandus, des personnes pensent qu'il est habile de faire servir cette doctrine ou ces sentiments à leurs fins, d'en respecter la forme tout en changeant le fond. Un exemple des plus remarquables est celui d'Auguste, qui établit le principat à Rome, en respectant l'apparence de la forme républicaine. L'évolution des religions présente aussi beaucoup d'exemples de ce genre. Au commencement et pendant la première moitié du XIXe siècle' les classes supérieures tâchèrent d'étouffer l'idée socialiste, actuellement elles tâchent de s'en servir. Il sera bientôt difficile de trouver quelqu'un qui ne se dise pas socialiste. Il y a un socialisme chrétien ou protestant, un autre catholique, un socialisme à la Tolstoï, plusieurs genres de socialismes éthiques, un socialisme d'Etat républicain, un autre démagogique, un autre monarchiste, un autre, en Angleterre surtout, *impérialiste*, des socialismes anarchistes, des socialismes littéraires d'espèces variées. Le roman et la comédie résolvent les plus graves problèmes économiques, dans le sens socialiste s'entend. Quand cet engoûment sera passé, il est probable que bien des produits de notre littérature paraîtront aussi ridiculement vides de sens que nous paraissent actuellement certaines déclamations sentimentales de la fin du XVIIIe siècle.

Ce n'est pas seulement l'intérêt, le calcul, qui poussent

m'étonne pas, quand je considère l'importance de cette dignité, à Rome, que les compétiteurs la recherchent aussi avidement. Celui qui l'obtient est sûr de s'enrichir des larges oblations des matrones, etc. » Une constitution de JULIEN, *Cod. Theod.*, XII, 1, 50, ordonne de ramener à la curie les décurions qui tentaient de s'y soustraire en devenant membres du clergé.

les hommes à se faire les partisans d'une doctrine, c'est aussi l'esprit d'imitation, et bien d'autres causes, parmi lesquelles on ne saurait oublier, dans le cas qui nous occupe, l'existence de ce qu'on a appelé un *prolétariat intellectuel*. Toutes ces circonstances réunies produisent un courant extrêmement fort et qui entraîne tout ce qui se trouve sur son passage.

Le socialisme scientifique naît du besoin de donner une forme scientifique aux aspirations humanitaires. Il faut tenir compte qu'à notre époque la forme scientifique est devenue à la mode, comme l'était autrefois la forme religieuse. Très important au point de vue des doctrines, le socialisme scientifique l'est beaucoup moins au point de vue pratique. Jamais la science n'a remué ni enthousiasmé les masses.

Le socialisme paraît, jusqu'à présent, avoir exercé une action plus considérable sur les classes supérieures que sur les classes inférieures de la société. Ce n'est pas le hasard qui fait que partout, en Europe, les chefs socialistes se recrutent principalement parmi la bourgeoisie. Les théoriciens du socialisme ne sortent pas des classes ouvrières.

L'affaiblissement, chez les classes supérieures, de tout esprit de résistance, et, bien plus, les efforts persévérants qu'elles font, sans en avoir conscience, pour accélérer leur propre ruine, est un des phénomènes les plus intéressants de notre époque ; mais il est loin d'être exceptionnel ; l'histoire en fournit plusieurs exemples et en fournira probablement encore, tant que durera la circulation des élites, c'est-à-dire aussi loin que peuvent s'étendre nos prévisions dans l'avenir.

Céligny (Genève), le 30 novembre 1901.

VILFREDO PARETO.

LES SYSTÈMES SOCIALISTES

CHAPITRE PREMIER

PRINCIPES GÉNÉRAUX DE L'ORGANISATION SOCIALE

Déterminisme historique. — Mouvements réels et mouvements virtuels. — L'agrégat social et ses parties. — Influences réciproques. — Les gouvernements sont nécessairement, du moins en partie, les représentants des intérêts de la classe dominante. — Tout organisme gouvernemental est en d'étroits rapports avec l'organisme social. — Causes qui s'opposent à la réalisation de la liberté économique. — Nécessité pour tout gouvernement d'avoir un point d'appui. — On ne peut pas juger les organisations sociales à un point de vue absolu, il faut faire le bilan du bien et du mal. — Il en est de même pour toute mesure prise en vue de modifier certaines parties de l'activité sociale. — Contraste entre le doute scientifique et la foi des partis. — Nécessité d'avoir, le plus souvent, recours à l'expérience pour juger un système social. — C'est là un argument en faveur de la liberté et de la concurrence.

La science sociale n'existerait pas si les faits sociaux ne présentaient pas des uniformités. La constatation de l'existence de ces uniformités constitue la doctrine du *déterminisme scientifique*. Il faut bien se garder de le confondre avec le matérialisme ; ce dernier est une religion, car il prétend donner la solution de problèmes qui dépassent la portée de la science.

Les partisans des doctrines absolues ne réussissent

pas à se rendre compte du caractère exclusivement relatif des recherches scientifiques ; cherchant l'absolu là où il ne peut se trouver, ils les interprètent et les travestissent selon leurs idées.

Le déterminisme scientifique n'affirme pas la nécessité absolue des uniformités, il affirme, ce qui est fort différent, qu'on en a constaté, et que, lorsque les faits ne semblent pas en présenter, cela paraît dépendre uniquement de notre ignorance, car jusqu'à présent nous n'avons pas pu découvrir que d'autres causes entrassent en jeu.

Il y a un déterminisme qui, en voulant être absolu, devient faux. M. le professeur A. Naville a parfaitement raison de le combattre, et son seul tort est de le confondre avec le déterminisme scientifique. Il dit : « Quand on a bien vu le caractère relatif de toutes les explications historiques ; quand on s'est convaincu, et cela est facile, que la science historique a nécessairement des limites, qu'elle explique toujours au moyen de l'inexpliqué, on ne peut plus opposer une déclaration de non recevoir à la croyance qu'il y a de l'inexplicable au sein même de l'évolution, tout près de nous et en nous. Cette croyance n'est pas contradictoire à la théorématique ; l'affirmation des lois n'implique pas le déterminisme. La théorématique ne connaît que des rapports ; elle sait que, telles conditions étant réalisées et réalisées seules de leur genre sans la concomitance d'autres circonstances perturbatrices, il s'ensuit telles conséquences. Supposez un terme, la théorématique vous apprendra quel autre terme est attaché à lui par un rapport de dépendance nécessaire. Mais comment les premiers termes se sont-ils posés ? D'où viennent-ils ? A quelle époque ont-ils apparu ? Sont-ils tous contemporains ou se sont-ils produits successivement ? — La théorématique n'en sait rien (1) ».

(1) *Nouvelle classification des sciences*, Paris, 1901, p. 132-133.

Cela est parfaitement exact, mais le déterminisme scientifique se renferme précisément dans les limites indiquées, ainsi ce n'est pas contre ce déterminisme qu'on peut élever l'objection qu'il n'est pas impliqué par l'affirmation des lois.

On tire encore une fausse conséquence du déterminisme scientifique. On commence par observer que toute organisation sociale résulte du jeu des forces externes et internes qui agissent sur la société. Si nous ne trouvons pas d'exemples d'une certaine organisation, c'est évidemment parce que quelques-unes des conditions qui la déterminent, dont elle résulte, ne se sont pas vérifiées. Le mouvement de l'évolution, étant parfaitement déterminé, ne pouvait avoir lieu en un autre sens que celui qu'il a suivi réellement.

Ensuite, partant de ces considérations, qui, tant qu'on les renferme dans les limites des uniformités effectivement constatées, ne seront certes pas contestées par les personnes qui admettent le déterminisme scientifique, certains auteurs proclament l'inutilité de toute recherche théorique et voudraient limiter la science à de simples propositions descriptives. A quoi bon s'occuper de ce qui est impossible? Autant vaudrait lire des contes de fées. C'est ainsi qu'une école soi-disant historique dédaigne les recherches de l'économie politique et fait fi des théories qu'elle a le malheur de ne pas comprendre.

Pourtant le simple bon sens proteste contre ces conclusions trop absolues. Tout ce qui n'est pas arrivé était impossible, on ne le nie pas, mais il y a différents genres d'impossibilités. Les uns résultent de combinaisons stables, permanentes, qu'on a toujours observées et que, selon toute probabilité, on observera encore à l'avenir; les autres sont la conséquence de combinaisons accidentelles, variables, qui parfois s'observent, parfois ne s'observent pas, et qui pourraient bien ne pas se reproduire à l'avenir. Étant données toutes les circonstances de fait, Napoléon ne pouvait pas vaincre à Waterloo, mais cette impossibilité est évidemment d'un genre entièrement différent de celle des combats des dieux sous les murs de Troie. Ce n'est donc pas sans utilité que la stratégie étudie non seulement quel a été le résultat effectif des campagnes, mais aussi quel aurait été le sort des belligérants si certaines conditions hypothétiques s'étaient réalisées. Elle tire ainsi du passé des enseignements sur ce que pourrait être l'avenir. Certes, l'avenir est déterminé mais, comme nous ne le connaissons pas, il est utile de savoir au moins quelles sont les combinaisons probables et quels en seront les effets. Toutes les sciences, du reste, se livrent à de telles recherches, les sciences sociales ont d'autant plus raison de suivre cette voie, que l'état des connaisssances des hommes est un des éléments qui concourent à déterminer les phénomènes sociaux, et que cet état des connaissances peut être modifié par les recherches scientifiques.

On peut, en empruntant la terminologie des sciences mécaniques, distinguer aussi pour les sociétés humaines les mouvements réels, des mouvements virtuels.

Supposons un point matériel pesant astreint à se mouvoir sur une surface. La ligne qu'il parcourra est entièrement déterminée. C'est sur cette ligne que se fera son mouvement réel. Nous pouvons, pour un moment, faire abstraction de la pesanteur et ne laisser subsister que la condition, pour le point, de se mouvoir sur la surface. Il pourra alors parcourir une ligne quelconque sur cette surface ; on aura ainsi des *mouvements virtuels*. Leur étude peut servir à établir les conditions de l'équilibre du point sur la surface, elle peut aussi servir à découvrir certaines propriétés de la courbe parcourue effectivement par le point, précisément par la comparaison de cette courbe aux autres courbes que l'on pourrait tracer sur la surface.

Supposons un homme vivant dans une société. L'ambiant où il se trouve, la nature de cet homme même, différentes autres circonstances déterminent ses actions (1), de la même manière que le mouvement du point était déterminé. C'est là un mouvement réel. Faisons abstraction, pour un moment, d'une ou de plusieurs des circonstances qui déterminent les actions de cet homme, nous aurons alors d'autres actions possibles, qui correspondent précisément aux mouvements virtuels. L'étude de ces actions possibles est utile pour découvrir les conditions de l'équilibre et aussi pour trouver des caractères que présentent les actions réelles.

Les individus qui vivent en France, par exemple, sont sous un régime protectionniste. Ils y sont parvenus par un mouvement réel tout aussi bien déterminé que celui du point matériel. Mais de la même manière que, pour ce dernier, nous pouvions faire, pour un moment, abstraction de la pesanteur, nous pouvons, pour les Français, supposer, pour un moment, qu'ils vivent sous un régime de libre échange. Que deviendront alors leurs industries, leur agriculture ? Quel sera le mouvement des mariages et des naissances? Les réponses à ces questions nous renseigneront sur des mouvements virtuels, et ces renseignements nous seront utiles pour trouver les conditions de l'équilibre économique et pour déterminer bon nombre de caractères que présente le phénomène réel.

(1) Nous négligeons ici la circonstance que ces actions réagissent, à leur tour, sur les conditions de la société.

Dire, par exemple, que le défaut d'augmentation de la population en France est lié, du moins en partie, à la destruction des capitaux accomplie par le protectionnisme, le socialisme d'Etat et le militarisme, ou dire que, si cette destruction cessait, la population augmenterait, c'est exprimer la même chose. La seconde manière ne fait que présenter le fait sous la forme de la description d'un mouvement virtuel.

C'est de ces mouvements virtuels que nous aurons spécialement à nous occuper ici, sans négliger pourtant entièrement les mouvements réels. Mais l'étude des systèmes sociaux réels appartient plus spécialement à la sociologie. Nous n'en dirons que peu de chose, c'est-à-dire ce qui nous sera nécessaire pour l'étude des systèmes théoriques.

Herbert Spencer a observé avec beaucoup de raison que les caractères d'un agrégat résultent des caractères que présentent ses parties. Les objections qu'on a faites à cette proposition ne paraissent guère fondées. Elles portent sur ce que les caractères de l'agrégat ne sont pas la somme de ceux des parties, ne s'obtiennent pas par une simple juxtaposition de ceux-ci. Cela est parfaitement vrai, mais la résultante de plusieurs choses n'est pas nécessairement la somme de celles-ci. Si un corps est sollicité par deux forces, représentées en grandeur et en direction par deux droites qui concourent en un point, il se meut comme s'il était sollicité par une force représentée en grandeur et en direction par la diagonale du parallélogramme construit sur les deux premières droites. Pourrait-on objecter que cette force n'est pas la résultante des deux premières, parce qu'elle n'est pas égale à leur somme? Personne ne nie que des hommes formant une foule ne pensent et n'agissent différemment de ce que feraient ces mêmes hommes pris isolément, mais il n'en est pas moins vrai que les caractères de la foule résultent des caractères de ses parties. Tout le monde a remarqué récemment que la foule anglaise n'a pas agi, après les défaites de l'Afrique du sud, comme la foule française, après les défaites du Tonkin. Il n'y a pas de contradiction dans les deux propositions suivantes : les caractères de la foule anglaise, comme ceux de la foule française, ne s'obtiennent pas par une simple juxtaposition des caractères des individus qui composent ces foules ; ces caractères résultent, sont une conséquence, des caractères des individus.

C'est dans ce dernier sens qu'il faut entendre que le système économique et gouvernemental d'un peuple est, à proprement parler, la résultante des caractères de ce peuple. Mais cette manière de s'exprimer n'est pas parfaitement exacte, car ce système intervient à son tour pour modifier ces caractères. Il y a là une suite d'actions et de réactions, c'est-à-dire que nous avons un système d'équilibre entre différentes forces plutôt qu'un phénomène qui puisse se réduire à une cause et aux effets de cette cause.

Les caractères des individus ne sont pas la *cause* qui détermine le caractère du système gouvernemental, et celui-ci n'est pas non plus la *cause* qui détermine les caractères des individus, mais il y a entre les deux choses une correspondance nécessaire ; il s'établit un état d'équilibre entre des forces qui agissent et réagissent les unes sur les autres. Il faut bien comprendre cela, non seulement en ce cas particulier mais en général. Ce point est absolument fondamental pour l'étude des sciences sociales (1).

(1) Nous ne répétons pas ici les développements déjà donnés sur ce sujet dans le *Cours d'économie politique*, § 591 à 600 et *passim*.

L'observation des faits a de tout temps porté les hommes pratiques à reconnaître cette vérité sous des formes diverses. Les hommes, quand ils veulent bien s'en tenir aux faits, tombent moins souvent en erreur que quand ils veulent faire des théories, surtout des théories morales, sentimentales ou mystiques. On reconnaît l'action des caractères des individus sur celui de l'agrégat, quand on demande : *quid leges sine mores ?* lorsqu'on observe que des lois fort bonnes pour un peuple peuvent être fort mauvaises pour un autre, lorsqu'on note l'influence des climats et des races. On reconnaît l'action de l'agrégat sur l'individu lorsqu'on loue les bienfaits de la *pax romana*, quand on rattache la prospérité du commerce et de l'industrie à la sûreté de la propriété, quand enfin on note, souvent en les exagérant, les bons effets d'une sage législation (1).

C'est en réunissant ces deux points de vue que nous avons une conception scientifique du phénomène tel qu'il se présente en réalité, tandis qu'isolément chacun d'eux peut induire en de graves erreurs. Mais sous ce rapport c'est surtout le second qui est dangereux.

La conception du législateur qui façonne la société comme le potier, l'argile, est fort ancienne, elle est même mythologique. De tout temps il s'est trouvé des personnes pour s'imaginer que le gouvernement était quelque chose d'absolument distinct de la société qu'il régissait, et, bien pis, pour croire qu'une certaine entité abstraite nommée *État* avait une existence indépendante

(1) MONTESQUIEU, *Esprit des lois*, XVIII, 7 et 8, présente, à quelques lignes de distance, les deux points de vue. « Les hommes, par leurs soins et *par de bonnes lois*, ont rendu la terre plus propre à être leur demeure... » Plus loin : « Les lois ont un très grand rapport avec la façon dont les divers peuples se procurent la subsistance. »

de la société concrète et qu'elle échappait aux préjugés, à l'ignorance, aux défauts, aux vices des hommes. Les admirateurs de l'*État éthique* rêvent tout éveillés quand ils s'imaginent que leur idole a créé, façonné, développé les sociétés humaines et qu'ils lui attribuent toutes sortes de vertus. Certes, si le terme d'*État éthique* ne sert qu'à désigner une entité métaphysique, qui n'existe que dans leur imagination, il leur est loisible de lui octroyer toutes les qualités qu'ils veulent, mais si, par ce terme, on entend désigner quelque chose de réel, par exemple l'ensemble des pouvoirs publics, alors on se trouve en présence d'un organisme qui participe aux qualités bonnes, ou mauvaises, de l'agrégat, et qui, à son tour, peut agir pour renforcer aussi bien les unes que les autres.

Le despote le plus absolu n'est le plus souvent que le chef d'une oligarchie militaire ou d'une bureaucratie. Il peut se passer bien des caprices, mais il ne saurait gouverner en général et d'une manière permanente contre les intérêts de la classe dominante. « Enrichissez les soldats et méprisez le reste (1) », disait Septime Sévère à ses fils, mais encore fallait-il contenter les soldats, et, si on ne les contentait pas, ils déposaient l'empereur, comme les janissaires déposaient le sultan, comme la noblesse écossaise asservissait ses rois, comme la bureaucratie chinoise, ainsi du reste que la bureaucratie russe, contrecarre ses souverains et en annihile la volonté, comme le peuple athénien se débarrassait des démagogues qui avaient cessé de lui plaire. On fait dire, en plaisantant, à un politicien démocrate, parlant de ses partisans : « Je suis leur chef, il faut bien que je les suive » ; mais plus d'un empereur romain a pu dire la même chose de ses prétoriens, et plus d'un autocrate, tel

(1) DIO. CASS., LXXVI, 15 : ... τοὺς στρατιώτας πλουτίζετε, τῶν ἄλλων πάντων καταφρονεῖτε.

que l'empereur de Chine, a pu le dire de sa bureaucratie. Au reste, cette impuissance existe parfois pour le mal comme pour le bien. On a observé depuis longtemps que nous avons d'excellentes constitutions sous les noms d'empereurs romains fort peu recommandables. Il nous en est resté beaucoup sous le nom de Caracalla (1). Du reste, le fait était général. Dans les provinces comme à la tête de l'empire la bureaucratie neutralisait les défauts du chef. Duruy, *Hist. Rom.*, V, 496, observe que les bureaux de l'administration centrale avaient une organisation semblable à celle des bureaux des gouverneurs ; « ils continuaient, même sous un chef incapable, le travail accoutumé. Aussi les tragédies impériales passaient inaperçues dans les provinces ».

D'autre part, des souverains très bien intentionnés n'ont rien obtenu du tout et ont même péri victimes de leur désir de réaliser des conceptions éthiques. Pertinax apprit à ses dépens qu'un chef d'Etat ne doit être ni trop honnête ni trop économe. C'est ce que ne devront pas oublier les chefs socialistes, au jour du triomphe. Leurs adhérents voudront autre chose que de beaux commentaires sur les théories de Marx, il leur faudra *panem et circenses*, surtout des *circenses* (2).

(1) Le *Cod. Greg.* XIV, *ad. leg., Jul. de adulteriis*, nous a conservé une constitution de Caracalla, d'une morale sévère et délicate : *Habebunt autem ante oculos hoc inquirere, an, cum tu pudice viveres, illi quoque bonos mores colendi auctor fuisti : periniquum enim mihi videtur esse, ut pudicitiam vir ab uxore exigat, quam ipse non exhibet*. C'est ce prince dont l'*Hist. Aug.* dit : *fuit male moratus ;* et à propos de son mariage avec sa belle-mère : *nuptiasque eas celebravit quas si sciret se leges dare, vere solus prohibere debuisset*.

(2) A Lille, en France, la municipalité est au pouvoir des socialistes. Ceux-ci allouent une forte subvention au théâtre, mais avec la condition qu'il y ait pour chaque représentation quatre cents places gratuites pour le peuple. Les personnes qui

L'histoire, rapportée par Buckle, de l'insuccès des tentatives de réformes de Charles III, en Espagne, est typique. « Ce monarque — dit Buckle — était un homme d'une grande énergie et, quoique né en Espagne, il ne partageait pas les sentiments de son peuple... Comparé à ses sujets il était certainement très éclairé ; il persévéra dans sa politique et comme ses ministres étaient, ainsi que lui, des hommes d'une habileté reconnue, ils réussirent à mettre à exécution la plupart de leurs projets, en dépit de l'opposition qu'ils rencontrèrent... Mais il est évident que dans ce cas, comme dans tous les cas semblables, en attaquant les abus que le peuple s'acharnait à aimer, ils augmentèrent l'affection que ces abus inspiraient. C'est une tâche ingrate de vouloir changer les opinions par les lois. Non seulement on échoue, mais on cause une réaction qui laisse les opinions plus fortes que jamais... La réaction (en Espagne) se préparait en silence, et elle était manifeste avant la fin du siècle... En moins de cinq ans tout fut changé. L'Eglise reconquit son empire ; on abolit toute liberté de discussion ; on

désirent aller au spectacle, aux frais des contribuables, s'inscrivent sur un registre tenu par des employés du municipe et reçoivent un numéro d'ordre. Les individus porteurs des nos de 1 à 400 peuvent assister à la première représentation, les individus porteurs des nos de 401 à 800, à la seconde, et ainsi de suite. La première année, il y eut trois mille six cents inscriptions, il y en eut douze mille la seconde année et quinze mille la troisième (*Bulletin mensuel de la Fédération nationale des élus du parti ouvrier français* — 1er décemb. 1899). D'autres communes imitent Lille. A Toulouse, la direction du théâtre du Capitole, pour la période triennale qui commence en 1901, a dû s'engager à remettre à l'administration municipale socialiste cinquante billets d'entrée pour chaque représentation.

On a même créé une théorie générale : celle du « droit à la beauté ». Peut-être, un jour, verrons-nous les élus du peuple lui distribuer un *congiarium* et frappera-t-on des médailles pour perpétuer le souvenir de ces largesses.

ressuscita les anciens principes arbitraires dont on n'avait plus entendu parler depuis le XVIIe siècle... l'inquisition, se réveillant tout à coup, déploya une énergie qui fit trembler ses ennemis. »

Là où ont échoué des régimes absolus, il est difficile de croire que des régimes démocratiques, bien plus dépendants des opinions et des préjugés de la foule, puissent réussir. En réalité, tous les gouvernements obéissent assez souvent, même quand ils ont l'air de commander. Des réformes, quelles qu'elles soient, ne peuvent donc être jugées si l'on ne tient compte des caractères des individus auxquels elles doivent s'appliquer. Exprimée ainsi cette proposition peut paraître banale, et pourtant il n'en est guère que l'on oublie aussi facilement dans les discussions politiques.

Un gouvernement, comme au reste tout organisme vivant, a et doit avoir pour premier soin d'entretenir ses forces et de repousser les empiètements des autres organismes. Il tend à se conserver et, sans cette tendance, il ne tarderait pas à dépérir et à disparaître.

Si l'organisme gouvernemental se développait au milieu d'un peuple composé d'êtres parfaits, les moyens les plus honnêtes et les plus moraux seraient aussi les moyens les plus efficaces qu'il pourrait employer pour se soutenir et pour prospérer ; mais comme il se développe au milieu d'hommes, c'est-à-dire d'êtres imparfaits, il doit recourir à des moyens appropriés à ces êtres et présentant nécessairement un mélange de bien et de mal. Il faut ajouter que cet organisme est principalement en rapport non avec des individus isolés mais avec des « foules » (1); or, les études récentes sur la psychologie

(1) Sur les « foules » voir : S. SIGHELE, *La foule criminelle*. S. SIGHELE, *Psychologie des sectes*. G. LE BON, *Psychologie des foules*.

de la foule ont fait voir que celle-ci a des caractères qui, sous bien des rapports, sont pires que ceux des individus qui la composent. Tant que les caractères de ces « foules » ne changent pas, les gouvernements qui se succèdent en un pays doivent, quelle que soit leur forme, avoir recours à peu près aux mêmes moyens pour durer et prospérer. On peut s'en persuader en étudiant l'histoire de France depuis 1789. Plus d'un jacobin put, sans trop changer ses habitudes, servir le régime impérial et offrir ses services à la Restauration. Si le socialisme triomphe en France, plus d'un radical actuel pourra, sans la moindre apostasie, se dévouer au nouveau régime, en attendant le jour où on le verra se mettre au service de quelque autocrate. Rien n'indique que la race des Barères soit éteinte.

On a fort reproché au gouvernement de la Restauration d'avoir distribué trop d'emplois. Paul-Louis Courier le plaisante agréablement là-dessus, et Béranger a chansonné un député qui dit :

> Enfin j'ai fait mes affaires
> . . . .
> J'ai placé deux de mes frères
> Mes trois fils ont de l'emploi.

Mais les régimes qui ont succédé à la Restauration ne paraissent pas avoir précisément réduit le nombre des employés, du moins si nous en croyons la statistique (1).

(1) Années	Nombre des employés	Montant des traitements (millions de fr.)	Traitement moyen fr.
1846	188 000	245	1 300
1858	217 000	260	1 350
1873	285 000	340	1 400
1886	350 000	484	1 450
1896	416 000	627	1 490

La corruption électorale est aussi ancienne que les élections. On a fort reproché autrefois à l'aristocratie anglaise d'acheter les électeurs, mais la démocratie moderne, en Amérique et ailleurs, s'en abstient-elle? Les aristocrates payaient, sinon toujours du moins quelquefois, de leur argent, et les démagogues payent volontiers avec l'argent des autres, en distribuant à leurs électeurs le produit de taxes variées ; mais les mêmes phénomènes s'étaient déjà produits à Athènes. « Périclès le premier — dit Aristote — salaria les tribunaux pour neutraliser l'opulence de Cimon. Celui-ci, ayant une fortune princière, s'acquittait d'abord magnifiquement des *liturgies* ordinaires, et ensuite nourrissait à ses frais beaucoup de membres de son dème... Périclès ne pouvant subvenir à ces frais avec sa fortune..., au lieu de ses propres biens, donna aux citoyens leur propre argent et institua le salaire des juges (1) ». Inutile de rappeler les faits très connus de la corruption électorale à Rome. Elle cessa naturellement, à Rome même, avec les élections et fut remplacée par les distributions du *congiarium* au peuple (2) et du *donativum* aux soldats ; mais, dans les provinces, les élections et par conséquent les largesses des candidats continuèrent sous l'empire. A défaut du

Pour l'Autriche, on trouve dans *Statistische Monatschrift*, les données suivantes :

	1891	1900
Fonctionnaires administratifs	35 903	65 415
Augmentation °/₀ des fonctionnaires		82,20
» » des traitements		102,50

(1) Ἀθην. Πολιτ., 27.

(2) Auguste, bien que tout puissant, « distribuait, le jour des élections, aux tribus Fabia et Scaptia, dont il était membre, mille sesterces par tête, afin qu'elles n'eussent rien à demander à aucun candidat ». SUET., *Aug.*, 40.

pouvoir, on achetait de vains titres du peuple ou de simples corporations d'artisans. On a trouvé à Pompéi plusieurs inscriptions faites pour recommander des candidats au nom de certaines corporations (1), et il est permis de croire que ces recommandations n'étaient pas gratuites ; au moins possédons-nous de nombreuses inscriptions qui nous font connaître la munificence des citoyens loués par les corporations (2). De nos jours, en Angleterre et en d'autres pays, les électeurs boivent et mangent aux frais des candidats ; c'est un usage bien ancien. « Demande, citoyen, — dit une inscription — du vin doux et des gâteaux ; on en distribuera jusqu'à la sixième heure. Si tu es en retard ou négligent, n'accuse que toi » (Orelli, 7083). Il n'est guère probable qu'un

(1) Par exemple : *C. I. L.*, IV, 97 : *C(aium) Cuspium Pansam aed(ilem) muliones universi.* Ibidem, 113 : *C(aium) Julium Polybium II vir(um) muliones rog(ant).* Ibidem, 180 : *M(arcum) Enium Sabinum aed(ilem) pomari rog(ant).* Etc.

(2) Pour une époque postérieure, Huelsen a dressé le tableau suivant des distributions qui nous sont connues par des inscriptions et qui furent faites au *corpus piscatorum et urinatorum*, résidant probablement à Ostie ou à Portus. Les sommes sont exprimées en deniers ; elles varient suivant la qualité des personnes qui les reçoivent.

Qualités des personnes qui prennent part aux distributions	Donateurs					
	I	II	III	IV	V	VI
Patroni et quinq. perp.	26	26	16	50	—	100(?)
Magistri	16	16	16	26	25	12
Curatores	12	12	12	16	15	—
Decuriones	—	—	—	—	—	4
Plebs	8	8	8	12	10	—

(I) *Amandus*, (II) *Maximus*, (III) *Florinus*, (IV) *Septiminus*, (V) *Annaeus*, (VI) *Inconnu*.

usage aussi vénérable prenne fin, même si un nouveau régime économique se substitue à celui de notre société bourgeoise. Du reste, en Angleterre, le parti radical se garde bien de demander qu'on supprime les frais des élections ; il demande seulement qu'ils soient payés par l'Etat au lieu d'être à la charge des candidats. Ainsi le veut la loi du progrès, suivant laquelle le système de Périclès tend à remplacer partout celui de Cimon. Aristophane a décrit de main de maître les politiciens enchérissant les uns sur les autres pour se concilier les faveurs du bon Démos (1) ; mais on aurait tort d'en rien conclure contre le régime démocratique, car les courtisans des princes ont fait bien pis. Tant que la nature humaine ne changera pas, on tâchera, par tous les moyens, de gagner les bonnes grâces des personnes qui disposent du pouvoir.

Pour préparer, en France, les élections de 1897, le gouvernement fit voter l'amendement Bozerian, dégrevant de 26 millions l'impôt foncier. Il fallait enchérir là-dessus. M. Jaurès écrivait, dans *La Dépêche* du 9 septembre 1897, en s'adressant aux paysans : « Ils savent [les paysans], dès maintenant, que l'égoïsme des dirigeants a fait échouer toutes les grandes réformes d'impôt qui auraient soulagé les cultivateurs accablés. Ils savent que les privilégiés ont refusé aux paysans les 60 millions de la conversion ; ils savent que les privilégiés ont repoussé l'impôt général et progressif sur le revenu et l'impôt sur la

(1) Aristoph., *Equit.* Il faudrait citer toute la scène où Cléon et le charcutier se disputent les faveurs du peuple ; (1190) « *Cléon* — Reçois de moi ce morceau de grasse galette. — *Charcutier* — Reçois de moi la galette entière. — *Cléon* — Mais tu n'as pas comme moi un civet de lièvre à lui donner. — *Charcutier* — Hélas ! Où trouver un civet de lièvre ! » Etc. Plus d'un homme politique a tâché, dans la suite, de répéter le coup du civet de lièvre.

rente qui auraient permis aussi de diminuer le fardeau qui écrase la terre... Il faut exiger des compagnies de chemins de fer qu'elles transportent pour rien le blé français, pour faciliter l'approvisionnement des grands centres. » C'était déjà un bon morceau de galette, mais voici le coup du civet de lièvre. Un article du *Journal des Débats* s'exprime ainsi : « On va lui remettre (à Jacques Bonhomme) le quart de l'impôt foncier, du principal du moins, sur la propriété non bâtie ; cela fera 25 à 26 millions. En 1871 déjà, on l'avait dégrevé de 15 millions 1/4 ; cela fera plus de 40 millions de dégrèvements. Il restera encore 76 à 77 millions ; on pourrait, si l'on en avait grande envie et si l'on se résolvait à la conversion du 3 0/0, supprimer le reste. » C'est très sérieusement que cette proposition est faite par un économiste. La conversion de la dette n'aurait produit (si elle avait réussi) que de 55 à 56 millions, mais on aurait pu se procurer les 20 millions qui manquaient, pour supprimer l'impôt rural, « aux dépens de l'amortissement ». Le but auquel on tend est clairement indiqué : « Ainsi le gouvernement a, par devers lui, et avant les élections, le moyen de frapper un grand coup. »

On accusait autrefois le gouvernement du Bourbon, à Naples, de pactiser avec la *camorra*, un récent procès (1)

(1) Le procès Notarbartolo. Le ministre de la guerre, ancien commisssaire royal en Sicile, venant déposer devant le tribunal, à Milan, avait choisi un bouc expiatoire. C'était le procureur du roi à Palerme, qu'il croyait mort, et qu'il accusait de faiblesse envers les *mafiosi*. Mais ce magistrat était encore vivant, il riposta en publiant une lettre que lui avait adressée le commissaire royal pour lui demander de faire mettre en liberté un individu accusé d'homicide, de vol et de faux. Le but électoral était clairement indiqué : *Non è per me che chiedo* — lisait-on dans la lettre — *chè io non chiedo e non chiederò mai nulla, ma pel partito. Bisogna assolutamente che Damiani sorta vittorioso dalla lotta, perchè Damiani è Crispi*. Le procureur du roi refusa de

a fait voir que le gouvernement italien ne dédaignait pas, en temps d'élection, l'appui de la *mafia*. Il serait curieux de voir si un nouveau régime, qui succéderait au régime actuel, aurait encore recours à de semblables appuis. A en juger par l'expérience du passé, l'affirmative est probable.

Aucun pays, jusqu'à présent, n'a été gouverné suivant un système de complète liberté économique. La cause principale de ce fait est que la liberté économique ne peut promettre aucun privilège à ses partisans ni les attirer par l'appât de gains illicites ; elle ne leur offre que la justice et le bien-être pour le plus grand nombre, et c'est trop peu. Par là elle se trouve en dehors de la réalité. Le privilège, même s'il doit coûter 100 à la masse et ne produire que 50 pour les privilégiés, le reste se perdant en faux frais, sera en général bien accueilli, car la masse ne comprend guère qu'elle est dépouillée, tandis que les privilégiés se rendent parfaitement compte des avantages dont ils jouissent.

Les hommes n'étant pas simplement juxtaposés dans la société, l'importance et la puissance d'une des parties de celle-ci ne sont nullement en proportion du nombre d'hommes dont elle se compose. Les prétoriens n'étaient qu'une infime minorité dans l'empire romain, et ils disposaient du pouvoir. La France a presque toujours accepté les révolutions faites par le peuple de Paris. Les ouvriers des villes, bien plus remuants et entreprenants que les campagnards, accaparent l'attention du législateur. Le suffrage universel paraissait devoir rétablir une certaine homogénéité ; il n'a eu pour effet que de produire de nouvelles différenciations. Le phénomène est

mettre en liberté l'accusé. Après la publication de ses lettres, le ministre de la guerre, qui n'avait eu d'ailleurs que le tort de suivre un usage établi, dut donner sa démission.

surtout visible aux États-Unis, où un petit nombre de politiciens se partagent le pouvoir. La ville de New-York ne parvient pas à se débarrasser définitivement des politiciens de Tammany Hall; à peine chassés, ils reviennent au pouvoir (1).

Un gouvernement doit avoir quelque part son point d'appui. Si c'est sur la force armée, il faut qu'il donne aux militaires une position privilégiée, les mettant au-dessus des lois, et qu'il leur distribue l'argent du pays. Si c'est sur une oligarchie, il faut que celle-ci ait des privilèges de toute sorte, qu'elle s'enrichisse soit directement par l'impôt et les prestations grevant la masse, soit indirectement par des monopoles et des droits protecteurs. Si c'est sur les masses populaires, il faut leur sacrifier les riches, qu'on ruine par des procès et des liturgies, à Athènes, ou qu'on écrase d'impôts. Et déjà l'évolution crée de nouveau des privilèges pour certaines personnes, devant la justice. En France on a noté qu'il y avait des prud'hommes élus avec le mandat impératif de toujours donner tort aux patrons. Bien souvent devant cette juridiction la personne aisée est condamnée seulement parce qu'elle est aisée, eût-elle d'ailleurs évidemment raison. Le changement de régime amène un changement des privilégiés mais n'abolit pas le privilège. Une organisation qui réalise uniquement la justice et le droit n'est qu'une pure conception idéale, telle que celle d'un esprit sans corps. Les organisations réelles sont fort différentes. Il peut y avoir des exceptions en de petits pays, mais en général les dirigeants de ces organisations, malgré les excellentes

(1) Les malversations des politiciens atteignent des proportions énormes. En mars 1900, le *New York Times* a révélé au public, qu'à New-York, des maisons de jeu payaient annuellement à la police, pour être protégées, 15 450 000 fr. D'autres maisons sont aussi exploitées.

intentions dont ils sont souvent animés, ne peuvent se soucier de la justice et du droit que dans la mesure du possible et en tant que cela ne nuit pas à leurs intérêts ni à ceux de leurs partisans.

En France, par exemple, les pouvoirs publics entreprennent une lutte contre l'alcoolisme. Nous ne discutons pas ici s'ils font bien ou mal, mais enfin s'ils se mettent sur cette voie il faut bien admettre que c'est parce qu'ils croient que l'alcoolisme est un fléau et qu'il est de leur devoir d'en sauver la population. Malheureusement, ils se trouvent arrêtés par la nécessité de ménager les producteurs de vin, de bière, de cidre. Ces producteurs sont aussi des électeurs, ils sont nombreux, et les pouvoirs publics ont besoin de leurs votes. Alors, contre l'avis des hommes les plus compétents (1), on proclame que le vin, la bière et le cidre ne sont jamais nuisibles, quelque quantité que l'on en boive. On fait une loi, en apparence pour des motifs hygiéniques, en réalité pour favoriser les électeurs qui ont du vin, de la bière et du cidre à vendre. En vertu de cette loi, les boissons « hygiéniques », c'est-à-dire le vin, la bière et le cidre doivent être dégrevées, et les impôts qu'elles acquittaient

(1) M. le Dr G. Daremberg, dont nous sommes d'ailleurs fort loin de partager toutes les opinions, écrit dans le *Journal des Débats* du 5 septembre 1901 : « Nos lecteurs entendent souvent parler des boissons hygiéniques : vins, cidres, bières. J'espère qu'ils ne prennent pas cette dénomination au sérieux ; elle a été imaginée par les producteurs et par les marchands de boissons alcooliques, et surtout par les viticulteurs et les marchands de vins, pour faire croire que si l'eau-de-vie est un poison dangereux, le vin est un aliment utile, indispensable... Je pense que nos expériences ont définitivement détruit la légende des vins « boissons hygiéniques ». Et dans le même journal, le 29 août 1901, il dit : « On a commencé à distribuer du vin dans l'armée pour faire plaisir aux électeurs et aux députés des pays producteurs de raisins. Cette nouvelle pratique aura des effets désastreux. »

doivent être remplacés par d'autres, qui frappent même les gens qui ne boivent que de l'eau. Ainsi, par exemple, voilà, à Paris, un père qui a plusieurs enfants ; la famille ne boit que de l'eau ; d'autre part, voilà un célibataire, ou un homme marié sans enfant, qui s'enivre tous les jours ; n'en déplaise à messieurs les politiciens on peut s'enivrer avec du vin comme avec de l'alcool. Or, pour que l'ivrogne puisse s'en donner à cœur joie, la ville de Paris, ensuite de la loi sur les boissons « hygiéniques », renonce à l'imposer, et comme il faut bien boucher le trou fait au budget, elle frappe d'impôts variés tout le monde, y compris les buveurs d'eau. Sur ce, admirez la logique de l'État éthique : c'est pour combattre l'alcoolisme, et la dépopulation, qu'on prétend, à tort croyons-nous, en être la conséquence, qu'on fait payer en plus à l'homme qui, pour élever sa famille, se prive de vin, ce qu'on fait payer en moins au célibataire qui boit du vin jusqu'à s'enivrer (1).

Enfin, tout mauvais cas est niable, et l'on peut à la rigueur soutenir la thèse du vin, de la bière et du cidre boissons « hygiéniques » ; mais il y a plus et mieux.

On déclare que l'alcool est un poison ; mais faites bien attention, il n'est pas tout toxique, il en est une qualité qui n'est pas nuisible à la santé, ou que du moins la loi ne considère pas comme telle. Cette qualité ne se dis_

(1) Non seulement le budget des villes a souffert de cette réforme, mais aussi le budget de l'État présente un déficit. A ce propos, le *Journal des Débats*, 9 octobre 1901, dit : « Après avoir voulu contenter le nord avec le sucre, on a voulu contenter le midi avec l'alcool ; malheureusement, il a fallu pour cela sacrifier le budget, c'est-à-dire abandonner l'intérêt général à des intérêts particuliers, ou, si on préfère, à des intérêts régionaux. »

Le lecteur jugera peut-être ces citations superflues ; il peut en trouver un grand nombre de semblables dans son journal, quel qu'il soit.

tingue pas des autres par sa composition chimique, mais uniquement par les caractères de ses producteurs : elle provient des bouilleurs de cru. Aucun gouvernement, en France, n'a osé toucher à leur privilège, ils peuvent produire de l'alcool libre de tout impôt. Y a-t-il quelqu'un qui puisse croire sérieusement que l'alcool provenant des bouilleurs de cru est moins nuisible à la santé que toutes les autres qualités d'alcool ? Y a-t-il quelqu'un qui puisse supposer que, si les bouilleurs de cru n'étaient pas des électeurs que l'on a intérêt à ménager, leur privilège n'aurait pas disparu depuis longtemps ?

De tels faits ne sont nullement exceptionnels, au contraire ils sont habituels et normaux (1) et il faut fermer volontairement les yeux pour ne pas les voir. Ce qu'il y a de remarquable, c'est que la connaissance de ces faits n'altère nullement la foi des fidèles de l'État éthique.

C'est d'ailleurs un caractère commun à toutes les superstitions, de ne pas se laisser entamer par les preuves les plus évidentes que peuvent fournir la logique et l'expérience. Un cas extrême, mais fort remarquable, est le suivant. Le duc Valentin, fils du pape Alexandre Borgia, ayant pris par trahison Vitellozzo, le fit étrangler. Vitellozzo, avant de mourir, demanda, comme grâce suprême, au duc, qu'il suppliât le Pape d'accorder une indulgence pleinière pour les péchés que lui, Vitellozzo,

(1) La *Gazette de Lausanne*, du 20 septembre 1901, rend compte des travaux de la commission du Conseil national qui étudie le projet de loi sur la police des denrées alimentaires : « Chaque commune ou plusieurs petites communes désigneront séparément ou ensemble un inspecteur des viandes. Ces dernières seront inspectées, moyennant le versement d'une taxe minime... L'abattage à domicile ne sera pas l'objet de l'inspection officielle, si désirable que cette dernière puisse paraître. C'est à la prudence et aux lumières des paysans abatteurs à suppléer le législateur et l'inspecteur de l'État. Une intervention de ce dernier serait mal vue. »

avait commis (1). Ainsi, bien que, mieux que tout autre, il put connaître le degré d'infamie auquel était descendu Alexandre Borgia, il s'imaginait que cet homme souillé de tous les crimes pouvait lui ouvrir les portes du ciel.

A un degré intellectuel un peu plus élevé, on trouve des essais d'explication qui attribuent exceptionnellement à certains hommes ce qui est un défaut général de l'organisation considérée. On s'en prend aux pouvoirs publics et on les accuse de tous les maux dont on souffre ; mais c'est à tort et c'est injuste. Les hommes qui exercent le pouvoir tâchent le plus souvent de faire de leur mieux pour assurer le bien général de la nation ; ils sont animés des meilleures intentions, bien plus que ne se l'imaginent leurs adversaires, seulement ils doivent tenir compte des intérêts privés dont ils dépendent. La chose se voit plus clairement dans les pays où existe le régime parlementaire ; le ministère dépend de la majorité des Chambres, et cette majorité dépend des électeurs. Il faut être doué d'une dose de naïveté extrêmement remarquable pour supposer que les ministres ne poursuivent que la réalisation d'abstractions éthiques, sans se soucier du vote des Chambres, et que de même les députés ne songent jamais à leur réélection. D'autre part, les électeurs désirent avoir l'air de ne s'occuper que du bien général, même quand ils n'ont en vue que leur intérêt privé ; et c'est pour satisfaire ce désir, ainsi que celui qu'ont les hommes en général de rattacher leurs actions à certains principes, que les pouvoirs publics sont obligés de donner, pour justifier les projets de lois, des motifs n'ayant

(1) MACHIAVELLI, *Descrizione del modo tenuto dal duca Val. nello ammazzare Vitellozzo, ecc.* : « *perchè Vitelozzo pregò, che e' si supplicasse al papa che gli desse dei suoi peccati indulgenza plenaria.* »

que peu ou point de valeur logique. Les vrais motifs sont sous-entendus, d'autres sont exprimés.

Tant que les hommes ne renonceront pas à effectuer la lutte des classes au moyen de la loi et avec l'aide de l'Etat (1), on verra nécessairement édicter des lois destinées à protéger les intérêts de certains citoyens, au dépens des intérêts de certains autres; et elles seront d'autant plus nombreuses et vexatoires qu'on étendra plus les attributions de l'Etat.

Mais si toutes les formes d'organisations sociales se trouvent ainsi avoir des caractères communs, cela ne veut point dire que ces caractères aient exactement la même influence sur chacune d'elles. Dire que tous les hommes sont sujets à certaines passions, ne veut pas dire qu'ils y cèdent tous également. La différence est principalement quantitative, et si, par exemple, un Trajan est obligé de tenir compte des intérêts des soldats, nul ne voudra confondre son règne avec celui de Caracalla. Il ne faut pas se laisser entraîner par un sentiment de pessimisme exagéré et condamner en bloc toutes les organisations parce qu'elles ont des défauts ou des vices. Il faut seulement se rappeler que rien n'étant parfait en ce monde, pas plus les hommes que leurs organisations, on ne doit pas préconiser des systèmes ou prendre des mesures supposant précisément cette perfection, qui n'existe pas. On ne saurait juger d'un système social d'une manière absolue, par l'application d'un petit nombre de règles de droit et d'éthique, on ne peut en donner qu'un jugement relatif, en le comparant à d'autres systèmes. Empruntant son langage à la mécanique, nous dirons que le mouvement social n'est pas entièrement libre, il s'effectue à travers des obstacles, et

(1) Voir chap. xv.

il s'agit de déterminer non un maximum absolu mais un maximum relatif, tel que le permettent les obstacles et les liaisons.

On ne doit donc pas approuver une organisation donnée seulement parce qu'on lui découvre des qualités, ni la condamner seulement parce qu'on lui reconnait des défauts. C'est le propre des esprits primitifs de simplifier ainsi les questions; pour ces esprits, il n'existe pas de milieu : une organisation est excellente, ou abominable. C'est ainsi que dans les drames populaires, toute ombre manque au tableau, on n'y voit que de sublimes honnêtes hommes ou d'affreux criminels. En réalité, toutes les organisations réelles sont un mélange de bien et de mal, et, pour les comparer, il faut résoudre des problèmes difficiles et souvent fort compliqués; ainsi qu'il arrive d'ailleurs généralement quand on doit substituer l'analyse quantitative à l'analyse qualitative.

On est généralement injuste pour les gens qui gouvernent un pays parce qu'on ne tient pas assez compte des difficultés au milieu desquelles ils sont contraints d'évoluer. Il y a parmi ces gens beaucoup plus d'hommes de bien, désintéressés et désirant sincèrement la justice que ne le croient ou ne veulent le faire croire les partis d'opposition. Mais il est impossible à ces hommes honnêtes d'aller directement au but, pour réaliser ce qu'ils estiment être le bien du pays. Il leur faut nécessairement biaiser, pour tenir compte de tous les intérêts en jeu. C'est à juste titre que l'on a dit que la politique était l'art des transactions. Or, à suivre toujours des sentiers détournés, on finit souvent par manquer son but, et c'est ce qui explique comment des hommes politiques très honnêtes et bien intentionnés finissent souvent par faire le mal au lieu du bien.

L'erreur consistant à ne voir qu'un des côtés, souvent

fort restreint, de la question lorsqu'on veut juger une institution, est extrêmement commune. Lorsque le divorce n'existait pas en France, des moralistes citaient des faits qui prouvaient incontestablement que l'indissolubilité du mariage avait de graves inconvénients et pouvait même entraîner à des crimes, et ils concluaient qu'elle était chose pernicieuse. Depuis que le divorce existe, d'autres moralistes citent des faits qui prouvent qu'il n'est pas exempt de maux et ils en concluent qu'il faut l'abolir. Le problème est évidemment mal posé de la sorte.

La France ayant le partage égal des héritages entre le fils aîné et les cadets, des auteurs français attribuent toute sorte de maux à cette institution et louent sans réserve les dispositions de la loi anglaise : mais voici un auteur anglais, Thorold Rogers, qui prend exactement le contre-pied de ce raisonnement. « La grande ressource du cadet de famille n'ayant ni terres ni argent et devant dès lors tomber à charge aux contribuables, ce fut l'armée ; ce fut lui qui profita de la guerre de France. Celle ci terminée, il devint le parasite de son frère aîné ou de la Cour ; aventurier malfaisant et souvent odieux, privé de sa part de la fortune familiale par la disparition des baux à cheptel, il se fit soldat de fortune... Les constitutions d'usufruits et de fidéicommis,..... base de nos lois d'*entail*, ont fait de notre régime de propriété foncière un danger national et un engin de fraude publique en perpétuant le dénûment des cadets de famille forcés de vivre aux dépens du Trésor (1). » Ces deux points de vue opposés sont probablement trop exclusifs, et l'institution doit être jugée en mettant dans la balance le bien et le mal.

(1) *Travail et salaires en Angleterre*, p. 263-264 de la trad. franç., Guillaumin et Cie.

Prouver qu'une mesure peut porter remède à certains maux de la société, ne prouve nullement qu'elle soit favorable au bien-être général, car son adoption peut entraîner des maux plus graves que ceux qu'elle fait épargner. Dans Rome, anciennement, les citoyens pauvres manquaient d'aliments. Les distributions gratuites de blé étaient un remède efficace, au moins en partie, pour ce mal; mais ces distributions eurent aussi d'autres effets. Elle découragèrent l'industrie, encouragèrent la paresse et attirèrent à Rome une multitude de gens fort peu recommandables, et, somme toute, elles nuisirent beaucoup plus au peuple romain qu'elles ne lui furent favorables. L'ancienne loi des pauvres, en Angleterre, était sans doute le résultat des meilleures intentions, mais en pratique, elle fut loin d'atteindre le but que l'on s'était proposé et paraît certainement avoir produit plus de mal que de bien. Actuellement on voit se manifester une tendance à dépouiller les gens qui, par leur énergie, leur activité, leur intelligence, leur économie, se sont acquis quelque aisance, pour distribuer le produit de ces exactions aux faibles, aux ignorants, aux incapables, aux paresseux, aux gens vicieux et même criminels. L'avenir dira si ce système ne prépare pas la décadence des peuples qui le pratiquent.

Le triobole payé à Athènes aux citoyens qui assistaient aux assemblées, et les autres rétributions qu'ils recevaient, paraissent avoir été une des conditions de stabilité du régime démocratique athénien. Toutes proportions gardées, le mal était moindre à Athènes qu'il ne le fut en Italie quand Sulla, rétablissant le régime aristocratique, distribua les terres des vaincus à ses soldats, ou lorsque Auguste inaugura de même le régime impérial. Plus d'un citoyen, à Athènes, eut à souffrir des sycophantes, mais les délateurs de la Rome impériale firent bien d'autres victimes et les lois de lèse-majesté en font encore chez plusieurs peuples modernes. La paye des légions et le *donativum* des empereurs romains absorbaient, sous certains princes, moins d'argent, proportionnellement à la richesse du pays, que n'en absorbent les dépenses militaires des peuples modernes. Si les socialistes arrivaient au pouvoir, ils devraient certainement détruire une somme assez considérable de richesse, pour satisfaire les convoitises qu'ils ont allumées chez les masses populaires, mais il n'est pas facile de décider sûrement si cette somme serait plus grande ou moindre que celles qu'arriveront à consommer les gouvernements de la classe bourgeoise, si aux dépenses de plus en plus exagérées du militarisme s'ajoutent les pertes causées par le protectionnisme, le socialisme d'Etat et le socialisme communal. Cela peut aujourd'hui paraître un paradoxe, et pourtant il n'est pas impossible que le socialisme scientifique n'intervienne un jour pour sauver le capital d'une destruction complète, à laquelle pourrait conduire l'extension du socialisme d'Etat. Si le gaspillage actuel de la richesse continue à croître et à se développer, il se pourrait que le régime socialiste devînt moins coûteux que le régime qu'il remplacera. Le gouvernement d'Odoacre était inférieur au gouvernement de Trajan, mais il était meilleur que celui d'Augustule.

On ne saurait donc trop répéter que, pour juger d'une organisation, il est indispensable de faire une sorte de bilan : mettre d'une part le bien, de l'autre, le mal, et voir de quel côté penche la balance. Certes, ce procédé se heurte à d'énormes difficultés, mais le progrès scientifique est à ce prix.

En attendant, ce n'est que d'une manière fort grossière que nous pouvons établir ce bilan ; cela vaut pourtant encore mieux que rien, et surtout cela vaut mieux qu'un jugement étroit, partial, et qui ne voit qu'un côté des choses. Mais l'existence de ces difficultés doit nous rendre fort circonspects, et nous devons avouer sincèrement que, dans l'état actuel de la science, il est bien difficile de prévoir sûrement quels seront les effets d'une nouvelle organisation quelconque. Or, cette connaissance est précisément indispensable pour juger avec sûreté l'organisation proposée. Une discussion préliminaire peut bien permettre d'écarter certains systèmes manifestement absurdes, mais, cette élimination accomplie, il reste en présence des systèmes que l'imperfection de nos connaissances scientifiques ne nous permet guère de juger en pleine connaissance de cause. En résumé, l'expérience seule peut décider ; nous ne saurions anticiper par le raisonnement la connaissance des résultats auxquels elle nous conduira.

Ce doute scientifique contraste fort avec la foi aveugle des partis, foi qui parfois s'exalte à un tel point qu'elle touche aux limites de l'hallucination. Les hommes sont d'autant plus sûrs de leur croyance qu'ils sont plus ignorants, et la « foule », malgré les progrès de l'instruction obligatoire, demeure fort ignorante. C'est ce qui explique l'accueil enthousiaste qu'elle réserve à des billevesées, dont seule la plume d'un Lucien ou d'un Voltaire pourrait dignement faire connaître la niaise absurdité.

La nécessité d'avoir recours à l'expérience pour juger d'un système est un argument d'un grand poids en faveur des changements graduels accomplis seulement quand la nécessité s'en fait sentir et non seulement en vue d'une systématisation théorique. En outre, c'est un des plus forts arguments que l'on puisse porter en faveur de la liberté, quand on établit le bilan des avantages et des inconvénients de celle-ci. Seuls des êtres infaillibles pourraient affirmer que les mesures coercitives qu'ils proposent, pour obliger la société à suivre une certaine voie, n'empêcheront pas d'atteindre un état meilleur, auquel on peut parvenir par une autre voie. Tout ce que peuvent demander les novateurs, s'ils se proposent d'obtenir le maximum de bien-être pour la société, c'est qu'on leur permette d'expérimenter leur système. Mais la « liberté » qu'ils réclament est le plus souvent fort différente. Ils veulent qu'une majorité plus ou moins réelle, plus ou moins factice, impose par la force la réforme désirée. Autrefois ce n'était pas à la majorité, c'était au prince qu'ils faisaient appel. Les moyens changent, le but demeure. Il faut contraindre les gens à être heureux malgré eux. Les dragons de Louis XIV purgeaient des protestants la France, et la guillotine la débarrassait des aristocrates, des Brissotins, des Girondins et de bien d'autres encore. Maintenant, les uns veulent en retrancher les juifs, les protestants, les francs-maçons, les libres-penseurs, les *sans patrie*, les internationaux, et d'autres sectes qu'il serait trop long d'énumérer; d'autres veulent convertir par force les catholiques, ou du moins les empêcher d'occuper les emplois du gouvernement, d'autres encore, dédaignant ces querelles intestines de la bourgeoisie, se contenteraient d'exterminer les patrons et les capitalistes, ce qui, on n'en saurait douter, ramènerait l'âge d'or sur la terre. « Il faut — dit Billaud-Varennes — *recréer* en quelque sorte le peuple qu'on veut rendre à la liberté, puisqu'il faut détruire d'anciens préjugés, changer d'antiques habitudes, perfectionner des affections dépravées, restreindre des besoins superflus, extirper des vices invétérés. » Carrier est plus brutal : « Nous ferons un cimetière de la France, plutôt que de ne la pas régénérer à notre manière. »

Persuadés de posséder la vérité absolue, les sectes ne

souffrent pas la contradiction, même sous la forme d'un doute ; elles exigent des règles générales, universelles, auxquelles toute exception est bien près d'être réputée criminelle. Les sectes qui se disent religieuses assurent qu'agir autrement serait offenser la divinité. Les sectes qui penchent vers l'autocratie sont persuadées que tout doit plier devant la volonté du souverain, actuellement ces sectes se réclament aussi de « l'unité nationale ». Les sectes soi-disant démocratiques donnent naïvement le nom de liberté à leur oppression ; leur plus grand effort de raisonnement, pour justifier cette antinomie, n'aboutit qu'à une autre affirmation arbitraire, c'est-à-dire qu'un peuple est libre quand il n'est soumis qu'aux lois édictées par la majorité. De même il est des sectes qui nomment *justice* la spoliation de la moitié moins un des citoyens par la moitié plus un. Il est vrai qu'on ajoute l'épithète de *sociale* pour la distinguer sans doute de l'autre qui, sans épithète, consiste à *tribuere suum cuique*.

Un auteur contemporain, Léon Donnat, dans son livre : *La politique expérimentale*, a fort bien expliqué comment, si l'on se proposait de chercher les meilleures lois, il était indispensable d'avoir recours à l'expérience. Mais sa voix est demeurée isolée. Plus que jamais les sectes veulent soumettre les faits à leurs « immortels principes » et mettent le sentiment au-dessus de la raison. C'est du reste une des conditions essentielles de leur succès auprès des foules. Leur action est des plus efficaces pour persuader les hommes, elle est absolument impuissante pour réaliser le moindre progrès matériel. Aucune invention, même d'infime importance, dans les arts et dans les sciences, ne leur est due.

Un jour, sir Henry Bessemer trouve un nouveau procédé pour produire l'acier. Ce qui est utile, pour obtenir le maximum de bien-être, c'est que les partisans du nouveau procédé puissent l'expérimenter en concurrence avec l'ancien. C'est effectivement ainsi que les choses se sont passées. Il existe un très grand nombre de brevets pour de nouveaux procédés pour fabriquer l'acier. Soumis à l'expérience, le plus grand nombre de ces procédés ont échoué, seul un très petit nombre de procédés tels que ceux de Bessemer, de Martin, etc., ont réussi. Ce sont ceux-là qui sont maintenant employés.

Mais si, au lieu d'une innovation industrielle, il s'était agi d'une innovation politique ou sociale, les choses auraient eu un autre cours. Il aurait fallu persuader un autocrate, une bureaucratie, des politiciens, la majorité des électeurs, et, si on y avait réussi, un beau jour le gouvernement aurait décrété la substitution d'un nouveau procédé aux anciens pour la fabrication de l'acier. Il aurait pu, il est vrai, tomber sur un des bons, mais il est plus probable qu'il serait tombé sur un des mauvais, sur un de ces procédés qu'on estimait devoir réussir, mais qui n'ont pas réussi. Il ne faut pas croire que, voyant l'insuccès, on aurait abandonné ce procédé. Le sort de ce procédé se serait trouvé lié à celui d'un parti quelconque, nommons-le A, et pour abandonner le procédé malheureux, il aurait fallu déloger le parti A de ses positions. Celui-ci n'aurait pas manqué de se réclamer de quelques « immortels principes », tels que ceux, par exemple, de la « solidarité » ou de la « justice sociale ». Il aurait injurié, persécuté, les contempteurs du progrès, les égoïstes qui repoussaient les bienfaits des élucubrations du parti A. En somme, on aurait passionnément discuté tout, excepté la seule chose qui importait, c'est-à-dire des résultats qu'avait donnés l'expérience pour le nouveau procédé.

Sir Henry Sumner Maine (1) observe avec raison que « tout ce qui a rendu l'Angleterre célèbre, tout ce qui lui a donné la richesse a été l'œuvre de minorités parfois infimes ». Mais il va trop loin quand il ajoute : « Il me paraît absolument certain que si, depuis quatre siècles, il avait existé dans ce pays une franchise électorale très étendue et un corps d'électeurs très nombreux, il n'y aurait eu ni réforme religieuse, ni changement de dynastie, ni tolérance pour les dissidents, ni même un calendrier exact. La machine à battre, le métier à tisser, la mule-Jenny, et peut-être la machine à vapeur auraient été prohibés ». Il est vrai que quand on observe les mesures inintelligentes que prennent aujourd'hui les régimes démocratiques contre les grands magasins, qui représentent un des progrès les plus notables de notre époque dans la distribution des marchandises, ou certaines mesures édictées contre la concurrence dite déloyale, qui n'est au fond que la simple concurrence, ou les entraves que les mesures prises contre les bourses apportent à la circulation de la richesse, on est tenté de donner raison à sir Henry Sumner Maine. Mais il existe d'autres faits, contraires à sa thèse. On ne saurait dire que les « foules » populaires, ou composées de savants, repoussent systématiquement tout progrès technique ou économique, seulement leur choix est le plus souvent aveugle, le sentiment et les préjugés y tiennent une part prépondérante. Ce n'est pourtant pas là l'inconvénient principal, car au fond on le retrouve dans tout choix humain, mais le plus grand mal provient de ce que l'on substitue la coercition de la loi à la persuasion de l'expérience, ce qui a pour effet d'aggraver énormément les conséquences d'erreurs inévitables.

(1) *Essais sur le gouv. pop.*, trad. franç., p. 142.

CHAPITRE II

LES SYSTÈMES SOCIALISTES EN GÉNÉRAL

Ce qu'on entend par système socialiste. — Division en classes. — Les difficultés pour réaliser ces systèmes sont fort différentes, selon les classes. — Les prélèvements sur la fortune. — Différents genres de moyens pour acquérir la richesse. — La spoliation. — La lutte des classes sociales. — Caractères qui peuvent déterminer ces classes ou des groupes analogues. — Bilan de chaque groupe. — Part du raisonnement pour déterminer les actions de ces groupes, et part du sentiment. — Défaut de résistance chez les spoliés. — L'obstacle principal que rencontre la spoliation est la destruction de la richesse et la ruine du pays. — La spoliation survivrait au changement de l'organisation de la société. — Toute mesure a généralement des effets concomitants. — Stabilité relative des caractères des hommes. — Le fond des sentiments persiste, la forme change. — Les nouvelles classes sociales qui actuellement sont, en quelques pays, parvenues au pouvoir, se sont octroyé des privilèges absolument semblables à ceux dont jouissaient les anciennes classes dominantes.

En général, on ne définit pas rigoureusement ce qu'on entend par une organisation socialiste et on ne peut guère le définir. C'est un de ces termes vagues, qui appartient au langage vulgaire (1) et dont on est bien

(1) Benedetto Croce observe avec raison que « dans le langage courant, les paroles manquent de précision comme les conceptions. » *Di alcuni principii di sintassi e stilistica psicologica del Gröber*, p. 10.

Déjà Locke, *Essai phil. concernant l'ent. hum.*, liv. III, chap. ix,

forcé de se servir pour le moment, mais qu'il serait utile de remplacer le plus tôt possible par quelque terme plus rigoureusement défini.

Pour plusieurs personnes, une organisation socialiste est une organisation « artificielle », qui s'oppose à une organisation libérale, dite « naturelle ». Les économistes de l'école optimiste ont eu le tort de se servir souvent de ces expressions. Mais qu'est-ce qu'une organisation sociale « artificielle » et comment se distingue-t-elle d'une organisation « naturelle »? Si par ce dernier terme on entend caractériser les organisations qui, s'étant développées dans la nature, existent réellement, le terme d'organisation socialiste acquiert vraiment une trop grande extension et s'étend à toutes les organisations que nous avons nommées virtuelles. Si par « organisation naturelle » on entend une organisation laquelle permet à l'homme de suivre tous ses « instincts naturels », on n'indique là qu'une pure utopie, et même il y a contradiction à donner le nom d'organisation à ce qui en est, à proprement parler, la négation. Il convient donc, si l'on veut raisonner avec un peu de précision, de s'abstenir de faire usage de termes semblables. On les a même

§ 4, observait que « la principale fin du langage... étant d'être entendu, les mots ne sauraient bien servir à cette fin, dans le discours civil ou philosophique, lorsqu'un mot n'excite pas dans l'esprit de celui qui écoute la même idée qu'il signifie dans l'esprit de celui qui parle ».

Le fait qu'on doit incessamment répéter des choses aussi simples, montre combien elles sont habituellement négligées.

M. G. Vailati, *Rivista filosofica*, janv.-fév. 1901, note avec beaucoup de raison le grand nombre d'illusions et de faux raisonnements auxquels a donné lieu l'ambiguité des termes du langage vulgaire.

L'économie politique n'en a que trop souffert et ses progrès futurs sont étroitement liés à l'adoption d'un langage rigoureusement scientifique.

employés pour les détails de l'organisation sociale ; on a parlé d'un système *naturel* de banques, qui s'opposerait à des systèmes *artificiels*. Cela n'a guère de sens. Toute banque est un organisme naturel en un certain sens et artificiel en un autre.

On trouve un critérium plus précis pour caractériser les systèmes sociaux, en considérant les limites dans lesquelles ils admettent la propriété privée. Les deux extrêmes sont irréalisables ; on ne peut pas complètement abolir la propriété privée, on ne peut l'admettre sans aucune restriction. D'une part, il est évident que tout homme aura au moins la propriété de la bouchée de pain qu'il est en train de manger, du verre de vin qu'il porte à ses lèvres ; de l'autre, toute organisation exige des dépenses, des travaux, des sacrifices, qui se font en commun, et qui, par là même, sont une atteinte au droit absolu de propriété privée. Entre ces deux extrêmes, existent une infinité de degrés intermédiaires et ils peuvent servir à caractériser les systèmes, suivant que ceux-ci se rapprochent plus de l'un que de l'autre extrême. Telle est la classification que nous adopterons. Les systèmes socialistes seront caractérisés par le fait qu'ils n'admettent qu'un minimum de propriété privée. Ce caractère appartient pourtant aussi à quelques systèmes que l'on n'a pas l'habitude de ranger parmi les systèmes socialistes, par exemple des organisations despotiques.

La grande classe que nous venons d'établir peut se subdiviser selon le genre de propriété privée qui est atteinte. 1° S'il s'agit de toute propriété, quelle qu'elle soit, nous aurons d'une part le communisme parfait, de l'autre le régime d'un despote absolu, qui a non des sujets mais des esclaves. La propriété commune peut s'étendre aussi aux femmes, qui ont d'ailleurs été souvent en réalité considérées comme des biens appropriés.

2° Si la propriété des produits subsiste et que l'on élimine celle des moyens de production, nous aurons, au moins approximativement, les systèmes socialistes modernes, d'une part, les systèmes de monopole du gouvernement, de l'autre. 3° Enfin on peut supposer que l'on élimine la propriété privée des produits, tout en conservant celle des moyens de production. Le type pur de cette dernière classe ne s'observe guère, même parmi les systèmes idéaux, mais il y a des systèmes qui s'en rapprochent plus ou moins, tels que le socialisme d'Etat, d'une part, et, de l'autre, un grand nombre d'organisations réelles qui distribuent la richesse produite par des particuliers à une oligarchie, à une ochlocratie, à des castes militaires ou sacerdotales. Ces organisations laissent produire la richesse par les particuliers et s'en emparent ensuite, principalement au moyen de l'impôt. *Sic vos non vobis mellificatis, apes.*

Il faut expliquer en quel sens cette 3e classe restreint la propriété privée des produits. A vrai dire, cette propriété existe toujours au moment où les produits sont consommés. Mais il faut porter notre attention non seulement sur ce moment mais encore sur ceux qui le précèdent. Nous reconnaîtrons alors qu'il y a trois types bien distincts. α) Les marchandises peuvent ne changer de mains que par des opérations volontaires, échanges, dons, etc. β) Elles peuvent changer de mains parce que A s'approprie par la force les marchandises que possède B. C'est le cas de la spoliation privée et directe ; les marchandises ne cessent pas un instant d'être propriété privée, seulement les personnes qui les possèdent changent. γ) La collectivité ou le gouvernement, qui est censé la représenter, enlèvent à A les marchandises qu'il possède et les distribuent, ensuite, selon certaines règles ; ces marchandises parviennent ainsi aux mains de B. En ce cas les marchandises ont cessé pendant un temps plus ou moins long d'être propriété privée, et c'est en ce sens que cette propriété a été restreinte. Les organisations du socialisme d'Etat appartiennent évidemment à ce troisième type.

La 2e classe renferme des systèmes bien moins facilement réalisables que ceux de la 3e. En d'autres termes, la restriction de la propriété des moyens de production est plus rare, en réalité, que la restriction de la propriété des produits. La production sociale de la richesse n'a pas souvent donné de bons résultats, sauf au moyen de la guerre, qui est une industrie toute spéciale, et qui n'est pas productive en un sens absolu, mais qui l'est seulement en un sens relatif. D'ailleurs, la guerre même a souvent pris les caractères d'une industrie privée. L'expérience a démontré, au contraire, que l'on peut enlever aux producteurs, sans trop les décourager et sans se heurter à une trop vive résistance, une portion notable de la richesse qui est leur propriété. Cela doit s'entendre autant des travailleurs que des capitalistes. Autrefois, à Rome, les maîtres laissaient aux esclaves, sous forme de pécule, une partie de la richesse que ceux-ci produisaient ; aujourd'hui des régimes de socialisme d'Etat abandonnent de même aux capitalistes une partie du fruit de leurs capitaux. Dans un cas et dans l'autre, le problème à résoudre consiste à déterminer quelle est la partie du produit qu'il convient de laisser aux individus pour que leur zèle soit suffisamment stimulé et que la somme que l'on prélève sur eux atteigne un maximum. Enlever à l'esclave tout le produit de son travail n'était pas, pour le maître, le moyen d'avoir un revenu considérable, pas plus que dépouiller complètement les capitalistes n'est, pour un gouvernement socialiste, le moyen d'en tirer le maximum de profit.

Rendre collectives les entreprises n'est pas, jusqu'à présent et sauf en des cas exceptionnels, le moyen d'en augmenter la production ; il vaut mieux les laisser aux mains d'entrepreneurs privés et dépouiller ensuite ceux-ci d'une partie de la richesse qu'ils produisent. Il est évident qu'il ne convient pas de tout leur prendre, car alors ils cesseraient de travailler et de produire. La plupart des organisations de socialisme d'Etat ont précisément péri faute de modération ; les prélèvements sur la classe capitaliste, d'abord modérés, ont été toujours en augmentant jusqu'à ce qu'ils aient détruit une partie notable du capital mobilier existant, découragé l'esprit d'entreprise, mis des entraves à la production et, par là, amené la ruine économique du pays.

La principale différence entre les socialistes intransigeants modernes et les socialistes transigeants, du genre de Bernstein, consiste en ce que les premiers veulent supprimer entièrement les entreprises privées, les seconds les laisseraient subsister, en vue d'en tirer le plus grand parti possible.

Il ne faut pas opposer, ainsi qu'on le fait souvent, les systèmes socialistes qui, dit-on, ne respectent pas la propriété privée, aux systèmes existants, lesquels, au contraire, la respecteraient.

En Europe et au XIXe siècle, les dépenses des Etats sont allées toujours croissant, elles représentent actuellement une portion notable, souvent plus d'un quart, du revenu des citoyens, et rien n'indique qu'elles cesseront de progresser (1). La propriété privée est donc atteinte en une large mesure.

(1) Pour la France, M. Jules Roche donne les chiffres suivants :

Le fait ne peut guère être nié, mais on se refuse d'en admettre les conséquences, en disant que les prélèvements opérés sur la propriété privée par les régimes existants diffèrent des prélèvements socialistes parce que les premiers sont simplement des impôts. Cela revient à prendre pour base d'une classification non les choses mais les noms dont on décore ces choses. Il est vrai qu'on affirme que ces noms ne sont pas arbitraires, car on définit l'impôt comme étant « une somme nécessaire pour les besoins de l'Etat ». Cela ne fait que reculer la difficulté, qui maintenant se trouve dans le terme : *besoins*. Si l'on entend ce terme dans le sens vulgaire, les socialistes pourront dire que le premier *besoin* de l'Etat est d'avoir des citoyens heureux et prospères et qu'il faut pour cela *socialiser* la production ; et si on leur demande d'appeler impôt le prélèvement qu'il est nécessaire de faire sur la richesse privée pour atteindre ce but, il est à croire qu'ils n'auront pas assez mauvais caractère pour se refuser à une concession qui ne porte que sur des mots. On pourra discuter l'efficacité des moyens qu'ils proposent, mais c'est là une autre question.

Si l'on donne une définition plus précise du terme

Années	Recettes ordinaires	Augmentation moyenne annuelle
	(millions de fr.)	fr.
1820	861	5.444.000
1829	913	
1829	913	16.555.000
1847	1.211	
1874	2.486	40.000.000
1900	3.523	
1898	3.427	
1899	3.477	50.000.000
1900	3.538	61.000.000

besoins, on aura autant de systèmes qu'on donnera de définitions. Les uns diront que l'État n'a *besoin* que d'assurer la sécurité des personnes et des biens, les autres qu'il a *besoin* de réaliser un idéal éthique, etc.

L'explication que nous donnons ainsi de l'impôt est donc purement verbale, et c'est un des plus graves défauts des sciences sociales que d'accepter encore de telles explications, qui sont définitivement bannies de toutes les sciences positives. En réalité, et si nous nous en tenons exclusivement aux faits, l'impôt est simplement la somme que les hommes qui gouvernent, soit directement soit indirectement, prélèvent sur l'agrégat dont ils font partie et sur lequel s'étend leur pouvoir; somme qu'ils emploient selon ce que leur dicte leur raison, leurs préjugés, leurs intérêts et parfois leur caprice. Naturellement ces dépenses sont toujours proclamées nécessaires par les personnes qui les font, et elles le sont, en effet, quand on se place à leur point de vue. De tout temps, une partie de l'impôt a été employée dans l'intérêt commun des gouvernants et des gouvernés, une partie, généralement assez petite, dans l'intérêt des gouvernés seuls, une partie, souvent notable, dans l'intérêt exclusif des gouvernants et de leurs partisans parmi les gouvernés, fort souvent pour opprimer l'autre partie des gouvernés. Une partie enfin a été entièrement gaspillée par ignorance ou caprice. Il est loin d'être sûr que la partie dépensée dans l'intérêt commun des gouvernants et des gouvernés et dans l'intérêt des gouvernés seuls ait été la plus grande, c'est plutôt le contraire qui paraît probable.

Les organisations qui admettent la propriété privée, c'est-à-dire la presque totalité des organisations connues jusqu'à ce jour, offrent aux hommes deux moyens essentiellement différents pour acquérir la richesse : l'un est de la produire directement ou indirectement par le travail et les services des capitaux qu'ils possèdent, l'autre de s'emparer de la richesse produite ainsi par autrui. Ces deux moyens ont toujours été mis en usage et il serait téméraire de croire qu'on cessera bientôt de les employer. Mais comme le second de ces moyens est généralement réprouvé par la morale, on ferme volontairement les yeux sur son usage, on a l'air de supposer que c'est quelque chose de sporadique, d'accidentel, tandis que c'est un phénomène général et constant.

Les mouvements sociaux se produisent généralement selon la ligne de moindre résistance. Or, la production directe des biens économiques est souvent fort pénible; l'appropriation de ces biens, produits par autrui est parfois assez facile. Cette facilité a été grandement accrue depuis qu'on a imaginé d'effectuer la spoliation non contre la loi mais au moyen de la loi. Pour épargner, pour ne pas consommer tout ce qu'il gagne, un homme doit avoir un certain empire sur soi-même; labourer un champ pour lui faire produire du blé est pénible, attendre au coin d'un bois un passant pour le dépouiller est dangereux; au contraire, aller déposer un bulletin de vote est chose très aisée, et si, par ce moyen, on peut se procurer le vivre et le couvert, tous les hommes, et surtout les inadaptés, les incapables, les paresseux, s'empresseront de l'adopter.

Sous un autre point de vue, on peut observer que des deux procédés dont on peut user pour s'emparer des biens d'autrui, c'est-à-dire directement par la violence ou la fraude, ou indirectement grâce à l'aide des pouvoirs publics, le second est bien moins nuisible au bien-être social que le premier. Il en est un perfectionnement et une amélioration, comme l'élevage des animaux domestiques est un perfectionnement et une amélioration de la chasse des animaux sauvages. Les socialistes qui veulent attribuer à la collectivité la propriété des moyens de production, en réglant équitablement la question de l'expropriation des propriétaires actuels, ne peuvent être accusés de vouloir faire usage de l'un ni de l'autre de ces deux procédés. D'autres socialistes, qui veulent exproprier sans indemnité les possesseurs actuels, graduellement ou brusquement, ont évidemment le dessein de faire appel au second procédé, mais on ne saurait vraiment les représenter, ainsi que l'ont fait certains législateurs, comme voulant recourir au premier. C'est uniquement au moyen de la loi que les socialistes et les communistes veulent changer la distribution des richesses, donner aux uns ce qu'ils enlèvent aux autres, et, sous ce rapport, leurs systèmes ne diffèrent nullement, ainsi qu'on l'a souvent observé, des différents systèmes protectionnistes. Ceux-ci représentent, à proprement parler, le socialisme des entrepreneurs et des capitalistes.

Ce n'est que par incidence et pour la réprouver que l'économie politique classique s'est occupée de l'appropriation qui a lieu avec l'aide de la loi. C'est, pour chaque science, un droit et une nécessité de limiter son champ d'exploration. Il n'y a donc rien à dire sous ce rapport contre la méthode employée par l'économie politique. Mais après avoir séparé, par l'analyse, les différentes parties d'un phénomène réel, pour les étudier isolément, il faut faire de la synthèse, les réunir, pour avoir une idée de la réalité. L'économie politique peut ne pas étudier l'appropriation à l'aide de la loi, mais cette étude doit être faite par quelque autre science, si l'on veut connaître le phénomène concret. On ne saurait, en aucune manière, en négliger une partie aussi importante.

La lutte des classes, sur laquelle Marx a spécialement attiré l'attention, est un fait réel, dont on trouve des traces à chaque page de l'histoire, mais elle n'a pas lieu seulement entre deux classes : celle des prolétaires et celle des « capitalistes », elle se retrouve entre une infinité de groupes qui ont des intérêts différents, et surtout entre les élites qui se disputent le pouvoir. Ces groupes peuvent avoir une existence plus ou moins longue, se fonder sur des caractères permanents ou plus ou moins temporaires. Chez la plupart des peuples sauvages et peut-être chez tous, le sexe détermine deux de ces groupes. L'oppression dont se plaignent ou se sont plaints les prolétaires n'est rien en comparaison de celle que souffrent les femmes des sauvages de l'Australie (1). Des caractères plus ou moins réels, fondés sur la naissance, la couleur, la nationalité, la religion, la race, la langue, etc., peuvent donner naissance à ces groupes. De nos jours, la lutte des Tchèques et des Allemands, en Bohême, est plus vive que celle des prolétaires et des capitalistes, en Angleterre. Des gens qui se livrent à une même occupation sont naturellement disposés à se grouper. En plusieurs pays, les fabricants de sucre se sont concertés pour se faire payer un tribut par leurs concitoyens. Ce phénomène est analogue à celui qui s'observait autrefois quand des bandes armées levaient des tributs sur les paysans, et il n'en est qu'une transformation.

(1) Les faits sont si connus qu'il est inutile de les citer. Selon Eyre, cité par Lubbock : « les jeunes gens apprécient une femme principalement en raison de ses services comme esclave ; quand on leur demande pourquoi ils désirent prendre femme, ils vous répondent ordinairement : pour qu'elle se charge de me procurer du bois, de l'eau, des aliments et pour porter ce que je possède... Si l'on examine les femmes indigènes, on en trouvera fort peu qui n'aient pas de terribles cicatrices sur la tête, ou des traces de coups de lance sur tout le corps. J'ai vu une jeune femme qui était absolument couverte de cicatrices. Si la femme est quelque peu jolie, sa position devient encore plus horrible, s'il est possible. »

Les armateurs s'unissent pour se faire payer des primes de navigation ; les marchands au détail, pour faire écraser d'impôts les grands magasins ; les boutiquiers sédentaires, pour empêcher ou rendre difficile le colportage ; les entrepreneurs d'une région, pour repousser ceux d'une autre ; les ouvriers « organisés », pour enlever tout travail aux ouvriers « non organisés » ; les ouvriers d'un pays, pour exclure du « marché national » ceux d'un autre pays ; les ouvriers d'une commune, pour repousser ceux d'une autre. En Italie, les cordonniers habitant dans certaines villes ont tâché, au moyen des droits d'octroi, d'empêcher la vente des chaussures faites par des cordonniers habitant hors de ces villes (1).

En tout temps et en tout lieu, l'histoire du passé et l'observation du présent nous montrent les hommes divisés en groupes, chacun desquels se procure généralement les biens économiques, en partie en les produisant directement, en partie en dépouillant d'autres groupes, qui le dépouillent à leur tour. Ces actions s'entrecroisent de mille manières et ont des effets directs et indirects extrêmement variés. Il y aurait lieu pour chaque groupe d'établir une sorte de bilan. Par exemple, des industriels produisent certaines marchandises, ils paient des tributs,

(1) En juillet 1901, un droit d'octroi protecteur sur les meubles importés de la Lombardie et d'autres régions de l'Italie fut proposé au conseil communal de Venise. On le justifiait, en disant qu'à Venise il n'y a pas de force motrice naturelle, les salaires sont élevés, le bois ne se trouve pas sur place, etc. M. E. Chiesa, qui a écrit un excellent article sur ce sujet, dans l'*Italia del popolo* du 7 juillet 1901, observe avec raison que, si l'on admet l'utilité des droits protecteurs d'Etat à Etat, ceux de commune à commune sont aussi justifiés. M. F. Papafava a fait, avec beaucoup d'esprit, la parodie de ces velléités protectionnistes, en proposant plaisamment d'instituer à Padoue, sa ville natale, un droit protecteur, pour défendre la presse locale de la concurrence des journaux de Milan, Rome et Turin.

à cause des droits protecteurs sur les marchandises qu'ils emploient, et ces tributs vont à d'autres groupes d'industriels, d'agriculteurs, de commerçants, etc. ; ils paient d'autres tributs à cause des émissions de papier-monnaie ou pour des mesures prises au sujet de la circulation monétaire, d'autres tributs encore aux politiciens, d'autres pour entretenir certains préjugés qu'ils jugent favorables à leurs intérêts. En compensation, ils perçoivent des tributs des consommateurs, grâce aux droits protecteurs sur les produits étrangers qui pourraient faire concurrence aux leurs, ils en perçoivent sur les travailleurs, grâce aux émissions de papier-monnaie ou grâce aux mesures que prend le gouvernement pour empêcher les ouvriers de discuter librement les conditions de vente du travail (1), ils s'en font payer par les contribuables, en se faisant adjuger à des prix de faveur des fournitures du gouvernement, etc. Pour certains groupes industriels, il est facile de voir de quel côté penche la balance, pour d'autres, il est difficile de savoir si, somme toute, ils gagnent ou ils perdent à cette organisation, qui entraîne d'ailleurs une énorme destruction de richesse pour la société en général. Les cas ne sont pas rares où les intéressés se sont trompés en faisant le

(1) Souvent les gouvernements font bien pis. On pourrait citer un grand nombre de faits, par exemple, le *Statut des travailleurs*, en Angleterre. De nos jours, le gouvernement italien a envoyé les soldats faire la moisson des propriétaires qui trouvaient trop élevés et ne voulaient pas payer les salaires demandés par les moissonneurs libres. D'une manière générale, et *grosso modo*, on peut dire qu'en Italie ce sont les riches qui dépouillent les pauvres ; en d'autres pays, ce sont les pauvres qui dépouillent les riches.

Il se pourrait d'ailleurs qu'à l'avenir, ce dernier système vînt à régner aussi en Italie, sans transition, sans qu'on s'arrêtât même un moment à la position intermédiaire, en laquelle personne n'est dépouillé.

budget des gains et des pertes que leur procurait ce système de spoliation réciproque. Peut-être le socialisme d'Etat réserve-t-il à certains groupes de cruelles désillusions.

Il est des groupes pour lesquels la question se présente plus simplement, par exemple pour ceux qui ne produisent rien d'appréciable, ne paient pas de tributs ou presque pas, et en perçoivent seulement. D'autres, les plus nombreux et les plus importants, produisent directement les biens et, fort souvent, paient des tributs et n'en perçoivent pas ou en perçoivent d'insignifiants. Tel a été souvent le sort des travailleurs; tel est aussi le sort que certains régimes voudraient faire, à l'avenir, aux entrepreneurs et aux capitalistes.

Généralement, pour que les individus puissent constituer un groupe et marcher à la conquête des biens d'autrui, plusieurs conditions sont nécessaires. 1° Il faut que les membres du groupe ne soient pas trop disséminés, qu'ils possèdent un caractère facilement reconnaissable, tel que celui d'une même race, d'une même religion, d'une même occupation, etc. Voilà une des causes les plus efficaces pour laquelle les consommateurs ne peuvent guère s'organiser avec succès pour résister aux syndicats de producteurs. Par exemple, dans nos contrées, tous les hommes font plus ou moins usage de vêtements et il n'y a qu'un très petit nombre d'entre eux qui se livrent à leur confection. Le fait de porter des vêtements ne peut donc pas servir à déterminer un groupement parmi les hommes, tandis que le fait de confectionner des vêtements peut parfaitement déterminer ce groupement. 2° Des siècles de civilisation ont imprimé dans le cerveau de l'homme le sentiment qu'il doit s'abstenir de s'emparer du bien d'autrui. Il faut éviter de heurter directement ce sentiment. Pour cela il convient d'employer une voie indirecte pour s'approprier ces biens (1) et de trouver quelques raisons pour la justifier. Mais sur ce point, la difficulté n'est jamais bien grande, car les plus mauvaises raisons trouvent créance quand elles servent de puissants intérêts ou flattent des préjugés. La plupart des hommes se faisant des convictions de leurs intérêts, on prêche à des convertis. Une phraséologie creuse, des formules vaines, pompeuses, sentimentales, des sentences abstraites et ressassées, des expressions vagues, flottantes, dont jamais le sens n'est fixé, c'est tout ce que demandent des hommes qui cherchent non la vérité, dont ils n'auraient que faire, mais seulement une justification à des actions qui leur sont avantageuses ou simplement agréables. Il est du reste des époques, comme par exemple la fin du XVIIIe siècle, en France, et l'époque actuelle, où les spoliés eux-mêmes se chargent, par leurs déclamations éthiques sur la « sensibilité », la « solidarité », etc., de justifier la spoliation et de l'augmenter.

Aucune contradiction logique, même des plus patentes, ne saurait ébranler la foi des vrais croyants. On entend souvent les gens qui tonnent contre les « spéculateurs », les accuser d'une part d'élever le prix du blé, d'autre part de le faire baisser. Ainsi, quoi qu'il arrive, les spécu-

(1) BASTIAT, *Cobden et la Ligue*, Guillaumin et Cie p. 265. Un orateur de la ligue dit : « Eh quoi ! si la loi-céréale actuelle n'existait pas ; si le ministère osait présenter un bill de taxes sur le pain ; s'il plaçait un agent à la porte du boulanger, chargé d'exiger le tiers du prix de chaque pain, taxe que le boulanger se ferait naturellement rembourser par le consommateur, y a-t-il un homme dans tout le pays qui supporterait une telle oppression ?... (p. 266) J'aimerais voir le noble duc... s'emparer de la plus grosse portion du pain, disant : « Voilà ma part, la part de ma taxe, mangez le reste, si vous voulez. » Si la taxe se prélevait ainsi, vous ne le toléreriez pas ; et cependant voilà ce que fait le lord, sous une autre forme. »

lateurs ont toujours tort. Quand on s'adresse aux agriculteurs, on affirme que les spéculateurs sont la cause du bas prix du blé ; quand on parle aux ouvriers, on jure que les mêmes spéculateurs sont responsables du haut prix du blé. Il paraît que dans cette logique « solidaire » deux propositions contradictoires peuvent être vraies en même temps, ce qui n'est pas le cas dans la logique ordinaire. Souvent même tout raisonnement disparaît (1), et il suffit, pour entraîner les hommes, de susciter les sentiments que fait naître un terme approprié, un nom convenable donné à une chose. Cela a été de tout temps et de tous lieux. On obtenait ce qu'on voulait du peuple athénien en lui parlant du bon marché du blé (2). Au Moyen Age les plus braves tremblaient si on les appelait hérétiques, manichéens, païens, infidèles. A la fin du XVIIIe siècle, il fallait être « sensible ». Au temps de la révolution, en France, la « vertu », le « civisme », le « sans-culottisme » étaient fort en honneur (3). Les deux

(1) G. Le Bon, *Psych. des foules*, p. 101 : « Nous avons déjà montré que les foules ne sont pas influençables par des raisonnements, et ne comprennent que de grossières associations d'idées. Aussi est-ce à leurs sentiments et jamais à leur raison que font appel les orateurs qui savent les impressionner. Les lois de la logique n'ont aucune action sur elles. » Et p. 102 : « Les esprits logiques, habitués à être convaincus par des chaînes de raisonnements un peu serrées, ne peuvent s'empêcher d'avoir recours à ce mode de persuasion quand ils s'adressent aux foules, et le manque d'effet de leurs arguments les surprend toujours. » Il faut pourtant ajouter à ces observations que si les foules n'aiment pas la logique, elles en aiment du moins l'apparence ; pour les persuader, il ne faut pas raisonner, mais avoir l'air de raisonner. De même, on les amène très facilement à violer la morale, quant au fond, pourvu qu'on en respecte les apparences.

(2) Aristoph., *Equit.*, 1359-1360 : « Vous n'aurez pas de blé, juges, si vous ne condamnez cet accusé. »

(3) Une citation de Taine peint bien un état d'esprit qui se retrouve un peu partout et à toutes les époques. « Comme

Brutus, Socrate et la ciguë, figuraient presque nécessairement dans chaque discours. On devait faire allusion aux « vertus » des républicains romains et les proposer comme exemple aux Français. Cette tradition a été reprise récemment par un chef « nationaliste » qui veut que le peuple français élise le président de la république, de la même manière que le peuple romain « choisissait ses chefs ». Cette conception dénote une profondeur d'études historiques vraiment remarquable.

De nos jours, le terme de « solidarité » est devenu à la mode ; il a remplacé celui de « fraternité », fort en usage en 1848, mais actuellement un peu démodé. Chacun, à vrai dire, entend la « solidarité (1) » à sa manière, mais c'est précisément le vague de l'acception qui favorise l'emploi de ce terme et d'autres semblables. Il faut noter que quand on se déclare solidaire d'autrui, c'est en général pour lui prendre quelque chose et bien rarement, autant dire jamais, pour lui donner. Le terme de « protection »

j'attendais ce matin à la porte d'une boutique, j'écoutai un mendiant qui marchandait une tranche de citrouille. Ne pouvant s'accorder sur le prix avec la revendeuse, il lui dit qu'elle était « gangrenée d'aristocratie ». « Je vous défie, répondit-elle ; mais tout en parlant elle devint pâle et ajouta : Mon civisme est à toute épreuve... Mais prends donc la citrouille. — Ah ! te voilà bonne républicaine, — dit le mendiant. » Ce sont choses qui se sont vues de tout temps. ARISTOPHANE, *Vesp.*, 493-495 : « Si quelqu'un achète des rougets et ne veut pas de sardines, aussitôt le marchand d'à côté, qui vend des sardines, dit : « Les provisions de cet homme sentent la tyrannie. » Voyez aussi *Achar.*, 910 à 925. Aujourd'hui on serait accusé du délit de lèse solidarité.

(1) C'est par esprit de « solidarité » que les ouvriers veulent dépouiller le « bourgeois », qu'ils repoussent de leur métier les autres ouvriers, qu'ils limitent le nombre des apprentis et empêchent ainsi à un certain nombre de jeunes gens de se procurer un gagne-pain, que là où ils le peuvent, comme en Australie et aux États-Unis d'Amérique, ils ont fait édicter des lois pour empêcher l'émigration des travailleurs étrangers. Il semble bien qu'en ce cas, leur devise est plutôt : « chacun pour soi ».

ne passe pas de mode. Il continue à être d'un grand usage ; on le renforce utilement par l'épithète de « nationale ». Invoquer la protection de l'industrie nationale, de l'agriculture nationale, etc., c'est faire usage de raisons sans réplique.

Les économistes ont eu le tort de donner trop d'importance aux raisonnements comme motifs déterminants des actions humaines (1). Ils ont cru qu'en faisant voir le vide et la fausseté des théories de leurs adversaires, ils les réduisaient à l'impuissance. Le succès de la ligue de Cobden a été pour beaucoup dans cette illusion. On s'est imaginé que ce succès était le triomphe de la raison sur le préjugé ; il était simplement le triomphe de certains intérêts sur certains autres. En France, toute l'économie politique était libérale, les admirables pamphlets de Bastiat en avaient rendu populaires les doctrines et, malgré cela, le protectionnisme a triomphé sans rencon-

(1) FR. PAULHAN, *Esprits logiques et esprits faux*, p. 311 : « Chacun a pu constater combien de fois les meilleures raisons restent impuissantes devant le désir et l'intérêt personnel, et avec quelle force, quelle fécondité souvent, quelle souplesse parfois, et, presque toujours, quelle obstination, les arguments sont repoussés, retournés, méconnus et dénaturés. C'est à ce point qu'on serait assez justement suspect de naïveté si l'on comptait trop sur le succès en opposant une conception simplement intellectuelle à une idée soutenue par une passion. La mauvaise foi, assez souvent insconsciente et involontaire, des gens qui ne veulent pas être convaincus, a frappé tout le monde. Ceux même qui sont honnêtes et examinent de leur mieux, raisonnent à peu près comme les autres, par entêtement, parce que leur intelligence n'est pas assez libre pour fonctionner régulièrement malgré la pression d'un sentiment un peu vif. Chez les uns comme chez les autres, l'idée qui favorise le désir est maintenue à travers des erreurs et des illogismes aussi nombreux qu'il le faudra. »

Voilà donc des vérités bien connues, et pourtant la plupart des hommes s'arrêtent au moment d'en tirer les conséquences qu'elles comportent,

trer d'opposition sérieuse. Le même phénomène a eu lieu en Italie. Les hommes d'Etat tels que Cavour, Minghetti, Peruzzi, étaient libéraux ; les économistes tels que Ferrara, Pantaleoni, Boccardo, De Viti, Mazzola, Martello, De Johannis, Dalla Volta, Giretti, Todde, et bien d'autres encore, enseignaient les doctrines libérales. Un beau jour une coalition d'intérêts imposa un retour décisif à la politique protectionniste. Autant en France qu'en Italie, ce n'est pas sur le terrain des doctrines que s'est livrée la bataille, c'est sur celui des intérêts. Les protectionnistes ne comptent pas plus scientifiquement que les libres échangistes pratiquement. *Auro suadente, nil potest oratio.*

Certes, on ne saurait prétendre que le raisonnement scientifique demeure absolument étranger à ces phénomènes, qu'il n'a pas eu la moindre part au succès de la ligue de Cobden, qu'il n'exerce pas au moins quelque légère influence indirecte ; mais il y a loin de là à être la cause déterminante de certains phénomènes.

Lorsque la plus grande partie des producteurs s'approprie les biens d'autrui, grâce à la protection de l'Etat, celui qui ne réclame rien se trouve par là même sacrifié : il paie des tributs et n'en perçoit pas. Ainsi donc, même dans le seul but de récupérer ce qu'on lui enlève, il doit demander sa part du gâteau. C'est la fable du chien qui portait le dîner de son maître ; il commença par le défendre contre d'autres chiens et finit par se contenter d'en happer sa part.

Ainsi, la protection douanière élève le prix de toutes choses, et si les ouvriers ne se coalisent pas pour faire augmenter leurs salaires, ils se trouvent sacrifiés, car leurs dépenses augmentent tandis que leurs recettes demeurent constantes. C'est ce qui s'est passé, en Italie, de 1887 à 1900 ; des politiciens se sont fait payer pour augmenter les droits de douanes ; des industriels, des armateurs ont fait de grandes fortunes, la masse des ouvriers agricoles a payé le tout. Ces malheureux paysans continuaient à recevoir le même salaire, tandis que tout autour d'eux renchérissait, par conséquent leurs souffrances étaient devenues insupportables. Les libéraux leur conseillaient de s'opposer à la protection, mais cette façon d'agir n'était pas pratique. D'abord ces raisonnements n'arrivaient pas jusqu'aux paysans ; ensuite, y fussent-ils arrivés, ils n'auraient pas été compris ; enfin, eussent-ils été compris, les paysans n'avaient pas les moyens de combattre les innombrables formes que revêt la spoliation. La ligne de moindre résistance était ailleurs. Ce furent les socialistes qui la trouvèrent. Ils organisèrent les paysans en *ligues de résistance* qui, au moyen des grèves, imposèrent aux propriétaires une amélioration des contrats de culture. Les paysans, là où ces efforts ont été couronnés de succès, reprennent ainsi une partie de ce dont ils avaient été dépouillés (1). Peu importe les raisons que les socialistes donnent aux paysans pour les pousser à l'action ; elles peuvent n'avoir aucune valeur logique et scientifique, mais elles ont les qualités nécessaires pour persuader les individus auxquels elles s'adressent, et c'est tout ce qui importe. Peut-être le mouvement qui commence maintenant dépassera-t-il le point où les paysans reprendraient seulement ce qu'on leur prend et, après avoir été spoliés, deviendront-ils, à leur tour, spoliateurs. En ce cas, les gens qui pendant si longtemps se sont enrichis par la rapine des biens de ces malheureux ne récolteront que ce qu'ils ont semé.

(1) Si tous les prix, sans exception, pouvaient augmenter, dans la même proportion, on reviendrait simplement à la position primitive de l'équilibre économique.

Il est une circonstance curieuse, qui mérite de fixer l'attention : on observe souvent que les hommes agissent avec beaucoup plus d'énergie pour s'approprier les biens d'autrui que pour défendre leurs propres biens. « En un pays d'une trentaine de millions d'habitants, supposons que, sous un prétexte quelconque, on propose de faire payer un franc par an à chaque citoyen et de distribuer la somme totale entre trente personnes. Chacun des spoliés payera un franc par an, chacun des spoliateurs recevra un milllion. L'action va être fort différente des deux côtés. Les personnes qui espèrent gagner un million par an n'auront de repos ni le jour ni la nuit. Elles serviront aux journaux des mensualités et chercheront à se faire partout des partisans... Du côté des spoliés, l'activité est bien moindre. Pour faire une campagne électorale il faut de l'argent ; or, il y a des difficultés matérielles insurmontables qui s'opposent à ce qu'on aille demander quelques centimes à chaque citoyen... ce n'est que par philanthropie qu'un individu souscrira dix francs, dans l'espoir d'empêcher qu'on établisse un impôt qui ne le grèverait que d'un franc. Economiquement il fait une mauvaise opération (1). » Autre exemple. On propose d'établir un « salaire minimum » pour les agents d'une administration publique. Les gens qui jouiront de l'augmentation de salaire, conséquence de cette mesure, se rendent parfaitement compte de l'avantage qu'ils y trouveront ; eux et leurs amis s'agiteront autant que possible pour faire réussir les candidats qui promettent de leur distribuer cette manne. Quant aux gens qui payent l'augmentation des salaires, chacun d'eux éprouve de grandes difficultés à se rendre compte de ce qu'on lui prendra par le jeu de l'impôt, et s'il parvient à le savoir,

(1) *Cours*, II, § 1047.

la somme lui paraît de peu d'importance. Du reste, le plus souvent, il n'y songe même pas. Il suit d'une oreille distraite la discussion faite au sujet de cette mesure, comme s'il s'agissait d'une matière qui ne le touche nullement. Une des choses les plus difficiles à faire comprendre aux contribuables, c'est que dix fois un franc font dix francs. Pourvu que les augmentations d'impôt aient lieu graduellement, elles peuvent atteindre un total élevé, qui aurait provoqué des explosions de colère si l'on avait tenté de le prélever tout d'un coup.

La spoliation ne rencontre donc souvent pas une résistance bien efficace de la part des spoliés ; ce qui finit parfois par l'arrêter, c'est la destruction de richesse qui en est la conséquence et qui peut entraîner la ruine du pays. L'histoire nous apprend que plus d'une fois la spoliation a fini par tuer la poule aux œufs d'or.

L'action de ces différents groupes, dont chacun tâche de s'emparer des biens produits par les autres, survivrait fort probablement à des changements radicaux dans l'organisation sociale, tels par exemple que l'abolition de la propriété privée. Il ne faut pas oublier, en effet, que celle-ci apparaît nécessairement de nouveau au moment de la consommation. Quelle que soit la perfection des règles savamment étudiées pour la distribution des biens qui doivent être consommés, ces règles devront être appliquées par des êtres humains, et les actions que ceux-ci exerceront se ressentiront de leurs qualités et de leurs défauts. S'il est aujourd'hui des prud'hommes qui donnent toujours tort aux personnes appartenant à une certaine classe et toujours raison aux personnes appartenant à une certaine autre, il pourra bien y avoir des « distributeurs » qui partageront la galette de manière à en donner une fort petite part à A et une fort grande à B.

Il est remarquable que la plupart des réformateurs ne se soucient nullement de ces considérations. Ils paraissent supposer que les règles qu'ils proposent d'établir seront toujours appliquées sans qu'il en résulte d'abus. La moindre observation suffit pourtant pour nous apprendre qu'entre la théorie et l'application pratique des règles édictées par la loi ou imposées par la morale ou la coutume, il y a toujours eu une grande différence ; et l'on ne saurait admettre qu'elle disparaîtra à l'avenir, à moins que l'on explique comment et pourquoi cela aura lieu.

Il nous faut donc considérer surtout sous cet aspect les systèmes sociaux. Nous devons bien nous garder de croire que si certaines mesures ont un but, ce but sera nécessairement atteint ; il peut être complètement manqué et d'autres buts, qu'on ne recherchait nullement, peuvent être atteints. C'était dans le dessein de faire disparaître les voleurs que les anciennes lois pénales punissaient le vol de mort, mais les voleurs ont-ils alors réellement disparu ? L'organisation sociale de la Chine vise à remettre le gouvernement du pays aux mains des meilleurs citoyens et des plus doctes ; est-ce que cela a lieu en réalité ? Le problème à résoudre est donc effectivement celui-ci : certaines mesures étant prises, n'importe dans quel dessein, quels seront en réalité leurs effets ?

Pour résoudre ce problème, il faut nécessairement se donner les caractères des hommes auxquels elles s'appliquent. Si l'on admet que ces caractères peuvent changer et devenir entièrement différents de ceux que nous connaissons, il n'est pas de système social, tout absurde qu'il puisse paraître à première vue, qui ne soit réalisable. On peut même poser le problème de sa réalisation sous cette forme : un système étant donné, quels seraient les caractères que devraient avoir les hommes pour qu'il puisse fonctionner? C'est au fond le même problème, que l'on pose généralement sous cette autre forme : un système social étant donné, est-il conciliable avec les caractères des hommes tels que nous les connaissons?

Ces caractères changent fort lentement et une infinité de faits le prouvent. La démocratie athénienne était, certes, fort différente des régimes modernes qui se nomment aussi démocratiques. D'abord l'existence de l'esclavage faisait que, si l'on peut ainsi s'exprimer, le régime athénien n'était que la démocratie d'une aristocratie. En outre, les conditions de la vie morale, intellectuelle et matérielle de l'Athénien étaient assez éloignées de celles de l'homme moderne, et malgré cela, malgré cette grande différence de l'ambiant, la ressemblance des caractères et des sentiments est vraiment frappante. Au reste, ce qui fait le charme des auteurs anciens grecs et latins, c'est précisément qu'ils expriment des sentiments que nous éprouvons nous-mêmes. Ce n'est pas seulement par réminiscence classique que nous les citons, mais parce qu'ils ont dit des choses qui, vraies alors, le sont encore maintenant. Si un auteur latin n'avait pas écrit : *summum ius, summa iniuria*, quelque auteur postérieur l'aurait dit et serait cité. Cet adage n'a pu prendre naissance que chez un peuple où des lois imparfaites étaient appliquées par des êtres imparfaits, il n'aurait pas de sens si l'on admettait la perfection des lois et de leur application. Le fait qu'il est encore cité indique que les conditions qui lui ont donné naissance persistent encore de nos jours. Il y a dans Hésiode un grand nombre d'observations et de préceptes qu'un auteur moderne pourrait signer. Les démagogues que met en scène Aristophane ne diffèrent guère de ceux qui vivent maintenant, et le

Demos moderne ressemble à s'y méprendre au Demos athénien.

Mais, observe-t-on, les 2.300 ans, à peu près, qui nous séparent de la belle époque de la démocratie athénienne ne sont rien dans l'histoire de l'humanité. Cela est vrai, et si l'on en conclut que nous ne savons rien de ce que sera l'homme dans 10.000 ans, par exemple, cette conclusion sera parfaitement légitime. Il n'y a pas d'autre chose à faire qu'à garder le silence là-dessus et à avouer sincèrement notre parfaite ignorance. La science, dans l'état actuel de nos connaissances, ne peut s'occuper que d'époques beaucoup plus proches. Mais alors, si on viendra nous dire que, dans un siècle, l'homme sera essentiellement différent de ce qu'il a été depuis 2.300 ans et de ce qu'il est aujourd'hui, on énoncera une proposition qui n'a en elle-même aucun élément de probabilité, et qui, pour être crue, aura besoin d'être appuyée de preuves extrêmement fortes et convaincantes et non de vagues déclamations sentimentales.

Il est bien entendu que c'est le fond des sentiments qui persiste et que la forme sous laquelle ils s'expriment peut être extrêmement variable (1). Une des difficultés

(1) Parmi les exemples, en très grand nombre, que l'on pourrait citer, le suivant nous semble remarquable.

D'ORBIGNY (*L'homme américain*, I), parlant de la Bolivie, dit : « A l'entrée de la vallée et à la sommité de chaque côté, je remarquai sur toute la route, des monticules de pierres plus ou moins volumineux, le plus souvent surmontés d'une croix de bois... J'appris, et j'eus lieu de m'en assurer plus tard, en les retrouvant sur toute la partie de la république de Bolivie habitée par les Indiens, que c'étaient des *apachectas*. Ces monticules existaient avant l'arrivée des Espagnols. Ils étaient formés par les indigènes chargés qui, gravissant avec peine les côtes escarpées, rendaient grâce au Pachacamac, ou dieu invisible, moteur de toutes choses, de leur avoir donné le courage d'atteindre le sommet, tout en lui demandant de nouvelles forces pour conti-

de la science sociale est précisément de reconnaître ce fond commun, voilé sous des formes différentes, comme une seule et même proposition écrite en plusieurs langues. Dans les deux cas, il faut faire une traduction.

Des institutions et des doctrines en apparence fort différentes et rivales peuvent avoir au fond une même origine. Autrefois, le même sentiment qui, chez quelques hommes, prenait la forme stoïcienne, chez d'autres prenait la forme chrétienne. Des auteurs modernes, rectifiant l'erreur des auteurs de la fin du XVIIIe siècle, ont fait voir que l'empereur Julien n'était rien moins qu'un libre-penseur, au fond sa restauration du paganisme était une tentative pour créer une secte rivale du christianisme. A son insu il subissait les mêmes influences mystiques qui s'épanouissaient dans le culte de Mithra, dans le christianisme et dans d'autres doctrines. La religion de Julien

nuer leur route. Ils s'arrêtaient, se reposaient un instant, jetaient quelques poils de leurs sourcils au vent, ou bien sur le tas de pierre la *coca* qu'ils mâchaient, comme la chose la plus précieuse pour eux, se contentaient, s'ils étaient pauvres, de prendre une pierre aux environs et de l'ajouter aux autres. Aujourd'hui, rien n'est changé ; seulement l'indigène ne remercie plus le Pachacamac, mais bien le dieu des chrétiens, dont la croix est le symbole. »

« En Sicile, dit MAURY, *La magie*, etc., p. 153, la Vierge prit possession de tous les sanctuaires de Cérès et de Vénus, et les rites païens pratiqués en l'honneur de ces déesses furent en partie transportés à la mère du Christ. » Plus loin, p. 156 : « Les oracles s'étaient tus, mais les tombeaux des confesseurs et des martyrs les avaient remplacés ; et au lieu de remettre aux prophètes la cédule sur laquelle était consignée la demande à faire aux dieux, on la déposait sur le tombeau du saint ; peu de temps après, le saint donnait la réponse. » Et p. 158-159 : « la fontaine continue à recevoir, au nom d'un saint, les offrandes qu'on lui offrait jadis, comme à une divinité. » Croire qu'on peu ainsi recouvrer la santé est évidemment le fait principal ; la forme sous laquelle s'exprime ce sentiment est secondaire.

est même trinitaire, comme la plupart des religions alexandrines (1). De nos jours, un même sentiment mystique et ascétique se retrouve dans certaines manifestations socialistes, dans la propagande des abstinents, des végétariens et des rigides censeurs qui ne veulent pas permettre qu'un homme éprouve de l'amour si ce n'est *liberorum quaerendorum causa*, dans les élucubrations des gens dont l'immense pitié s'arrête exclusivement sur la tête des délinquants et néglige systématiquement leurs victimes.

De Tocqueville a fort bien remarqué que la révolution n'avait fait qu'employer les procédés de l'ancien régime. Actuellement les nouvelles classes sociales qui, en quelques pays, sont parvenues au pouvoir, s'octroyent exactement les mêmes privilèges dont jouissaient les classes qui dominaient autrefois. Sous l'ancien régime, les gentilshommes qui se livraient à des voies de fait sur les vilains étaient rarement punis ; sous le nouveau régime, ce privilège est passé aux ouvriers grévistes, qui peuvent impunément, ou en encourant des punitions dérisoires, maltraiter et parfois assommer les ouvriers qui veulent continuer à travailler. Cela a pu surtout s'observer, en France, sous le gouvernement du ministère Waldeck-Rousseau. On pourrait citer un grand nombre de faits. En 1900, à Fougère, une fabrique de chaussures fut entièrement détruite et saccagée ; les auteurs de ce pillage demeurèrent impunis. Au Havre, le 5 août 1900, « un maréchal des logis de la gendarmerie maritime a été blessé à la tête par les jets des projectiles ; il en a été de même de l'agent Riconard, qui, grièvement atteint, a dû être transporté à son domicile. Plusieurs autres agents ont été plus ou moins sérieusement atteints par les jets de

(1) Adrien Naville, *L'empereur Julien et la philosophie du polythéisme.*

pierre... » (*Le Temps*, 6 août). A Marseille, grâce à la complicité d'un maire socialiste, les grévistes ont été pendant quelques jours les maîtres de la ville. Pour circuler, il fallait se munir d'un sauf-conduit. Le fait s'est répété à Monceau-les-Mines (1). En cette même localité un nommé Martin, qui n'avait pas la chance de jouir des sympathies des grévistes, a été poursuivi par une bande de ceux-ci ; pour se défendre, il tira un coup de pistolet, qui d'ailleurs ne fit du mal à personne. Ensuite il se réfugia dans l'appartement de M. Ragot ; derrière lui le commissaire de police et l'adjoint socialiste pénétraient dans cet appartement. « Martin suppliait le commissaire de ne pas le faire sortir avant que les forcenés qui poussaient des cris de mort et tiraient des coups de révolver sous les fenêtres ne fussent dispersés. Mais le commissaire livra à la foule le malheureux. En quelques minutes, il ne fut plus qu'une plaie depuis les pieds jusqu'à la tête (2). » Les auteurs de semblables violences sont

(1) *Journal des Débats*, 16 février 1901 : « Un facteur ayant été, ces jours dernier, malmené par des grévistes, le maire a fait établir des saufs-conduits réservés aux facteurs et ainsi conçus : « Prière À tous les bons citoyens de laisser circuler librement le nommé ....., facteur des postes et télégraphes... »

(2) *Le Gaulois*, 6 février 1901. Les journaux officieux confirment, d'ailleurs, que les violences des grévistes ne doivent pas être réprimées. *La Petite République*, 18 février 1901, dit, à propos de la grève de Châlon : « Puisque, au dire des agences, le sous-préfet semble résolu à tout faire pour éviter un conflit, pourquoi a-t-il appelé de l'infanterie, de l'infanterie et des gendarmes?... » Et plus loin, dans le même journal, on lit les hauts faits des grévistes de Châlon : « Pour le moment, la colonne est forte de cinq cents hommes. Elle se présente à la verrerie. La grille est fermée. *Elle la force.* » Ainsi on doit laisser forcer les grilles, sans avoir recours à la force publique.

A Monceau-les-Mines, « les soldats se dissimulent, par ordre, au passage des groupes de grévistes. Il s'agit, en effet, d'éviter tout conflit » (*Débats*, 6 février 1901). Cette nouvelle conception

rarement inquiétés ; quand absolument on ne peut éviter de les poursuivre, on les condamne avec application de la loi de sursis, ensuite vient une amnistie qui les libère complètement, pour qu'ils puissent recommencer. Autrefois, le clergé et les nobles avaient des fors spéciaux, maintenant ce sont les ouvriers qui jouissent de ce privilège. Les prud'hommes ne paraissent pas être plus sévères envers les ouvriers que ne l'étaient envers les prêtres les anciens tribunaux ecclésiastiques(1).

du rôle de la force publique, qui doit se dissimuler et tourner le dos aux émeutiers, est caractéristique.

(1) Les faits sont innombrables. Voir, entre autres, les nombreux arrêts du tribunal fédéral, en Suisse, annulant, pour déni de justice, des arrêts des prud'hommes. Par exemple : un arrêt du 20 avril 1888 « constate que le tribunal des prud'hommes a alloué au demandeur le montant de sa réclamation, sur sa seule allégation, dénuée de toute preuve, et même en dépit d'une pièce régulièrement produite par la partie adverse, dont elle prouvait la libération. Tous les dires du demandeur sont tenus pour vrais par le juge, sans qu'aucune preuve vienne les corroborer ; ceux du défendeur sont repoussés et le tribunal refuse d'entendre ses témoins (*sic*) » (*Journal de Genève*, 13 avril 1900). Arrêt du 12 décembre 1895 : le jugement des prud'hommes est cassé parce qu'il viole les prescriptions élémentaires de la loi de procédure. Les prud'hommes avaient, d'une part, entendu un oncle dans la cause de son neveu et refusé, d'autre part, d'entendre un témoin à l'audition duquel rien ne s'opposait.

G. Salvemini, *Magnati e popolani in Firenze dal 1280 al 1295*, p. 178, observe qu'à Florence, la peine des magnats est du double au sextuple de celle habituelle. De même, à Orvieto, au commencement du XIIIe siècle, la peine dont est frappé le noble qui offense un homme du peuple est double de celle des cas ordinaires. De semblables dispositions se trouvent à Lucque, en 1308. Notre auteur cite un exemple emprunté à Neri Strinati, *Cronichetta* : Neri avait, avec cinq autres personnes, dont deux *popolani*, cautionné un certain Lamberto Cipriani. Celui-ci n'ayant pas payé, les cautions durent intervenir. Des deux *popolani*, l'un était mort, l'autre ne voulut rien payer ; Neri et une autre caution, qui étaient des grands, durent payer sans pouvoir agir contre les *popolani*, « *si erano fatti gli ordinamenti del Popolo contro ai Grandi* ».

Ce qui est une faute ou un délit pour la classe dominée devient une simple peccadille pour la classe dominante. En Italie, un ouvrier obtient rarement justice contre son patron, mais il suffit de passer les Alpes et, en France, c'est le patron qui obtient rarement justice contre son ouvrier. Une même cause produit les mêmes effets, seule la forme sous laquelle ces effets se manifestent est différente. Le même phénomène s'observe aussi pour les impôts. Autrefois, il était des contrées où les vilains étaient taillables et corvéables à merci ; maintenant il est des contrées où ce sont les personnes aisées ou riches qui sont taillables à merci (1). Les vilains payaient l'impôt mais ne le votaient pas ; maintenant il est plus d'une assemblée où les représentants d'une majorité qui ne paye pas les impôts vote des contributions retombant exclusivement sur la minorité. Sous ce rapport on a rétrogradé au-delà des garanties qu'avaient les bourgeois dans les pays où l'impôt était voté par les trois ordres. La condition des personnes aisées ou riches tend à se rapprocher plutôt de la condition des vilains que de celle des bourgeois d'autrefois. Les vilains taillables et corvéables à merci n'étaient pas toujours réduits à la plus extrême misère. Les maîtres intelligents comprenaient qu'il était de leur intérêt bien entendu de laisser quelque chose à ces vilains, pour les encourager au travail. De

(1) Il leur faut souvent dissimuler leur aisance pour n'être pas trop pressurées ; de même, sous certains despotismes orientaux, le riche craint que le souverain ne lui envie et ne lui enlève ses biens.

Sous Sulla, Quintus, citoyen d'une naissance illustre, d'un caractère doux et modéré, qui ne s'était jamais déclaré pour aucun parti, s'écria, dit-on, en se voyant contre toute attente sur la liste des proscrits : « Malheureux que je suis ! Mon domaine d'Albe me traîne en justice ! »

Le jour n'est peut-être pas loin où quelque bon bourgeois pourra répéter semblable chose.

même, maintenant, la seule sauvegarde des personnes aisées ou riches se trouve dans la crainte de voir disparaître la matière imposable.

On pourrait multiplier ces exemples. Ils prouvent que, sous les apparences les plus diverses, se cache un fond commun, qu'il s'agit de métamorphoses variées d'une seule et même chose.

CHAPITRE III

SYSTÈMES RÉELS

La légende de l'âge d'or. — Sparte. — Evolution d'aristocraties successives. — Les îles Lipari. — Pythagoriciens. — Le socialisme d'Etat dans l'antiquité gréco-latine. — Spoliations en Grèce. — Conséquences des destructions des capitaux mobiliers. — Ruine des pays où cette destruction a lieu sur une grande échelle. — Explication, selon ces principes, de la décadence d'Athènes et de l'empire romain. — Funestes effets du socialisme d'Etat.

Nous commençons par l'étude des systèmes qui ont existé, ou qu'on croit avoir existé, et qui sont généralement des systèmes mixtes. Nous passerons ensuite à l'étude des systèmes théoriques.

On a voulu voir dans la légende de l'âge d'or la réminiscence d'une organisation socialiste, de la communauté des terres et de l'égalité des conditions. E. de Laveleye, qui n'est guère retenu par le doute quand il s'agit d'interpréter les textes historiques, dit qu'on « trouve encore une preuve de l'existence de la communauté [des terres] en Grèce et en Italie, dans cette tradition universelle d'un âge d'or où la propriété privée était inconnue (1) ». D'autres auteurs ont voulu encore plus préciser et deviner quels étaient les faits réels qui se cachaient sous la

(1) *De la propr.*, 1891, p. 369.

légende (1). C'est là une recherche destinée à demeurer nécessairement stérile. La légende de l'âge d'or n'est pas isolée, elle fait partie de toute une famille de légendes qui nous représentent les hommes d'autrefois comme plus vertueux, plus heureux, plus forts, d'une plus grande longévité, d'une plus haute stature que les contemporains, et qui donnent à certains d'entre eux, pour ancêtres, des dieux ou des animaux. Zeus aima bien des mortelles, mais la croyance en ses amours ne nous est plus imposée, heureusement, ni par l'autorité temporelle ni par l'autorité spirituelle. Des sauvages croient descendre d'animaux qui leur servent maintenant de *totem*, mais cela n'est pas bien sûr. Quant à la stature, les restes des tombeaux et les découvertes géologiques témoignent tous contre cette partie de la légende et font ainsi voir que d'autres parties pourraient aussi ne pas avoir de base réelle. Des os d'animaux fossiles furent souvent pris pour des os de géants. « Une mâchoire et des dents gigantesques trouvées en creusant le Hoe à Plymouth, furent regardées comme ayant appartenu au géant Gogmagog, qui livra jadis en cet endroit une dernière bataille à Corinens, le héros éponymique des Cornwall. Les ossements de mastodontes fossiles trouvés en Amérique firent donner le nom de *Campos de Gigantes* au lieu où ils gisaient. » Ce sont là des causes occasionnelles, mais le sentiment qui a inspiré toutes ces légendes est évidemment celui du *laudator temporis acti* d'Horace (2), et nous

(1) L'histoire de la légende est bien exposée par Cognetti de Martiis, *Socialismo antico*.

(2) *Art poétique*, 173. Déjà Nestor se plaignait que, de son temps, les hommes étaient dégénérés !

Du temps de Lucrèce, le monde était décrépit : « La terre exténuée produit à peine de chétifs animaux, elle qui produisit toutes les espèces et qui enfanta des animaux énormes. » II, 1150-1152.

n'avons aucun moyen de distinguer de la fable les éléments réels qui ont pu faire partie de la légende, ni même savoir si de tels éléments ont existé (1). Fustel de Coulanges a discuté les textes cités par E. de Laveleye et a fait voir que l'on n'en pouvait tirer aucune conclusion quant à un régime de communauté des biens fonciers. C'est aussi la conclusion à laquelle arrive R. Pöhlmann (2), quant aux textes qu'on peut citer au sujet de la Grèce.

Du type de légendes racontées avec une foi naïve, on passe par degrés insensibles à un autre type, qui est évidemment le produit de la fantaisie individuelle. Au premier type appartient probablement la légende que rapporte Hésiode, *Opera et dies*, 109 à 119 : « Ceux qui existaient quand Kronos régnait dans le ciel, vivaient comme des dieux, libres de soucis, loin du travail et de la misère, exempts de la triste vieillesse, toujours semblables à eux-mêmes quant aux pieds et aux mains. Ils se réjouissaient dans les festins, à l'abri de tous les maux... Tous les biens étaient à eux. La fertile campagne offrait d'elle-même des fruits nombreux et copieux. Bienveillants et tranquilles, ils se partageaient les travaux, jouissant de biens nombreux. » Mais ce que rapporte Téléclide

(1) Grote, *Hist. de la Grèce*, II, ch. II, p. 170 de la trad. franç. : « Distraire un mythe individuel quelconque de sa propre classe pour le faire rentrer dans l'histoire ou la philosophie, au moyen d'une simple conjecture et sans témoignage indirect, ne présente aucun avantage, à moins qu'on ne puisse faire usage d'un semblable procédé pour le reste. Si le procédé est digne de foi, il doit être appliqué à tout ; et, *e converso*, s'il n'est pas applicable à tout, il n'est pas digne de foi appliqué à un seul mythe en particulier, si nous supposons toujours qu'aucune preuve spéciale ne soit accessible. Détacher un mythe individuel quelconque de la classe à laquelle il appartient, c'est le présenter sous un point de vue erroné. »

(2) *Geschichte des antiken Kommunismus und Sozialismus*, I.

(Ath., VI, p. 268) appartient au second genre de la légende. « La paix régnait partout... La terre ne produisait rien de malfaisant ni aucune maladie. Les choses nécessaires naissaient spontanément. Le vin coulait dans les torrents. Les gâteaux et le pain se battaient auprès de la bouche des mortels, priant d'être avalés... Les poissons, allant à la maison, se faisaient griller eux-mêmes et se plaçaient sur la table. Des fleuves de sauce coulaient autour des lits, transportant de la viande chaude... Les grives rôties, avec des gâteaux au lait, volaient dans la bouche... Les hommes étaient gras et d'une stature gigantesque (1) ». Du reste, l'absence de propriété privée n'est pas le fait saillant de ces légendes. Elles visent simplement à dépeindre un état d'où étaient absents les maux qui affligent l'humanité (2). Parmi ces maux, il est naturel qu'on énumère ceux qui proviennent de l'existence de la propriété privée. « On ne se fatiguait point — dit Ovide, III, Eleg., 8 — à sillonner les champs avec la charrue. » C'est là l'idée principale : « On avait de riches moissons sans culture, des fruits, du miel. » Ensuite il ajoute : « *signabat nullo limite mensor humum ;* l'arpenteur ne traçait point les limites des champs. »

Nous savons, par l'observation des peuples sauvages,

(1) Fourier décrit un âge d'or futur qui, par quelques points, ressemble à celui dépeint par Téléclide. Voir chap. XII.

(2) C'est pour cela que la conception de la communauté des biens apparaît de nouveau dans des descriptions d'âges d'or, non plus passés, mais futurs. C'est ainsi que dans les *Chants Sybyllins*, II, 318 et suiv., on dit que viendra un temps où il y aura des sources de vin, de miel et de lait, la terre donnera spontanément des fruits abondants, il n'y aura plus de pauvres ni de riches ni de tyrans ni d'esclaves. On ne manque pas d'ajouter que toutes choses seront communes : κοινῶς ἅμα πάντες (324). Des conceptions semblables se retrouvent dans Lactance, *Divin. instit.*, VII, 19, et dans d'autres auteurs chrétiens qui décrivent le règne prochain du Christ sur la terre.

qu'ils vivent dans une grande misère. Loin d'avoir en abondance des biens, sans devoir travailler, ils n'acquièrent une insuffisante nourriture qu'au prix d'un dur labeur. On fait souvent, sans s'en douter, une pétition de principes. On suppose que les temps primitifs ont été des temps de bonheur pour l'homme, et l'on explique selon cette hypothèse la légende de l'âge d'or. Ensuite on renverse ce raisonnement, et la légende, ainsi expliquée, sert à prouver le bonheur dont jouissaient autrefois les hommes.

La légende de l'âge d'or est aussi invoquée pour prouver l'existence d'un temps où régnait l'égalité entre les hommes. Des survivances de cet état de choses se retrouveraient dans les fêtes de Kronos, en Grèce, et les saturnales, en Italie.

Ces fêtes ont continué au Moyen Age et se sont transformées en devenant, en certaines localités, les *fêtes des fous*. On élisait un évêque ou un archevêque des fous, qui officiaient dans l'église, et la fête donnait lieu à toutes sortes de bouffonneries. « A Antibes, dans le couvent des franciscains, les religieux prêtres, ni le gardien, n'allaient point au chœur le jour des Innocents. Les frères lais y occupaient leur place ce jour-là, et faisaient une manière d'office, revêtus d'ornements sacerdotaux déchirés et tournés à l'envers. Ils tenaient des livres à rebours... Dans le second registre de l'église d'Autun du secrétaire Rotarii, qui finit en 1416, il est dit, sans spécifier le jour, qu'à la fête des fous on conduisait un âne auquel on mettait une chape sur le dos, et l'on chantait : « Hé, sire âne, hé, hé (1). » Supposons que nous ne connaissions que ces

(1) VOLTAIRE, *Dict. philoph.*; v. *Kalendes*. Voyez Ducange, v. *Kalendae : Cuiusmodi autem fuerit, et quibus ineptiis constiterit, docet Beletus lib. de Divin. off. cap. 72, his verbis : Festum Hypodiaconorum, quod vocamus stultorum, a quibusdam perficitur in Cir-*

fêtes au Moyen Age, sans savoir qu'elles étaient une survivance et une transformation des saturnales; serions-nous autorisés à y voir la réminiscence d'un état social dans lequel les fous commandaient aux gens sains d'esprit, les livres se lisaient à rebours et les ânes étaient honorés? Non, évidemment. Mais alors nous ne pouvons pas non plus voir dans les saturnales la preuve de l'existance d'un ancien état social dans lequel l'esclavage n'existait pas et les hommes étaient tous égaux. En réalité, un sentiment assez général parmi les hommes les pousse à se faire un jeu des contrastes; c'est ce sentiment qui inspire la parodie, et très probablement il a eu la part principale dans ces manifestations, où les rapports normaux des maîtres et des esclaves, des sages et des fous, se trouvent renversés.

Mais laissons ces recherches problématiques sur des temps inconnus, recherches qui, de nos jours encore, font perdre beaucoup de temps à bien des auteurs, et bornons-nous à étudier les organisations pour lesquelles nous avons du moins quelque document historique.

Sparte a été longtemps considérée comme une cité où régnait une organisation communiste. Sudre écrit encore : « Bien que les lois de Lycurgue n'aient pas complètement réalisé le système de la communauté, néanmoins elles lui ont fait une si large part, qu'on doit les considérer comme la source première de la plupart des utopies com-

cumcisione, a quibusdam vero in Epiphania, vel in ejus octavis. Plus loin, il parle de l'abolition, en France, de cette fête, *in quo sacerdotes ipsi ac clerici Archiepiscopum, aut Episcopum, aut Papam creabant, eumque Fatuorum appellabant.*

Ph. Chasles, *Etudes sur le Moyen Age*, p. 249, observe que l'âne qui figurait dans cette fête, était primitivement l'ânesse de Balaam.

Maury, *La Magie*, etc., p. 160, note la transformation de fêtes païennes en cette fête.

munistes. » (1) On est certes libre de donner aux termes le sens que l'on veut, mais si l'on nomme communiste l'organisation de la société spartiate, il faut aussi donner ce nom à celle des armées permanentes modernes. La différence est seulement de quantité et non de qualité. L'organisation spartiate s'étendait à tous les hommes jouissant des droits de citoyens; les casernes modernes n'en renferment qu'une partie.

Si le rapport des hommes soumis à cette discipline est pris à la population totale du pays, cette différence quantitative est beaucoup atténuée ; seulement, à Sparte, on appelait hilotes et périèques ceux que, de nos jours, on a appelés des « pékins ».

Si on veut avoir un exemple moderne se rapprochant encore plus de l'organisation spartiate, on n'a qu'à considérer des officiers mangeant en commun au mess et possesseurs de terres cultivées par des métayers. Ceux-ci sont les hilotes ; les officiers, les « égaux » spartiates; le mess représente les repas en commun des égaux. En Crète, les repas étaient fournis par l'Etat, c'est-à-dire qu'il y avait là quelque chose de semblable à la paye que l'Etat moderne donne à ses officiers. Ni à Sparte ni en Crète, la production n'était socialiste ; la distribution de la richesse ne l'était pas non plus ; il y avait des riches et des pauvres.

La production de la richesse, à Sparte, résultait de la culture du sol et de la guerre. La culture du sol était individuelle et semblable à celle de nos métayers. « Une

(1) *Hist. du communisme*, p. 6. DOM ISOARD, *La prop. et la commun. des biens*, I, p. 24, écrit : « Aussi le communiste Mably fait-il le plus magnifique éloge de la république de Sparte et y voit-il l'accomplissement de l'égalité obtenue par Lycurgue « en ôtant aux citoyens la propriété de leurs terres et en la donnant à la république. » Ni Dom Isoard ni Mably n'ont rien compris à l'état social de Sparte.

imprécation religieuse — dit Plutarque — frappait le propriétaire qui aurait augmenté le prix de fermage de son champ » (*Inst. lac.*, 40) ; et Tite-Live dit, en parlant des hilotes : « C'est une race de paysans qui habitent depuis une haute antiquité des demeures rurales » (XXXIV, 27). Nous ne trouvons pas à Sparte des organisations pour la production en commun, même sous la surveillance d'un propriétaire, telles que les organisations des grandes *villa* romaines. La richesse produite par l'industrie de la guerre appartient souvent à l'Etat, de nos jours et dans les temps anciens, et ressemble ainsi à une industrie socialiste. Il est singulier d'observer que, précisément à Sparte, cette industrie présente plutôt un caractère individuel. La guerre n'enrichissait pas l'Etat ; elle enrichissait les harmostes, les généraux, les éphores, les rois, qui pressuraient les vaincus et se laissaient corrompre.

Ce qui a fait naître beaucoup d'erreurs au sujet de Sparte, c'est que vers le IIe siècle avant notre ère, il s'est produit à Sparte un mouvement démocratique semblable en quelques points au mouvement socialiste qui s'observe de nos jours. Seulement c'est dans le futur que nos socialistes mettent leur idéal d'une organisation parfaite ; c'est dans le passé que les démocrates spartiates mettaient le leur. Sphéros a écrit sur la constitution de Sparte, en la décrivant non telle qu'elle avait été mais telle qu'il désirait qu'elle fût. D'ailleurs, chez les auteurs qui ont écrit sur Sparte, l'égalité des conditions est toujours ou une réminiscence du passé ou une aspiration de l'avenir, elle n'est jamais une réalité du présent.

La légende de Lycurgue rapporte qu'avant ce législateur « l'inégalité était grande, beaucoup de Spartiates n'avaient rien, un petit nombre étaient riches » (Plut., *Lyc.*, 8). Lycurgue passe pour avoir établi l'égalité des biens (1),

(1) GROTE, *Hist. de la Grèce*, III, p. 329, croit que cette tradi-

mais elle n'a pas, en tous cas, duré jusqu'aux époques historiques, car à peine avons-nous des documents sur Sparte, qu'ils nous révèlent l'inégalité des conditions (1), jusqu'à ce que cette inégalité devînt intolérable et provoquât les réformes d'Agis et de Cléomène et les spoliations de Nabis. D'ailleurs, déjà au temps d'Aristote, « à Lacédémone tous les biens se sont concentrés en peu de mains » (*Polit.*, V, 6, 7). Plutarque (*Inst. lac.*, 42) rapporte un ancien oracle qui dit que « Sparte périra par l'amour des richesses (2) ». Il est vrai que, suivant lui, cette cupidité est d'origine récente, mais, en réalité, elle est mentionnée de tout temps et l'époque où on prétend qu'elle n'existait pas est purement légendaire. Du reste, Plutarque lui-même en admet l'existence avant les réformes de Lycurgue. Pausanias, IV, 4, cite un exemple du VIIIe siècle avant Jésus-Christ : un Spartiate s'était approprié un grand troupeau de bœufs qu'on lui avait confiés pour les nourrir. Hérodote, VI, 86, cite un autre exemple du VIe siècle avant Jésus-Christ : un Spartiate avait tenté de s'approprier un dépôt que lui avaient confié certains Milésiens Il nous dit encore, VII, 134, que « deux Spartiates d'une naissance noble et *des plus riches* (3) s'offrirent d'eux-mêmes pour être livrés à Xerxès. »

tion est née au temps où Agis méditait effectivement un partage des terres : « Ce fut ainsi que les imaginations, les aspirations et les suggestions indirectes du présent prirent le caractère de souvenirs tirés d'un passé historique ancien, obscur et éteint. »

(1) ARISTOTE, *Polit.*, V, 6,2, rapporte, d'après Tyrtée, qu'à Sparte, durant les guerres de Messénie, « des citoyens ruinés par la guerre demandèrent un nouveau partage des terres. » Ainsi, dès cette époque reculée, il y avait des pauvres et des riches.

(2) ZENOB, II, 24 : « Ἁ φιλοχρηματία Σπάρταν ἕλοι... Aristote rappelle cet oracle dans la république des lacédémoniens. »

(3) Χρήμασι ἀνήκοντες ἐς τὰ πρῶτα. THUCYD., I, 6 ; V, 50 ; XENOPH., *Hell.*, VI, 4, 11 ; PAUSAN., III, 8, 1 ; 15, 1 ; 17, 6 ; Iso-

Les socialistes prétendent que le système industriel moderne a pour effet de concentrer rapidement la richesse en peu de mains. Si nous acceptons les affirmations des auteurs qui disent qu'à Sparte un très petit nombre de personnes possédaient toute la richesse, on voit que le système industriel moderne ne serait pas le seul à produire cet effet. Il resterait donc, aux socialistes, à démontrer que l'égalité qu'ils veulent établir se maintiendra mieux que celle que l'on prétend avoir été établie par Lycurgue.

La statistique dément l'affirmation que le système industriel moderne ait, du moins en ce siècle, produit la concentration, qu'on lui reproche, des richesses (1). Si nous avions des statistiques exactes pour Sparte, il se pourrait que nous trouvassions aussi de l'exagération dans les affirmations des auteurs anciens. Si leur exposé a pour base un fait réel, peut-être celui-ci est-il amplifié, à l'insu même des auteurs, par la considération de la *misère sociale*. Les socialistes ont observé qu'il ne faut pas considérer seulement la richesse absolue mais aussi la richesse relative, c'est-à-dire qu'il faut tenir compte de l'appréciation que les hommes font de cette richesse, ne pas se borner au fait objectif mais voir aussi le fait subjectif. Ils ont raison. Le bonheur et le malheur sont choses principalement subjectives. Il est vrai qu'il existe une certaine limite de dénûment à laquelle, au moins

CRATE, *Archid.*, 55 et 95 ; ÉLIEN, *Var. Hist.*, XII, 43 ; ARIST., *Polit.*, parlent de Spartiates qui étaient riches, ou de faits qui supposent cette richesse.

HENRI FRANCOTTE, *L'industrie dans la Grèce ancienne*, II, p. 303 : « Je puis donc conclure que la préoccupation égalitaire, si même elle a jamais existé, a été tout à fait secondaire dans les considérations qui, à Sparte et ailleurs, ont inspiré l'organisation de la propriété foncière et présidé à sa répartition. »

(1) *Cours*, liv. III, chap. I.

pour la plupart des hommes, le fait subjectif se confond avec le fait objectif, mais avant d'atteindre cette limite, il y a une large marge, et l'on ne saurait établir alors une correspondance parfaite entre le fait subjectif du bonheur ou du malheur et le fait objectif d'une somme plus ou moins grande de richesse.

Que notre système industriel et social moderne ait augmenté la somme de *misère sociale*, cela se peut, mais on aimerait pouvoir en donner une démonstration, qui manque encore aujourd'hui. Le système d'organisation spartiate qui différait du système industriel presque autant que le régime socialiste pourra s'éloigner du régime actuel, a produit certainement cette *misère sociale*. Elle prit même une forme concrète. Pour les repas communs chacun des « égaux » devait fournir la quantité de vivres fixée par la loi. « Il n'est pas facile aux pauvres — dit Aristote, *Polit.*, II, 6, 21 — d'y prendre part ; or cela, de par la coutume, est la règle de la cité, et celui qui ne peut pas faire la dépense pour ces repas ne participe plus aux droits de citoyen. » Aux maux matériels de la pauvreté s'ajoutaient donc les maux moraux de la dégradation civique.

A la bataille de Platée, il y avait, selon Hérodote, 5 000 hoplites spartiates ; deux siècles plus tard, au temps d'Agis, Plutarque ne compte que près de 700 citoyens. On se tromperait fort si l'on supposait que la concentration de la richesse était en proportion de cette réduction du nombre des citoyens(1). Cela pourrait être vrai

(1) Arist., *Pol.*, II, 6, 11, observe, en parlant de Sparte, qu'un pays qui est capable de fournir quinze cents cavaliers et trente mille hoplites, compte à peine un millier de combattants.

On suppose généralement que cela indique une diminution du nombre total des habitants. Cette diminution peut avoir été réelle, mais il est évident qu'ici, Aristote ne parle que des citoyens et que le reste ne compte pas. Les hilotes auraient pu

tout au plus de la propriété de la terre spartiate, qui ne pouvait appartenir qu'à des citoyens. Mais d'abord, outre le district où se trouvaient les 9 000 lots des Spartiates, il y avait les districts où se trouvaient les 30 000 lots des périèques (1), et la concentration de la propriété dans le premier de ces districts n'implique aucunement sa concentration dans les autres. Cela pourrait pourtant avoir eu lieu, mais, ensuite, il ne faut pas oublier, ainsi qu'on le fait souvent en parlant des temps anciens, que la propriété foncière n'est qu'une partie de la richesse. Même à Sparte, la richesse mobilière était considérable. Platon, ou l'auteur quel qu'il soit de l'*Alcibiade*, prétend même qu'il y avait plus d'or et d'argent dans Lacédémone seule que dans le reste de la Grèce; Plutarque (*Agis*) attribue les maux de Sparte à ce que, après avoir vaincu Athènes, elle se remplit d'or et d'argent. Les périèques se livraient au commerce et à l'industrie, et il est probable qu'ils s'y enrichissaient et qu'ils pouvaient devenir plus riches que les Spartiates; ainsi nous savons par Archémachos (Ath., VI, p. 264) que bien des pénestes étaient plus riches que leurs maîtres Thessaliens. Les hilotes mêmes pouvaient acquérir des biens mobiliers pour une somme considérable (2). De même, au temps des républiques italiennes, on voit déchoir la noblesse féodale et s'élever la bourgeoisie, qui constitue une nouvelle aristocratie (3). C'est cette dernière circonstance qui différencie le phénomène qui eut lieu en Italie de celui qui

avoir été plus nombreux, sans que l'observation d'Aristote cessât d'être vraie.

(1) PLUT., *Lyc.*, 8.

(2) HÉROD., IX, 79; PLUT., *Cleom.*, 23. Cléomène donna la liberté aux hilotes qui payèrent cinq mines et il recueillit ainsi cinq cents talents; il y eut donc six mille hilotes qui se trouvèrent en mesure de faire cette dépense.

(3) Voir l'Introduction, p. 57.

eut lieu à Sparte. Supposons pour un moment qu'en Italie, seuls les nobles féodaux aient été des hommes libres et des citoyens. En ne considérant que leur caste, on aurait décrit le phénomène comme le décrivent les auteurs grecs (1), on aurait parlé de la concentration de la richesse et de la « disette d'hommes », ainsi que le fait Polybe. Il faut une grande prudence pour interpréter ce que nous disent les auteurs anciens de la population. Ils ont une tendance à ne voir que les citoyens, le reste ne comptant pas, à leurs yeux.

En résumé, l'évolution, à Sparte, a été celle de toutes les sociétés où une aristocratie et une bourgeoisie se sont trouvées en présence. La distribution générale de la richesse peut n'avoir pas beaucoup changé, mais un grand nombre de membres de l'aristocratie, en ce cas des Spartiates, étaient devenus pauvres; des bourgeois, représentés par les périèques, les Spartiates ayant perdu leurs droits, pour cause d'atimie, etc., étaient devenus riches. Les uns et les autres se trouvaient mécontents, les uns parce qu'ils avaient des droits sans la richesse, les autres parce qu'ils avaient la richesse sans les droits. Cette condition de la société spartiate, au temps d'Agis, ne différait pas énormément de celle de la société française, à la veille de la première révolution (2). Elle est la consé-

(1) Xénoph., *Hell.*, III, 3, 5, rapporte que Cinadon, conjurant contre les « égaux », demanda à un homme, dont il voulait faire son complice, de compter les Spartiates qui se trouvaient, un jour, sur l'Agora. Ils n'étaient que quarante, parmi quatre mille personnes.

(2) Taine, *L'ancien régime*, p. 48 à 51 : « Bouillé estime que toutes les vieilles familles, sauf deux ou trois cents, sont ruinées. Dans le Rouergue, plusieurs vivent sur un revenu de cinquante ou même de vingt-cinq louis... En Berry, vers 1754, « les trois quarts meurent de faim ». En Franche-Comté, la confrérie dont nous parlions tout à l'heure est un spectacle comique; « après la messe, ils s'en retournent chacun chez eux, les uns à pieds,

quence du fait que les aristocraties ne peuvent se soutenir que grâce à des infusions de sang nouveau, infusions qui étaient impossibles ou trop rares à Sparte.

Dans ce que nous dit Plutarque des réformes tentées par Agis et par Cléomène, on voit clairement qu'il ne s'agissait pas seulement d'une nouvelle distribution des biens, mais aussi d'élever des périèques à la dignité de citoyens.

Vers 580 avant J.-C. des Grecs s'installèrent dans les îles Lipari, et « les uns cultivaient la terre devenue commune à tous, les autres combattaient les pirates (1) ». Mais la culture du sol n'était pas le seul genre de production auquel ces Grecs se livraient, ils étaient en outre pirates. « Leur coutume était — dit Tite-Live — de partager les prises comme si le brigandage eût été un revenu public ». Nous retrouvons donc ici un exemple de socialisme militaire. Tel est aussi celui que César observa chez les Suèves des bords du Rhin. « On dit qu'ils forment cent cantons, de chacun desquels annuellement mille hommes armés sortent pour guerroyer. Ceux qui restent dans le pays, le cultivent pour eux et pour les absents. A leur tour, ils s'arment l'année suivante et les autres demeurent au pays. » (*De bell. gall.*, IV, 1).

les autres sur leurs Rossinantes »... ils s'endettent, ils s'obèrent, ils vendent un morceau de leur terre, puis un autre morceau. »

D'autre part, le bourgeois s'enrichit. *Ibidem*, p. 401 : « Un grand changement s'opère au XVIIIe siècle dans les conditions du Tiers-Etat. Le bourgeois a travaillé, fabriqué, commercé, gagné, épargné, et, tous les jours, il s'enrichit davantage... » Plus loin, p. 406 : « En même temps elle [la bourgeoisie] a monté dans l'échelle sociale, et, par son élite, elle rejoint les plus haut placés. »

(1) DIOD., V, 9. C'est M. Th. Reinach qui a attiré l'attention sur le passage de Tite-Live, V, 28 : *Mos erat civitatis, velut publico latrocinio partam praedam dividere*. Ils enlevèrent un cratère d'or que Rome envoyait à Delphes. Le même fait est rapporté par Diod., XIV, 93.

On a fait grand cas de ces deux exemples, pour prouver l'existence d'un communisme primitif. Mais on en pourrait trouver bien d'autres du même genre dans le passé et dans le présent. Ainsi Hérodote rapporte (IV, 42) que des Phéniciens firent par mer le tour de l'Afrique. « Quand l'automne était venu, ils abordaient à l'endroit de la Lybie où ils se trouvaient, et semaient du blé. Ils attendaient ensuite le temps de la moisson, et, après la récolte, ils se remettaient en mer. » Bien que notre auteur ne le dise pas, il est fort probable que cette moisson se faisait en commun. De même, actuellement, les membres des bandes armées qui traversent l'Afrique mettent en commun les vivres qu'ils se procurent. Il y a loin de là à une organisation socialiste proprement dite.

Le communisme des pythagoriciens, s'il était prouvé, s'en rapprocherait plus. Malheureusement rien n'est moins sûr. Comme l'a fort bien observé Zeller, « la tradition nous fournit sur le pythagorisme et son fondateur d'autant plus de détails qu'elle est plus éloignée de l'époque où les faits se sont produits ; et réciproquement, elle est de plus en plus muette, à mesure que nous remontons davantage vers les événements eux-mêmes (1). » Le phénomène est le même que celui qui s'est produit à Sparte, où des idées socialistes du IIIe siècle avant J.-C., ou d'époque plus récente, ont été mises au compte de Lycurgue.

Des faits nombreux prouvent que la propriété privée existait à Crotone au temps de Pythagore et parmi les pythagoriciens eux-mêmes. Jamblique nous dit que Cylon et d'autres riches citoyens étaient les adversaires de Pythagore. S'il y avait des riches et des pauvres c'est qu'évidemment le communisme n'existait pas. Pythagore et

(1) *La philosophie des Grecs*, trad. franç., I, p. 282.

Milon avaient des maisons leur appartenant en propre, Archytas de Tarente avait un domaine et des esclaves. La fameuse maxime de Pythagore : « Tout est commun entre amis (1) », signifie simplement que les membres de la secte devaient s'entr'aider, comme s'entr'aidaient d'ailleurs les Spartiates et bien d'autres ; et c'est ce qu'exprime Aristote en observant qu'au système de Platon, de communauté des biens, il préfère « le système actuel, complété par les mœurs publiques, et appuyé sur de bonnes lois. Il réunit les avantages des deux autres, je veux dire, de la communauté et de la possession exclusive » (*Polit.*, II, 2, 4) ; et il cite à ce propos précisément l'adage rapporté ci-dessus.

Plusieurs pythagoriciens paraissent avoir ressemblé, sous le rapport de l'ascétisme, à certains « éthiques » de nos jours. Ils se proposaient d'accomplir toutes sortes de mortifications et ils n'ont pas su se garer d'excès que le bon sens des poètes comiques grecs a relevé (2).

En résumé, on n'observe pas en Grèce les deux pre-

(1) Κοινὰ τὰ φίλων. Ce proverbe revient souvent, et dans des sens différents, chez les auteurs anciens. Jambl., *De Pyth. vita*, lui donne nettement le sens d'une communauté des biens. Il en est de même de Timée, cité par Diog. Laert., et de Porph. Mal. ; Gellius, I, 9, suit cette tradition d'auteurs qui, d'ailleurs, sont très postérieurs à Pythagore. C'est dans un tout autre sens que Euripide, *Orest.*, 735, cite ce proverbe, qui sert à Pylade à exprimer que le malheur comme le bonheur est commun aux amis. C'est aussi dans un sens moral que l'emploie Cicéron, *De offic.*, I, 16 ; et *De legib.*, I, 12. Martial, II, 43 : *Das nihil et dicis, Candide*, κοινὰ φίλων ?

(2) ARISTOPHON, cité par Diog. Laert., VIII, 38, dit des pythagoriciens : « Ils mangent des légumes et y boivent dessus de l'eau ; mais les plus jeunes ne supportent pas les poux, les haillons et la saleté. » Le même auteur fait dire à un personnage qu'aux enfers, seuls les pythagoriciens soupaient avec Pluton. Un autre personnage répond : « Le dieu est bien commode, s'il éprouve du plaisir à se trouver parmi ces gens pleins de crasse. »

mières classes de socialisme, c'est-à-dire celles où toute propriété ou seulement la propriété des moyens de production est attribuée à la collectivité. On y observe, comme d'ailleurs aussi dans nos sociétés, la troisième classe, c'est-à-dire le socialisme d'Etat ; mais surtout on y trouve la spoliation directe des citoyens les uns par les autres. Sous ce rapport la ressemblance avec les républiques du Moyen Age est frappante. De nos jours cette spoliation directe a presque entièrement disparu. Il y a bien encore quelques phénomènes analogues : la *camorra* à Naples, la *mafia* en Sicile, les vols directs des politiciens dans les banques, leurs opérations à New-York ; les ouvriers, en quelques pays, paraissent avoir le droit de frapper leurs camarades qui se refusent de prendre part aux grèves ; en quelques pays, ils peuvent, sinon en droit du moins en fait, rompre, quand cela leur plaît, le contrat librement consenti pour la vente de leur travail, tandis que les patrons doivent l'observer rigoureusement ; mais tout cela demeure comme importance au-dessous des spoliations générales qui avaient lieu en Grèce. Il y a de nos jours une tendance très marquée à substituer les mesures du socialisme d'Etat aux appropriations directes des classes sociales ou des individus.

En Grèce, vers le IIIe et IIe siècle avant J.-C., « il y eut — dit M. P. Guiraud — une véritable débauche de spoliations... beaucoup de cités furent longtemps bouleversées, comme Cinætha d'Arcadie, par les meurtres, les spoliations, les pillages (1). »

(1) *La propr. fonc. en Grèce*, p. 608. Le même auteur, *La main d'œuvre indust. dans l'anc. Grèce*, p. 212, dit : « Parmi les démocrates, plus d'un réfléchissait qu'il était bien inutile de se donner tant de peine pour se procurer un maigre salaire, puisqu'on pouvait, du jour au lendemain, acquérir, à la faveur d'une révolution, la richesse ou l'aisance. » C'est ce que beaucoup de personnes pensent encore maintenant. « Hantés par cette pensée,

Le mal, du reste, était plus ancien. Théognis de Mégare nous décrit cet état de choses : « Mais quand les méchants deviennent violents, ils corrompent le peuple, ils rendent d'injustes sentences dans l'intérêt de leur fortune et de leur puissance. N'espère pas que cette ville soit longtemps paisible, même si elle l'est maintenant, quand les méchants jouissent des gains qui viennent du malheur public » (44 à 50). « La violence — dit-il plus loin, 1103 — a perdu Magnésie, Colophon et Smyrne. » On l'avait, lui-même, dépouillé de ses biens. Du reste, à Mégare la démocratie et l'oligarchie continuèrent à alterner, également injustes et violentes (1). Aristote note comme une des causes les plus fréquentes des révolutions que les démagogues, « pour obtenir les faveurs du peuple, commettent des injustices et poussent les notables à se révolter, demandent qu'on en partage les biens ou les chargent de *liturgies*, et parfois les calomnient pour confisquer au profit du peuple les grandes fortunes » (*Polit.*, V, 5, 3). Les mêmes aspirations, exac-

ils considéraient le travail comme une corvée dont ils avaient hâte de s'affranchir, et si la nécessité les ramenait à leur ouvrage, ils n'en conservaient pas moins au fond du cœur l'espoir de s'en détacher tôt ou tard. L'objet que visait principalement leur convoitise était la terre, et c'était aussi la terre qu'on partageait le plus communément ; mais ils étaient loin de dédaigner les maisons, les esclaves et l'argent monnayé. Tout leur paraissait bon à prendre, pourvu qu'ils arrivassent à la condition de propriétaires. » Peut-être avaient-ils même, dès ce temps, inventé la « solidarité », ou quelque chose d'approchant.

(1) Sur l'histoire de Mégare, voir : FR. CAUER, *Parteien und Politiker in Megara und Athen.*, 1890.

PLUTARQUE, *Quaest. Graec.*, 18, rapporte que « les pauvres se portèrent à des violences contre les riches : ils pénétraient de force dans leurs maisons et les obligeaient à les traiter magnifiquement et à leur servir des repas somptueux. Si on leur opposait un refus, ils avaient recours à la force, et leur insolence ne ménageait personne. »

tement, existent encore de nos jours. Les uns demandent qu'on dépouille tous les « bourgeois », d'autres se borneraient à dépouiller les juifs, d'autres les protestants, d'autres les catholiques et surtout les congrégations religieuses. En 1901, il a été présenté à la Chambre, en France, un projet de *revision* des grandes fortunes.

Polybe, VI, 9, 4, parlant des différents régimes qui se sont succédé, dit : « Tant qu'il resta quelques-uns de ceux qui avaient éprouvé la puissance et la domination des anciens régimes, on ne mettait rien au-dessus de l'égalité et de la liberté (1). » C'est encore ce qui s'est passé de nos jours. On a renversé, changé, modifié les anciens gouvernements au nom de la liberté. Il paraissait que c'était alors tout ce qu'on désirait. Mais bientôt la scène changea, et maintenant beaucoup de personnes parlent de la liberté avec dédain ; c'est simplement aux biens d'autrui qu'elles en veulent. Polybe se montre bon observateur pour son temps et peut-être, bien que l'histoire ne se répète jamais, trouvera-t-on un jour qu'il était un peu prophète, lorsqu'il disait (*Ibidem*, 8) : « Quand le peuple s'est accoutumé à vivre des biens d'autrui et à mettre son espoir dans la fortune d'autrui, s'il a un chef audacieux que la pauvreté exclut du gouvernement, il le porte violemment au pouvoir (0). Après cela ce ne sont que meurtres, exils, partage des terres. »

Athènes échappa en partie à ces maux, parce que la spoliation privée y était remplacée par des mesures bien mieux ordonnées du socialisme d'Etat. Mais celui-ci finit aussi par porter ses fruits et par amener la ruine de la cité.

Le Marxisme ne vise que la transformation du capital privé en capital collectif, le capital lui-même ne serait

(1) περὶ πλείστου ποιοῦνται τὴν ἰσηγορίαν καὶ τὴν παρρησίαν.

pas détruit; mais le socialisme d'État ne s'occupant qu'à dépouiller les riches sans se soucier de reconstituer, sous la forme collective, le capital qu'il détruit sous la forme privée, doit nécessairement aboutir tôt ou tard à l'appauvrissement du pays. Il faut, en effet, noter qu'un état technique et social de la production étant donné, les différents genres de capitaux, c'est-à-dire les capitaux fonciers, mobiliers et personnels (1), ne peuvent pas se combiner en des proportions quelconques, mais doivent, pour produire le maximum d'effet, se combiner, en des proportions qui, sans être absolument fixes, varient seulement en des limites assez rapprochées. Il suit de là que, l'état d'équilibre existant, si l'on réduit violemment la quantité d'un de ces trois genres de capitaux, par exemple des capitaux mobiliers, les autres capitaux ne peuvent plus être aussi bien utilisés, la productivité générale est réduite et par conséquent aussi la consommation ; la misère augmente. Ce résultat est confirmé par d'autres faits que nous avons pu mettre en lumière. Nous avons fait voir que la courbe de la répartition des revenus avait une remarquable stabilité, elle change assez peu quand les circonstances de temps et de lieu dans lesquelles on l'observe changent beaucoup. Cette proposition, qui découle des faits recueillis par la statistique, surprend à première vue. Elle a fort probablement

(1) Nous adoptons la classification de M. Walras comme étant une des meilleures. Les capitaux personnels sont les hommes, leur *service* est le travail. Du reste, l'exposé des théories économiques peut être rendu indépendant de la notion du capital et l'on peut s'en tenir à la notion plus générale de la transformation des biens économiques. Mais la notion du capital simplifie beaucoup l'exposé. La question, dont il est parlé plus loin, de la répartition des revenus est traitée dans le *Cours*, vol. II, ch. III, et formera le sujet d'un volume qui sera publié prochainement.

son origine dans la répartition des caractères psychologiques des hommes et aussi dans le fait que les proportions en lesquelles se combinent les capitaux ne peuvent être quelconques. Supposons que, une courbe de répartition des revenus étant donnée, on exproprie toutes les personnes ayant un revenu au-dessus d'une certaine limite ; il paraît bien que la répartition des revenus doit être changée pour longtemps. On peut admettre que l'inégalité des caractères physiques et mentaux des hommes finira par établir l'inégalité des revenus, mais il faudra pour cela quelques générations au moins. En réalité, un autre effet se produit beaucoup plus rapidement et tend à rétablir l'équilibre troublé. Les revenus des classes riches servent en partie à entretenir et à augmenter le capital mobilier ; c'est ce qu'a bien vu Marx quand il dit que le capitaliste est un agent fanatique de l'accumulation, et surtout ces revenus constituent la partie du capital mobilier qui, s'employant en des spéculations hardies, ouvre de nouvelles voies à la production. Donc, si ces revenus sont supprimés, sans qu'on se soucie de les remplacer, d'autre part, par les revenus d'un capital collectif, la somme totale du capital mobilier éprouvera une réduction ; par là les proportions des capitaux seront changées, la production sera par conséquent diminuée, et d'autant plus qu'on a précisément supprimé une des parties les plus productives du capital mobilier. La diminution générale de la productivité se traduit par une réduction générale des revenus. Ainsi on a supprimé les revenus élevés, coupé la partie supérieure de la courbe, et, sans le vouloir, produit en même temps la réduction des revenus peu élevés ; toute la partie inférieure de la courbe s'abaisse, et par conséquent la courbe elle-même finit par reprendre une forme assez semblable à celle qu'elle avait avant, si ce n'est que tous les revenus se trouvent réduits (1). Si l'on empêche une solution de sel marin de cristalliser en gros cubes, par exemple en l'agitant, elle cristallisera en petits cubes, mais la forme des cristaux sera la même.

La réduction du capital peut être simplement relative. Dans les sociétés progressives la quantité de capital croît, pour suivre d'une part l'augmentation de la population et, de l'autre, les progrès techniques, qui ont pour effet d'augmenter constamment la proportion du capital mobilier par rapport aux autres. Si la quantité de ce capital vient à augmenter moins que ce qui est requis par ces besoins, il est évident que se produiront des effets semblables à ceux qui résultent d'une diminution absolue.

On voit donc que si le capital détruit sous la forme privée n'est pas immédiatement reconstitué sous la forme collective, ou si, sous cette nouvelle forme, il est beaucoup moins productif que sous l'ancienne, la somme des biens dont peut jouir la population se trouvera nécessairement diminuée, et, par conséquent, si quelque autre cause d'augmentation ne vient pas compenser cette cause de diminution, il y aura un accroissement des maux dont souffre la population. L'histoire nous fournit plusieurs vérifications de ces déductions.

De nos jours, la destruction, que le socialisme d'Etat accomplit, des capitaux privés s'est trouvée jusqu'à présent compensée par l'augmentation de production qui résulte des progrès techniques et de ceux de l'organisation économique. Le socialisme d'Etat s'est développé comme un parasite qui, s'attaquant à un être fort et vi-

(1) Cet exposé est imparfait, mais il est bien difficile d'expliquer cette matière, sans faire usage des mathématiques.

goureux, peut prospérer quelque temps sans trop affaiblir sa victime. L'augmentation de la productivité de l'industrie et de l'agriculture a marché plus vite que la destruction des produits par l'Etat, et ainsi l'épargne a pu reconstituer les capitaux moissonnés par l'Etat et même les augmenter. Mais rien ne prouve que cette compensation doive avoir lieu indéfiniment et que notre société évite entièrement la décadence qui, précisément parce que la compensation en question n'eut plus lieu, frappa autrefois Athènes et l'empire romain.

On a beaucoup discuté la question de la progressivité des impôts à Athènes. La théorie de Boekh, suivant laquelle l'*eisphora* était un impôt nettement progressif, a trouvé de vaillants contradicteurs. Pour le sujet qui nous occupe, nous n'avons pas besoin de prendre parti en cette question. Quels que fussent en droit les impôts, en fait, les prélèvements opérés sur la fortune par les impôts et les liturgies plus ou moins volontaires étaient certainement progressifs. Or, c'est uniquement ces prélèvements totaux que nous considérons (1).

« Les Athéniens étaient persuadés — dit M. P. Guiraud, *La prop. fonc.*, p. 531, — que les riches avaient pour devoir strict d'assumer plus que leur part des contributions communes, et les riches, par patriotisme, par amour-propre, par respect humain ou par ambition, s'y résignaient sans trop de peine. » Plusieurs de ces liturgies aboutissaient uniquement à un énorme gaspillage. Tels étaient la gymnasiarchie et la lampadarchie, la chorégie, l'hestiasis. Aristote, par un trait de génie, devine les ré-

(1) M. E. Ciccotti, *La retrib. delle funzioni pubbliche nell'ant. Atene*, observe, avec raison croyons-nous, que les rétributions payées par l'Etat aux citoyens n'étaient pas assez élevées pour induire les citoyens à demeurer oisifs. A notre avis, c'est principalement le total des capitaux détruits qu'il faut considérer.

sultats auxquels devait conduire la science économique moderne ; il dit : « Dans les démocraties il faut épargner les riches, non seulement on ne doit pas partager leurs biens, mais non plus les revenus, comme cela se fait parfois d'une manière détournée. » Dans les démocraties modernes c'est aux impôts qu'on a recours pour cela. « Il faut même empêcher qu'ils dissipent leurs biens en de somptueuses et inutiles liturgies, comme la chorégie, la lampadarchie (1) et d'autres semblables. » (*Polit.*, VIII, 7, 11). Un client de Lysias (XXI, 1, 2, 3) dépensa en 9 ans, pour les liturgies, 63 000 drachmes. Il est des auteurs modernes qui, moins bons économistes qu'Aristote, s'imaginent qu'en des cas semblables, le mal est pour le riche, le bien pour le peuple et la cité ; ils sont incapables de se rendre compte que cette dilapidation des capitaux doit amener la ruine de la cité.

Les riches avaient aussi la charge d'avancer l'impôt — *proeisphora* — et le soin de le recouvrer ensuite. Les maux et les gaspillages d'un semblable système nous sont connus par des exemples récents. En France, sous l'ancien régime, les collecteurs devaient aussi répartir et percevoir l'impôt. « Cet emploi — dit Turgot — cause le désespoir et presque toujours la ruine de ceux qu'on en charge ; on réduit ainsi successivement à la misère toutes les familles aisées d'un village. » Des abus sans nombre se produisent et viennent augmenter le gaspillage. Quelque rusé compère a pu s'enrichir en recouvrant plus qu'il n'avait avancé par la *proeisphora*, un plus grand nombre d'individus se seront ruinés parce que les débiteurs ne les payaient pas. Un client de Démosthène se plaint qu'on ne lui a laissé que de mau-

(1) Les *lampadédromies*, objet des lampadarchies, étaient des courses aux flambeaux. Chaque gymnasiarque devait payer une de ces fêtes.

vaises créances (*in Polyclem*, 9); le discours contre Phénippe, attribué à Démosthène, nous représente un citoyen ruiné par l'impôt.

Les sycophantes achevaient l'œuvre. Les politiciens qui, de nos jours, se servent de leur pouvoir judiciaire pour abattre leurs adversaires, n'ont fait que reprendre la tradition des démagogues athéniens. Xénophon fait dire à Criton que la vie, à Athènes, était difficile pour un homme qui voulait s'occuper tranquillement de ses affaires, car on lui intentait des procès pour le dépouiller (1). Socrate lui conseille de trouver un homme pauvre qui le défendra comme le chien, les brebis. Un certain Archédème voulut bien se charger, contre récompense, de cet office et repoussa victorieusement les sycophantes. Cela est raconté comme étant chose parfaitement naturelle. Les tribunaux populaires prononçaient des amendes pour remplir les caisses de la cité, la richesse était une cause de condamnation. « Il vous faut réfléchir — dit Lysias aux citoyens-juges (2) — que vous avez souvent entendu ceux qui voulaient perdre injustement un accusé, dire que si vous ne le condamniez pas, on ne pourrait vous payer votre salaire. » Il est difficile — observe-t-il autre part (3) — d'obtenir l'acquittement d'un accusé quand la cité a besoin d'argent. De même que dans nos démocraties modernes, l'homme riche s'efforçait de paraître pauvre, pour ne pas être dépouillé, Isocrate dit

(1) Il y a un fond de vérité, sous l'exagération du rhéteur, dans ce que dit Isocrate, *De permut.*, § 160 : « le nombre des gens dépouillés de leur fortune est plus grand que celui des gens qui ont été punis de leurs crimes. »

(2) *C. Epicratem*, § 1.

(3) *De bonis Aristoph.*, § 11. De nos jours, un journal socialiste, après avoir énuméré certaines *réformes sociales* qu'il préconisait, ajoutait : « Pour tout cela, il faut de l'argent ; les congrégations en ont ! » Il ne s'agissait donc plus que de le leur prendre.

qu'à Athènes, il est devenu plus inique de paraître riche que de commettre ouvertement des délits (1). On aurait tort d'ailleurs d'accuser la démocratie de cet état de chose : l'oligarchie n'était pas plus honnête. Les Trente commencèrent par mettre à mort les sycophantes, et ensuite... ils les imitèrent ! C'est ce que leur reprochait Théramène, en leur disant qu'ils mettaient injustement à mort des hommes pour confisquer leur fortune (2). Pour payer leurs troupes, chacun d'eux s'empara d'un métèque et le dépouilla de ses biens (3). Quelques empereurs romains, et plusieurs princes, il n'y a que quelques siècles, en Europe, ne dédaignèrent pas de suivre cette voie, qui maintenant attire nos différentes sectes de révolutionnaires.

Tous ces faits sont bien connus. Les auteurs, chacun selon son humeur, les ont amèrement reprochés les uns exclusivement à la démocratie, les autres, aux « tyrans ». La vérité est qu'on les trouve sous tous les régimes. Aucun de ceux-ci n'a le privilège de dilapider les deniers publics. De nos jours sont-ce seulement les budgets des Etats démocratiques et républicains qui absorbent des quantités croissantes de la fortune privée, n'en est-il pas

(1) *De permut.* Des faits semblables peuvent d'ailleurs être observés de tout temps. On les voit se produire dans les républiques italiennes, au Moyen Age, sous la Terreur en France, etc.

(2) XÉNOPH., *Hist. graec.*, II, 3, § 22 : ἡμεῖς δὲ ἀποκτείνομεν μηδὲν ἀδικοῦντας, ἵνα χρήματα λαμβάνωμεν ; les triumvirs Lépide, Antoine et Octave firent de même. Le pape Alexandre Borgia empoisonnait des cardinaux pour leur prendre leur argent. En France, sous la Terreur, être riche équivalait souvent à une sentence de mort. De nos jours on s'arrête, pour le moment, aux mots. Les antisémites indiquent nominativement les gens qui, pour le bien public, devraient être dépouillés ; les grévistes de Marseille désignaient de même les armateurs qu'ils voulaient supprimer.

(3) XÉNOPH., *Hist. graec.*, II, 3, § 21. LYSIÆ, *orat.*, c. *Erathosth.*, § 6.

de même des budgets des monarchies et même des autocraties ? Les abus du pouvoir judiciaire ne sont guère différents aux Etats-Unis et en Russie ; les magistrats de la monarchie italienne fermant systématiquement les yeux sur les crimes de la *mafia*, qui aide le gouvernement dans les élections, n'agissent pas très différemment des magistrats populaires qui condamnent systématiquement les « bourgeois ». Le régime politique donne seulement la forme à ces phénomènes dont le fond dépend de causes bien plus profondes et qui doivent être cherchées dans la nature humaine et dans l'organisation sociale.

La destruction de richesse accomplie à Athènes était d'autant plus nuisible que le pays avait plus besoin de capitaux mobiliers. Le taux élevé de l'intérêt fait bien voir que la disproportion entre la quantité existante de capitaux mobiliers et la quantité dont la production avait besoin, était considérable. Plusieurs faits particuliers l'indiquent aussi. Dans le petit traité des *Revenus*, de Xénophon, il est question de ressources que devrait se procurer l'Etat pour accroître la production. Pour l'exploitation des mines aussi, le capital faisait défaut. Pourquoi — demande Xénophon — n'ouvre-t-on pas maintenant de nouvelles mines comme autrefois ? « Parce que — dit-il — les exploitants des mines sont trop pauvres (1). » Guidé par l'observation des faits, Xénophon a fort bien vu que les productions qui présentent un *alea* notable ne peuvent guère être entreprises que par des gens riches. Il explique comment, les exploitants étant pauvres, ils ne sauraient courir les risques de nouveaux travaux. « Celui qui trouve une bonne mine s'enrichit, mais celui qui en trouve une mauvaise perd tout. » Si

(1) *De vect.*, IV, 28 : Ὅτι πενέστεροι μέν εἰσιν οἱ περὶ τὰ μέταλλα.

les riches n'avaient pas été ruinés par l'impôt et les liturgies, si on avait laissé se constituer l'épargne, il y aurait eu des fortunes assez considérables pour pouvoir supporter, sans être complètement détruites, les effets de la mauvaise chance, et qui auraient ainsi pu les compenser par ceux de la bonne chance. Xénophon expose un projet qui, sous quelques rapports, aurait rendu collectif le capital des mines. Du reste, la tendance de tout ce traité est de charger l'Etat de constituer le capital dont avait besoin la production et que les particuliers ne pouvaient fournir. Réaliser cette tendance eût encore été le moindre mal. Mais, au contraire, la démocratie athénienne s'enfonça de plus en plus dans le socialisme d'Etat, détruisant le capital sous la forme privée sans le reconstituer sous la forme collective. Aussi la décadence fut-elle prompte et sans remède. Certes, les maux de la guerre y eurent une grande part, mais même sous la *pax romana*, qui de Carthage entièrement détruite refit une ville florissante, Athènes ne se releva pas au point de vue économique ; et d'un passé plein de gloire il ne resta que des habitudes de parasites (1).

La décadence de l'empire romain va nous offrir un autre exemple des maux qui résultent de la destruction des capitaux mobiliers. D'abord, écartons un fait qui n'a rien à faire avec le socialisme ou le communisme. Autrefois on y voulait rattacher les lois agraires, mais on est maintenant revenu de cette erreur. M. G. Humbert dit fort bien : « Jamais à Rome ces lois n'ont eu pour ob-

(1) Une épigramme de l'Anthologie (XI, 319), tourne en ridicule l'achat des droits de citoyen à Athènes, achat qui se pratiquait déjà du temps d'Aristophane et de Démosthène. « Apporte dix boisseaux de charbon et tu seras citoyen; si tu ajoutes un cochon, tu seras Triptolème ; il faut en outre donner au démagogue Héraclide des lentilles, des choux ou des coquilles... » Les démagogues, de nos jours, sont plus exigeants.

jet de porter atteinte à la propriété privée (*ager privatus*) ; ce n'est qu'à l'époque des proscriptions de Sulla et des triumvirs, que des colonies militaires furent établies dans certaines provinces d'Italie, en vertu d'actes dictatoriaux, qui autorisaient la spoliation des véritables propriétaires ; mais cet abus de la force est étranger aux véritables *leges agrariae*. (1) » L'erreur des personnes qui voyaient dans les *agrariae leges* des mesures communistes est du genre de celle qui a déjà été notée et qui consiste à confondre les mesures socialistes avec les mesures destinées simplement à faire passer de certaines personnes à d'autres la propriété privée. Au fond, comme nous l'avons fait voir ailleurs (*Cours*, I, § 450), les lois agraires étaient destinées à opérer un règlement de compte entre les associés qui exerçaient l'industrie de la guerre. Quant à la forme, elles étaient exactement le contre-pied de lois socialistes, car elles étendaient la propriété privée au lieu de la restreindre.

La décadence de l'empire romain remonte assez haut. M. G. Boissier (2) veut qu'elle commence à peine l'empire est constitué, sous Auguste. « Depuis ce jour — dit-il — pendant quatre siècles, on a toujours descendu. La chute a été un peu plus rapide ou un peu plus lente, elle ne s'est jamais arrêtée. » On se trompera toujours lorsqu'on voudra assigner une cause unique à un phénomène aussi complexe. Des raisons morales et religieuses ont été invoquées ; le christianisme été, par plusieurs auteurs, rendu responsable de la décadence de l'empire. M. G. Boissier n'a pas de peine à prouver que cette opinion exclusive est fausse, mais il exagère, à son tour, en niant toute influence du christianisme pour accélérer cette décadence. Le développement du chris-

(1) Dict. Daremb. Saglio, s. v. *Agrariae leges*.
(2) *La fin du pagan.*, II, p. 443.

tianisme était en partie un effet des dispositions ascétiques des hommes de ce temps, dispositions qui se manifestaient aussi chez les stoïciens et chez bien d'autres sectes, et qui étaient, sous quelques rapports, semblables aux dispositions qui de nos jours inspirent les déclamations sur la « solidarité » ; mais ce qui était effet pouvait à son tour devenir cause et contribuer à augmenter ces mêmes dispositions ascétiques. Or, on n'a guère jamais observé que ce fussent des ascètes résignés qui fissent prospérer économiquement, politiquement et militairement un pays.

De même, la perte de la liberté, l'établissement d'un gouvernement absolu qui, surtout à partir du temps de Dioclétien, prit de plus en plus la forme du despotisme oriental, furent cause, et en même temps effet de l'amollissement des caractères. On vit se perdre entièrement les qualités viriles et durement énergiques qui avaient fait la force et la grandeur de l'ancienne aristocratie romaine.

Nous n'avons pas ici à étudier toutes les causes de décadence de l'empire, nous devons seulement noter que parallèlement au fait que les élites étaient consommées, disparaissaient, sans être remplacées par d'autres d'égal mérite, on observait aussi un fait d'une importance capitale : celui de la destruction, sur une grande échelle, des capitaux mobiliers. Les deux faits ont d'ailleurs une mutuelle dépendance. Si le socialisme d'Etat n'avait pas ruiné les élites naissantes, celles-ci auraient fini par être assez fortes pour emporter les barrages qu'on leur opposait ; si ces barrages n'avaient pas existé, les élites naissantes auraient fini par empêcher le gaspillage de la richesse.

La *pax romana* avait augmenté la production de la richesse et favorisé la formation et la conservation de l'épargne, de là la prospérité des premiers temps de l'empire. C'est ainsi qu'actuellement les progrès techniques et économiques de la production ont eu les mêmes effets et ont produit la prospérité présente de nos sociétés. Mais en même temps que, dans l'empire romain, la richesse croissait, on procédait à sa destruction, comme cela arrive maintenant, en des proportions aussi croissantes. Un jour vint pour l'empire romain, et un phénomène semblable pourrait se produire pour nos sociétés, où le gaspillage de l'épargne en dépassa la production. Ce fut alors pour l'empire une cause des plus efficaces de décadence.

Des dépenses plus ou moins volontaires, en vue de contribuer au bien-être ou à l'amusement du peuple, épuisaient les revenus des classes riches dans l'empire romain, comme les *liturgies*, à Athènes. On est étonné, en étudiant l'histoire de ce temps, de voir les mille canaux par lesquels l'épargne s'écoulait pour être gaspillée, au lieu d'être employée à la production des biens économiques. Ce n'était pas seulement à Rome que des dépenses insensées étaient faites pour les édifices publics et les jeux, mais, dans les provinces, partout de semblables dépenses arrêtaient la formation de l'épargne. C'était une vraie orgie de destruction de la richesse. Tout le monde voulait s'en mêler. Martial se moque d'un savetier qui donnait des combats de gladiateurs (1). A la veille de la chute de l'empire, Symmaque dépense près de deux millions de francs pour célébrer la préture de son fils. M. G. Boissier (2), parlant des édifices publics, dit : « Le secret de cette magnificence qui nous étonne, c'est

(1) III, 16 :

Das gladiatores, sutorum regule, cerdo,
Quodque tibi tribuit subula, sica rapit.

(2) *L'opp. sous les Césars*, p. 48.

précisément que tout le monde y contribuait ; » et il ne se doute pas que là était le mal.

La destruction des fortunes rendit de plus en plus difficile le recrutement des *curiales*, sur lesquels retombaient de trop fortes dépenses. Le mal était ancien, Pline le jeune (*Epist.*, X, 114) parle de gens qui ont été fait décurions malgré eux — *qui inviti fiunt decuriones.* — A mesure que l'appauvrissement du pays augmentait, ce mal allait aussi en croissant ; on en vint à condamner les gens, *loco supplicii*, à être *curiales*. Ils fuyaient de toute part et se réfugiaient même en des lieux inhabités.

Il y avait encore pis. Les propriétaires, écrasés par les impôts toujours croissants, nécessaires pour subvenir aux frais du socialisme d'Etat et aux gaspillages des empereurs, abandonnaient leurs terres et cessaient de les cultiver (1). Le socialisme d'Etat actuel achemine nos sociétés vers une situation analogue, en tâchant de ruiner les capitalistes, au moyen de l'impôt progressif ou d'autres mesures semblables, et de faire disparaître les entrepreneurs, au moyen des grèves et d'innombrables mesures vexatoires, qui restreignent la liberté de l'industrie et du commerce et en augmentent les charges.

Les empereurs s'occupèrent beaucoup du mal que procuraient à l'Etat les *deserti agri*. Le seul remède efficace

(1) Dans une des contrées les plus fertiles de l'empire et qui n'avait pas encore souffert de l'invasion des barbares, se trouvaient d'immenses espaces dont la culture avait été abandonnée. *Cod. Theod.*, XI, 28, 2 : *Quingenta viginti octo milia quadraginta duo iugera, quae Campania provincia iuxta inspectorum relationem, et veterum monumenta chartarum in desertis et squalidis locis habere dignoscitur, iisdem provincialibus concessimus, et chartas superfluae descriptionis cremari censemus.* Cette constitution est de l'année 395. *Cod. Just.*, XI, 58 ; EUMEN., *Paneg. Const. Caes.* ; ZOZIM., II, 38 ; AMM. MARC., XIX, 11, parle de la charge énorme des transports publics, qui rendit tant de maisons désertes : *quae clausere domos innumeras.* SALV., *De gub. dei*, V, 8, 9.

eut été de diminuer les charges de l'agriculture (1), de modérer un peu la destruction des capitaux mobiliers, accomplie par le socialisme d'Etat. Ne voulant ni ne pouvant s'engager dans cette voie, les empereurs eurent recours à des mesures dont le nombre même atteste la parfaite inutilité.

D'une part, on tâcha de procurer la main-d'œuvre à l'agriculture. De là les mesures qui renforcent le colonat, qui attachent l'homme à la glèbe ; de là les distributions de captifs barbares aux propriétaires fonciers. D'autre part, on rechercha de nouveaux propriétaires pour les terres abandonnées. Pertinax permit au premier occupant de cultiver les terres abandonnées du fisc avec exemption d'impôt pendant dix ans (2). Une constitution de Valentinien et Valens parle de terres désertes occupées sous conditions de certaines immunités (3). Mais cette occupation volontaire des terres était loin de suffire, et, comme il s'agissait avant tout, pour le fisc, de trouver quelqu'un qui payât les impôts, on imagina de forcer les gens à devenir propriétaires (4) ! Tels nos socialistes veulent, au moyen de l'arbitrage obligatoire en cas de grève, obliger un entrepreneur à continuer son industrie, en des con-

(1) De temps à autre, on remettait les arriérés de l'impôt ; probablement quand on perdait l'espoir de se faire payer. *Cod. Theod.*, XI, 28.

(2) HÉRODIEN, II.

(3) *Cod. Just.*, XI, 58, 3 : *Quicumque deserta praedia meruerint sub certa immunitate...* (année 364), *Ibidem*, 8. Cette constitution permet à un individu quelconque de se charger de la culture d'un fonds qui se trouverait dans son voisinage et serait abandonné de son propriétaire, sous la réserve que si celui-ci, dans le terme de deux ans, revendique son fonds, il doit lui être rendu moyennant le remboursement des dépenses faites sur ce fonds.

(4) On devait réunir les terres stériles aux terres fertiles. Cette opération s'appelait : *adjectio*, ἐπιβολή.

ditions qu'il juge désastreuses. D'une manière ou d'une autre, l'impôt afférent aux terres abandonnées devait rentrer. Aurélien ordonna que les *curiales* eussent à se charger des biens déserts existant dans le territoire de leur cité. Constantin ajoute que si ces *curiales* ne sont pas solvables, ce seront tous les propriétaires qui devront payer les impôts pour les biens abandonnés (1).

Il est évident que de telles mesures n'étaient propres qu'à faire empirer le mal qu'on voulait guérir. Des propriétaires, se trouvant surchargés, abandonnaient leurs terres ; d'autres résistaient encore et tâchaient de se tirer d'affaire. Au lieu de les y aider, en allégeant les charges qu'ils supportaient, on aggravait encore ces charges, en faisant retomber sur eux celles des terres abandonnées. Par conséquent, on provoquait de nouveaux abandons de terres.

Ce ne sont là que des cas particuliers d'un phénomène assez général. Quand certaines mesures produisent des inconvénients, on aggrave ces mesures, au lieu de revenir en arrière. Cela augmente les inconvénients et de nouveau on est obligé d'aggraver les mêmes mesures: On continue ainsi de suite indéfiniment. Tel l'alcoolique, au lieu de redevenir sobre, demande l'oubli des maux qu'il se procure à des doses toujours croissantes d'alcool.

La protection douanière déprime la production du pays ; on croit porter remède à cela en augmentant encore la protection, et l'on n'obtient que d'aggraver les maux que l'on voulait guérir (2). Supposons qu'un impôt

(1) *Cod. Just.*, XI, 58, 1.

(2) En France, la protection douanière du blé a abouti à une « surproduction » de blé ; celle du vin, à la mévente des vins. Cela n'empêche pas, en d'autres pays, des protectionnistes de réclamer les mêmes mesures, pour porter remède à la mévente du blé et du vin.

En Russie, la protection industrielle a abouti à une crise

mis sur une classe sociale, ce sera par exemple celle des riches mais ce pourrait être aussi celle des ouvriers ou une autre, soit excessif. Pour fixer les idées, admettons qu'il s'agisse de tirer 100 000 francs de 100 personnes, chacune payant en moyenne 1 000 francs. Ne pouvant supporter le poids de l'impôt, un certain nombre de membres de la classe imposée se ruineront, émigreront, bref, disparaîtront, et la classe se trouvera réduite à 80 individus. Or, comme on veut continuer à tirer 100 000 francs de cette classe, chaque individu devra, en moyenne, payer 1 250 francs. Cet impôt sera encore plus insupportable que celui de 1 000 francs par tête, en moyenne; il provoquera donc une nouvelle diminution de la classe imposée, ce qui conduira à une nouvelle aggravation de l'impôt, et ainsi de suite.

Nous venons de décrire le phénomène qui s'est répété dans bien des pays : dans l'ancienne Athènes, dans l'empire romain, dans la république de Florence, lorsqu'on y établit l'impôt progressif, et qui apparaît de nouveau de nos jours là où les classes populaires, ayant le pouvoir politique, s'en servent pour dépouiller les classes riches; ce qui, d'ailleurs, n'est pas très différent de ce qu'on voit dans les pays où ce sont au contraire les classes riches qui dépouillent les pauvres.

Les capitaux mobiliers manquaient dans l'empire romain et c'est principalement ce qui mettait obstacle au développement et au progrès de l'agriculture, du commerce, de l'industrie. M. E. Ciccotti (1) rappelle l'opinion des auteurs qui croient que, indépendamment de l'usage

financière très intense et à créer bon nombre de foyers révolutionnaires. Ni une chose ni l'autre ne pouvaient être dans les intentions des gouvernants qui ont édicté ces mesures protectionnistes.

(1) *Il tramonto della schiavitù.*

moderne des machines, l'agriculture, dans l'empire romain, employait quatre à cinq fois le nombre d'ouvriers qu'emploie l'agriculture moderne pour obtenir la même quantité de produits (p. 171). C'est le défaut de capitaux mobiliers qui altère ainsi les proportions dont on obtiendrait le maximum de produits. Plus loin, p. 305, il note avec raison, « que l'insuffisance des capitaux disponibles poussait la production vers une forme d'économie plus arriérée encore que l'économie avec les esclaves, c'est-à-dire vers le servage ».

On a beaucoup parlé de la concentration de la fortune et on a cru la prouver par l'existence des *latifundia* ; mais les deux choses ne sont pas synonymes ; ces grands propriétaires fonciers étaient loin d'avoir un revenu en rapport avec l'extension des terres qu'ils possédaient (1). Tels certains princes romains, dans la première moitié de ce siècle, étaient maîtres de biens fonciers très étendus, et auraient été embarrassés pour se procurer quelques centaines de mille francs. Les *latifundia* étaient fort mal cultivés et rendaient peu. Symmaque se plaint que des terres coûtent au lieu de rapporter et que les riches se sont appauvris. Pour une époque très antérieure, M. le Prof. G. Salvioli observe que « la possession des *fundi latissime continuati* satisfaisait la vanité plutôt qu'assurer l'accumulation. La source de richesse, pour les sénateurs et les chevaliers, demeurait exclusivement la spoliation des provinces, les spéculations, l'usure (2) ». Le même auteur a fait voir que la petite propriété s'était maintenue à côté des *latifundia* ; les grands propriétaires étaient ruinés par le fisc, les petits vivotaient et se tiraient d'affaire au mieux.

(1) Plin., *Epist.*, II, 4 : « Mon revenu, par la nature des terres, est je ne sais si plus modeste qu'incertain. »

(2) *Sulla distribuzione della proprietà fondiaria*, p. 30.

La rareté des capitaux mobiliers explique ce que dit Pline (1). « On m'accusera peut-être de témérité d'énoncer une maxime des anciens qui pourra paraître complètement incroyable : c'est que rien n'est moins avantageux que de très bien cultiver. L. Tarius Rufus, qui, né dans la dernière classe, arriva par ses talents militaires au consulat, et qui, du reste, était d'une économie antique, dépensa à acheter des terres dans le Picentin, et à les cultiver pour la gloire, au point que son héritier refusa l'héritage, environ 100 millions de sesterces (21 millions de francs). » Si les capitaux mobiliers avaient été très abondants, d'autres auraient répété l'expérience et auraient fini par réussir. C'est du moins ainsi que les choses se sont passé en Angleterre au XVIIIe siècle. « Tout grand seigneur, dit Th. Rogers (2), ou tout gentilhomme... surveillait ses terres et faisait de la culture expérimentale... ce goût gagna toute la nation... Il va de soi que ces essais de cultures nouvelles aboutissaient souvent à une ruine, causée alors comme aujourd'hui par la manie de cultiver des surfaces trop vastes avec des capitaux trop petits (3). » Notre auteur, fort compétent en ces matières, affirme, p. 420, que « la productivité du sol bien cultivé en grains et en bétail avait quadruplé comparativement au XIIe siècle ». Si on avait détruit les capitaux mobiliers, au nom de la « vie solidaire » ou de quelque autre chimère, cela importe peu, si on avait confisqué les héritages, au nom de principes « éthiques » ou autres, cela importe

(1) *Nat. Hist.*, XVIII, 7, 4, trad. Littré.

(2) *Trav. et salaires en Angl.*, p. 413 et 414.

(3) COLUMELLE, I, 3, recommande fortement de ne pas tomber en cette faute : *Laudato ingentia rura, exiguum colito.* N'en déplaise aux gens qui s'imaginent que tous les maux de la société viennent de ce que toutes les terres sont occupées, ce sont le plus souvent les capitaux mobiliers qui manquent à la terre. Voir chap. X.

encore moins, ces effets ne se seraient pas produits et l'Angleterre aurait continué à nourrir à grand peine une faible population.

Vers la fin de l'empire romain, la rareté des capitaux mobiliers devint extrême ; la lâcheté des empereurs achetait la paix des barbares, avec les dernières ressources des provinces. Tout s'effondra, et la ruine économique prépara la ruine politique et militaire. Tels furent les résultats d'une des expériences les plus grandioses qui aient été tentées du socialisme d'Etat.

CHAPITRE IV

SYSTÈMES RÉELS

(*Suite*)

Culture collective du sol. — Collectivité familiale. — La famille s'étend par des parentés fictives. — Elle perd ainsi de sa cohésion. — La propriété familiale évolue vers la propriété individuelle. — Essais tentés pour étendre artificiellement la culture collective du sol. — *Village settlements* de la Nouvelle-Zélande. — Java. — La Chine. — Ancien Pérou. — Le système socialiste y existait en même temps qu'une hiérarchie sociale fortement constituée. — Les *reducciones* des Jésuites au Paraguay. — Utilité pour l'individu et utilité pour l'espèce. — La tutelle. — Le socialisme en Perse. — Les *assassins*. — Les Hussites. — Troubles en Bohême. — La guerre des paysans. — Les anabaptistes. — Le communisme à Munster. — Révolte communiste dans le royaume de Naples. — Le *Chartisme* en Angleterre.

La culture du sol a été souvent et est encore en partie l'œuvre collective des membres d'une même famille. Le lien familial a été évidemment une des origines du lien social, ainsi qu'on peut le voir aussi chez les animaux qui vivent en troupeau. La cité grecque et la romaine semblent bien avoir été à l'origine une confédération de familles. D'ailleurs bientôt le lien familial devint fictif; c'est-à-dire que des étrangers furent considérés comme appartenant à la famille naturelle. Nous retrouvons ici le procédé habituel, que nous avons déjà noté, et qui consiste à donner *a posteriori* des motifs logiques à des actions non logiques. Ce n'est pas comme conséquence d'un syllogisme, c'est sous l'empire de la nécessité que bien souvent les hommes sont amenés à devoir tenir compte de faits nouveaux. Alors si ces hommes aiment à conserver leurs institutions, ainsi que cela avait lieu généralement pour les peuples anciens, ils chercheront une justification *a posteriori* de leur conduite, non dans la modification formelle de leurs institutions, mais dans des rapprochements forcés et fictifs qui permettent de faire rentrer les faits nouveaux dans les anciens cadres. C'est ainsi que les juristes ont été conduits à créer des *fictions* ; ce ne sont pas ces fictions qui déterminaient, au moins à l'origine, leur conduite, celle-ci était dictée par des nécessités pratiques ; la *fiction* servait ensuite à la justifier. Comme l'a fort bien remarqué Jhering, « pas plus que les formes rigides de la procédure, les actes apparents et les fictions n'appartiennent pas exclusivement au droit romain ; on les rencontre partout à une certaine phase de la civilisation. L'histoire du droit anglais est là pour le prouver. Aussitôt cette phase passée, partout les uns et les autres s'effacent peu à peu, et finissent par disparaître ». Mais si elles disparaissent, au moins en grande partie, du droit, elles demeurent dans la politique et dans les règles de l'organisation sociale. La phase observée par Jhering est celle où les hommes admettent en fait de nouvelles institutions mais veulent, par le raisonnement, les rattacher au passé. Actuellement, chez les peuples les plus civilisés, ils veulent les rattacher à des institutions idéales de l'avenir ; ils placent simplement leur fétiche dans le futur au lieu de le chercher dans le passé.

La famille s'est élargie tout naturellement par l'adjonction des serviteurs, qui n'étaient en quelque sorte que des membres inférieurs de cette famille. Ce n'était pas le mercenaire libre qui rentrait dans cette catégorie, mais l'esclave ou le serf, précisément parce qu'ils étaient attachés d'une manière plus stable à la collectivité familiale. La loi de Gortyne prescrit que si un individu meurt sans laisser d'ayants-droit, les serfs qui se trouvent sur le lot de la famille héritent. A Athènes, une cérémonie religieuse agrégeait, en quelque sorte, l'esclave à la famille.

La famille, continuant à s'agrandir, a admis des étrangers qu'elle se rattachait par un lien fictif de parenté. Mais ce procédé même, en étendant l'association, en préparait la dissolution. De nos jours encore, chez les slaves chrétiens de l'Europe orientale, les communautés s'accroissent par l'adoption d'individus isolés et par l'agrégation de familles entières. Aux Indes les communautés de familles ou de villages sont fort répandues, bien qu'elles tendent à se dissoudre, comme du reste aussi celles des slaves. On trouve à Calcutta des agglomérations de trois ou quatre cents individus, y compris les serviteurs. « Mais cette extension, observe Sumner Maine, n'a pas été sans entraîner des changements variés. La terre, au lieu d'être absolument cultivée en commun, se divise entre les familles du village ; les lots passent successivement de l'une à l'autre ou leur sont attribués à titre de propriété personnelle et soumise seulement, en cas de vente, au *veto* collectif des villageois. Le lien de confraternité s'affaiblit aussi graduellement, grâce à des fictions de tout genre et l'on accueille tant de sang étranger que le souvenir d'une origine commune s'obscurcit ou s'évanouit entièrement (1) ». Ainsi ces petites sociétés communistes ne sont, le plus souvent, qu'une phase de l'évolution de la propriété familiale, en train d'évoluer vers la propriété individuelle.

(1) *Études sur l'anc. droit et la cout. primit.*, trad. franç., p. 351.

L'agriculture est un des genres de production qui peuvent le plus facilement s'exercer sous une forme collective. Le grand écueil de celle-ci est en effet le manque d'initiative, la routine ; or, ce sont là des défauts qui, au moins en certains cas, n'ont guère de mauvais effets pour l'agriculture. Pendant des siècles et des siècles la culture du sol est demeurée la même ; sur les bords de la Méditerranée, on cultive encore l'olivier comme du temps des Romains. Il faut ajouter pourtant qu'actuellement l'agriculture, grâce à l'application de méthodes scientifiques, tend à se rapprocher de l'industrie ; mais c'est là un fait qui ne s'observe pas pour les temps anciens. On comprend donc qu'alors la culture du sol ait pu être, sans de graves inconvénients, familiale ou même franchement collective. Cette organisation a d'ailleurs en partie survécu et se rencontre encore çà et là dans plusieurs contrées.

Pourtant les essais qu'on a faits pour l'étendre artificiellement, au moyen de colonies agricoles collectives, n'ont abouti qu'à des insuccès. Une idée qui séduit beaucoup de personnes est celle-ci : il y a dans les villes des ouvriers qui manquent d'ouvrage, il y a des terres qui ne sont pas cultivées, pourquoi ne donnerait-on pas ces terres à ces ouvriers ? Une idée analogue a été l'origine de la théorie que toutes les misères sociales proviennent de ce que toutes les terres ont été accaparées, qu'il n'y en a plus de libres. Ces conceptions reposent sur de graves erreurs (1). 1° Le métier d'agriculteur n'est pas aussi facile à apprendre que se le figurent les personnes qui font de l'agriculture en chambre. Les ouvriers des villes sont généralement incapables de cultiver la terre, ils se dégoûtent vite de ce rude labeur et ne font rien qui vaille. Ce sont, au contraire, les ouvriers de

(1) Voir chap. XIII.

la campagne qui désertent les champs pour accourir à la ville. 2° Il ne suffit pas d'avoir des terres et du travail, pour produire, il faut aussi des capitaux mobiliers et cela d'autant plus que l'agriculture est plus avancée. Pour éviter la misère, il ne suffirait pas d'avoir des terres libres, il faudrait encore avoir des capitaux mobiliers disponibles pour cultiver les terres et surtout il faudrait que les personnes auxquelles on confierait ces capitaux ne les gaspillassent pas. Sauf dans les cas de crises exceptionnelles, les ouvriers sans travail sont généralement des hommes qui n'ont pas beaucoup de cœur à l'ouvrage et qui sont passablement imprévoyants; ce sont précisément les caractères qui déterminent leur insuccès dans les travaux agricoles : ils travaillent peu et gâchent, détruisent le capital mobilier qu'on leur confie.

Ces déductions sont confirmées par un grand nombre de faits. Un des plus remarquables a pu être observé de nos jours dans la Nouvelle-Zélande. La loi de décembre 1893 y institua des communautés agricoles, sous le nom de *village settlements*. Ces communautés doivent comprendre au moins vingt personnes auxquelles le gouvernement peut louer une étendue de terre de 64 hectares par personne, et faire une avance de 50 livres sterlings, soit à peu près 1.250 francs. L'association devrait rendre cette somme. Elle est dirigée par un *board* d'au moins trois *trustees*, élus par l'association, et doués de pouvoirs très étendus pour l'administrer. « Ils dirigent et surveillent le travail des villageois, — dit M. Pierre Leroy-Beaulieu (1), qui les a vus à l'œuvre, — en déterminent la durée; peuvent leur interdire de se livrer à un travail, quel qu'il soit, s'ils le jugent nuisible aux intérêts de l'association; administrent ses ma-

(1) *Les nouvelles sociétés anglo-saxonnes*, p. 161.

gasins, dépôts; fixent les allocations qui seront faites aux villageois et à leurs familles sous forme de coupons à échanger contre des denrées dans les magasins; veillent à la santé publique, au maintien du bon ordre et de la discipline; peuvent infliger des amendes jusqu'à concurrence de 250 francs, augmenter le nombre d'heures de travail d'un villageois, ou diminuer les allocations qu'il touche... »

Les résultats de cette expérience socialiste ont été déplorables. « Dans l'une des communautés, après avoir défriché une pièce de terre, on n'a pu s'entendre sur ce qu'il fallait y planter, et elle est restée en jachère, on a essayé simultanément quantité de cultures diverses, dont la plupart n'ont pas prospéré, l'aspect des villages est du reste misérable... » (*loc. cit.*, p. 163). On travaille peu. « C'est la journée non pas de huit heures, mais de sept heures et demie, qu'on applique ainsi, été comme hiver, à cette œuvre si étroitement dépendante des circonstances atmosphériques qui est l'agriculture ! » (p. 164). La conséquence est que toutes les communautés sont endettées. « Le maximum de 1.250 francs par membre, avancé par l'Etat, est largement dépassé; un seul des villages ne demande pas de nouvelles avances, mais se déclare dans l'impossibilité de commencer les remboursements à l'époque prévue par la loi; les dettes de la plus obérée des treize communautés atteignent 128 livres sterling (3.200 francs) par tête. Les suppléments d'avance demandés varient de 1.250 à 2.500 par villageois; sans quoi disent les témoins [de l'enquête parlementaire], nous serons obligés d'abandonner notre œuvre » (p. 163). Il paraît donc que la terre libre est loin de suffire, pour que les hommes puissent se tirer d'affaire, il leur faut encore des capitaux... et l'envie de travailler. Supposez l'expérience de la Nouvelle-Zélande faite en grand et abandonnée à elle-même. Après un certain temps il y aurait des riches et des pauvres, des gens prévoyants et actifs qui auraient amassé des biens, des imprévoyants et des paresseux, qui trouveraient leur avantage à se mettre au service des premiers, sauf à les envier et à tâcher de les dépouiller par des mesures politiques.

Tout cela d'ailleurs existe déjà en germe. L'égalité est loin de régner dans ces communautés, seulement ce sont souvent les moins méritants qui sont au-dessus des autres. « A Holder, la Commission d'enquête arrivant à six heures du matin, ne trouve personne dans les champs, qu'une femme coupant du vert pour les vaches. « Trouvez-vous bien qu'une femme soit dehors à travailler lorsque les hommes ne font rien ? » demande-t-on au président de l'association. — « Oh ! elle était sans doute dehors pour sa santé », répond-il ironiquement (p. 164). « Un villageois ayant été assailli et ayant eu un membre brisé, les *trustees* ont décidé l'expulsion de l'agresseur, mais l'assemblée générale a refusé de la voter ; nombreux ont été les autres cas de violence dans ce village ; partout il y en a, du reste, et partout la justice est aussi boiteuse » (p. 165). Cela n'est pas précisément ce que nous promettent les socialistes, qui prétendent que toutes les violences et tous les délits sont dûs à la mauvaise organisation de la société « bourgeoise ».

Parmi les villageois, ceux qui ont un peu de bon sens ont compris combien les promesses qu'on leur avait faites étaient fallacieuses : « Etiez-vous communiste quand vous êtes arrivé ici ? demande-t-on à l'un des habitants du village de Pyap. — J'étais un grand partisan de la terre pour le peuple (*the land for the people*). Je croyais que nous allions être comme frères et sœurs. —

Cela a-t-il marché? — Non, j'ai vu que cela ne pouvait pas marcher. — Croyez-vous à la terre pour le peuple maintenant? — Non, je crois à la terre pour moi. Et le témoin demande qu'on répartisse la terre en lots individuels » (p. 166). Ces bons socialistes de la Nouvelle-Zélande avaient oublié que le parasite ne peut vivre détaché de son support. Le socialisme d'Etat est excellent tant qu'il y a des riches à dépouiller, mais renfermer les exploiteurs dans des communautés séparées, c'est les condamner à mourir de faim.

Plusieurs auteurs attachent une grande importance à prouver qu'autrefois la propriété était collective parce qu'ils veulent prouver que le « peuple » en ayant été dépouillé a droit à une compensation; accessoirement, ils veulent aussi démontrer que la production collective est possible, puisqu'elle a déjà existé.

Il y a dans ces raisonnements plusieurs sophismes. 1° Si nous admettons, pour un moment, que le « peuple » ancien a été dépouillé de sa propriété collective, il ne s'en suivrait nullement que les riches modernes doivent une compensation au « peuple » moderne, car rien ne prouve que les classes possédantes modernes descendent directement des classes possédantes anciennes, au contraire, rien n'est moins probable. Quand on songe que seul un nombre extrêmement exigu de familles anglaises peuvent faire remonter leur noblesse jusqu'à Guillaume le Conquérant, que parmi la noblesse française il n'est qu'un très petit nombre d'individus qui, d'une manière authentique, puissent prouver d'avoir eu des ancêtres aux Croisades, on voit que dans la classe possédante actuelle il est fort probable qu'il n'y ait pas du tout ou fort peu de descendants de la classe qui, à une époque préhistorique, s'est rendu coupable d'avoir introduit à Rome et dans le bassin de la Méditerranée la propriété individuelle. 2° Il reste à prouver que les hommes étaient plus heureux sous le régime de la propriété collective du sol que sous celui de la propriété individuelle. L'affirmative est un article de foi pour les personnes qui déclament contre le « capitalisme » ; mais la science réclame des preuves et ne saurait se contenter d'affirmations dogmatiques (1).

Contrairement à ce qu'on pourrait croire, d'après un examen superficiel, on rencontre souvent des faits qui nous montrent qu'un régime de culture collective s'allie parfaitement à une organisation sociale où il y a des pauvres et des riches, des supérieurs tyranniques et des inférieurs résignés. Tel est le cas de Java. Des auteurs, tels que E. de Laveleye, s'attendrissent sans fin ni mesure sur le bonheur de la *dessa* ou village communiste javanais. Mais la réalité est différente de l'idylle forgée par leur fantaisie. De l'aveu même de M. E. de Laveleye, « dans certains villages ou *dessas*, les simples travailleurs qui n'ont pas de bêtes de trait sont exclus du partage [des terres]. » Mais ce n'est rien en comparaison de la hiérarchie sociale qui pesait autrefois sur ce peuple et qui continue à faire sentir ses effets. « La naissance, cet accident, les Javanais en ont fait une vertu. Ils lui ont reconnu tous les droits, ils la tiennent quitte de beaucoup de devoirs. Ils lui remettent volontiers le pouvoir, ils la rehaussent d'honneurs et de richesses... La noblesse comporte des échelons : du haut en bas de la société, chacun sait la valeur des rangs et la mesure de l'hommage dû (2) » (p. 6-7). « Les nobles javanais, omnipotents par leur naissance et leurs fonctions héréditaires, ignorent jusqu'au sens du mot « abus ». Puisque, de tout temps, tout était à eux, terres et gens,

(1) Voir le chap. XI : *Le droit au travail*.
(2) J. Chailley-Bert, *Java et ses habitants*, Paris, 1900.

ce qu'ils en laissaient au peuple était pure munificence » (p. 169).

3° La question de l'organisation collective de la production est avant tout une question de la quantité des produits qu'on peut obtenir. Les exemples que l'on cite de l'organisation collective de la culture du sol ne résoudraient cette question que s'ils se rapportaient à un état agricole des plus avancés. Cela n'est pas. Ces exemples prouvent qu'on peut cultiver collectivement la terre, tant bien que mal, ils ne prouvent nullement qu'on peut en obtenir ainsi le maximum de produit.

La Chine paraît avoir eu un régime de propriété foncière qui a oscillé entre la propriété collective ou mieux la propriété de l'Etat et la propriété individuelle. Sous la dynastie des Hia (deux mille ans à peu près avant Jésus-Christ) chaque famille recevait un bien de 50 *mou* (1) et payait comme impôt le produit de 5 de ces *mou*, c'était donc une dîme. Sous la dynastie des Yn (qui commence vers 1400 avant Jésus-Christ) on assigna 900 *mou* à chaque groupe de huit familles, chacune d'elles recevait 100 *mou*, et en outre 2, 5 *mou* pour la maison et le jardin, ce qui restait, c'est-à-dire 80 *mou*, devait être cultivé en commun et le produit appartenait à l'Etat. La quantité de terre assignée avait d'abord été de 630 *mou* pour chaque groupe. Sous les Tcheou (vers 1100 avant Jésus-Christ) on assigna 1 000 *mou* pour chaque groupe de 10 familles, celles-ci devaient cultiver la terre en commun et payer le dixième du produit à l'Etat. Meng-tseu explique ces trois systèmes : « Sous les princes de la dynastie Hia, cinquante arpents de terre payaient tribut

(1) On ne connait pas bien la valeur du *mou* à cette époque. Depuis le règne de la dynastie des Tangs, c'est-à-dire à partir de 618 de l'ère vulgaire, le *mou* est égal à peu près à 640 mètres carrés.

[ou étaient soumis à la dîme]; sous les princes de la dynastie de Yn, soixante et dix arpents étaient assujettis à la corvée d'assistance (*tsou*); les princes de la dynastie de Tcheou exigèrent l'impôt *tche* [qui comprenait les deux premiers tributs] pour cent arpens de terre [que reçut chaque famille]. En réalité, l'une et l'autre de ces dynasties prélevèrent la dîme sur les terres. Le dernier de ces tributs est une répartition égale de toutes les charges; le second est un impôt d'aide ou d'assistance mutuelle. *Loung-tseu* disait : En faisant la division et la répartition des terres, on ne peut pas établir de meilleurs impôts que celui de l'*assistance* (*tsou*) ; on ne peut pas en établir de plus mauvais que celui de la *dîme* (*Koung*). Pour ce dernier tribut, le prince calcule le revenu moyen de plusieurs années, afin d'en faire la base d'un impôt constant et maniable. Dans les années fertiles où le riz est très abondant, et où ce ne serait pas exercer de la tyrannie que d'exiger un tribut plus élevé, on exige relativement peu. Dans les années calamiteuses, lorsque le laboureur n'a pas même de quoi fumer ses terres, on exige absolument de lui l'intégralité du tribut (1). » Au fond, comme on voit, l'intérêt fiscal était un des principaux motifs déterminants de ces organisations. Aucune d'elles ne donna de bien bons résultats, à en juger du moins par les troubles qui agitèrent le pays et par les plaintes des contemporains. Un d'eux, disciple de Mih-Teih, parle « du fort qui dépouille le faible, de ceux qui, plus nombreux, oppriment les moins nombreux, de l'homme rusé qui trompe l'homme de bonne foi, du noble qui bafoue le roturier ».

La dynastie des Thsin (qui commença à régner 255 avant Jésus-Christ) parait avoir institué la propriété in-

(1) Trad. de G. Pauthier : *Confucius et Mencius*, p. 278-279.

dividuelle. Postérieurement, plusieurs empereurs tâchèrent, mais avec peu de succès, de limiter la surface de terre que pouvait posséder chaque famille. Sous la dynastie des Tangs, du VIIe au IXe siècle de notre ère, chaque personne qui constituait une famille séparée recevait un bien foncier d'une surface de 800 *mou* (à peu près 5 hectares) et un jardin. Il était défendu de vendre ou de louer la terre, mais on trouva bientôt le moyen de tourner la loi et finalement ce qui n'était qu'un abus devint légal.

Une encyclopédie chinoise, écrite au XIe siècle de notre ère, déplore vivement l'abandon des anciens systèmes. « Après que les communes agraires (*Tsing-t'ien*), du temps des *Chen*, furent abolies, les terres devinrent la propriété de ceux qui ne les cultivaient pas, tandis que l'agriculteur en était privé... Les sages ont beaucoup discuté s'il convenait de rétablir les anciennes communes agraires (1)... » L'auteur trouve que les *Han*, qui montèrent au trône en 206 avant Jésus-Christ, auraient pu accomplir cette œuvre, mais il ne la croit plus possible de son temps (1009-1066 de notre ère).

Au XIe siècle de notre ère, un ministre, Wang-nang-chi, essaya de donner à la Chine des institutions qui ont été jugées comme étant socialistes, mais qui, en réalité, ne s'inspiraient pas d'idées bien différentes de celles qui avaient cours en Europe, au Moyen Age. Suivant l'usage des Chinois de rechercher des modèles dans le passé, il remit en vigueur des tribunaux de police sur les marchés comme ceux qui existaient sous les Tcheou. Ces tribunaux avaient l'inspection des ventes et des achats et ils déterminaient chaque jour le prix des denrées. Ils imposaient sur les riches des droits, dont les pauvres étaient

(1) Traduction de M. le prof. Puini : *Rivista italiana di sociologia*, Rome, juillet 1897.

exempts, et dont le produit servait à secourir les vieillards sans soutien, les pauvres, les ouvriers manquant d'ouvrage, et, en général, tous ceux qui étaient dans le besoin. D'autres tribunaux, institués par Wang-nang-chi, étaient chargés de faire des avances de semences aux cultivateurs, de décider comment devaient être cultivées les terres, de distribuer à des cultivateurs celles qui étaient incultes.

Les avances de semences paraissent avoir donné lieu à des désordres, ainsi d'ailleurs que les autres réformes, parmi lesquelles on compte aussi une réforme monétaire. Un adversaire du ministre disait que les grains qui étaient prêtés pour servir de semence finissaient souvent par avoir un tout autre emploi. Une partie était consommée directement, une autre vendue, et le cultivateur, au lieu de travailler, demeurait oisif. Quand les grains étaient réellement employés comme semence, le cultivateur se plaignait de les devoir restituer et de se voir ainsi dépouillé d'une grande partie de la récolte qui lui avait coûté tant de peine. Enfin les fonctionnaires chargés d'assurer cette restitution étaient exposés à commettre toute sorte de vols et de rapines.

Les réformes de Wang-nang-chi ne durèrent pas beaucoup et ses édits furent tous révoqués sous le règne de l'empereur qui succéda à celui sous lequel ils avaient été rendus. Ils furent ensuite rappelés en vigueur, mais pour peu de temps, au commencement du XIIe siècle. En réalité, le mouvement qui leur a donné naissance paraît avoir été, bien plus qu'un mouvement socialiste, une lutte entre les lettrés conservateurs et certains novateurs.

Au Pérou, nous trouvons un exemple bien caractérisé d'organisation socialiste, et cette organisation est alliée, comme d'habitude, à un assujettissement complet du peuple. Nous n'avons malheureusement pas beaucoup de détails authentiques sur l'état social de l'ancien Pérou et nous devons nous contenter de quelques notions transmises par les auteurs espagnols. M. Heinrich Cunow (1) estime qu'avant la domination des Incas les communautés de village possédaient en commun une *mark*. L'auteur nous semble s'être laissé entraîner par des idées préconçues sur la généralité du phénomène de la *mark* germanique. C'est à peine si nous savons à peu près ce qu'était l'organisation sociale du Pérou sous les Incas, à l'époque de la conquête espagnole, ce qui existait avant les Incas nous demeure inconnu. Suivant notre auteur, les Incas changèrent peu de chose à l'ancienne organisation. La communauté de village aurait alors compris à peu près 1 000 membres ; une partie de ses terres avait été confisquée par les Incas, le reste lui demeura.

Toute la population était divisée par décuries, avec un chef ou décurion pour chaque décurie, cinq décuries formaient une compagnie, et deux de celles-ci une centaine, qui avait un chef ; cinq détachements de 100 hommes avaient un chef, deux de ces détachements, soit 1 000 hommes, un autre, et ainsi de suite. Les chefs devaient dénoncer les fautes et les délits de leurs subordonnés ; s'ils y manquaient, ils étaient très sévèrement punis. La peine de mort était prodiguée pour les moindres délits. L'administration était extrêmement tracassière et, au fond, les habitants étaient traités comme des esclaves ou des animaux domestiques. L'oisiveté était punie de peines corporelles, les enfants devaient travailler dès l'âge de cinq ans, les aveugles et les boiteux n'en étaient pas dispensés. Les Indiens devaient

(1) *Die soziale Verfassung des Inkareichs*, 1896.

laisser leurs portes ouvertes, aux heures des repas, afin que certains officiers de justice nommés *blactacamayu* pussent visiter les cases et voir si tout se passait convenablement.

Les terres étaient divisées en trois parties ; la première était consacrée au soleil, c'est-à-dire à subvenir aux frais du culte, la seconde appartenait à l'Inca, c'est-à-dire fournissait aux dépenses du gouvernement, la troisième servait aux besoins du peuple. Les règlements de la *mark* n'étaient pas uniformes. Une partie du territoire de chaque communauté était divisée chaque année entre les familles de la communauté, l'autre partie demeurait indivise. Les chefs du village dirigeaient la culture des terres. Dans le nord du pays, le travail était fait par tous les membres du village, divisés par dizaines, chacune de celles-ci travaillant successivement les terres de ses membres, y compris ceux qui étaient employés aux corvées ou au service militaire. La moisson n'était pas partagée en parties égales, mais chacun recevait ce que sa terre avait produit. Personne ne pouvait transmettre sa parcelle de terre à un autre, la donner ou la prêter. On ne pouvait abandonner la *mark* sans le consentement du chef de la centaine. Certains travaux, tels que ceux d'irrigation, étaient faits collectivement par toute la communauté. Il fallait, en outre, cultiver les terres des chefs et celles qui servaient à pourvoir à la nourriture des vieillards et des veuves. Les revenus de ces *terres des pauvres* étaient distribués par le chef du village.

L'endroit où chaque famille avait sa maison et son jardin potager était propriété privée de cette famille. C'est une disposition que l'on trouve presque toujours associée à la propriété collective.

Il régnait au Pérou une grande inégalité de conditions.

« La distinction des rangs y était complètement établie. Un grand nombre de citoyens, sous le nom de *yanaconas*, étaient tenus dans l'état de servitude. Leurs habillements et leurs maisons étaient d'une forme différente des habillements et des maisons des hommes libres. Comme les *tamemes* du Mexique, ils étaient employés à porter des fardeaux et à tous les travaux pénibles. Au-dessus d'eux étaient les hommes libres qui n'étaient revêtus d'aucun office ou d'aucune dignité héréditaire. Ensuite venaient ceux que les Espagnols ont appelés *orejones*, à raison des ornements qu'ils portaient à leurs oreilles. Ceux-là formaient le corps des nobles et exerçaient tous les offices, en paix comme en guerre. A la tête de la nation étaient les enfants du soleil, qui, par leur naissance et leurs privilèges, étaient autant au-dessus des *orejones* que ceux-ci étaient au-dessus des autres citoyens (1). »

Le régime collectif n'est pas ennemi des impôts, au contraire, et les hommes, monarques ou politiciens, qui prennent à charge d'assurer le bonheur de leurs semblables n'oublient jamais que charité bien ordonnée commence par soi-même ; le système des impôts était donc fort développé au Pérou. Non seulement les Incas s'étaient approprié une partie des terres, mais encore ils les faisaient cultiver au moyen de corvées. Quand arrivaient l'époque des semailles et celle des moissons, toutes les personnes des communautés de village qui étaient capables de travailler devaient faire les travaux nécessaires sur les terres des Incas. Dans les régions montagneuses on élevait des bestiaux, principalement des lamas, et les Incas en prélevaient une partie. De la laine des lamas, les femmes devaient faire des tissus, en travaillant en commun. Cette industrie était donc organisée

(1) ROBERTSON, *Hist. d'Amér.*, liv. VII.

sous forme collective. Les étoffes les plus fines étaient portées à la capitale et servaient à l'habillement des Incas.

Les habitants devaient aussi fournir aux Incas des minéraux, des bois pour la teinture, des plumes, etc. ; ils devaient faire des corvées pour exploiter les mines, construire des routes, des canaux, et faire d'autres travaux publics. Avec des outils rudimentaires et à force de travail et de patience ils polissaient d'énormes pierres pour édifier les palais des Incas. Un certain nombre de tribus devaient fournir des jeunes filles, qui étaient destinées au service des Incas et des temples. En outre, on devait fournir des jeunes filles de 8 à 12 ans, choisies parmi les plus belles, pour servir le soleil et pour être les concubines des Incas et des chefs indigènes.

L'état de servitude dans lequel vivaient les Péruviens, s'il n'était pas la cause, était du moins en rapport avec leur manque absolu d'énergie et d'initiative individuelle. Les Mexicains, qui avaient des institutions féodales et qui connaissaient la propriété privée, opposèrent une résistance héroïque aux Espagnols et ne furent vaincus que grâce à l'usage des armes à feu, tandis que les Péruviens n'opposèrent qu'une résistance insignifiante et ne donnèrent guère que des preuves de lâcheté.

Les *Reducciones* des jésuites au Paraguay nous offrent un second exemple de gouvernement socialiste, semblable à celui de l'ancien Pérou. Les Indiens *Guaranis* étaient cruellement opprimés par les Espagnols et les Portuguais, qui les pourchassaient comme des bêtes fauves ; ils accoururent donc volontairement dans les asiles que les jésuites leur offrirent dans leurs établissements nommés *Reducciones*. Plus au nord, dans l'Uruguay, furent fondées d'autres *Reducciones* qui accueillirent les *Chiquitos*. Ces Indiens paraissent avoir été un peu moins apathiques que les *Guaranis*.

Les trente *Reducciones* des *Guaranis* furent fondées de 1609 à 1642; celles des *Chiquitos* eurent leur commencement en 1692; les unes et les autres subsistèrent jusqu'en 1767, époque de l'expulsion des jésuites. Ainsi un espace de 158 ans s'écoula depuis la fondation de la première des *Reducciones* jusqu'à leur destruction. Les jésuites n'eurent pas seulement à résoudre les difficultés de l'organisation intérieure; les *Reducciones* des *Guaranis* eurent à résister à la guerre acharnée que leur firent les *Mamelucos*, sortes de brigands issus du commerce des Européens avec les femmes indigènes du Brésil. Le gouvernement des jésuites triompha de toutes les difficultés et, à l'époque de leur expulsion, il y avait plus de 150 000 Indiens dans les *Reducciones* (1).

Chaque bourgade était administrée par un curé et son vicaire. Ces deux fonctionnaires avaient soin de s'entourer de tout le prestige qui est nécessaire pour en imposer aux peuples sauvages. Au-dessous du curé se trouvait un chef indien ou cacique. Les Indiens recevaient en général le nom de néophytes et étaient instruits dans la religion chrétienne, mais on avait soin de ne pas leur apprendre l'espagnol, pour les empêcher de communiquer avec les Européens. Un décret royal de 1743 pres-

(1) Dom Isoard, *La propr. et la commun. des biens*, I, p. 361-362 : « En 1855, deux savants, M. V. Martin de Moussy et M. Alfred Demersay, furent chargés par le gouvernement Argentin d'étudier, sur les lieux mêmes, les vastes provinces où se trouvait la communauté des Réductions... Après la description du territoire des missions, M. de Moussy poursuit : « C'est là que les jésuites donnèrent au monde l'exemple remarquable de milliers de sauvages, gouvernés par la simple autorité de quelques prêtres, sans gardes, sans soldats ; qu'ils amenèrent des êtres essentiellement paresseux et indolents à produire de véritables merveilles sous le rapport du travail. Le résultat obtenu était magnifique, cent mille âmes vivaient à l'aise, là où il n'y a plus aujourd'hui qu'un désert... »

crivit de leur apprendre cette langue ; mais il paraît qu'il ne fût guère appliqué. Pourtant il y avait des exceptions. Charlevoix parle d'un Indien qui lisait fort bien le latin et l'espagnol. Ils étaient soumis à une discipline minutieuse. Les heures du lever et du coucher étaient fixées ; le travail surveillé dans ses moindres détails, les adultes traités et punis comme des enfants, tous les actes de la vie, jusqu'aux soins de propagation de l'espèce, étaient soumis à des règles. Chaque famille avait sa maison et une parcelle de terre qu'elle cultivait (1) ; d'ailleurs la terre ne manquait pas et chacun en recevait autant qu'il en pouvait cultiver. Les jésuites fournissaient aux Indiens les semences et retiraient une quantité équivalente de grains à l'époque de la moisson. Sans cette précaution, les Indiens n'auraient pu cultiver leurs terres, car ils n'avaient pas assez de prévoyance pour conserver les grains de l'époque de la moisson à celle des semailles. Pour le même motif, « on était même contraint, dans les commencements, de ne pas laisser à leur discrétion les bœufs dont ils se servaient pour labourer, de peur que, par paresse, ils ne se donnassent point la peine de les dételer quand ils avaient fini, ou qu'ils les missent en pièce pour les manger, comme ils ont fait plus d'une fois, s'excusant, quand on les en reprenait, sur ce qu'ils avaient faim (2). » Un décret de Philippe V déplore « l'incapacité et l'indolente paresse de ces Indiens dans le ma-

(1) C'était non une propriété, mais un simple droit d'usage. GOTHEIN, *Der christlich-social Staat der Jesuiten in Paraguay*.

Selon Azara, les jésuites auraient eu l'intention « d'accoutumer petit à petit leurs Indiens à connaître la propriété particulière, en donnant à chacun d'eux des terres ou de petites fermes qu'ils cultiveraient à leur gré, pendant deux jours de la semaine, et pour en jouir en toute propriété. » (Citation de F. SAGOT, *Le comm. au Nouveau Monde*, Paris, 1900.)

(2) CHARLEVOIX, *Hist. du Paraguay*, II, p. 57.

niement de leurs biens. » Ce sont là d'ailleurs les traits distinctifs du caractère d'un grand nombre de sauvages. Robertson observe « qu'il y a en Amérique plusieurs peuples qui ont l'intelligence trop bornée pour être en état de faire aucune disposition pour l'avenir. Leur prévoyance et leurs soins ne s'étendent pas jusque-là. Ils suivent aveuglément l'impulsion du sentiment qu'ils éprouvent et ne s'embarrassent point des conséquences qui peuvent en résulter dans la suite, ni même de celles qui ne se présentent pas immédiatement à leur esprit. Ils mettent le plus grand prix à tout ce qui leur présente quelque utilité ou quelque jouissance actuelle, et ne font aucun cas de tout ce qui n'est pas l'objet du besoin ou du désir du moment. Lorsqu'à l'approche de la nuit un Caraïbe se sent disposé au sommeil, il n'y a aucune considération qui puisse le tenter de vendre son hamac; mais le matin, lorsqu'il se lève pour se livrer aux travaux ou aux plaisirs que le jour lui annonce, il donnera ce même hamac pour la bagatelle la plus inutile qui viendra flatter son imagination. » Et plus loin : « Ils commencent un travail sans ardeur, le continuent avec peu d'activité, et, comme les enfants, s'en laissent facilement distraire... L'ouvrage avance sous leurs mains avec tant de lenteur qu'un témoin oculaire (Gumilla) le compare aux progrès imperceptibles de la végétation. »

On voit d'après cela que les auteurs qui ont accusé les jésuites d'avoir abruti les Indiens avaient tort. Le caractère des Indiens des *Reducciones* n'avait pas été changé par les jésuites, il était demeuré ce qu'il était avant leur domination et tel qu'on peut encore l'observer de nos jours chez les Indiens du Pérou.

Les régimes théocratiques du Pérou et du Paraguay évitaient un des plus grands écueils des régimes socialistes : c'est-à-dire le choix des hommes. Dans l'un des cas et dans l'autre c'étaient des hommes d'une race supérieure qui s'étaient imposés à des hommes d'une race inférieure, et ceux-ci n'avaient pas dû tirer de leur propre sein leurs dirigeants. En toutes choses d'ailleurs ils n'avaient qu'à se laisser diriger. « On ne leur a reconnu aucune capacité pour rien inventer ; mais on s'est bientôt aperçu qu'ils avaient au suprême degré le talent d'imiter tout ce qu'ils voient (1). » Ils furent initiés par les pères jésuites aux arts industriels et y réussirent si bien que leur Etat était le seul pays industriel de l'Amérique du Sud (2).

Le 2 janvier 1767, le roi d'Espagne rendit un décret qui prononçait l'expulsion des jésuites, des trois provinces du Paraguay, du Rio de la Plata et du Tucuman, ainsi que la confiscation de leurs propriétés. Cette mesure eut pour conséquence la ruine des *reducciones*. Les malheureux Indiens furent pillés, dispersés, détruits, un grand nombre mourut de faim et de privations. A l'époque de l'expulsion, les sept bourgades brésiliennes contenaient 30 000 néophytes ; en 1801, il y en avait encore 14 000 ; en 1814, il n'y en avait plus que 6 400 ; et en 1821 on en trouve seulement 3 000.

Les jacobins du Paraguay, dignes émules des jacobins européens, volèrent aux pauvres Indiens les biens qui les faisaient vivre. « Il ne faut pas se le dissimuler, le Paraguay, aujourd'hui (en 1860), n'est qu'une immense communauté, une vaste Mission, dont M. Lopez et ses enfants sont les majordomes, à la différence que les sociétaires ne sont ni nourris, ni vêtus, et n'ont surtout aucune part du bénéfice général (3). » C'est là l'idéal

(1) Charlevoix, *Hist. de Paraguay*, II.

(2) E. Gothein, *Der christlich-sociale Staat der Jesuiten in Paraguay*, Leipzig, 1883.

(3) Martin de Moussy, *Description géographique et statistique de*

des jacobins. Sous la dictature de Francia (le prédécesseur de Lopez) les Indiens attachés à la glèbe devaient exploiter le domaine de l'Etat. Ce domaine provenait en grande partie des terres communes des Missions (1).

Tous les faits connus prouvent donc que le régime des Missions était favorable aux Indiens ; et il est difficile de contester les bienfaits de cette organisation, si l'on se place au point de vue du bonheur de ce peuple. Tout au plus, les gens qui croient que les espèces vivantes peuvent se modifier autrement que par l'élimination des éléments de qualité inférieure, auraient le droit de reprocher aux jésuites de n'avoir pas pris des mesures pour donner peu à peu à leurs néophytes les qualités nécessaires pour se passer de tutelle.

Mais il est un point de vue différent : celui du bien-être de la race humaine, bien-être obtenu par l'élimination des éléments de qualité inférieure. A ce point de vue, l'expulsion des jésuites et la destruction, qui en a été la

la confédération Argentine, III, p. 700. Les jésuites avaient été remplacés, dans les *Reducciones*, par des « administrateurs », qui, dit Azara, *Voy. dans l'Amér. Mérid.*, ne pensent qu'à tirer parti de leurs administrés et qui, par conséquent, ne nourrissent ni n'habillent les malheureux Indiens, qu'ils accablent de travail. Gothein, *loc. cit.*, abonde en ce sens. Demersay, *Hist. phys. écon. et polit. du Paraguay et des établissements des Jésuites*, I, observe que « la destruction de l'Ordre a donc laissé en Amérique un vide immense que les voyageurs sont unanimes à dénoncer. » D'Orbigny estime que « les Missions, pendant le gouvernement des religieux, étaient, sous le rapport artistique et industriel, au niveau et même au dessus des villes espagnoles du Nouveau-Monde ». Raynal, *Hist. philosoph. et polit... dans les Deux-Indes*, 1780, II, p. 289, observe que « lorsqu'en 1768, les missions du Paraguay sortirent des mains des jésuites, elles étaient arrivées à un point de civilisation le plus grand peut-être où l'on puisse conduire les nations nouvelles. »

(1) Rengger et Longchamps, *Essai hist. sur la révol. du Paraguay*.

conséquence, des *Reducciones*, peuvent avoir été utiles, car elles ont peut-être contribué à détruire une race inférieure pour la remplacer par une race supérieure, c'est-à-dire par des Européens (1).

Ces deux points de vue : celui du bien-être de l'individu, et celui du bien-être de l'espèce, se retrouvent dans toutes les questions de la science sociale et paraissent le plus souvent être séparés et irréductibles.

La disparition d'un système de tutelle a donc été fatale aux Indiens du Paraguay. On a observé beaucoup de phénomènes semblables. Un des plus profonds penseurs de notre temps, M. G. de Molinari, a fort bien décrit les maux qui étaient résultés, pour les classes populaires de l'Europe, de la disparition de la tutelle qui avait été exercée sur elles jusqu'à la fin du siècle dernier et au commencement de ce siècle. « Si les ouvriers avaient été prévoyants et économes, s'ils avaient limité leur reproduction, à l'exemple des classes supérieures, en ne mettant au monde que le nombre d'enfants qu'ils avaient les moyens de nourrir et d'élever avec leur propre gain, le prix du travail aurait pu se maintenir à un niveau moins destructeur de leurs forces et de leur santé. Mais les ouvriers n'étaient généralement, à l'époque de leur libération, ni prévoyants ni économes, et les conditions physiques et morales que leur faisait l'excès du travail et l'insuffisance du salaire n'étaient point propres à développer chez eux la capacité du gouvernement de soi-même... Le paupérisme apparaissait comme la conséquence inévitable de l'émancipation peut-être trop hâtive de la classe ouvrière (2). »

Il ne faut pas confondre des organisations communistes

(1) Dans le cas qui nous occupe, cela est loin d'être sûr. Il s'agit d'une simple possibilité plutôt que d'un fait réel.

(2) *Les Bourses du Travail*, p. 55-56.

permanentes telles que celle du *mir* russe, de la *dessa* Javanaise, de l'ancien Pérou, des *Reducciones* du Paraguay, avec les organisations essentiellement temporaires qui apparaissent souvent dans les moments de révolutions violentes. Les premières sont soumises à des conditions, nécessaires précisément pour en assurer la durée, conditions auxquelles échappent les secondes (1).

La Perse est un des pays qui ont été le plus souvent bouleversés par des révolutions ; plusieurs de celles-ci ont pris une forme religieuse et communiste à la fois. Sous les Sassanides, un réformateur nommé Mastek commença à déclarer la guerre à toute morale, à prêcher la liberté et l'égalité universelles, ainsi que la communauté des biens et des femmes. Il gagna bientôt les esclaves et les hommes des basses classes ; ses sectaires s'appelaient Mastekiyé. Son succès fut si éclatant que les grands de l'empire et jusqu'au roi Kabad même entrèrent dans la secte. Mais une forte réaction ne tarda pas à se manifester ; une contre-révolution dirigée par Nouschirwana, fils du roi, réussit par le fer et le feu à abattre cette secte, à laquelle la foi communiste servait de prétexte pour s'abandonner aux jouissances des sens et pour s'emparer des biens d'autrui. Mais, si on détruisit la communauté, on ne détruisit pas l'esprit qui l'avait inspirée, ni les causes qui en avaient favorisé le développement.

Deux siècles et demi après, Babek prêchait de nouveaux principes religieux, entremêlés d'emprunts faits à la secte des Ismaëliens, adonnés, d'après l'opinion unanime des auteurs contemporains, au culte des sens et au libertinage et pratiquant la communauté des femmes. Les

(1) La fin de ce chapitre et le chapitre suivant sont l'œuvre exclusive de M. V. Racca. Tout le reste de l'ouvrage est de M. V. Pareto. Les parts des deux collaborateurs sont ainsi distinctes.

mêmes sources nous affirment qu'une licence effrénée, le pillage, le meurtre, étaient acceptés par cette doctrine. Tout le rebut de la population se porta vers elle avec enthousiasme. Les sectaires de Babek se comptèrent rapidement par milliers, et le trône des califes faillit être renversé. Pendant vingt ans l'empire fut couvert de ruines et de cadavres. Enfin en 837, Babek fut pris et tué ; ses contemporains affirment qu'un million de ses adeptes mourut sous le glaive. La secte ne survécut pas à Babek ; mais l'esprit de ses doctrines se propagea longtemps encore en Perse.

Au commencement du xe siècle une nouvelle secte de fanatiques, celle dés Carmathes, se forma à la suite des prédications de Hamdan, nommé Carmath. Ses doctrines d'abord étaient purement religieuses ; mais bientôt Carmath acquit un tel ascendant sur ses sectateurs, qu'il entreprit d'établir parmi eux la communauté des biens et des femmes. Les fidèles pouvaient égorger les ennemis de leurs doctrines et piller leurs biens ; et ils savaient appliquer ces principes : pendant près d'un siècle ils ensanglantèrent et dévastèrent l'Arabie, la Syrie, l'Egypte, favorisés par l'impuissance des rois à porter remède à la dissolution profonde de l'empire, qui s'émiettait en plusieurs petits Etats. De cette manière la secte des Carmathes démontrait clairement que son drapeau religieux et communiste cachait un tout autre but : une révolution ; et sa fin fut celle de toutes les révolutions qui réussissent. Elle ne tarda pas à subir une évolution semblable à celle de l'Eglise chrétienne : ses chefs formèrent d'abord une papauté, puis une dynastie. Cette dynastie ne différait guère des autres ; les anciens compagnons furent, eux aussi, soumis au joug qu'elle imposa pendant très longtemps à l'Arabie.

Dans la seconde moitié du xie siècle Hassam-Ben-Sabah-

Homaïri fonda une nouvelle secte : celle des Ismaélites de l'est, ou *assassins*. Sa doctrine, dont le principe était : « tout est permis », et qui admettait la communauté des biens, se répandit rapidement dans toutes les classes de la société. Hassam, qui était appelé le Vieux ou le Grand Maître de la montagne, afin de consolider la secte, fonda à côté des compagnons et des apôtres une troisième classe d'individus : ceux qui se sacrifient, les Hascischim (assassins) ; ils formaient un corps organisé, fort bien armé, qui obéissait aveuglément aux ordres de Hassam. La secte était une confrérie, un Ordre religieux comme celui des chevaliers teutoniques, des chevaliers de Saint-Jean ou des Templiers. La règle fondamentale de la tactique de l'Ordre était de s'emparer des châteaux des environs pour maintenir plus facilement les peuples dans l'obéissance. Rapidement cette domination, qui d'abord avait un but religieux : imposer l'observance stricte de l'islamisme, devint une domination temporelle comme les autres, ou même pire que les autres. Dès les premiers temps toute l'histoire de l'Ordre se résume dans un nombre infini de meurtres et de rapines ; il s'était emparé des forteresses les plus redoutables et des régions plus prospères. De la sorte, riche et puissant, l'Ordre des Assassins qui, au commencement, avait conservé dans son sein une vie de sacrifice et d'abnégation, fut vite rongé par le ver de la dissolution ; l'impiété et la corruption des Assassins dépassaient toute limite ; tout lien de parenté ou d'amitié était rompu afin d'unir plus étroitement les adeptes par la fraternité du crime. Ils finirent par former une dynastie féroce, ayant le meurtre pour moyen, l'enrichissement pour but. Leur domination fut détruite en 1270, bien que l'Ordre ait donné encore çà et là des indices sanglants de sa vitalité. Dans ce siècle encore, des débris de l'Ordre des Assassins ont été trouvés en Perse et en Syrie ; mais les aspirations au communisme et au pouvoir temporel avaient disparu : restaient seules les croyances religieuses.

Dans les premières années du XVe siècle Jean Huss commença à prêcher en Bohême une nouvelle doctrine religieuse ; il affirmait que les propriétés ecclésiastiques, dont on avait fait un mauvais usage, devaient retourner aux laïques. « Quant aux dîmes, Huss soutenait que ce sont de pures aumônes ; il en concluait que les gens d'Eglise ne sont ni les maîtres, ni les propriétaires de ces biens, mais seulement les gardiens et les dispensateurs (1) ». Ces idées, il les avait puisées dans les écrits de Wiclef, qui préconisait un état évangélique, où tous les biens devaient être mis en commun, comme dans l'Eglise primitive. La noblesse, d'un côté, dans l'espoir de s'emparer des biens ecclésiastiques, le peuple, de l'autre, dans cet espoir et dans celui d'être dégrevé des dîmes, s'attachèrent facilement aux idées de Huss. L'accueil fut de plus en plus enthousiaste. « Plusieurs riches ecclésiastes se déclarèrent Hussites, et dans l'espoir de sauver leurs richesses, ils adoptèrent les doctrines qui leur en prescrivaient le bon emploi (2). »

Le mouvement prit tout de suite la forme d'une révolution sanglante ; le peuple opprimé par la noblesse et le clergé, et qui n'attendait que l'occasion de s'insurger, la trouva dans la prédication de Huss. Du reste, dans ses excès il ne faisait qu'imiter des exemples tout récents. « En 1389, il se fit un massacre presque général des Juifs à Prague, pour avoir insulté un prêtre qui portait l'hostie à un malade. On pilla leurs biens, on brûla leurs maisons et leur rue..... En 1393, Wenceslas (roi) chassa de la Bohême

(1) E. DE BONNECHOSE, *Jean Huss, Gerson*, etc., 3e éd., Paris. 1860, 1er vol., p. 154.

(2) E. DE BONNECHOSE, *op. cit.*, *ibid.*, p. 155.

tous les Chevaliers de l'Ordre Teutonique, et s'empara de leurs biens (1) ». Le peuple n'en fit pas davantage ; pendant de longues années la Bohême ne fut plus qu'un vaste incendie. Les ouvriers des villes, les paysans, ravis de voir se lever le jour de la vengeance, ne pensaient déjà plus à fonder une société communiste ; ils formèrent de redoutables armées qui pillaient et dévastaient couvents, bibliothèques, archives, et massacraient moines et prêtres. Mais bientôt les biens ecclésiastiques ne suffirent plus ; on commença à attaquer toute propriété particulière. Pendant de longues années terres et gens furent ruinés par cette guerre ; la Bohême, jadis si prospère, fut réduite dans un état misérable. Quand enfin la révolte fut domptée, les paysans furent assujettis à un servage oppressif ; parmi les plus cruels de leurs tyrans il y avait leurs prétendus libérateurs qui s'étaient promptement changés en maîtres.

Les doctrines hussites ne tardèrent pas à se propager en Allemagne. Des enthousiastes de bonne foi les accueillirent, mais les paresseux de toute espèce, les aventuriers habitués au vol et au brigandage en furent les apôtres les plus zélés parmi les classes pauvres des villes et des campagnes. La première insurrection de paysans éclata dans les environs de Worms, en 1431 ; le signe de ralliement était le gros soulier lacé (*schuh*) qu'ils portaient d'ordinaire. C'est de ce signe que tirèrent leur nom (*Bundschuh*) toutes les émeutes de paysans, qui, pendant très longtemps, éclatèrent çà et là.

Vers 1470, Hans Böhm commença à prêcher aux foules que le royaume de Dieu était proche, et que désormais il n'y aurait plus de différences de classe ; toute autorité

(1) J. Lenfant, *Histoire de la guerre des Hussites*, etc., Utrecht, 1731, 1er vol., p. 49 et 50.

allait être supprimée, tout impôt aboli ; les princes et les seigneurs seraient contraints à gagner leur vie à la sueur de leur front. Le peuple se leva en masse ; de tous les points de l'Allemagne des paysans, des ouvriers accouraient vers Böhm, qui, à un certain moment, eut plus de trente mille hommes à sa disposition. « La plupart (dit une chronique contemporaine) n'avaient pas de quoi manger ; mais ceux chez qui ils arrivaient, se chargeaient de les héberger ; entre eux ils se donnaient le nom de frères et de sœurs (1). » Un jour que Böhm voulait se mettre en marche avec ses fanatiques, les armes à la main, il fut pris et brûlé ; la communauté fut dispersée. Mais les paysans venus de loin propagèrent ses doctrines, lorsqu'ils furent rentrés dans leurs contrées, et surtout en Souabe et en Süisse. Plusieurs émeutes éclatèrent dans les dernières années du XVe et dans les premières du XVIe siècle, sans jamais réussir à instaurer un régime communiste, mais aboutissant toujours au pillage et au meurtre. En 1524, la révolution s'étendait sur toute l'Allemagne. « La *Guerre des Paysans*, c'est le nom que l'histoire a donné à ces troubles, n'avait aucun rapport avec la publication et la propagation de la Doctrine de Luther ; cette Doctrine n'était que le prétexte dont se servaient les paysans pour justifier leurs excès..... Déjà longtemps avant Luther on avait de ces scènes, où les sujets révoltés faisaient la guerre à leurs souverains, et le vrai but que les paysans se proposaient était de s'affranchir de charges et de vexations et de mettre des bornes au pouvoir tyrannique de la noblesse. Les fréquentes corvées, les tributs et d'autres charges qu'on leur imposait plus que dans les

(1) Cité par JANSSEN, *L'Allemagne et la Réforme*, trad. fr., 2e vol., p. 425.

temps passés, et surtout les dîmes que l'on levait sous prétexte des guerres contre les Turcs et les Sarrazins, tout cela était pour eux des fardeaux insupportables, parce qu'ayant lieu de s'attendre à un traitement plus modéré de la part du clergé que de leurs seigneurs séculiers, ils en étaient beaucoup plus vexés ; et c'était là précisément ce qui les faisait murmurer (1) ». Mais, en outre, cette révolution renfermait les éléments les plus disparates, et formulait les prétentions les plus variées. « Un grand nombre d'insurgés, écrit un contemporain, se bornaient à revendiquer le droit communal, le rétablissement de leur antique système judiciaire, la remise en vigueur de leurs anciens usages, l'allègement des charges et des corvées ; d'autres refusaient nettement toute servitude et entendaient commander à leur tour... Mais la grande majorité des révoltés voulait, avant tout, partager avec les riches, argent, propriétés, privilèges, champs, forêts et pâturages (2) ». Eberlin de Günzbourg résumait ainsi le but de la révolte : « La richesse pour les pauvres, la domination pour les sujets, l'égalité pour tous (3). » Les nobles qui espéraient augmenter leur puissance, le bas clergé qui voulait augmenter ses revenus, les bourgeois qui craignaient de perdre leurs richesses, s'ils se mettaient contre la populace, prirent part eux aussi au mouvement. Celui-ci d'abord prit presque partout une allure fort modérée. Les paysans présentèrent aux vassaux les « Douze équitables articles », rédigés dans la Haute Souabe, où ils demandaient des réformes justes et raisonnables. Ils demandaient que l'élection et le renvoi du pasteur fussent faits par les parois-

(1) De Sekendorf, *Hist. de la Réformation*, abrégée et trad. en français par J. J. P., Basle, 1784-5, tome Ier, p. 358-9.
(2) Cité par Janssen, *op. cit.*, 2e vol., p. 459.
(3) *Ibid.*, p. 459.

siens; que les dîmes fussent diminuées, les secours aux misérables mieux réglés, la main-morte abolie; que les droits des seigneurs sur la chasse, la pêche, l'exploitation des forêts fussent diminués, ainsi que l'impôt foncier, les rentes, etc. ; que les peines fussent plus équitables et moins sévères ; enfin que les biens usurpés par les seigneurs fussent rendus aux communautés, et que le droit de succession du seigneur sur une partie des biens du main-mortable défunt fût aboli. Le douzième article disait que les articles précédents pouvaient être modifiés, si on les avait reconnus contraires à la théorie évangélique. Comme on voit, pas un mot de communisme, pas de menaces ; ce que les paysans veulent surtout, ce qu'ils demanderont encore longtemps, opiniâtrement, c'est l'amélioration de leur sort misérable (1). C'est la même cause qui, auparavant, avait poussé les paysans du nord de l'Italie à demander des réformes à leurs seigneurs, et en ce pays, les nobles étant plus faibles, les paysans obtinrent ce qu'ils voulaient, sans qu'il y eût des révolutions avec des aspirations communistes ou des prétextes religieux. En Allemagne, au contraire, les seigneurs, plus forts, refusèrent d'accepter les « Douze articles », ce qui poussa les paysans à la révolte, et ce qui fit que les aspirations communistes prirent rapidement le dessus. L'émeute était sauvage ; on brûlait, on détruisait châteaux et couvents, on volait tout ce qui pouvait être transporté, on tuait tous ceux qui s'opposaient à ces crimes. Les armées des seigneurs étaient impuissantes à arrêter les bandes des insurgés dans leur marche de destruction. Les habitants des campagnes où elles passaient pacti-

(1) Encore en 1508, par exemple, c'est-à-dire en pleine révolte, « les Païsans de Gruningen (Suisse) s'opiniâtraient à être déchargés des dîmes et autres impôts ». (LATRON, (?) *Histoire des Anabaptistes*, Amsterdam, 1699, p. 36).

saient avec elles, formaient des « fraternités évangéliques » ou « chrétiennes », espèce de sociétés communistes où les biens d'autrui étaient mis en commun. On lit dans le récit d'un contemporain : « Les paysans étaient en pleine liesse, heureux de faire les maîtres et se complaisant dans leurs excès. Ils se croyaient devenus nobles et ne voulaient plus porter de blouse ni de culotte de coutil. Ils s'habillaient de blanc, se faisaient tailler des culottes et des habits à la mode, garnis de bleu, et portaient de grands chapeaux ornés de plumes. Ils pensaient ainsi s'anoblir et se rendre plus imposants (1) ». Au fur et à mesure que l'armée des révoltés avançait, les basses classes des villes arrachaient le pouvoir des mains des « honorables » et envoyaient aux paysans des secours, produit du pillage des biens des nobles, du clergé, des bourgeois enrichis. De la sorte plusieurs villes et beaucoup de châteaux étaient tombés dans les mains des insurgés ; partout on fondait de nouvelles « fraternités ». Les armées des princes les combattaient avec succès, car ces bandes n'avaient ni ordre, ni tactique, ni armes suffisantes ; mais parfois les mercenaires refusaient de les combattre et s'alliaient aux rebelles, qui obtenaient de nouvelles victoires. Mais, au printemps de 1525, les princes s'étant alliés entre eux, le cours des événements changea brusquement. Plusieurs bandes d'insurgés furent mises en pleine déroute. A Schweinfurt, on voulait établir solidement les bases du pouvoir nouveau, mais on n'y réussit pas à cause de l'arrivée de l'armée des alliés. Les nobles, qui étaient à la tête des révoltés, les abandonnèrent promptement. Ceux-ci sans guide, sans ordre, sans munitions, furent traqués comme un troupeau de sangliers, quand ils ne préféraient pas se rendre à

(1) Cité par Janssen, *op. cit.*, 2e vol., p. 506.

grâce et merci. La répression fut terrible ; les nobles, pour prendre leur revanche des défaites qu'ils avaient subies, rendirent les conditions des paysans plus dures qu'elles ne l'avaient jamais été.

Le mouvement révolutionnaire qui eut lieu, en Allemagne, au moment même de la Guerre des Paysans, celui des Anabaptistes, eut des causes et une marche semblables. « Une fermentation politique, bien différente de celle que l'Evangile opère (la Réformation) travaillait depuis longtemps l'Empire. Accablé sous l'oppression civile et ecclésiastique, attaché en plusieurs pays aux terres seigneuriales et vendu avec elles, le peuple menaçait de se soulever avec fureur et de briser enfin ses chaînes. Cette agitation s'était manifestée bien avant la Réforme par plusieurs symptômes (1), et déjà alors l'élément religieux s'était uni à l'élément politique ; il était impossible au XVIe siècle de séparer ces deux principes (2). » « Ce ne fut pas le mouvement religieux qui enfanta l'agitation politique ; mais en plusieurs lieux il se laissa entraîner par ses flots tumultueux (3). » Le mouvement commença en 1522 par le refus de payer les dîmes (4). Les lois, les contrats, la coutume, l'Eglise contraignaient les paysans à les payer, tandis que leur misère et l'esprit de liberté qui était alors comme dans l'air, les poussaient à refuser de payer ce lourd impôt. Ce fut en suivant le mouvement de retour à l'application intégrale de la Bible, que les

(1) Fin du siècle précédent : révolte en Hollande ;
1503 : Bundschu, dans les environs de Spire ;
1513 : Bundschu, dans les environs de Brisgau ;
1514 : Ligue du pauvre Conrad dans le Wurtemberg ;
1515 : Révolte des paysans en Corinthie et en Hongrie.

(2) J. H. Merle d'Aubigné, *Hist. de la Réformation du XVIe siècle*, Paris, 1835-47, 3e vol., p. 258.

(3) *Ibid.*, p. 260.

(4) Henrici Orth, *Historia Anabaptistica*, Basilicæ, p. 10.

paysans s'aperçurent que dans la Bible même il n'était pas question de dîme. Dès lors la Bible fut la base de leurs revendications. En même temps commença la prédication de Th. Münzer, le fondateur de la secte des Anabaptistes. Le principe fondamental de sa doctrine était qu'il fallait établir la société sur les bases sur lesquelles était organisée l'Eglise primitive : tous devaient être égaux ; tous les biens, communs. Les prosélytes de Münzer furent vite innombrables ; mais il ne s'agissait que de « gens pour la plupart ignorants et de la lie du peuple » (1). Entraîné par la prédication de Münzer et de ses disciples le peuple se souleva. « Tous ceux qui entrèrent dans la révolte n'étaient pas portés d'un même motif, ni n'avaient pas les mêmes sentiments. Les uns étaient véritablement Anabaptistes, et ne se proposaient d'autre fin que le nouveau royaume de Jésus-Christ, que Münzer leur promettait. Les autres étaient des Libertins sans religion, qui ne voulaient ni lois ni magistrats qu'afin de pouvoir vivre impunément dans toutes sortes de débauches et de dissolutions, et d'autres enfin ne demandaient qu'à être déchargés de toutes charges, de tous impôts, sans prétendre que le magistrat fût aboli. Mais tous en général prenaient pour prétexte la liberté de l'Evangile (1) ». Quand la révolte éclata, le peuple, dans les villes et dans les campagnes, chassa les classes qui détenaient le pouvoir, et s'en empara afin d'établir l'Evangile. On fonda des « fraternités », ou communautés, où on s'efforçait de suivre le régime de vie des premiers chrétiens. Mais souvent ils se livraient au crime ; la bonté de Dieu, disaient-ils, excusait aussi le péché. « Au Tyrol (dit une chronique) en peu de semaines un

(1) ANONYME (PÈRE CATROU ?), *Histoire des Anabaptistes*, Amsterdam, 1699, p. 2.
(2) *Ibid.*, p. 19-20.

nombre considérable d'hommes et de femmes ont vendu leurs biens, leurs attelages pour en faire de l'argent, et être admis avec femme et enfants dans la société nouvelle (1). » Le nombre de ceux qui faisaient de même augmentait toujours plus, dans toutes les parties de l'Allemagne ; çà et là des émeutes éclataient, indépendamment de la prédication des apôtres de l'Anabaptisme. Mulhausen était le principal foyer de la révolte en Thuringe ; les Anabaptistes s'étant emparés du pouvoir de la ville, dont ils devinrent les maîtres absolus, tout fut mis en commun. Münzer fit amasser tous les biens enlevés à leurs anciens possesseurs, et en devint le dispensateur suprême. Le peuple ne se plaignait point de ce régime ; les ouvriers cessèrent leurs travaux et s'adonnèrent à l'oisiveté, se formant l'illusion que le fonds commun était inépuisable. A la même époque des apôtres semaient la révolte dans les environs ; des bandes d'Anabaptistes armés saccageaient les cloîtres et les châteaux, forçaient les riches et les dissidents à se joindre à eux ; celui qui s'y refusait passait par les piques. Le produit de ces pillages allait en grande partie grossir le fonds commun de Mulhausen. La révolte se propageait avec une grande rapidité. A Erfurt, la populace, s'étant emparée du pouvoir, fit une alliance fraternelle avec les paysans des environs, et saccagea toutes les propriétés publiques et privées. Elle passait son temps plongée dans l'orgie. Une complète anarchie régnait dans la ville. Mais, sur ces entrefaites, les princes, s'étant alliés, se dirigèrent vers Frankenhausen, où étaient arrivées les hordes conduites par Münzer, et, dans une grande bataille, tuèrent 6 000 paysans. Les chefs, Münzer y compris, furent décapités. En peu de temps la révolte fut domptée et l'ancien

(1) Cité par JANSSEN, *op. cit.*, 2e vol., p. 410.

régime fut rétabli. Mais l'insurrection n'était qu'étouffée; elle devait éclater bientôt après ; l'Anabaptisme n'était point mort. La plupart de ses nouveaux prosélytes rompaient le pain ensemble en signe d'union et de charité, s'aidaient fidèlement les uns les autres par des prêts sur gage, des cautions ou des dons, enseignaient la communauté des biens et vivaient en frères. Mais plusieurs d'entre eux n'aspiraient qu'à tirer le plus grand parti possible de la prochaine révolution, ou commettaient des crimes et adoptaient la communauté des femmes. Les communautés des Anabaptistes étaient reliées entre elles, et étaient nombreuses en Suisse, en Allemagne, en Autriche. Les ouvriers ne voulaient plus travailler et attendaient leur nécessaire du superflu des autres ; la morale était rarement tombée si bas. Le royaume de Dieu allait être établi dans deux ans ; une révolte générale devait frayer le chemin à cet avènement, pour lequel les Turcs mêmes seraient venus combattre. En 1528 la persécution des Anabaptistes recommença partout avec beaucoup de rigueur. Alors plusieurs d'entre eux se répandirent dans les Pays-Bas, sur les bords du Rhin, dans la Silésie, la Bohême et la Pologne, en dissimulant leurs idées, en se réunissant dans des conventicules secrets, d'où ils faisaient une grande propagande. C'est des plus pacifiques de ces conventicules que tirèrent leur origine les communautés de la Moravie. Mais en Allemagne, en dépit de toutes les persécutions, l'Anabaptisme augmentait chaque jour sa force ; Strasbourg en était devenu le foyer ; c'était Strasbourg que Dieu avait choisi pour en faire la nouvelle Jérusalem. Mais Strasbourg ne put pas avoir cet honneur ; ce fut Munster qui l'eut à sa place. Dans cette ville le parti de la révolution était composé de gens qui avaient dissipé leur fortune, de paresseux et d'oisifs depuis l'enfance ; ils n'avaient qu'une aspiration :

le pillage. En 1532, Kuipperdolling et Kippenbroick, les deux chefs les plus importants, furent élus bourgmestres. Dès lors Munster appartint aux Anabaptistes ; une grande partie de la population se sauva, tandis qu'une foule de compagnons y accourut de tout côté. « Venez, avaient écrit les « convertis » à leurs parents et à leurs amis éloignés, car ici tous vos désirs seront satisfaits. Les plus pauvres d'entre nous vont maintenant aussi richement vêtus que les plus hauts et les plus puissants personnages (1). » Dès le lendemain de l'élection des bourgmestres, les pillages, les destructions, les incendies commencèrent. Des discussions tumultueuses eurent lieu entre les chefs à propos de ces exploits. On ne dépouillait pas seulement les églises, on les détruisait et on voulait en abolir le nom ; de même on supprima les divisions de l'année, le dimanche, les jours de fête, etc., tout cela pour anéantir même le souvenir du passé. Celui qui ne voulait pas être Anabaptiste devait s'expatrier ; ses biens étaient confisqués. De la sorte, à Munster, on n'eut que des « frères » ; cependant la division et l'anarchie continuaient de régner dans tous les actes des rebelles. Jean Mathys (un des chefs) concentra en lui seul toute autorité, avec le consentement du peuple, qui espérait, peut-être, que de cette manière le gouvernement aurait été plus paisible et plus régulier. Tous les biens furent mis en commun sous la direction des magistrats, dont le pouvoir était absolu et illimité ; pour la moindre faute, ils condamnaient à la peine de mort. Des cuisines très vastes distribuaient tous les jours à chaque famille les subsistances nécessaires. Jean Mathys étant mort dans une sortie contre les troupes de l'archevêque, qui étaient venues assiéger Munster,

(1) JANSSEN, *op. cit.*, 3e vol., p. 335.

Jean de Leyde lui succéda et le surpassa. Il fit abolir la constitution et donner tous les pouvoirs à 12 juges, qui n'étaient que ses porte-voix. Il établit la pluralité des femmes, ce qui souleva des oppositions très graves; lui et les chefs avaient de vrais harems; la faculté du divorce se combinant avec la polygamie, Munster devint le théâtre d'une complète promiscuité. Quelques-uns des plus modérés, voulant s'opposer à ces agissements les armes à la mains, furent décapités; le même sort frappa tous ceux qui, d'une manière quelconque, s'opposaient aux décisions ou aux actes de la majorité. Ces méthodes eurent une répercussion sur la moralité privée; souvent entre particuliers la moindre faute était punie par la mort du coupable. Enfin Jean de Leyde parvint à réunir dans ses mains toute l'autorité spirituelle et temporelle. Il commença par composer sa cour, et les plus fougueux parmi les partisans de l'égalité devinrent les plus lâches quémandeurs de titres pompeux et d'honneurs. Tous les biens de la communauté furent considérés comme étant la propriété du prince, qui déploya la plus grande magnificence; pour y pourvoir, il se fit apporter toutes les pierreries et métaux précieux qui se trouvaient dans la ville, ainsi que les provisions de bouche. D'un autre côté, il proscrivit à tous les citoyens la plus grande simplicité de vie. On espérait, avec l'aide des « frères » du dehors, soumettre tout le monde à la domination de Munster, la nouvelle Sion. Les Anabaptistes, en effet, étaient très puissants dans les pays environnants; mais l'appel à la révolution n'eut pas l'accueil qu'on espérait à Munster, à cause de la prompte répression qui suivit les tentatives de révolution. Sur ces entrefaites, à Munster, la famine ne tarda pas à décimer les assiégés, pendant que le roi et sa cour ne manquaient de rien. Une révolte allait éclater;

Jean de Leyde, pour la prévenir, inaugura le régime de la terreur ; toute personne qui se plaignait était exécutée. Enfin, en juin 1534, l'évêque réussit à s'emparer de Munster par surprise ; le roi et les autres chefs furent tués ; le reste des Anabaptistes furent punis très gravement.

Cet essai de société communiste ne pouvait pas avoir un insuccès plus complet ; cela n'empêcha pas qu'en 1567 on essaya encore une fois de fonder un nouveau royaume anabaptiste dans les Pays-Bas. Le cordonnier Jean de Wilhelmsen, depuis plusieurs années, terrorisait toute la contrée, se livrant avec ses sujets au meurtre et au pillage. Mais quand cet aventurier voulut devenir un nouveau roi anabaptiste et fonder une société avec la communauté des biens, ce mouvement fut vite réprimé et son programme ne put avoir aucune application.

On sait qu'après que Campanella eut publié sa *Cité du Soleil*, une révolution éclata dans le royaume de Naples. La conjuration de Calabre avait pour but immédiat de réaliser l'utopie de Campanella(1). Cette conjuration était très sérieuse : des moines, des chevaliers, des bandits, les Turcs mêmes y prenaient part ; elle avait un chef intellectuel, Thomas Campanella, et un chef pour l'action, Maurice de Rinaldi ; au jour fixé, trois ou quatre cents hommes armés devaient s'emparer d'abord de Catanzaro, pour occuper ensuite tout le royaume avec la faveur du peuple, et établir le régime de la *Cité du Soleil.* Mais la conjuration fut découverte ; les Turcs, qui n'avaient pas été avertis, vinrent avec trente galères atterrir à Stilo. Les principaux parmi les conjurés furent tués ; Campanella fut mis en prison, où il resta

(1) B. CROCE, *Il comunismo di Tommaso Campanella*, dans le volume *Mater. stor. ed. econ. marxista*, p. 248 ; trad. franç., p. 284.

vingt-neuf ans. Ces rebelles, de toutes les classes sociales, n'avaient fait que suivre Campanella, entraînés par ses théories de renouvellement social et par son autorité (1); mais dans toutes les dépositions des procès, qui ont suivi la découverte de la conjuration, on ne saurait constater l'existence d'un parti communiste, indépendamment et en dehors de l'utopie de Campanella.

Le *chartisme*, en Angleterre, n'est qu'un épisode du grand mouvement démocratique qui, de 1830 à 1848, envahit toute l'Europe occidentale. Si on l'étudie isolément, en chaque pays où il s'est produit, on peut lui assigner des causes différentes en ces différents pays; mais quand on le considère dans son ensemble, il est impossible d'admettre que des effets aussi généraux n'aient pas eu quelques causes qui fussent aussi générales. Or, une de ces causes nous est connue, nous la trouvons dans la transformation économique qui s'accomplissait dans l'Europe occidentale, où commençait l'ère de la grande industrie. A une nouvelle constitution économique de la société devait correspondre une nouvelle forme de gouvernement, et c'est ainsi que s'explique, dans ses parties principales, le phénomène de l'avènement du régime constitutionnel dans les grands Etats du continent européen et la transformation de ce régime qui, d'oligarchique, devint de plus en plus démocratique en Angleterre, tandis que des changements analogues s'accomplissaient aussi en Suisse. On comprend que parmi les contemporains de ce mouvement soit née la théorie du « matérialisme historique », car les transformations politiques qui eurent lieu en Europe au XIXe siècle sont réellement, du moins en partie, des effets grandioses de causes purement économiques.

(1) B. Croce, *op. cit.*, p. 249; trad. franç., p. 284.

Pourtant d'autres causes ne sont pas négligeables. Il est difficile d'attribuer à des causes économiques les mouvements révolutionnaires du midi et du centre de l'Italie, en 1848, ou ceux de la Hongrie vers la même époque. L'idée de nationalité y joue un rôle prépondérant. Au centre de l'Europe, elle se combine avec des motifs économiques, pour amener la constitution du puissant empire d'Allemagne.

En Angleterre, le mouvement fut principalement démocratique. Il est remarquable que l'industrie textile, qui est celle où se manifestent pour la première fois les caractères de la grande industrie moderne, est aussi celle où commencent à s'établir de puissantes associations ouvrières (1). Les ouvriers fileurs de coton fondaient une Union nationale, et Doherty, secrétaire des fileurs de coton de Manchester, caressait le vaste projet de fonder une Union de tous les salariés anglais. Owen se proposait aussi « de former des organisations nationales comprenant toutes les classes ouvrières dans une grande association, de mettre chaque département en rapport avec ce qui se fait dans un autre département ; de faire cesser la concurrence individuelle ; d'organiser toutes les manufactures en compagnies nationales » (*loc. cit.*, p. 135). De 1830 à 1834, des mouvements révolutionnaires eurent lieu et la lutte fut vive entre les manufacturiers et leurs ouvriers. Les premiers finirent par avoir le dessus, mais ce fut pour peu de temps. Les Unions se reconstituèrent, et cette fois avec un but exclusivement économique ; elles profitèrent des leçons de l'expérience et surent gagner lentement mais sûrement du terrain, jusqu'à arriver au degré de puissance formidable qu'elles ont acquis maintenant.

(1) SYDNEY et BEATRICE WEBB, *Hist. du Trade-Unionisme*, trad. franç., p. 117.

Lorsque de 1837 à 1842 se produisit le mouvement *chartiste*, les Trade-Unions s'en tinrent éloignées, au moins officiellement (1). Ce mouvement était principalement radical et démocratique. Les six points de la pétition présentée au Parlement en 1838 et nommée *charte du peuple* étaient : le suffrage universel, le scrutin secret, l'indemnité aux députés, l'abolition du cens d'éligibilité, le Parlement annuel, la division du pays en circonscriptions pour répartir également les mandats électoraux. Les ouvriers appuyaient individuellement ces demandes et prenaient part à l'agitation *chartiste*. On voit dès cette époque apparaître l'idée d'une grève générale pour résoudre les questions sociales, idée qui a été reprise de nos jours. En 1834 on avait proposé la grève générale pour obtenir la journée de huit heures ; en 1840, les chartistes la recommandèrent aux ouvriers, qui auraient dû tous s'abstenir de travailler jusqu'à ce que la *charte* eût été admise. On fit un essai de cette grève, mais elle n'obtint aucun succès.

Le *chartisme* disparut peu à peu ; les violents, de moins en moins écoutés, virent leurs adhérents se disperser, tandis que les moyens pacifiques obtenaient de plus en plus de crédit.

Un mouvement en partie semblable à l'agitation *chartiste* est celui qui eut lieu en Allemagne de 1836 à 1852. Il s'y combina avec celui de la *Ligue des communistes*, d'où sortirent plusieurs des membres les plus actifs de l'*Internationale* (2), et qui, par là, étendit son influence

(1) Webb, *loc. cit.*, p. 180 «... il n'y a aucune raison de croire que les Trade-Unions à aucun moment aient pris part au mouvement chartiste, comme elles l'avaient fait en 1833-1834 à l'agitation owenite... »

(2) Engels, *Einleitung zur Geschichte des Bundes der Kommunisten :* « Le mouvement international des travailleurs, qui s'observe ac-

jusqu'à la *Commune* de Paris. Celle-ci est le dernier mouvement socialiste-révolutionnaire un peu important qui a eu lieu en Europe. Son insuccès paraît avoir eu pour effet de rejeter vers les voies pacifiques les socialistes les plus intelligents. C'est maintenant par le bulletin de vote qu'ils entendent marcher à la conquête du pouvoir, et s'ils agitent encore parfois l'épouvantail de la révolution, c'est principalement pour ne pas trop mécontenter les impulsifs et les violents parmi leurs partisans.

tuellement, est au fond un prolongement du mouvement allemand. Celui-ci fut le premier mouvement ouvrier international et il forma plusieurs des dirigeants de l'*Association internationale des travailleurs*. Les principes théoriques de la *Ligue des communistes* sont les mêmes que ceux qui sont inscrits dans le *Manifeste des communistes* de 1847, et qui constituent aujourd'hui le trait d'union le plus fort du mouvement prolétaire de l'Europe et de l'Amérique. »

CHAPITRE V

LES SYSTÈMES RELIGIEUX

Communautés religieuses. — Généralité du phénomène. — Dégénérescence rapide. — Les Pythagoriciens. — Les philosophes grecs et romains. — Les ordres monastiques bouddhistes. — La domination théocratique bouddhiste dans le Thibet. — Les ordres monastiques catholiques. — Les Cathares. — Les Patarins. Les Ordres mendiants. — L'Inquisition. — Tous ces organismes, au point de vue économique, sont des parasites. — Ordres monastiques adonnés à la production. — Leur infériorité économique, si on les compare à des entreprises libres. — Les communautés socialistes religieuses aux Etats-Unis. — Le christianisme social contemporain. — Il a subi l'influence des grands courants sociaux. — Les chrétiens se mettent ainsi du côté du pouvoir. — Portée du mouvement. — Il tend surtout à retourner au passé. — Ses résultats parmi les ouvriers et les petits propriétaires. — Sa nouvelle tactique.

De tout temps et chez les peuples les plus divers on a vu se former de petites sociétés dans la société elle-même, des sectes, des confréries. Un sentiment religieux — ce terme étant pris dans son acception la plus large — est généralement le ciment de ces associations, bien qu'on puisse citer de nombreux exemples où l'intérêt et même la recherche du plaisir sont seuls en jeu.

Sous l'empire d'un sentiment religieux intense, ces confréries peuvent dévier notablement du type moyen de la société dont elles font partie. La déviation a lieu généralement dans le sens de l'exaltation de certaines vertus passives : le renoncement à soi-même, le mépris des plaisirs du monde et, par conséquent, des richesses, le sacrifice complet de l'individu à la communauté et, parfois, à la société entière.

Nous avons ainsi des exemples de la possibilité de réaliser un idéal altruiste, sur lequel reposent plusieurs systèmes socialistes. On ne saurait objecter que les sentiments égoïstes ne peuvent faire place à des sentiments altruistes, puisqu'en tous temps et en tous lieux nous avons des exemples du contraire. Seulement, il faut ajouter que ce n'est jamais qu'une élite extrêmement restreinte qui présente ce caractère d'exaltation des sentiments altruistes. Quand la communauté doit comprendre non plus une élite mais la masse, elle est obligée de changer son organisation. La communauté chrétienne primitive disparut, en tant que société communiste, lorsque le nombre des fidèles augmenta démesurément. Seulement une petite élite continua plus tard le même régime de vie en fondant les cloîtres. On rencontre la même évolution dans le bouddhisme. De plus, cette élite dégénère très rapidement et revient au type moyen dont elle s'était écartée (1). Enfin un phénomène curieux se produit ; des sentiments altruistes très développés se trouvent coexister avec des dissensions intestines dans la communauté et des rivalités parfois fort violentes (2). Ainsi les faits historiques que

(1) Sur le retour, en général, au type moyen, voir les œuvres de Galton.

(2) Ambroise, général de l'Ordre de Camaldoli (cité par Bayle), en 1431-32, constate qu'en Italie, dans certains couvents d'hommes, « l'on s'était battu à coups d'épées et de bâtons ». Entre les différents couvents d'une même religion, les rivalités sont parfois encore plus violentes. Les guerres civiles des Templiers contre les chevaliers de Saint-Jean sont bien connues.

nous connaissons sur ce sujet, bien loin de prouver la possibilité d'un changement radical dans les sentiments du plus grand nombre des hommes, démontrent la force extraordinaire de persistance du type moyen.

Une des plus anciennes confréries de l'antiquité classique est celle des Pythagoriciens. Elle avait un caractère religieux et politique (1) et paraît avoir soulevé de vives antipathies. Elle ne tarda pas d'ailleurs à dégénérer. Les Orphiques recueillirent les restes des Pythagoriciens ; Platon en parle sévèrement (2). L'influence de l'Orient dota la Grèce et le monde romain de plusieurs confréries religieuses, telles que celles des Métragyrtes,

Fa-Hien nous dit qu'au IVe siècle, à Ceylan, les différents couvents bouddhistes se déchiraient entre eux et étaient divisés en deux partis ; suivant que l'un ou l'autre de ces partis réussissait à avoir l'appui du gouvernement, il faisait détruire les couvents de l'autre, et en persécutait les moines. (BARTHÉLEMY SAINT-HILAIRE, *Le Bouddha*, Paris, 1860, p. 352.)

(1) C'est l'opinion de ZELLER, *La philos. des Grecs*, I, p. 321, de la trad. fr. : « L'élément primitif du pythagorisme semble avoir été... celui qui est le plus fortement mis en relief dans les récits les plus anciens sur Pythagore et qui apparaît dans les antiques orgies pythagoriciennes..., je veux dire l'élément moral et religieux », p. 311-312 : « Les Pythagoriciens de rang supérieur, selon des indications récentes, vivaient dans l'absolue communauté des biens. Ils avaient un règlement de vie minutieux... On dit même qu'ils étaient astreints au célibat. Les témoignages les plus anciens, et qui méritent plus de confiance, ignorent la communauté des biens, quoiqu'ils vantent beaucoup la fidélité des Pythagoriciens envers leurs frères et leurs amis... » Et p. 314 : « Le célibat des Pythagoriciens est inconnu même d'écrivains relativement récents. » GROTE, *Hist. de la Gr.*, trad. fr., VI, p. 263-264, dit, en parlant de l'ordre des Pythagoriciens : « Il semble... que le général de l'ordre possédait ce talent de tirer parti des individus qui, il y a deux siècles, était si remarquable dans les Jésuites, avec lesquels, à divers égards, les Pythagoriciens ont une très grande ressemblance. »

(2) *Civit.*, II, p. 364.

des Sabatiens, des Corybantes et d'autres semblables (1). La confrérie des prêtres de Cybèle présente des ressemblances frappantes avec les Ordres mendiants et les Flagellants au Moyen Age (2).

Les folies religieuses de ce temps n'étaient pas nouvelles, seulement elles s'étendaient à toute la population, tandis qu'en Grèce et à Rome elles étaient demeurées confinées dans les basses classes et parmi les gens superstitieux. *L'Ane* de Lucien, les *Métamorphoses* d'Apulée, nous dépeignent les mœurs des prêtres de la déesse de Syrie sous les mêmes couleurs qu'emploiera plus tard le poète Nigellus, et, plus tard encore, Boccace, pour décrire les mœurs des moines de leur temps.

Bien que ne formant pas un ordre religieux, les anciens philosophes grecs et leurs successeurs à Rome présentent plus d'un point de ressemblance avec le clergé et les ordres catholiques. Pratiquant au début la morale la plus pure, quelques-uns demeurèrent fidèles à ces principes, mais le plus grand nombre tomba dans la corruption et l'hypocrisie. Lucien (3) en parle comme plus tard Erasme et Hutten parleront des moines, et comme à la fin du XVIIIe siècle on parlera des prélats corrompus. A cette dernière époque on avait des « di-

(1) Un métragyrte, ou prêtre de la Grande Mère, venu, dit-on, de Phrygie à Athènes, pour initier les femmes aux mystères de Cybèle, fut précipité dans le Barathre ; mais une peste se déclara, et les Athéniens, pour expier ce meurtre, permirent le culte de Cybèle. Ce culte s'introduisit à Rome dans la suite.

(2) LA MOTHE LE VAYER, *Œuvres*, Paris, 1662 ; 1er vol., *Vertu des Payens*, p. 624-625 : Les Stoïciens « ont soutenu qu'on pouvoit estre heureux au milieu des plus grands tourmens..., pourvu qu'on fût vertueux. Et c'est en ceci que la secte stoïque a le plus de convenance avec le christianisme... Saint Hierasme (*In Isa.*, cap. 10) dit expressément qu'en beaucoup de choses, la doctrine du Portique s'accorde fort bien avec celle de l'Eglise... »

(3) *Icaroménippe*.

recteurs », mais la Rome païenne les avait déjà connus (1), et les philosophes qui remplissaient cette fonction n'étaient ni meilleurs ni pires que leurs successeurs catholiques. Les uns et les autres charmaient les loisirs d'une élite en décadence (2) et hâtaient l'œuvre de destruction qui devait l'anéantir ; de nouveau, à notre époque, ce rôle est rempli par les socialistes éthiques vis-à-vis de la bourgeoisie. Appien fait au sujet des « philosophes » qui parvinrent au pouvoir une observation qu'on aura peut-être lieu de répéter à l'avenir : il dit qu'ils

(1) VOLTAIRE, *Dict. Phil.* s. v. *Directeur* : « ... Il sait enseigner ce qu'on doit faire et ce qu'on doit admettre dans tous les cas possibles. » C'est précisément ce que faisait le philosophe que les Romains de grande famille tenaient auprès d'eux. Voltaire a donc tort d'ajouter : « ... Chez les peuples que notre courtoisie ordinaire nomme païens, nous ne voyons pas que Scipion... Trajan, les Antonins, eussent des directeurs. »

SÉNÈQUE, *Epist.*, 94, parle d'un conseiller qui, dans chaque cas particulier, indique ce que l'on doit faire : « Sic incede, sic coena ! Hoc viro, hoc feminae, hoc marito, hoc caelibi convenit ! »

GELL., en un cas douteux qu'il devait juger, court consulter son ami Favorinus (XIV, 2).

« Un seul (directeur) en gouverne plusieurs (femmes) : il cultive leur esprit et leur mémoire, fixe et détermine leur religion ; il entreprend même de régler leur cœur. Elles n'approuvent, ne désapprouvent, ne louent et ne condamnent qu'après avoir consulté ses yeux et son visage. Il est le dépositaire de leurs joies et de leurs chagrins, de leurs désirs, de leurs jalousies, de leurs haines et de leurs amours. » (LA BRUYÈRE, *Les Caractères ; Des femmes.*)

(2) RENAN, *Les évangiles*, p. 382 : « C'est le propre d'une aristocratie qui a mené la vie sans frein de devenir, sur ses vieux jours, réglée, orthodoxe, puritaine. La noblesse romaine, la plus terrible qui ait jamais existé, n'a plus maintenant que des raffinements extrêmes de vertu, de délicatesse, de modestie. » Il faudrait ajouter : et d'hypocrisie. Ces mots, qui sonnent le glas funèbre d'une élite, décrivent aussi bien l'état d'âme de l'aristocratie romaine que de la bourgeoisie actuelle.

exercèrent le pouvoir plus durement que des tyrans ignorants (1).

Les ordres monastiques foisonnent en Asie et y ont très souvent plus d'un point de ressemblance avec les ordres catholiques en Europe. L'ascétisme aux Indes atteint son plus haut degré, et n'est pas dépassé par l'ascétisme des saints catholiques (2).

Le bouddhisme et le Yanisme paraissent bien avoir été une réaction démocratique, socialiste et ascétique contre le brahamanisme. Celui-ci était fort corrompu lorsque le bouddhisme apparut; c'était comme un renouvellement moral et social, mais nous allons voir qu'il dura peu. Çàkya-mouni, le fondateur du bouddhisme n'établit aucune différence entre ses disciples; au régime aristocratique des castes il opposait un régime démocratique d'égalité complète. Bouddha et une partie de ses premiers prosélytes parcouraient le pays en prêchant et en vivant d'aumônes. Toutefois, la plupart des fidèles vivaient en ermites dans les bois ou dans des lieux isolés. Chaque année ils se réunissaient pour entendre la parole du maître dans des Vishàra. « Aussi les Vishàra n'étaient-ils au commencement que des lieux de séjour temporaire... Cependant,... une fois que les religieux eurent des lieux fixes où ils purent habiter en commun, le lien qui les rattachait les uns aux autres dut se serrer davantage, aussi à cause de la nécessité où ils se trouvaient de résister aux attaques de leurs adversaires (3). » Le couvent était né, et avec lui les distinctions et la hiérarchie. Les religieux formèrent en peu de temps

(1) *Bell. Mith.*, XXVIII.

(2) Voir pour le bouddhisme : Burnouf, *Introd. à l'histoire du bouddhisme Indien*, Paris, 1844, t. Ier, p. 159; pour le yanisme : Barth, *Les religions de l'Inde*, Paris, 1879, p. 87; pour le çivaïsme : Barth, *op. cit.*, p. 128.

(3) Burnouf, *op. cit.*, p. 283.

un corps régulièrement organisé. Pour en faire partie, il fallait obtenir une investiture spéciale, et suivre un certain régime de vie. Les mêmes règles s'imposaient aux nonnes. Ces ascètes acquirent un grand ascendant sur le peuple. Au-dessous de ces deux ordres il y avait les simples fidèles.

L'évolution est la même que pour le catholicisme (1), et la hiérarchie bouddhique exercera une action politique aussi puissante que la hiérarchie catholique. Aux Indes, la formidable hiérarchie bouddhiste ne craignit pas de se mesurer avec les rois. A Ceylan, les religieux bouddhistes, en abusant de la faiblesse ou de la dévotion des princes, étaient parvenus à acquérir des privilèges énormes et à s'imposer aux rois mêmes. Au xe siècle et dans les siècles suivants ils en arrivèrent à favoriser des révoltes contre les rois. Au XVIIe siècle les rois durent les priver de leurs privilèges, dont ils abusaient trop souvent (2). En Chine, l'empereur dut réduire en 845 le nombre des moines bouddhistes, dont la puissance menaçait celle des empereurs (3). Au Thibet, ils réussirent

(1) Le Père Huc, *Voyage dans la Tartarie*, II, p. 103, 112, nous montre les curieuses ressemblances qui existent entre le bouddhisme et le catholicisme. « La crosse, la mitre, la dalmatique, la chape ou pluvial, que les grands lamas portent en voyage ou lorsqu'ils font quelque cérémonie hors du temple, l'offre à deux chœurs, la psalmodie, les exorcismes, l'encensoir à cinq chaînes, les bénédictions données par les lamas, le chapelet, le célibat ecclésiastique, les retraites spirituelles, le culte des saints, les jeûnes, les processions, les litanies, l'eau bénite. Voilà autant de rapports que les bouddhistes ont avec nous. » Le costume du Grand Lama « est rigoureusement celui des évêques catholiques » ; le costume du pape lamaïque ressemble à s'y méprendre à celui du pape catholique.

(2) Barthélemy Saint-Hilaire, *Le Bouddha et sa religion*, Paris, 1860, p. 403.

(3) Pautiers, *Chine*, Paris, 1838, p. 320.

à expulser les monarques de ce pays et à se mettre à leur place.

Rien n'est plus instructif que cette évolution parallèle du bouddhisme et du catholicisme, ces deux religions si différentes, professées par des peuples habitant des régions éloignées, et qui n'avaient alors que peu ou point de rapports.

La corruption du clergé bouddhiste est l'image fidèle de celle qu'on constate, à certaines époques, pour le clergé catholique. Dans les premiers temps, les mendiants bouddhistes, de basse extraction, et qui faisaient une vie de sacrifice et pleine d'austérité, plurent aux foules, qui comparaient leurs mœurs aux allures profanes, à la vie luxueuse et corrompue des nobles prêtres brahamanes. Elles en arrivèrent à considérer les moines bouddhistes comme des saints et à leur attribuer la plupart des hommages et des dons qui auparavant revenaient aux brahamanes. Mais les mœurs des religieux bouddhistes, qui avaient déjà montré quelque signe de décadence du vivant du Bouddha, dégénérèrent rapidement après sa mort. Sept jours étaient à peine passés, qu' « un vieux moine, appelé Soubhadra, s'assit dans l'assemblée et dit : « Ne pleurez pas, car c'est une délivrance pour nous que la mort de cet ascète Gautama (Bouddha). Nous étions opprimés ; constamment il disait : Ceci est convenable, cela ne l'est pas ; mais à présent nous ferons ce que nous voudrons, et nous nous abstiendrons de ce qui nous déplaira (1) ». Les religieux bouddhistes, par leurs mœurs très pures, avaient enlevé les fidèles et les dons aux religieux brahamanes ; peu de temps après, leurs mœurs s'étant relâchées, ils subissent le sort des brahamanes ; les rôles se sont intervertis : le

(1) Kern, *Histoire du bouddhisme dans l'Inde* (*Revue de l'hist. des relig.*), 1882, I, p. 225.

peuple, dégoûté de la corruption rapide des bouddhistes, se tourne de nouveau vers les religieux brahamanes, qui deviennent des concurrents redoutés des moines bouddhistes (1). Les premiers conciles tenus après la mort de Bouddha chassèrent par milliers les moines corrompus ; mais ils ne réussirent jamais à raffermir d'une façon durable la discipline. Hiouen-Thsang, prêtre bouddhiste chinois, qui visita l'Inde de 629 à 645 après Jésus-Christ, « trouva qu'à cette époque le bouddhisme était déjà dans l'Inde en pleine décadence. H.-Thsang trouva sur plusieurs points les monastères abandonnés (2) ». En effet, la corruption croissante du clergé bouddhiste avait fini par mécontenter tellement le peuple Indien, qu'elle amena un retour offensif du brahamanisme ; le bouddhisme fut vaincu, et il disparut des plaines de l'Inde. Ici l'analogie entre le bouddhisme et le christianisme cesse. Le christianisme avait bien définitivement vaincu le paganisme en tant que religion, et si le cours de la civilisation classique reprit à l'époque de la Renaissance, pour ne plus s'arrêter, les dieux de l'Olympe disparurent pour toujours (3).

La domination théocratique que les papes ambitionnaient en Europe a été réalisée au Thibet par le clergé bouddhiste ; et certes, des enseignements de l'Evangile aux principes mis en œuvre par Grégoire VII, la distance est la même que des enseignements de Çakia-Mouni aux pratiques du lamaïsme thibétain. Les prêtres mènent une vie luxueuse ; leur nombre est immense : à Lassa (la capitale) leur nombre est peut-être supérieur à celui de la population civile. Le Dalaï-lama est à la

(1) Kern, *op. cit.*, II, p. 225.

(2) Barthélemy Saint-Hilaire, *Bouddha*, p. 273, et p. 339.

(3) Renan, *op. cit.*, p. 110. Barthélemy Saint-Hilaire, *op. cit.*, IIe partie.

fois le roi et le dieu ; il a un pouvoir absolu et illimité ; il est le maître de la vie de ses sujets, il est le propriétaire de toutes les terres, de tous les biens meubles et immeubles. Par les corvées et par les impôts, ce chef de l'immense hiérarchie ecclésiastique réduit le peuple à la misère. « Une des peines les plus fréquentes prononcées par les mandarins est l'expropriation totale : les condamnés doivent abandonner terres et maisons et vivre sous la tente, en allant mendier au moins plusieurs fois par an dans les districts qui leur sont assignés. Ces *tchong-long* sont tellement nombreux qu'ils forment toute une classe de l'Etat (1). » Les lamas s'occupent eux-mêmes du commerce et de la banque (prêt usuraire) à l'intérieur et à l'extérieur ; quelques couvents sont devenus de vraies villes commerciales (2). Pour attirer plus de fidèles et d'acheteurs, le clergé procure des divertissements variés et ferme les yeux sur les désordres qui s'y produisent. Les richesses amassées de la sorte sont immenses. On peut voir combien ces religieux se sont éloignés de l'idéal de pureté et de pauvreté que Bouddha ambitionnait, et qui nous a été transmis par ces vers religieux de l'antiquité Indienne :

« Trois vêtements et un plat.
Un couteau, une aiguille, une ceinture,
Ainsi qu'un filtre. Ce sont là les huit
Choses nécessaires à un moine mendiant (3).

Si la religion socialiste domine un jour dans quelques contrées, on verra peut-être encore la même distance

(1) Reclus, *Géogr. Univ.*, Asie Orientale, Paris, 1882, p. 98. Voir dans cet auteur une description peut-être exagérée de l'administration des lamas au Thibet.

(2) J. Moustier, *Les villes de marché sur les hauts plateaux asiatiques* (*Science Sociale*, 1899, 6e fasc.).

(3) Kern, *op. cit.*, 1882, I, p. 69.

entre les principes d'égalité qu'elle proclame aujourd'hui et la hiérarchie qu'elle établira. C'est ce qui est arrivé au bouddhisme thibétain. Le Dalaï-Lama est le chef de la hiérarchie lamaïque ; il gouverne tout le Thibet sous la suzeraineté nominale de la Chine. Au-dessous de lui se trouvent les Lamas-Houtouktous, qui gouvernent les provinces. Au-dessous encore viennent quatre degrés de la hiérarchie sacerdotale. Viennent ensuite les couvents d'hommes et de femmes, où plusieurs degrés hiérarchiques existent entre les différents couvents et les différents membres d'un même couvent. Le dernier degré de l'échelle ecclésiastique est formé par des associations fort analogues aux confréries et aux congrégations laïques catholiques.

Lorsque, au point de vue auquel nous nous sommes placés, on étudie les ordres monastiques chrétiens, un singulier spectacle se présente aux yeux. Pendant des siècles et des siècles on voit une suite ininterrompue de petites élites d'ascètes, qui souvent, sous l'influence d'individus extraordinairement doués, tâchent d'atteindre un niveau moral des plus élevés, et qui, après y être parvenus retombent aussitôt dans la corruption du siècle et souvent même plus bas ; le jour où ces élites apparaissent n'est pas loin de celui où leur décadence commence et à peine sont-elles constituées qu'on parle de les réformer. C'est un mouvement incessant que rien n'arrête. Dans la première moitié du IVe siècle, Pakôme introduisit dans la vallée du Nil la vie monacale ; bientôt le nombre des couvents fut très grand. Mais la décadence commença très vite ; Pakôme ayant voulu réformer les mœurs de ses moines, ils faillirent le tuer ; son successeur, Schnoudi, ayant voulu faire de même, les moines attentèrent à sa vie (1). Athanase introduisit à Rome

(1) Amelineau, *Le christianisme chez les Coptes* (*Revue de l'hist.*

l'institution des couvents ; petit à petit elle se propagea dans tout le monde romain. Mais peu après l'ivraie étouffait le bon grain. Déjà, en 385, Sirice, évêque de Rome, publiait une décrétale, dans laquelle il défendait aux religieux et aux religieuses tout rapport sexuel (1). A partir de ce moment nous rencontrons continuellement, dans les ouvrages les plus différents, des témoignages, parfois exagérés, de la corruption très rapide des ordres religieux. Déjà, au ve siècle, la profession de moine était devenue une des plus recherchées. Saint Augustin observe que : « A présent [les gens] viennent au service de Dieu, soit en se soustrayant à l'esclavage, soit en étant déjà libres, soit parce que leurs maîtres les affranchissent dans ce but ; d'autres fois ils proviennent de l'agriculture, des métiers et des travaux les plus bas. Et on ne comprend pas s'ils sont venus pour servir Dieu, ou pour fuir une vie de misères et de fatigues, et pour être entretenus et habillés, et, en plus, être honorés par ceux par lesquels ils étaient habitués d'être méprisés (2). » Un Egyptien disait à Assenius que la vie d'un moine était préférable à celle d'un pâtre (3). C'est ainsi que, à notre époque, la vie d'un meneur de grève est meilleure que celle de plus d'un ouvrier.

Au ve siècle, Zosime parle ainsi de « ceux que les chrétiens appellent des moines. Ils s'abstiennent — dit-il — de contracter des mariages légitimes; ils forment, autant dans les villes que dans les villages, de nombreuses communautés d'hommes non mariés, qui ne

des relig., 1886, II, p. 330-1) ; P. LADEUZE, *Etudes sur le cénobitisme pakômien*, etc., Paris, 1898, 2e partie.

(1) C. 3, 4, D. LXXXII ; cité par L. BOCQUET, *Etude sur le célibat ecclésiastique*, etc., Paris, 1894, p. 102-3.

(2) Saint AUGUSTIN, *De oper. Monach.*, cap. 22.

(3) TILLEM., *Mém. ecclés.*, t. XIV, p. 670.

sont utiles ni pour la guerre ni pour d'autres besoins de la république. Ayant progressé depuis leur origine jusqu'à nos jours, ils se sont emparés de la plus grande partie des terres, et sous prétexte de tout donner aux pauvres ils ont, pour ainsi dire, réduit tout le monde à la pauvreté » (V, 23). C'était s'y prendre de bonne heure pour constituer la main-morte (1).

Le Moyen Age dans nos contrées, cette époque dont actuellement on admire la foi vive et sincère, fut aussi une époque de corruption pour le clergé (2). Toujours, alors comme à présent, on vante les vertus du passé et on les oppose à la corruption du présent.

C'est au milieu de la profonde décadence du clergé catholique au XIe siècle que surgit la fameuse hérésie des Cathares, qui a plusieurs points de ressemblance

(1) Le poète Rutilius, à la fin du Ve siècle, écrivait :

Processu pelagi jam se Capraria tollit.
Squallet lucifugis insula plena viris.
Ipsi se *monachos* Graio cognomine dicunt,
Quod soli nullo vivere teste volunt.
Munera fortunae metuunt, dum damna verentur :
Quisquam sponte miser, ne miser esse queat ?

(cité par GREGOROVIUS, *Hist. de Rome*, en allem., 1859, II, 18). (« Avançant sur la mer, nous voyons apparaître l'île de Capraia, pleine d'hommes qui fuient la lumière et qui, d'un terme grec, se nomment *moines*, parce qu'ils vivent seuls, loin de tout témoin. Ils se défient des dons du sort, tandis qu'ils en craignent les rigueurs. Peut-on se rendre malheureux, crainte de l'être ? »)

(2) Sous un autre rapport cette époque est mal jugée. M. FELICE TOCCO, *L'eresia nel medio evo*, p. 1, dit fort bien : « Le Moyen Age dont des admirateurs et des adversaires parlent bien à tort comme ayant été une ère de concorde et de paix, eut à souffrir, non moins que notre époque, de profonds et douloureux malaises. Cette unité des esprits qui a produit, selon les uns, des œuvres grandioses, selon les autres, l'affaiblissement et la torpeur, fut toujours désirée, jamais obtenue. Nous ne la constatons dans aucune des trois périodes entre lesquelles sont répartis les siècles qui vont de Charlemagne à Charles de Bohême. »

avec l'ascétisme éthique contemporain, surtout avec les conceptions de Tolstoï. Bien avant le philosophe russe, les Cathares enseignaient qu'on ne doit pas résister au mal (1). Ils ne devaient rien posséder et, sans même recevoir d'aumônes, ayant tout mis en commun, vivre du travail de leurs mains. Ils jeûnaient, ne mangeaient pas la chair des animaux et condamnaient tout commerce sexuel (2). Mais comme il était difficile que tout le

(1) MONETA, *Adversus Catharos*, Rome, 1743, p. 513 : » Isti etiam haeretici omne bellum detestantur tamquam illicitum, dicentes quod non sit licitum se defendere » ; p. 515 : « Objiciunt etiam illud MATTH., v, 38. « Audistis quia dictum est oculum pro oculo et dentem per dente. Ego autem dico vobis : non resistere malo » ; p. 506 : « Objiciunt », MATTH., XXII, 7 : « Perdidit homicidas illos » ; p. 507 : « et illud » MATTH. v, 44 : « Benefacite his qui oderunt vobis ». Cité par Tocco, *op. cit.*, p. 88-89. (Ces hérétiques détestent la guerre, parce qu'il n'est pas permis de se défendre... Ils citent aussi MATTH., v, 38 : « Tu as entendu parce qu'il a été dit : œil pour œil et dent pour dent. Et moi je vous dis : ne résistez pas au mal. » Et ils citent MATTH. XXII, 7 : « Il punit ces homicides », et MATTH. v, 44 : « Faites du bien à ceux qui vous ont haï. »)

(2) Lettre de Everninus à saint Bernard (*op. S. Bern.*, éd. Mabillon, p. 1487) : « Dicunt qui se tantum Ecclesiam esse, et apostolicae vitae veri sectatores permanent, ea quae mundi sunt non quaerentes, nec domum, nec agros, nec aliquid non possidentes, sicut Christus non possedit. » MONETA, *op. cit.*, p. 451 : « Et de elemosynis quaerere victum et vestitum blasphaemant... Objiciunt etiam illud. » MATTH., VI, 25 : « Ne soliciti sitis animae vestrae quid manducetis, etc. » « Si enim quaerimus quotidie, inde soliciti sumus », p. 453 : objiciunt etiam et dicunt quod contra verba Apostoli venimus, quia non laboramus manibus nostris » ; p. 315 : « Haeretici... credunt corpus maris et foeminae a diabolo fuisse factum. Matrimonium carnale fuit semper mortale peccatum. » (Cités par Tocco, *op. cit.*, p. 88 et 90.) (Ils disent que eux seuls forment l'Eglise, et que eux seuls demeurent fidèles à la vraie vie apostolique, en ne demandant rien des choses de ce monde et ne possédant ni maisons, ni terres, ni rien, comme Jésus-Christ... Ils trouvent indigne de se procurer la nourriture et l'habillement au moyen des aumônes. Et ils citent MATTH., VI, 25 : « Ne vous occupez pas pour votre âme de ce que vous man-

monde pût suivre ces préceptes rigoureusement, ils n'étaient obligatoires que pour une classe des Cathares, c'est-à-dire pour la classe des *parfaits* ; une autre classe, dite des *croyants*, jouissait d'une plus grande latitude. Si les Cathares avaient vaincu et qu'ils fussent demeurés fidèles, après la victoire, à leurs principes, il est hors de doute, qu'ils auraient fait rétrograder considérablement la civilisation (1); si, ce qui est plus probable, après la victoire ils avaient modifié leurs principes, à l'exemple de toutes les autres sectes semblables, l'Europe entière serait devenue une sorte de Thibet bouddhiste. Rome

gerez... » et si nous leur demandons de quoi nous devons nous occuper tous les jours, ils objectent que nous ne suivons pas les enseignements des apôtres, parce que nous ne travaillons pas... Ces hérétiques croient que les corps de l'homme et de la femme ont été faits par le diable. Les rapports sexuels ont toujours été un péché mortel.)

(1) C'est aussi l'opinion de F. Tocco, *loc. cit.*, p. 126, « car on ne peut nier que l'ascétisme cathare, plus rigoureux que l'ascétisme catholique, s'opposait au relèvement de la science, des arts, du commerce, et que, s'il avait vaincu, il aurait retardé de beaucoup la renaissance classique, qui déjà avait commencé au Moyen Age. »

H. Ch. Lea, *Hist. de l'Inquis.*, tr. fr., I, p. 120, exprime une opinion analogue : « Ainsi, si cette croyance avait recruté une majorité de fidèles, elle aurait eu pour effet de ramener l'Europe à la sauvagerie des temps primitifs (p. 121)... En outre, il serait sorti (du Catharisme) une classe sacerdotale non moins privilégiée que le clergé catholique et cette classe n'aurait pas tardé à ressentir les effets corrupteurs de l'ambition humaine. » Une secte surgit beaucoup plus tard, mais ayant le même ascétisme malsain et rigoureux, celle des *Piagnoni*, sous la direction de Savonarole, réussit à s'emparer du gouvernement de Florence. Sa domination fut tyrannique et réactionnaire, contraire à toute vie intellectuelle, à tout plaisir même modéré ; les *Piagnoni* en arrivèrent à détruire publiquement les objets qu'ils croyaient dangereux à la morale et à la religion. Le peuple en fut tellement dégoûté qu'il se révolta, les chassa du pouvoir, et permit que le pape fît brûler Savonarole (Villari, *Savonarola*, 1887, *passim ;* id., *N. Machiavelli*, I, p. 287-301.)

prévint le danger. Sa politique fut toujours d'éviter les excès en tout genre, d'endiguer au moins et de détourner le mouvement, lorsqu'elle ne pouvait le supprimer. Dans les deux cas, les maux qui pouvaient en résulter pour la société étaient évités. Les Franciscains ressemblaient en plus d'un point aux Cathares (1) ; Rome s'assimila les premiers et détruisit par le fer et le feu les seconds (2).

Il ne faut pas oublier de noter que les élites qui voulaient combattre, aussi bien que celles qui tâchaient de réformer l'Eglise, surgissaient des classes populaires. A Milan, les Patarins commencèrent à avoir Rome pour alliée et finirent par l'avoir pour ennemie. Le haut clergé milanais était dissolu, et avait des velléités de se rendre indépendant de Rome ; les Patarins tirent leur origine de l'union du bas clergé et du peuple ; ils voulaient réformer les mœurs du haut clergé et en diminuer le pouvoir et les richesses. Ils chassèrent à main armée l'archevêque de la cathédrale, et le pape Stéphane IX prit sous sa protection les auteurs de cette aggression. Les papes continuèrent à protéger pendant quelques temps les Patarins ; mais bientôt ils s'aperçurent que ceux-ci voulaient aller trop loin, et alors ils les condamnèrent. L'influence des Patarins eut pour effet de faire, en plusieurs lieux, passer le pouvoir de l'évêque aux

(1) P. Sabatier, *Vie de saint François d'Assise*, p. 116 : « La création si profondément laïque de Saint-François devenait bon gré mal gré une institution ecclésiastique, elle devait dégénérer bientôt en une institution cléricale. » Ce fut le moindre mal, quoiqu'en puissent penser les personnes qui ne daignent pas porter leur attention sur la vie économique des sociétés.

(2) Il est certain qu'il aurait mieux valu les soigner ; mais dans ce temps, on n'avait aucune idée de ce qu'étaient les maladies mentales.

communes (1) et leur hérésie inspira Arnaud de Brescia, que le pape Adrien IV fit brûler.

La corruption des Ordres mendiants suivit de bien près leur naissance. Saint François, qui avait déjà eu à s'en plaindre vivement, pendant toute sa vie, dans son testament reproche à ses adeptes le relâchement de leurs mœurs. Dante, dans le *Paradis*, fait blâmer, par saint Thomas, les Dominicains et, par saint Bonaventure, les Franciscains (2). Le mal devait aller toujours croissant et produire les plus grands abus.

Cette décadence des religieux est sans doute très profonde. Mais il ne faut pas croire tout ce qu'on nous rapporte sur la cupidité des richesses et la débauche des ordres monastiques ; il y a très souvent de grandes exagérations. Les réformateurs sont naturellement portés à

(1) En voici un exemple parmi les plus caractéristiques. A Crémone dans la première moitié du XIe siècle, il y avait un couvent, celui de Saint-Laurent, dont les moines, tous entichés des idées des Patarins, prenaient parti pour les bourgeois. Ceux-ci étaient en train de soutenir une lutte acharnée qui durait depuis un siècle contre le comte-évêque. L'évêque était un ennemi acharné de ces moines et une fois (1024 ?) qu'il voulut les punir sévèrement, il suscita une révolte populaire : « Comperimus quod Cremonenses cives... contra Landulphum ejusdem sedis episcopum eorum spiritualem patronum et dominum ita conspirassent ac conjurassent ut eum... de civitate ejecissent et bonis suis expoliassent. » (*Codice Sicardo* de la Bibliothèque Municipale de Crémone, 35.) Plus tard, l'évêque rentra dans la ville, mais il ne fut plus comte : le pouvoir était passé dans les mains du peuple, qui devait le garder pendant plusieurs siècles.

(2) *Paradis*, XI et XII. — P. SABATIER, *Vie de saint François d'Assise*, Paris, 1889, p. 325 : « Durant les premières années, les Frères Mineurs avaient l'habitude de gagner leur vie en s'engageant comme domestiques. Quelques-uns avaient continué, mais en petit nombre. Peu à peu, de ce côté aussi, tout s'était transformé. Sous couleur de servir, les frères entraient chez les plus hauts personnages de la cour pontificale et devenaient leurs hommes de confiance : au lieu d'être soumis à tous, comme dit la règle de 1221, ils étaient au-dessus de tous. »

peindre sous les plus vives couleurs les mœurs qu'ils veulent corriger. D'autre part, les ennemis du clergé tâchent de le rendre odieux. De la sorte, amis et ennemis exagèrent le mal (1).

Notons encore que, lorsque les mœurs des moines et du clergé, en général, se corrompaient, ils se rapprochaient simplement des mœurs des laïques de l'époque. Ces mœurs étaient des plus grossières et l'on s'exposerait à de graves erreurs si, quand on veut juger la moralité d'une partie de la population, on ne tenait pas compte du niveau moral général.

On a observé depuis longtemps que les cruautés de l'Inquisition n'étaient nullement en désaccord avec celles de tout le reste de la législation pénale. C'était d'ailleurs souvent le peuple qui poussait l'Eglise à sévir, et à l'origine des persécutions contre les hérétiques, il y eut des cas où ce fut l'Eglise qui les sauva (2). Dans bien des pays, au Moyen Age, le peuple était d'accord avec l'Inquisition ; il le demeura toujours en Espagne ; ce fut contre le sentiment du peuple que Charles III restreignit le pouvoir de l'Inquisition ; ce fut en secondant ce sentiment que Charles IV lui laissa toute liberté d'action.

Les partis socialistes contemporains ont des concurrents redoutables dans les fidèles des autres religions ;

(1) Il est néanmoins admis par beaucoup d'auteurs non suspects, tels que Montalembert et Jean Janssen. Enfin il existe de très nombreux documents qu'on ne peut récuser.

(2) H. Ch. Lea, *op. cit.*, I, p. 247 : « En 1144 encore, l'église de Liège se félicitait d'avoir réussi, par la grâce de Dieu, à arracher la plupart des Cathares convaincus et condamnés des mains de la foule turbulente qui voulait les brûler. Ceux que l'Eglise avait ainsi sauvés furent logés dans les maisons religieuses de la ville, en attendant la décision du pape Lucius II, à qui l'on avait demandé conseil. »

il est donc naturel qu'ils tâchent de les combattre par tous les moyens possibles. C'est ainsi qu'ils veulent rendre les catholiques de notre époque responsables des excès de l'Inquisition au Moyen Age. Or, il faut noter que si les membres de ces partis avaient vécu au Moyen Age, ils auraient pris probablement place parmi les amis de l'Inquisition. Celle-ci, en effet, était une institution essentiellement démocratique ; elle élevait les Ordres mendiants, sortis du peuple, au-dessus des riches et des puissants ; enfin c'était surtout les riches qui devaient la redouter ; on tâche de les dépouiller aujourd'hui de plusieurs manières consacrées par les lois, on les dépouillait alors par les amendes et les confiscations. Ils sont aujourd'hui coupables de lèse-solidarité, ils l'étaient alors d'hérésie.

« Il est incontestable, dit Ch. Lea (I, p. 596), que la persécution, en tant que politique régulière et continue, reposait essentiellement sur la confiscation. Seule la confiscation fournissait des aliments à ce beau zèle pour la foi qui languissait misérablement dès que les profits faisaient défaut. Quand le Catharisme eut disparu sous les coups de Bernard Gui, le déclin de l'Inquisition commença et ne fit que s'accentuer. Les autres hérétiques, spirituels, dulcinistes, fraticelles étaient des mendiants, qui avaient la propriété en horreur ; les Vaudois étaient de pauvres paysans ou des bergers ; c'est tout au plus si un sorcier ou un usurier fournissait de loin en loin une bonne prise (1). » Cette évolution des ordres religieux

(1) Les inquisiteurs ne méprisaient les richesses qu'en théorie. GIOVANNI VILLANI (*Storie*, XII, 57) parle d'une émeute qui eut lieu à Florence en 1345 à la suite des exactions excessives et injustes d'un inquisiteur, sous prétexte d'hérésie ; et il ajoute que les délégués de la Commune qui furent envoyés à Rome chez le pape « portèrent des documents prouvant toutes les escroqueries que l'inquisiteur avait commises, en deux ans, sous pré-

qui commence par le mépris des richesses et la communauté des biens, pour finir par les plus scandaleuses exactions, est remarquable, bien que n'ayant rien que de très commun en ces cas. D'ailleurs, cette cupidité pouvait parfaitement s'allier avec un fanatisme religieux très sincère, fanatisme semblable à d'autres qu'ils nous est donné d'observer à notre époque.

Tous ces organismes, du genre des ordres religieux, peuvent, au point de vue économique, être considérés comme des parasites de la société dans laquelle ils vivent. Dans certains cas la chose est d'une évidence extrême ; dans tous, ces organismes disparaîtraient, si la société, grâce à laquelle ils vivent, était détruite.

Déjà Pline le naturaliste disait en parlant des Esséniens que c'était une « nation solitaire, singulière par-dessus toutes les autres, sans femmes, sans amour, sans argent, vivant dans la société des palmiers. Elle se reproduit de jour en jour grâce à l'affluence de nouveaux hôtes ; et la foule ne manque pas de ceux qui, fatigués de la vie, sont amenés par le flot de la fortune à adopter

texte d'hérésie, il avait soutiré à plusieurs citoyens plus de sept mille florins d'or. Mais on ne doit pas croire qu'à cette époque là, il y eût beaucoup d'hérétiques à Florence : au contraire, il n'y en eut jamais aussi peu, si même il y en avait. C'est que l'inquisiteur voulait tirer de l'argent de chaque blasphème, ou des phrases du genre de celle-ci « l'usure n'est pas un péché mortel » ; et, selon la fortune du coupable, il le condamnait à des sommes plus ou moins grandes. Boccace, qui était habitué à représenter dans ses personnages le type d'un certain ordre de personnes, raconte un cas semblable : un florentin riche d'argent, mais pauvre d'esprit, avait dit, en plaisantant, qu'il avait du vin tellement bon, que Jésus même en aurait bu. L'inquisiteur l'accusa d'hérésie : « bref, il lui fit une telle peur, que le bon homme lui fit parvenir, au moyen de tierces personnes, une grande quantité d'argent, très utile pour guérir l'avarice pestilentielle des moines et surtout des frères mineurs, afin qu'il eût pitié de lui » (I, 6.)

ce genre de vie. Ainsi, pendant des milliers de siècles (*sic*), chose incroyable, dure une nation chez laquelle il ne naît personne, tant est fécond pour elle le repentir qu'ont les autres de leur vie passée (1) ».

Les compagnons de saint François ne devaient rien posséder, mais comme les hommes n'ont pas encore trouvé le moyen de vivre sans manger, il fallait bien qu'il y eût des gens leur fournissant des vivres. Si ces gens avaient disparu, ou s'ils avaient simplement voulu imiter ces bons religieux, personne ne produisant les aliments, la race entière aurait disparu.

« Les premiers frères, dit P. Sabatier (p. 87-88), vécurent comme les pauvres auxquels ils se mêlaient si volontiers... Lorsqu'ils partaient, ils savaient seulement qu'ils se retrouveraient aux alentours de la pauvre chapelle. Leur vie était ce qu'est encore aujourd'hui celle des mendiants en Ombrie, allant çà et là au gré de leur fantaisie, couchant dans les hospices des lépreux ou sous le porche des églises. » Notre auteur désapprouve les gens qui ne trouvaient pas cette vie fort recommandable. « Quand les frères montaient à Assise pour y mendier de porte en porte, beaucoup de gens refusaient de donner, leur reprochant d'avoir dissipé leur fortune et de vouloir après cela vivre sur celle des autres. Plusieurs fois ils eurent à peine de quoi ne pas mourir de faim » (p. 91). Mais, si tous les hommes avaient ainsi dissipé leurs biens, et avaient demandé l'aumône, qui l'aurait faite ? Il est incontestable que, économiquement parlant, ces religieux étaient des parasites. Quant à la justification de ce genre de vie, elle est un peu faible, bien que notre auteur la juge « sans réplique » : L'évêque d'Assise dit un jour à François : « Votre manière de

(1) *Hist. nat.*, V, xv (xvii) ; traduction Littré.

vivre sans rien posséder me paraît bien dure et pénible. » — « Seigneur, répondit-il, si nous possédions des biens nous aurions besoin d'armes pour notre défense, car là est la source des différends et des procès, et d'ordinaire l'amour de Dieu et du prochain y rencontre bien des obstacles ; voilà pourquoi nous ne voulons pas avoir de biens temporels » (p. 91). L'évêque aurait pu répondre : Si vous pouvez continuer à vivre sans ces biens, c'est que d'autres en ont et vous en font part ; vous évitez donc les différends et les procès en les laissant aux autres, ce qui n'est guère charitable.

Il y a pourtant des ordres qui se sont livrés à des travaux utiles. *A priori* rien empêche que ces petites sociétés puissent subsister indépendamment de la société dans laquelle elles vivent. Les faits toutefois nous démontrent qu'en général il en est autrement. Dans la plupart des cas les moines de ces couvents se livrent à des travaux fort simples ; quelquesfois des religieux s'occupent de travaux très difficiles, mais d'une utilité douteuse pour la collectivité ; en tous les cas, ils ne produisent jamais tout ce qui leur est nécessaire. Déjà au IVe siècle nous trouvons les cénobites de la Thébaïde occupés « à défoncer le sol, à abattre des arbres, à pêcher dans le Nil, à traire leurs chèvres, à recueillir les dattes, à tresser des nattes » (1) ; en outre ils étaient tisserands, charpentiers, corroyeurs, tailleurs, foulons. A travers tout le Moyen Age les témoignages de l'activité agricole des moines sont innombrables. Ils ont défriché des surfaces immenses de bois ; ils ont desséché et rendu cultivables des marais, etc. Et nous ne trouvons pas seulement des agriculteurs : les moines de l'île de Jona (J.-Colm-Kill, Angleterre) étaient matelots (Ve siècle) (2) ainsi que les

(1) MONTALEMBERT, *Moines d'Occid.*, I, p. 70.
(2) MONTALEMBERT, *op. cit.*, III, p. 228.

disciples du Cuthbert (VIIe siècle); dans la même île de Jona il y avait un grand établissement de copie de manuscrits, ainsi qu'en Calabre, où il y avait en outre des laboratoires pour la peinture et la miniature (VIe et VIIe siècles); à la même époque, il y avait dans plusieurs couvents des moines peintres, sculpteurs, ciseleurs, fondeurs, etc. Avec la civilisation splendide des Communes du Moyen Age, la richesse des couvents augmente en même temps que la richesse générale, et le nombre des moines adonnés à des productions artistiques, souvent de la plus haute valeur, s'accroît énormément. Le nombre des moines occupés aux travaux des champs augmente aussi, et un grand nombre de religieux s'occupent de la menuiserie, de la fabrication du fromage et de la bière, de la pêche et de la fécondation artificielle des poissons; d'autres sont tisserands, fabricants de tapisseries, de draps et de soieries, ils sont tanneurs, hôteliers, maîtres d'école, etc. Dans la période moderne les richesses qu'ils acquirent parfois et la concurrence du travail des laïques n'engagèrent guère les moines à produire des biens économiques. Il y a toutefois de nombreuses exceptions : les trappistes ont assaini une partie de l'Algérie et de la campagne romaine; à Gethsémani (Kentucky) ils travaillent le bois, ils sont typographes et couturiers, broyent des épices, arrangent des outils de cuisine, s'occupent d'agriculture, sont maréchaux-ferrants, laitiers, etc. Une enquête récente a démontré qu'en France il y avait un grand nombre de couvents produisant presque tous les menus objets de la vie quotidienne, et même des articles de luxe. Mais cette production à elle seule ne pourrait pas suffire pour fournir la société de tous les objets dont elle a besoin en général (par exemple, aucun couvent ne produit des machines); elle ne peut pas suffire aux dépenses de l'institution; et, enfin, elle ne peut soutenir la concurrence du travail libre que grâce à la vie extrêmement modeste que mènent les religieux.

Toutes les communautés vouées au célibat évitent les dépenses nécessaires pour élever les enfants ; ces dépenses ont une importance considérable et toute société humaine qui se maintient, ou progresse, doit leur consacrer une partie notable de ses ressources ; il faut tenir compte de cette circonstance quand on veut comparer aux résultats économiques obtenus dans nos sociétés, ceux qu'obtiennent des sociétés communistes de célibataires. Quelques-unes de celles-ci élèvent des enfants étrangers, ce qui augmente légèrement leurs charges.

Une question très grave que ces sociétés n'ont pas pu résoudre est celle du choix des hommes. Dans notre société il se fait automatiquement : la libre concurrence, en éliminant ceux qui sont incapables de jouer un certain rôle, désigne ceux qui seront élus. Mais là où manque la concurrence, ce choix est impossible ; il faut alors recourir à d'autres méthodes, qui sont encore plus imparfaites que la première. Quelquefois ces communautés religieuses ont adopté des systèmes de sélection très compliqués. Par exemple, la secte des Cathares « avait un usage que toutefois elle ne paraît avoir pratiqué que dans des cas très rares ; on raconte qu'elle destinait quelquefois un enfant nouveau-né à l'épiscopat, et qu'à cet effet elle l'adoptait avant qu'il eût goûté le lait maternel, pour le faire élever à part. On ne le nourrissait que de lait animal ou de préférence de lait d'amandes ; plus tard on ne lui faisait manger que du poisson ou des aliments végétaux, en ayant soin qu'il ne touchât jamais à des viandes ; arrivé à l'âge de la discrétion on lui imposait les mains, et comme il avait été préservé dès sa naissance de tout contact impur, on le croyait au plus haut degré digne des fonctions épiscopales (Addit. à Reinerius, chez Gretser, 39). Quelquefois on attendait, avant de l'adopter, que l'enfant eût montré d'heureuses dispositions ; on ne le destinait à remplir un jour le ministère qu'à l'âge de douze ou de quatorze ans ; après l'avoir initié, alors on l'envoyait à quelque Université y faire des études littéraires et philosophiques, et s'il répondait aux attentes de la secte, elle lui confiait la dignité d'évêque. (Par exemple, Archives de l'Inquisition de Carcassonne, 1243. Doat, XXII, f° 58 et suivants) (1) ». En dépit de toutes ces mesures le choix des chefs n'était point meilleur que celui qui a lieu dans notre société, au contraire.

De nos jours on a vu plusieurs sociétés communistes se fonder aux Etats-Unis, et, en de moindres proportions, en Angleterre. Les renseignements que nous avons sur ces sociétés sont très souvent insuffisants et contradictoires, et parfois peu dignes de foi. Nous pouvons toutefois en tirer quelques données intéressantes. Leur importance numérique varie entre la grande communauté des Mormons, qui a eu jusqu'à 150.000 membres, et la « Christian Commonwealth », qui n'en eut jamais plus de 70.

Sous le rapport du caractère communiste de la propriété, nous voyons que ce caractère n'est bien accusé que dans les petites sociétés, et que même là il se maintient difficilement. La communauté parfaite est admise par les Shakers, qui existent encore ; par la « Christian Commonwealth », qui est en train de disparaître, et par les communautés des Puritains émigrés aux Etats-Unis en 1621, par les Tauflinge, les Frères Moraves, les Séparatistes, les Perfectionnistes, Bishopp Hill, Aurora, etc.,

(1) C. SCHMIDT, *Histoire et doctrine des Cathares ou Albigeois*, Paris, 1849, 2e vol., p. 143.

qui ont disparu, soit pour devenir des sociétés par actions (comme Economy), soit pour s'émietter en plusieurs petites propriétés, soit pour donner lieu au partage des capitaux entre les membres, qui se sont séparés.

Dans la plupart des cas le communisme est tempéré, c'est-à-dire, une place plus ou moins grande est laissée à la propriété privée ; telle est la condition actuelle d'Economy ; nous trouvons le même communisme tempéré chez les Inspirationnistes, à New-Harmony, à Béthel, dans la Confrérie de la vie nouvelle, etc. Chez les Mormons il n'est que nominal.

Quant au mariage et à la famille, la plupart de ces communautés se rapprochent des anciens chrétiens et condamnent l'union des sexes. Les Tauflinge, les Trappistes, les Shakers, les Perfectionnistes ont aboli le mariage ; la Confrérie de la vie nouvelle l'a aboli de fait ; les Inspirationnistes l'ont presque complètement aboli. Les Séparatistes, qui l'avaient aboli au commencement, le rétablirent quand les conditions économiques devinrent prospères. Les Mormons vont à l'extrême opposé et admettent la polygamie ; il paraît d'ailleurs que ce fut là une des raisons de leur succès. Les Perfectionnistes d'Oneida, dont nous parlerons plus loin, appliquaient les mêmes principes.

Toutes les communautés qui ont réussi, sans exception, avaient une base fortement religieuse ; plusieurs ont eu un fondateur énergique, fanatique et qui les a gouvernés despotiquement. Les Tauflinge ont eu Konrad Beissel ; les Rappistes, Georges Rapp ; les Séparatistes, J. Bimeller ; les Perfectionnistes étaient dirigés par J. Humphrey Noyes ; les Inspirationnistes, par Christian Metz ; et les Communistes de Bethel par Keil.

Malgré la force incontestable du lien religieux, des

dissensions se sont produites et ont parfois causé la ruine de la société. Telle fut la fin des Taullinge, des Séparatistes, de Bishopp Hill, de Bethel, etc., soit que la renaissance du sentiment individualiste fût produite par l'amélioration des conditions économiques, ou par le fait qu'elles devenaient plus mauvaises.

En un mot, si nous mettons à part les Mormons, la plupart des autres sociétés se présentent simplement sous l'aspect de congrégations religieuses ; elles sont une transformation des anciennes congrégations, adaptées au milieu où elles se trouvent.

Après les systèmes réels nous plaçons ici les systèmes théoriques religieux ; nous nous bornerons à considérer les différents genres de socialisme chrétien depuis la Révolution française.

Le mouvement religieux a toujours subi l'influence des grands courants sociaux. Depuis les temps les plus anciens, l'Église catholique a été favorable à l'intervention de l'Etat dans les phénomènes économiques et sociaux. Elle les considérait comme faisant partie de la théologie ; saint Thomas d'Aquin, par exemple, parle de la théorie des prix dans le chapitre de la *Summa* où il s'occupe des avantages de la justice (2, 2, q. 77). C'est qu'alors la science, la philosophie, la législation, l'opinion publique, tout était favorable à cette politique. Mais quand, au XVIIIe siècle, un courant irrésistible entraîna les esprits et les institutions vers la liberté, l'Église, quoique instinctivement contraire à ce courant, se laissa entraîner elle aussi, et on eut un catholicisme libéral. Cette ère de liberté dura peu ; les esprits d'abord, les institutions ensuite, se tournèrent vers le socialisme, vers l'intervention plus ou moins grande de l'Etat dans les phénomènes sociaux. L'Église s'empressa de revenir sur ses pas, ce qui lui était très facile ; elle n'avait qu'à reprendre son ancien rôle. Et le catholicisme devint social. Dans les rangs des chrétiens qui s'occupent des questions sociales nous rencontrons presque toutes les différentes nuances des partis politiques contemporains : il y a des libéraux, des interventionnistes qui ne font pas appel à l'Etat, des socialistes d'Etat, des socialistes. Un seul parti n'y est pas représenté : c'est celui qui ne veut pas qu'on entrave l'élimination naturelle des organismes incapables dans la lutte pour la vie.

L'extrême aile gauche des libéraux chrétiens est représentée par Tolstoï et ses adeptes. L'origine de l'Etat, dit-il, et son fonctionnement se basent sur la violence. Les administrés sont toujours les esclaves de l'Etat, qui, pour maintenir sa puissance, se sert de quatre moyens : intimider et tromper les foules, les corrompre, les éblouir, choisir une partie des sujets et les faire devenir les bourreaux de l'autre partie. Il faut donc abolir tout gouvernement. Tolstoï est tellement contraire à toute coercition de la part du pouvoir central que, tout en affirmant d'être très chrétien, il voudrait l'abolition de toutes les Eglises.

A l'extrême aile droite nous trouvons des chrétiens sociaux impérialistes : tels les adeptes de Stöcker et de Naumann.

C'est au début de la Révolution française qu'apparait pour la première fois une action collective des catholiques libéraux (dans le sens ordinaire du mot). Le grand courant d'idées qui, en France, avait entraîné presque tout le monde en faveur de la liberté, entraina aussi une partie du clergé : le bas clergé. Dans les Etats généraux de 1788 les députés libéraux du clergé disposaient de plus de cent voix et développaient un programme presque aussi avancé que celui du tiers état. On sait que ce fut par l'appui efficace donné par le clergé au tiers état (dès le 13 juin) que les revendications de la bourgeoisie purent obtenir la victoire. Plus tard, quand la Révolution se livra à des excès, le clergé (en suivant l'exemple de la plupart des membres des classes riches et cultivées) rebroussa chemin : J. de Maistre et le vicomte de Bonald furent les théoriciens de la contre-révolution, au point de vue catholique. Mais les idées libérales n'étaient point mortes en France ; au contraire, on faisait la critique de la Révolution en partant des idées de liberté, et la Restauration se présentait, en un certain sens, comme le retour à la liberté du début de la Révolution, après l'absolutisme de la foule et celui de Napoléon. Ballanche fut le premier des catholiques qui préconisa l'accord des principes de la Révolution avec la foi et les bienfaits du progrès ; mais ce fut Châteaubriand qui accomplit le mieux cette œuvre. L'enthousiasme avec lequel furent accueillis ses ouvrages, si pleins d'attachement à la liberté, nous prouve combien ses idées étaient répandues parmi les catholiques. Le mouvement libéral démocratique, à la suite des déceptions procurées par la Restauration devenait de plus en plus fort : il prenait des allures révolutionnaires ; le mouvement libéral catholique aussi devenait plus accentué ; ce n'est plus Châteaubriand qui en est le porte-drapeau, c'est Lamennais. En 1830, avec Lacordaire et Montalembert, il fonde l'*Avenir*, qui met en tête de son programme : la conquête de la liberté d'association et de la liberté de la presse ; des libertés départementales et communales ; l'indépendance de l'Eglise vis-à-vis de l'Etat ; le régime républicain. Le succès qu'il obtint fut immense. Les attaques contre la monarchie et le procès qui en fut la suite, ainsi que certaines propositions visant le dogme, attirèrent sur ce cénacle les réprobations du Saint-Siège (encyclique *Mirari vos*). Lamennais seul sortit du sein de l'Église, le reste des catholiques se soumit, tout en continuant la campagne en faveur de la liberté.

C'était le temps où le peuple et une partie de la bourgeoisie luttaient pour obtenir, eux aussi, les droits que les bourgeois riches seuls avaient obtenus ; le temps où Lamartine, Béranger, V. Hugo, Balzac, G. Sand, E. Sue, répandaient par leurs œuvres des idées de réforme, de rénovation. Cette campagne libérale eut son apogée entre 1830 et 1860, au temps de la ligue de Cobden, au temps où différents pays avaient adopté un régime de large liberté commerciale. Le pape en 1849 (8 décembre) avait publié une encyclique contre le socialisme et la révolution. Des chrétiens libéraux, tels que Pressensé, Laboulaye, A. Vinet, J. Simon, de Gérando, Montalembert, soutenaient leurs idées dans la politique, dans la philosophie et dans la science. Mais ces généraux commandaient une armée dont les rangs, après cette époque, allèrent en s'éclaircissant de plus en plus. L'influence des idées « sociales » se faisait toujours plus grande, la marée socialiste montait toujours plus haut. Les chrétiens libéraux continuèrent leur chemin comme un corps qui, mis en mouvement, continue à se mouvoir par force d'inertie. Ils essayèrent de s'opposer aux idées des chrétiens sociaux en faveur des corporations obligatoires et de la législation sociale ; les catholiques fondèrent en France la *Société catholique d'économie politique et sociale*, où des hommes comme Ch. Périn, Cl. Jannet, défendirent et propagèrent les idées libérales : mais ces efforts ne furent pas couronnés de succès. Si le peuple les abandonnait d'un côté (en ce temps les partis libéraux étaient en décadence partout en Europe), le pape les abandonnait de l'autre ; déjà, en 1864, Pie IX avait condamné le libéralisme religieux par l'encyclique

Quanta cura : en 1891, Léon XIII condamnait aussi le libéralisme politique et économique. Il y a encore des chrétiens libéraux, mais ils n'agissent plus en tant que parti. Ainsi que nous l'avons vu, il y a des gradations différentes de libéraux chrétiens ; mais il y a aussi d'autres gradations ; par exemple, il y a des libéraux chrétiens qui ne veulent pas d'une législation sociale, mais qui demandent des mesures protectionnistes : tel fut en Italie le sénateur Rossi.

Si nous considérons maintenant les chrétiens qui, dans les questions sociales, repoussent les idées et les solutions libérales, nous trouvons encore plusieurs catégories : il y a d'abord ceux qui veulent qu'on intervienne pour modifier les phénomènes sociaux et les adapter aux principes de justice et d'ordre qui découlent des doctrines de la morale chrétienne ; ceux qui veulent qu'il y ait des organes spéciaux pour cette fonction, mais qui refusent absolument de la confier à l'Etat ; c'est l'Église qui, seule, doit s'occuper des moyens de résoudre la question sociale, par des institutions qui seraient uniquement sous sa dépendance. C'est l'idéal de Mgr. Ketteler ; il a emprunté à Lassalle les critiques de notre société, mais il n'en a pas adopté les remèdes. Une autre catégorie de chrétiens sociaux (la plus nombreuse) n'emprunte pas seulement aux socialistes leurs raisonnements, mais aussi une partie plus ou moins grande de leurs propositions et en partage certaines aspirations. Dans le domaine économique il y a des chrétiens qui, partant d'une protection modérée, arrivent presque au collectivisme. Dans le domaine moral, il y en a qui dépassent l'intervention du socialisme d'Etat, pour arriver à préconiser une réglementation despotique de la morale et de toute la vie sociale.

Un examen rapide de l'histoire du christianisme social

nous montrera encore une fois la vérité de ce que nous avons dit : que le mouvement religieux subit l'influence des grands courants sociaux. Entre 1830 et 1840, en dehors du parti catholique, un mouvement général se dessinait en Europe en faveur des idées socialistes. En France, Burot et Villermé répandaient les critiques faites par Sismondi à l'économie libérale ; Louis Blanc se déclarait partisan d'une très large intervention de l'État en faveur des classes populaires. Ces idées trouvèrent des adeptes parmi les catholiques. L'*Avenir* de Lamennais préconisait des mesures protectrices des ouvriers ; le vicomte de Villeneuve-Bargemont, adoptant les principes de l'intervention de l'État, écrivait son traité sur l'*Économie politique chrétienne*. A la même époque, en Angleterre, les protestants F. D. Maurice, Ch. Kingsley et lord Shaftesbury commençaient une propagande de protestantisme social, qui aboutit à la fondation des sociétés et coopératives pour les ouvriers : c'était exactement ce que faisaient les socialistes. Dans les années qui suivirent, les idées socialistes continuèrent à faire de grands progrès.

En Allemagne, le pasteur Wichern, à la tête d'un grand nombre de protestants aux idées très avancées, fondait la « Mission Intérieure », qui se proposait de relever la condition des ouvriers. En France le mouvement Saint-Simonien se répandait rapidement chez les classes cultivées et, plus encore, dans le peuple. Les catholiques le suivirent ; avec leurs institutions charitables, leurs sociétés d'étude des questions sociales, leur propagande, ils avaient attiré un nombre important d'adeptes. Aux approches de la révolution de 1848, les esprits se surchauffèrent dans le camp catholique comme dans celui des socialistes. Les limites entre les deux partis s'étaient presque effacées, tellement les catholiques avaient adopté les aspirations et les méthodes révolutionnaires des socialistes. Les catholiques s'empressèrent de tirer parti, autant que les socialistes, des dispositions de la loi de 1864 qui reconnut en France le droit d'association, tout en conservant le délit de coalition.

En 1870 et 1871 la puissance des socialistes dans ce pays avait fort augmenté : ce fut alors que le comte de Mun et le comte de la Tour du Pin fondèrent l'« Œuvre des Cercles », qui rencontra l'approbation d'un grand nombre de catholiques. En 1869, les évêques d'Allemagne, réunis au congrès de Fulda, frappés par les grands progrès du socialisme, décidaient de prendre une part active dans les débats sur la question sociale. Dès 1871 les catholiques entrèrent dans la lutte politique, en défendant un programme emprunté presque tout entier aux socialistes. A partir de 1878, voyant que les socialistes faisaient des progrès toujours plus rapides, les protestants aussi décidèrent de commencer une action sociale très énergique : Todt en fut le théoricien, Stöcker et Naumann les chefs. Aux Etats-Unis l'organisation ouvrière-socialiste se faisait toujours plus puissante, quand les évêques, après une longue lutte avec le Saint-Siège, obtinrent de se mettre à la tête de l'immense association des *Chevaliers du travail* et de la plier aux doctrines de l'Église.

L'importance acquise par les socialistes de Pologne et surtout de Belgique dans ces dix dernières années est bien connue : or, c'est dans ces deux pays qu'une partie du clergé, s'étant mise à organiser les ouvriers, à l'instar des socialistes, poussa le plus loin les conséquences de ses doctrines. Actuellement, en France, les socialistes ont gagné beaucoup de terrain ; et nous voyons, d'un côté, les catholiques sociaux redoubler d'activité, changer tour à tour de tactique et d'alliances, pourvu qu'ils augmentent le nombre de ceux qui soutiendront leurs intérêts ; et, d'un autre côté, les protestants sociaux s'efforcer de fonder le plus grand nombre de *Solidarités* (1). Les uns et les autres ne font que copier les socialistes. En Autriche, où les socialistes sont nombreux et hardis, les catholiques sociaux tâchent d'organiser le peuple, et de l'entraîner par des méthodes qui souvent n'ont rien à envier à celles des socialistes et qui, parfois même, les laissent fort en arrière. En Italie, dans ces derniers temps, les socialistes ont fait de grands progrès, et les catholiques aussi : ils prennent une part très active aux élections administratives et politiques, ils administrent plusieurs villes, font une propagande très active, organisent les ouvriers et les petits propriétaires ; et ils étendent leur action à la protection des émigrants.

Une des principales raisons de ce mimétisme social, de cette adaptation du mouvement religieux aux grands courants sociaux est celle qui a été si bien étudiée par M. Tarde : l'imitation plus inconsciente que consciente du milieu dans lequel nous vivons.

Mais il y a aussi d'autres raisons. Les catholiques qui, dans les siècles passés, s'appuyaient sur les princes et sur les aristocraties, aujourd'hui s'adressent surtout au peuple. Quand le souverain était un seul, les jésuites lui donnaient un confesseur et une maîtresse ; maintenant que le souverain est la moitié plus un des citoyens, les chrétiens sociaux tâchent de se rendre le peuple favorable. Ils disent qu'ils rendent ainsi plus vivante la religion. « C'est par le peuple seul, à notre âge de démocratie, que l'idée religieuse, comme toutes les autres, peut atteindre au triomphe (2) ». Après la Ré-

(1) Les protestants appellent de la sorte les centres de leur action sociale.

(2) G. Goyau, *Autour du catholicisme social*, IIe série, p. 4.

forme « les papes, dit M. Toniolo (1), un des chefs de la démocratie chrétienne en Italie, se sont trouvés liés aux empereurs et aux rois, à tous ceux qui leur promettaient de les aider à redonner à l'Église son unité religieuse et civile » (p. 162) ; mais ils n'obtinrent pas ce qu'ils voulaient ; pendant quatre siècles « l'Église a été entravée dans l'exercice de son œuvre sociale savante et libératrice ; on a même dit qu'elle était de connivence avec les souverains et les classes privilégiées, au détriment de la collectivité et surtout du peuple.

Aujourd'hui l'Église reprend sa place au milieu des populations, des institutions sociales, des masses populaires ; elle renouvelle plus ouvertement, avec une nouvelle ardeur, la mission de Jésus, des Apôtres, des évêques et des papes du Moyen Age, pour reconduire toutes les classes de la société sous la loi de justice et de charité chrétienne » (p. 13). Et puisque « tous les ennemis de l'ordre chrétien se sont réunis contre Dieu, et qu'ils arrachent aux catholiques surtout le peuple et les jeunes gens, nous devons nous hâter d'enrôler le plus grand nombre des nouvelles recrues, de les incorporer aux anciens bataillons, et de faire passer dans toute l'armée leur élan et leur enthousiasme » (p. 25). M. Brunetière reproche à Calvin d'avoir intellectualisé, individualisé et aristocratisé la religion : « s'il a pu convenir à d'autres temps, s'il a peut-être même rendu quelques services, si l'on pouvait encore historiquement le défendre, croyez-vous que ce concept « aristocratique » de la religion convienne à nos âges de « démocratie » ? (*L'œuvre de Calvin*, II). Mais si on étudie objectivement le phénomène, on voit que toujours les partis religieux ont tâché de se servir pour leurs fins

(1) Toniolo, *Indirizzi e concetti sociali all' esordire del secolo ventesimo.*

des personnes qui ont le pouvoir; il est donc naturel que dans les Etats démocratiques ils aillent au peuple. Le Saint-Siège avait déjà fait pour la première fois des avances à la démocratie en 1848, quand il s'empressa de reconnaître le gouvernement révolutionnaire de France ; à présent, d'une part, en suivant la politique du cardinal Rampolla, le pape accepte le République en France, de l'autre il montre qu'il est surtout sensible aux pèlerinages des ouvriers ; il publie des encycliques, écrit des lettres et fait des discours pour encourager et diriger le mouvement du catholicisme social, et il fonde presque un ministère de l'action sociale, en chargeant l'« Œuvre des congrès et comités catholiques » de la surveillance suprême de toute cette activité.

Le christianisme social, théoriquement et, parfois, aussi pratiquement, va fort loin. Les idées sociales des trois réformateurs anglais que nous avons cités, étaient du socialisme exprimé en versets de la Bible. En France, avant 1850, les catholiques C. F. Chevé et Segrétain étaient presque socialistes ; l'*Ère Nouvelle* et plusieurs autres journaux catholiques soutenaient des idées presque toutes puisées dans les programmes socialistes. Le courant catholique et le Saint-Simonisme se confondirent dans les œuvres des disciples de Buchez. Les évêques allemands, au Congrès de Fulda (1869), employaient les phrases, les idées, les propositions des socialistes. Le célèbre programme électoral de 1871 (composé par le chanoine Moufang) contenait une très grande partie du programme socialiste. Dans la même année, le gouvernement défendit les associations de paysans catholiques en Wespthalie comme il avait défendu celles des socialistes ; et les catholiques les reconstituèrent immédiatement et redoublèrent d'activité. En 1878 Todt s'appropriait en grande partie le programme socialiste. Aux Etats-Unis les Chevaliers du travail demandaient la nationalisation du sol et d'autres mesures socialistes. Les abbés Daens et Stojalowski avaient prêché à leurs adeptes des principes presque socialistes; en Belgique il y a encore à présent une minorité de catholiques sociaux qui suit les principes et la ligne de conduite de l'abbé Daens. Actuellement, le programme *minimum* des marxistes et le programme des socialistes d'Etat sont reproduits presque complètement, à quelques détails près, dans le programme des chrétiens sociaux.

Les protestants sociaux de France ont résumé les idées qui devraient diriger l'action des classes riches et cultivées, dans ce programme (1): « 1° Ayant notre pain quotidien, nous réclamons pour tous le droit au pain; 2° Ayant une famille que nous connaissons, parce que nous la voyons à d'autre moments que la nuit, nous réclamons pour tous le droit à la famille; 3° Ayant notre repos hebdomadaire, nous réclamons pour tous le droit au repos; 4° Ayant le temps d'être malades, nous réclamons pour tous le droit à la maladie; 5° Ayant des livres, nous réclamons pour tous le droit à l'instruction; 6° Ayant reçu la paix de notre âme par l'Evangile, nous réclamons pour tous le droit à la consolation, à la certitude, à la victoire sur l'égoïsme et sur la mort, en un mot, le droit au salut ».

On affirme aussi que parmi les chrétiens sociaux il y a des marxistes. Il y a en outre des chrétiens sociaux qui voudraient modifier certaines conceptions religieuses pour faciliter l'action sociale. Par exemple, M. Wilfred Monod, avec beaucoup de protestants sociaux, pense que pour sauver la société et lui conserver le sentiment religieux il faut modifier notre conception traditionnelle

(1) *Revue du Christ. soc.*, 15 juin 1897.

du royaume de Dieu, et transformer les méthodes d'évangélisation. Il y a aussi des antisémites (ceux au moins qui sont catholiques et qui préconisent une profonde réforme sociale) qui paraissent vouloir renouveler les excès des persécutions du Moyen Age. Parfois l'idée religieuse chrétienne passe au deuxième plan, s'efface et est remplacée par l'idée religieuse sociale. Le but suprême de la vie d'un chrétien a toujours été le salut individuel ; ce point a toujours été fondamental dans la religion catholique ; la Réforme a insisté encore davantage sur ce principe. Mais à présent on trouve que « la préoccupation du salut individuel a, dans les cercles religieux, envahi peu à peu toute la place et remplacé la passion primitive, apostolique, pour le règne de Dieu et sa justice. A entendre certains chrétiens, la grande question c'est d'être sauvé, quand même la grande majorité des hommes seraient perdus (1) ». « Le christianisme social proteste contre cette tendance au nom de la *solidarité* ; solidarité dans le mal, qui fait que nous avons tous notre part dans le réseau de fatalités héréditaires et sociales qui rend impossible à beaucoup de nos semblables, à moins d'un miracle, de sauver leurs âmes et de parvenir à une vie humaine et divine ; solidarité dans le relèvement, dans la rédemption qui fera « surabonder la grâce là où le péché a abondé » et doit aboutir à « réunir toutes choses au Christ, tant celles qui sont dans les cieux que celles qui sont sur la terre » (Épître de saint Paul aux Éphés., I, 10). Non, nous ne croyons pas, nous ne voulons pas croire que l'histoire du monde doive aboutir à un lamentable naufrage auquel, par une faveur inouïe, échapperaient quelques *rari nantes in gurgite vasto* (2). »

(1) H. Appia, *Le christianisme social*, Genève, 1900, p. 70.
(2) *Ibid.*, p. 75.

Toutefois, en général, même quand les catholiques et les protestants sociaux se rapprochent le plus des socialistes, leur idéal est un retour au passé. En général, ils demandent le rétablissement des corporations obligatoires, comme au Moyen Age, l'interdiction du travail des femmes et des enfants dans les fabriques, l'écrasement de la grande entreprise et la protection et l'extension de la petite industrie, du petit commerce et de la petite propriété; enfin les protestants sociaux allemands en arrivent à demander des lois somptuaires. Au congrès de Zurich de 1893 pour la protection ouvrière, les catholiques sociaux ayant proposé la suppression du travail des femmes dans les fabriques, Bebel, au nom des socialistes, présenta les objections suivantes : « Les catholiques veulent détruire le système capitaliste pour le remplacer par une société de petite bourgeoisie. Quant à nous, nous voulons un ordre social nouveau, plus élevé. Si vous êtes adversaires du travail de la femme en général, c'est parce que votre ordre social a ses racines dans le passé. » Ces quelques lignes résument clairement la position respective de ces deux grands partis : les socialistes et les chrétiens sociaux. Mais, si les chrétiens sociaux ont pris aux socialistes beaucoup de leurs conceptions, d'autre part, ils ont communiqué à une partie de ceux-ci leur attachement au Moyen Age.

Quels ont été les résultats de l'activité sociale des catholiques et des protestants sociaux ? Au point de vue législatif, les catholiques sociaux n'ont eu une influence directe qu'en Autriche et en Belgique. Or, en Autriche le rétablissement des corporations obligatoires (1883 et 1897) et plusieurs mesures contre la grande industrie ont réellement le cachet du parti catholique, ainsi que le vote plural en Belgique. Mais les autres réformes de la

Belgique, où les catholiques depuis longtemps sont au pouvoir, n'ont rien de confessionnel et de particulier; la création du ministère du travail (1895), le vote de la loi sur les règlements d'atelier (1895), de la loi sur le contrat de travail (1896 et 1899), de la loi sur les accidents du travail (1899) et des lois sur le contrat de travail et les pensions pour la vieillesse (1900), sont des réformes qui ne sont pas plus catholiques que socialistes.

Quant à ce qu'on appelle l'action sociale, directement, sans l'intervention de l'État, nous voyons que les chrétiens sociaux n'ont rien innové. Parfois ils ont mieux organisé les institutions de la philanthropie habituelle, mais dans la plupart des cas, ils ont adopté les procédés des socialistes. Les socialistes fondent-ils des sociétés ouvrières? les chrétiens sociaux créent des institutions semblables. Les socialistes ouvrent-ils des coopératives? les chrétiens sociaux fondent à leur tour des coopératives. En tout, dans les moyens, dans les méthodes de propagande et d'organisation, des travailleurs, ils ont copié les socialistes, mais ils n'ont pas obtenu le même succès. Les sociétés ouvrières fondées en Angleterre par les protestants sociaux, dans la première partie du XIXe siècle, ont eu une vie misérable et ne se sont pas répandues. En France, les sociétés ouvrières fondées par les catholiques, dès 1864, n'ont pas prospéré : elles ont fini, en général, par devenir des bureaux électoraux du parti monarchique ou d'autres partis. En Allemagne, le mouvement ouvrier, commencé par Stöcker, est allé grossir les rangs des socialistes. En Belgique, le mouvement de fondation de sociétés ouvrières, commencé avec un grand succès, s'est tout à coup arrêté, et ne paraît pas destiné à progresser à l'avenir.

Les causes de cet insuccès sont multiples. D'abord les socialistes font luire aux yeux des ouvriers un avenir plus tentant que celui que promettent les chrétiens sociaux. En outre, tandis que dans les sociétés socialistes, les ouvriers ont la sensation d'être des hommes libres, dans celles des chrétiens sociaux, ils sentent continuellement leur personnalité diminuée, écrasée par l'activité envahissante des chefs. Enfin, les ouvriers sentent instinctivement que, pour faire valoir les intérêts de leur classe, ils doivent être unis; or, cette séparation en ouvriers socialistes et ouvriers catholiques facilite la victoire des entrepreneurs. C'est ainsi que plusieurs grèves, en Italie, en France, en Suisse, etc., n'ont pas réussi ; cela a excité les esprits ; l'effet de la mauvaise organisation donnée par les chrétiens sociaux est devenu une cause d'insuccès : plusieurs travailleurs, qui auraient eu les mêmes idées, ne s'inscrivent pas aux cercles catholiques, par crainte des vengeances des socialistes. Enfin, quand les catholiques sociaux ont amené des ouvriers à déclarer la grève, ils n'ont pas su, en général, les diriger, les empêcher de recourir à la violence. Cela a lieu parce que les socialistes renseignent les ouvriers sur leurs droits et, en partie, sur leurs devoirs, les organisent pour qu'ils soient prêts à la résistance, à la grève, tandis que les chrétiens sociaux ne paraissent pas posséder le talent de l'organisation, ne leur font que des sermons sur la religion, la moralité, etc. ; des ouvriers faibles peuvent seuls accepter ce régime.

Les chrétiens sociaux ont eu prise seulement sur une classe sociale : celle des petits propriétaires fonciers, sur laquelle les doctrines des socialistes ne font aucun effet. Le succès dans ce cas, surtout en Belgique et dans le nord d'Italie, est complet, et il a eu pour résultat une amélioration sensible du sort de cette classe. Les catholiques sociaux de ces pays n'ont rien créé de nouveau ; comme le succès des socialistes en Belgique est dû surtout au fait de s'être occupés, les premiers, de fonder des coopératives, en améliorant les conditions des travailleurs, le succès des catholiques en Belgique et en Italie, et des protestants en Allemagne, est dû principalement au fait de s'être occupés, les premiers, de la fondation de caisses rurales confessionnelles de dépôts et de prêts, de sociétés coopératives d'assurance et de prévoyance, de syndicats pour l'achat et la vente, de caves sociales, de laiteries, de brasseries et de distilleries sociales, de la propagande des systèmes modernes de culture, etc. (1).

Les chrétiens sociaux, en imitant ce que faisaient les socialistes, n'ayant pas obtenu un grand succès parmi les ouvriers de l'industrie, ils ont tâché dernièrement d'obtenir un résultat meilleur en déguisant leurs opinions et leurs aspirations, en prenant un chemin détourné. En plusieurs pays, ils remuent les masses au point de vue politique, sous le drapeau nationaliste ou antisémite. C'est ce que fit en Allemagne le parti protestant social, dirigé par Stöcker : quand il eut perdu sa base populaire, il en chercha une autre dans l'antisémitisme. Stöcker, de la sorte, avait attiré une partie des propriétaires fonciers ; Naumann, en gardant le même programme, mais en le démocratisant un peu, arriva à avoir prise aussi sur la petite bourgeoisie et sur le peuple. En Autriche, les trois partis : catholique social, féodal antisémite, et démagogique antisémite, n'en forment plus qu'un. De même en France, l'action sociale des catholiques emprunte parfois ses méthodes à la déma-

(1) On a la preuve de ce que nous disons, dans le fait que là où (par exemple en Italie) les libéraux se sont mis à fonder les mêmes institutions, ils ont obtenu des résultats également satisfaisants.

gogie. Nous assistons ainsi à un mouvement qui entraîne de plus en plus vers l'action politique les partis religieux et sociaux (1).

(1) Dans ce cas encore, ces partis ne font que suivre les autres partis : sous un régime parlementaire, le parti qui entraîne le plus d'électeurs est le maître de la situation ; il est donc naturel que la lutte entre les différents partis se porte uniquement sur ce terrain.

CHAPITRE VI

LES SYSTÈMES THÉORIQUES

Division en systèmes religieux, métaphysiques, scientifiques. — C'est principalement parmi les systèmes religieux qu'on trouve des systèmes réels. — Etude du phénomène subjectif et des principaux arguments des réformateurs. — L'argument aristocratique. — Difficulté du choix des dirigeants. — Sophisme des « hommes compétents ». — Socrate, Platon et Auguste Comte. — L'argument de l'unité. — « L'anarchie » de la production est la conséquence de notre ignorance. — L'unité de la production pourrait conduire à des pertes bien plus grandes que celles qui résultent de la production « anarchique ». — L'unité détruirait tout progrès. — Saint-Simon et Auguste Comte. — La contrainte pour arriver à l'unité. — Ce qu'il y a de vrai dans l'argument de l'unité. — Misonéisme. — Les problèmes sociaux sont plutôt quantitatifs que qualitatifs. — Sophismes qui naissent de l'oubli de cette vérité. — L'unité ne peut guère être obtenue qu'à l'aide d'un sentiment religieux. — Bilan des avantages et des inconvénients ; *religio* et *superstitio*. — Difficultés des mesures efficaces pour modifier les sentiments. — Les gouvernements agissent souvent au hasard.

Un grand nombre de systèmes socialistes sont demeurés de simples conceptions de l'esprit, n'ayant pas eu d'applications pratiques ; et si parfois on serait tenté d'en reconnaître quelques-unes parmi les régimes existants, un examen plus approfondi ne tarde pas à démontrer qu'il s'agit d'organisations qui se sont développées spontanément et qu'on tâche de justifier *a posteriori* par des considérations théoriques. C'est donc de faits psychiques, de produits de l'esprit humain dont nous aurons principalement à nous occuper.

Dans l'*Introduction* nous avons déjà mis en garde le lecteur contre une illusion qui, à ce sujet, pourrait facilement se produire. Il ne faut pas croire, parce que nous nous arrêterons longuement à examiner la valeur logique de certaines conceptions, que cette valeur ait une grande importance pratique. En cette étude, nous agissons comme le grammairien qui étudie la morphologie homérique ; au fond, cette morphologie n'a que peu ou point de rapport avec la beauté des poèmes homériques, qui ont plu à tant de générations, pour de tout autres motifs que celui de l'usage de telle ou telle autre forme verbale.

Nous avons vu que les organisations socialistes étaient caractérisées par le fait qu'elles réduisaient à un minimum la propriété privée. On peut, suivant leur forme, les ranger en trois grandes catégories : 1° Les systèmes religieux, 2° les systèmes métaphysiques, 3° les systèmes scientifiques. Il est bien entendu que cette classification, comme la plupart des classifications scientifiques, n'a rien d'absolu et qu'il y a bon nombre de systèmes qui appartiennent en partie à une catégorie, en partie à une autre.

Les systèmes religieux ont pour but d'établir un genre de vie qui est supposé agréable à la divinité ou, pour parler d'une manière plus générale, qui est en harmonie avec certains sentiments religieux. Il faut bien noter en effet que ces sentiments peuvent exister sans qu'ils aient pour objet la forme concrète d'une divinité personnelle. Le bouddhisme en est un exemple ; le *positivisme*, du moins tel que le concevait A. Comte dans ses dernières années, en est un autre. Ce *positivisme* a plus d'un trait commun avec le catholicisme ; il a d'ailleurs un culte assez compliqué. D'autre part, il a souvent recours aux conceptions métaphysiques. C'est un système mixte qui peut être rangé, suivant le point de vue auquel on se place, dans la première ou dans la seconde des catégories que nous venons d'établir.

Les systèmes religieux, de même que les systèmes métaphysiques, mettent au second rang la partie économique de l'organisation, le bonheur terrestre des hommes. Ce n'est pas que l'on nie que ce bonheur ne puisse être aussi atteint, mais il ne le sera que d'une manière accessoire, tandis qu'on poursuit un tout autre but.

Les métaphysiciens anciens ont tâché de prouver l'identité du bonheur et de la sagesse, telle qu'ils l'entendaient. Il était impossible, selon eux, que le sage fût malheureux (1). Aristote établit que la meilleure administration de la cité est celle qui assurera à tous la plus grande somme de bonheur, et que le bonheur consiste à faire usage de la vertu, non de celle sous condition, mais de celle qui est simple, cette dernière ayant pour fin le beau et le bon (2).

(1) Voir tout le Ier livre de la *Rép.* de Platon, où Socrate arrive à la conclusion que « le juste est heureux, et l'homme injuste, malheureux », p. 334, *a* : Ὁ μὲν δίκαιος ἄρα εὐδαίμων, ὁ δ' ἄδικος ἄθλιος. SENÈQUE, *De la constance du sage : Sapiens nullius mali est patiens.* CICÉRON, *Paradox.*, II : Ὅτι αὐτάρκης ἡ ἀρετὴ πρὸς εὐδαιμονίαν. *In quo virtus sit, ei nihil deesse ad beate vivendum.* Dans un sens légèrement différent, ARISTOTE, *Polit.*, VII, 1, 5 : ... ἑκάστῳ τῆς εὐδαιμονίας ἐπιβάλλει τοσοῦτον ὅσον περ ἀρετῆς καὶ φρονήσεως... « Chacun reçoit autant de bonheur qu'il a de vertu et de sagesse. »

(2) *Pol.*, VII, 12, 3. Le texte a simplement καλῶς ; on ne saurait traduire ce terme sans faire usage d'une périphrase. L'idée fondamentale est celle de beauté, mais les idées accessoires de bon, honnête, honorable, glorieux, convenable, s'y sont ajoutées et se trouvent fondues en un terme qui n'a pas d'équivalent en français.

Comme types de systèmes socialistes religieux on peut citer plusieurs des systèmes que nous avons déjà étudiés, tels que ceux des moines bouddhistes, des moines catholiques, des Shakers, etc.

Les systèmes métaphysiques se proposent de régler la conduite des hommes selon certains principes qui, comme les principes religieux d'ailleurs, échappent à la sanction de l'expérience ; mais la métaphysique s'adresse à la raison, tandis que la religion parle au sentiment. La *République* de Platon est l'archétype des systèmes métaphysiques.

Les systèmes scientifiques recherchent le bonheur des hommes sur cette terre et ils font usage, ou du moins tâchent de faire usage, de l'observation, de l'expérience et de la logique. On peut naturellement se tromper aussi en suivant cette voie, soit parce que les observations sont imparfaites ou erronées, soit parce que le raisonnement n'est pas probant, mais il s'agit d'erreurs dans l'application de la méthode et non de ce que la méthode même est erronée. Le type de ces systèmes est le socialisme dit *Marxiste*, au moins dans sa partie théorique. En pratique, la raison cède souvent la place à des sentiments qu'on peut mettre au nombre des sentiments religieux.

Si nous laissons pour un moment à part le socialisme d'Etat, et que nous portions seulement notre attention sur les trois classes dont nous venons de parler, nous verrons que, de tous les systèmes qu'elles renferment, les systèmes religieux sont ceux qui ont eu le plus d'applications pratiques. Ce fait est remarquable ; il confirme l'observation que, pour changer une organisation sociale, il faut aussi changer le caractère des hommes. Or, la passion religieuse est une des plus grandes forces qui puissent effectuer ce changement. C'est la seule dont les effets soient aussi intenses, en sens contraire, que ceux de l'instinct égoïste qui pousse l'homme à se procurer la plus grande somme de jouissances avec le moindre effort possible. Sous ce rapport, l'amour sexuel seul lui est comparable ; mais il lui est très inférieur sous d'autres rapports, car il s'étend beaucoup moins dans le temps et dans l'espace. Il n'agit, en effet, que pendant une période assez courte de la vie et n'impose des sacrifices que pour une seule personne ou un petit nombre de personnes. De ce genre est aussi l'amour maternel, remarquablement développé chez un grand nombre d'animaux. D'autres passions, telles que l'amour de la patrie, amour qui se confond souvent avec les sentiments religieux, le dévouement à une caste, l'orgueil, la vanité, etc., peuvent aussi prévaloir sur le sentiment de l'égoïsme. Mais si leurs effets peuvent être intenses pour quelques individus et pour un laps de temps plus ou moins long, ce n'est qu'exceptionnellement qu'ils s'étendent à tous les hommes d'une contrée et à toute une époque.

Les systèmes métaphysiques n'ont pas d'applications pratiques, ou presque pas. Ils servent tout au plus, comme dans le cas du socialisme d'Etat, à justifier *a posteriori* des applications qui ont une tout autre cause. La métaphysique est une passion qui n'entraîne qu'un fort petit nombre de philosophes et qui n'agit absolument pas sur le plus grand nombre des hommes.

Quant aux systèmes scientifiques, il ne faut pas se laisser induire en erreur par les grands progrès du Marxisme. En y regardant de près, on voit que ces progrès, dans les masses populaires, sont dus en grande partie à un enthousiasme irréfléchi, qui rentre dans la catégorie des sentiments religieux, plutôt qu'à une persuasion scientifique (1). Combien de personnes, parmi celles qui se

(1) PHILIPPE TURATI, un des chefs du parti socialiste italien, a

disent Marxistes, ont-elles lu et compris le *Capital* de Marx ? La proportion ne diffère peut-être pas beaucoup de celle que l'on obtiendrait en recherchant combien de personnes, parmi celles qui se disent catholiques, ont lu et médité les Livres saints.

Ainsi, si nous considérons le phénomène objectif, tous ou presque tous les systèmes socialistes sont des systèmes religieux, ce terme étant compris en un sens très large. Cette proposition d'ailleurs n'est probablement qu'un cas particulier d'une proposition plus générale, car les sentiments religieux sont la base de tous les systèmes sociaux existants. Si nous considérons le phénomène subjectif, les systèmes socialistes métaphysiques et les systèmes scientifiques prennent une grande importance, non seulement au point de vue des systèmes idéaux mais aussi à celui des systèmes pratiques ; parce que les hommes, qui en réalité cèdent à un sentiment religieux, s'imaginent au contraire être guidés par leur raison dans le choix d'un de ces systèmes métaphysiques ou scientifiques.

Dans les chapitres précédents nous avons étudié des systèmes réels, c'est-à-dire que notre attention s'est portée sur le phénomène objectif ; nous allons maintenant nous occuper du phénomène subjectif.

On peut observer que si les raisonnements des réfor-

fait, à propos d'une grève, qui, pour des motifs exclusivement politiques, éclata à Gênes, en décembre 1900, des considérations qui confirment indirectement notre observation : « C'est la force des choses — dit-il — qui entraîne les hommes et renouvelle les sociétés... Dites-nous... comment ces rudes *dockers*, dont aucun n'a lu le *Capital*, ni épelé le *Manifeste* [*des communistes*, de Marx], ont compris et se sont fait une seule âme et un seul cœur, et il leur a suffit de faire un signe de tête pour arrêter la circulation du sang dans la société. » (*Critica Sociale*, 1er janvier 1900.) Du reste un grand nombre de socialistes disent que « le socialisme est la grande religion des temps modernes ».

mateurs paraissent littérairement variés, ils sont pourtant au fond d'une grande uniformité et peuvent tous rentrer dans un petit nombre de genres. Il sera donc bon d'en examiner les principaux, pour ne pas devoir répéter les mêmes choses quand nous examinerons chaque système en particulier.

Le problème du choix des hommes. — Ce problème se pose pour tout nouveau système d'organisation sociale. Les auteurs de ces systèmes se donnent généralement beaucoup de mal pour démontrer que les choix de la société qu'ils veulent réformer se font d'une manière imparfaite. Leur tâche est aisée, car on ne connaît pas de société qui, en cette matière, s'approche de la perfection. Mais ils négligent d'apporter la preuve que le système de choix proposé par eux sera meilleur que celui auquel ils le veulent substituer. Ainsi, ils démontrent longuement ce qui est à peu près évident, et glissent légèrement sur ce qui, au contraire, est sujet à caution.

C'est principalement de l'organisation du gouvernement que s'occupent les réformateurs, et cela est naturel, puisque, sauf les anarchistes, ils visent presque tous à reculer considérablement les bornes de l'action de l'Etat.

On peut désigner sous le nom d'*argument aristocratique* celui en vertu duquel on affirme que les « meilleurs » doivent gouverner ou, d'une manière plus générale, que dans l'organisation sociale chaque emploi doit être confié à l'homme « le meilleur et le plus compétent ». On ne précise guère ces termes, on démontre longuement que le système que l'on critique n'atteint pas le but proposé, on affirme que le système qu'on préconise l'atteindra, mais on glisse sur la démonstration, la proposition étant le plus souvent présentée comme évidente. Cet argument est maintenant un peu démodé, mais il a eu jusqu'à présent une grande importance, et peut-être en aura-t-il de nouveau à l'avenir.

La première observation à faire sur cet argument, et il faudra la répéter pour presque tous les autres, c'est qu'il est exprimé en termes équivoques, ce qui fait qu'on est généralement disposé à y acquiescer si l'on s'arrête à la surface des choses.

Qu'est-ce que l'homme le meilleur et le plus compétent ? Si l'on répond que c'est l'homme le plus apte à remplir un emploi, la proposition devient une tautologie ; elle affirme que l'homme le plus apte remplit mieux un emploi que l'homme moins apte, et ne nous apprend rien du tout. Mais si on l'énonce ainsi pour qu'elle paraisse évidente, on en fait usage en un autre sens ; c'est-à-dire qu'après avoir obtenu l'acquiescement sous la forme indéterminée, la conception de « meilleur et plus compétent » se précise et devient la conception d'un homme ayant une certaine fortune, une certaine naissance, une certaine éducation, choisi par certains procédés, etc. Ainsi on avait admis que l'homme meilleur et plus compétent gérerait mieux un emploi que l'homme pire et incompétent, et, par un tour de passe-passe, on se trouve avoir admis que, par exemple, l'homme noble et riche gérera mieux cet emploi que l'homme roturier et pauvre.

L'argument aristocratique ne résout pas la difficulté du choix des hommes, il la déplace seulement ; elle se trouve maintenant dans la définition des termes : meilleur et plus compétent, ou autres analogues.

Du fait qu'il existe des hommes intellectuellement et moralement meilleurs que d'autres, on conclut légitimement que les premiers *pourraient*, en guidant les seconds, augmenter la somme d'utilité, mais rien n'autorise à remplacer une proposition conditionnelle par une proposition affirmative et à dire que cet effet se produit réellement.

Plusieurs points sont à observer. 1° On peut pécher par ignorance, mais on peut aussi pécher par intérêt. La compétence technique peut faire éviter le premier mal, mais ne peut rien contre le second. Le syndicat des boulangers sera peut-être capable, et encore faut-il faire de nombreuses restrictions, de produire le pain dans les meilleures conditions possibles, mais il est aussi capable de se le faire payer le plus cher possible. La première chose peut être avantageuse aux mangeurs de pain, mais non la seconde. Pour bien se rendre compte des abus qui peuvent ainsi se produire, il n'y a qu'à examiner les résultats de la protection accordée aux pharmaciens. Ici l'utilité, la nécessité de la compétence pour gérer l'emploi est évidente; l'erreur d'un ignorant peut entraîner la mort d'un homme. Malheureusement, cette compétence a été étendue à la partie économique de l'entreprise et a abouti au prélèvement d'un véritable impôt sur les citoyens malades. Les pharmaciens se sont fait octroyer, par les pouvoirs publics, des tarifs avantageux ou les ont établis par une entente, rendue facile par leur monopole; ils ont ainsi fait des gains élevés, mais, là où l'exercice de la pharmacie est libre, ces gains ont fait surgir de nouveaux concurrents et, par conséquent, ont fini par être considérablement réduits. Pour les relever on a dû de nouveau renforcer le privilège des pharmaciens. De la sorte, le privilège n'a pas produit l'augmentation permanente des gains mais l'augmentation des membres de la classe privilégiée. Ceux-ci, en certaines localités, sont en nombre absolument exubérant, ne font presque rien, n'ayant dans toute la journée que de rares ordonnances à exécuter, et vivent comme de vrais parasites de la société.

Les médecins sont aussi devenus trop nombreux dans certaines localités. Il n'est sorte de mesures qu'ils ne réclament au nom de leur compétence; en apparence, dans l'intérêt des malades, en réalité dans leur propre intérêt pécuniaire. Dans la plupart des pays, ils ont obtenu des mesures protectionnistes pour repousser les médecins étrangers. Si vous êtes dans le pays X, votre intérêt bien entendu exige que vous vous fassiez soigner par un médecin diplômé de X, un médecin tout aussi diplômé de Y vous tuerait certainement, mais déplacez-vous de quelques kilomètres et passez la frontière, la scène change. Maintenant c'est le médecin diplômé de Y qui seul peut guérir, le médecin diplômé de X n'est qu'un ignorant. En Italie on a demandé qu'une ordonnance ne pût servir qu'une fois chez le pharmacien, afin d'obliger le malade à payer deux visites au médecin pour renouveler la dose. Or, personne ne conteste la compétence du médecin pour ordonner à son malade de prendre deux jours de suite une purgation, mais ce qu'on lui conteste, c'est la compétence de décider que le malade doit pour cela payer deux visites : *Ne sutor ultra crepidam.*

D'une manière générale, les gouvernants ont une tendance à se croire indispensables et à se faire payer très cher leurs services. Or, il se peut qu'en certaines circonstances des gens moins compétents mais aussi moins exigeants soient en définitive plus utiles au pays.

2° Il y a différents genres de compétence. Souvent, dans une entreprise, la compétence technique non seulement diffère mais s'oppose à la compétence financière. Le système chinois a pour but de mettre à chaque place le mandarin le plus compétent. Seulement cette compétence, en fait, est purement littéraire et n'a que des rapports fort éloignés avec la compétence pratique qui serait nécessaire. Le système des peuples européens qui font du baccalauréat la base du recrutement des fonctionnaires est un peu plus mais non beaucoup plus raisonnable. En quelques pays, les politiciens qui se font élire par le suffrage universel sont, en général, très compétents dans les intrigues électorales ou pour débiter des discours capables de plaire aux foules et de les entraîner. Mais cette compétence a, avec celle qui serait nécessaire pour résoudre les questions économiques et sociales, presque autant de rapport que l'art de la cuisine en a avec la mécanique céleste.

3° La compétence technique est souvent unie à la routine. Tous les corps constitués, tels que les corporations, les académies, les sociétés savantes, les sociétés politiques, etc., ont une tendance bien marquée à s'enfermer dans certains dogmes, à immobiliser l'art ou la science, à repousser les innovations ou du moins certaines innovations. C'est là une des tendances les mieux constatées de l'esprit humain ; les preuves abondent tellement qu'il est superflu d'en citer ici. Il est donc fort utile que des gens qui, étant étrangers à ces associations, sont rangés parmi les incompétents, viennent de temps à autre disperser les obstacles créés par la routine. La plupart des grands inventeurs non seulement sortaient des rangs des « incompétents », mais ont été souvent considérés comme n'étant pas bien raisonnables. En général, l'homme arrive à jouir d'un grand crédit comme étant compétent en certaines choses précisément à l'âge où son cerveau devient moins apte à recevoir de nouvelles idées.

4° La bonté morale, quand il s'agit d'organisation sociale, est encore plus difficile à saisir que la compétence. Il y a presque autant de manières de la concevoir qu'il y a de sectes. Dire qu'il faut que les meilleurs gouvernent, ne nous avance donc en rien pour le choix des hommes, car chaque secte prétend que ce sont ses chefs qui sont les meilleurs.

5° Enfin en ce cas, comme pour les propositions à base métaphysique, on oublie que le bonheur est essentiellement subjectif. Qu'importe à un Européen d'avoir, pour lui préparer à dîner, un cuisinier chinois très compétent, si la cuisine chinoise lui déplaît? Nos modernes ascètes oublient un peu trop que l'on ne peut pas obliger les gens à être heureux par force. On peut sourire tant qu'ils se bornent à menacer de toute sorte de maux l'être assez imprudent pour boire un verre de vin, manger un morceau de viande ou regarder un joli minois, comme M. Purgon menaçait ce pauvre Argan de le faire tomber de la bradypepsie dans la dyspepsie et dans d'autres maladies; mais ils deviennent franchement malfaisants quand ils prétendent imposer leurs idées avec l'aide du gendarme et du percepteur (1). Ces per-

(1) En 1901, lord Salisbury a prononcé un excellent discours, à ce sujet, à la Chambre des lords. Il s'agissait d'un bill de « tempérance » vivement favorisé par leurs seigneuries spirituelles, les évêques et les archevêques. L'archevêque de Canterbury, vendant la peau de l'ours avant d'avoir mis à terre la bête, avait annoncé que le Parlement allait prendre une mesure décisive en ce qui concerne le débit des boissons fermentées; l'évêque de Londres avait prédit une grande victoire de la « tempérance » dans la Chambre des lords. Celle-ci a pourtant repoussé le bill. Lord Salisbury s'est élevé fortement contre la conception de doter l'Angleterre d'un gouvernement « paternel », qui traiterait les citoyens en enfants. Laissez boire les gens auxquels cela fait plaisir, et mêlez-vous de vos affaires. Selon un mot connu, il vaut encore mieux que l'Angleterre soit libre que sobre : *free better than sober*.

Le langage de lord Salisbury, faisant appel à la dignité, l'indépendance, la responsabilité individuelle, nous change un peu des jérémiades des bigots de l'étatisme, qui veulent réglementer le boire, le manger et jusqu'aux plus innocents plaisirs de leurs concitoyens, comme si ceux-ci ne savaient pas, tout aussi bien

sonnes, lorsqu'elles s'occupent ainsi du bonheur de leurs semblables, rappellent l'anecdote de cette mère à laquelle on faisait remarquer que ses enfants avaient l'air triste et malheureux, et qui répondit : « c'est bien vrai, je les fouette toute la journée pour leur faire perdre cet air-là et je n'y puis parvenir. »

Xénophon (*Mem.*, III, 9) nous montre Socrate prêchant le choix des meilleurs. Il disait que le gouvernant doit commander, et le sujet, obéir. Que s'il se trouve sur un vaisseau un homme qui sache commander, le pilote et les autres matelots lui obéissent, qu'il en est de même dans l'agriculture pour les possesseurs de champs, dans la maladie, pour les malades, etc. En cette assimilation, Socrate oubliait qu'on ne suit les prescriptions d'un agriculteur ou d'un médecin qu'autant qu'on est persuadé qu'elles sont bonnes, tandis qu'on est contraint par la force de suivre celles des gouvernants. Un individu qui n'est pas content des conseils de son médecin peut le changer; il ne peut pas, lui seul, changer le gouvernement. Il choisit son médecin, en partie du moins par la méthode expérimentale ; il subit le gouvernement qui lui est imposé par la majorité, la tradition, les conjonctures, etc.

La conception de Socrate plaît tellement à Platon qu'il en fait le centre de sa *République* et qu'elle lui suffit pour résoudre toutes les difficultés. Il dit et répète (*Rep.*, p. 433 *a*) que chaque citoyen ne doit avoir qu'un emploi, celui auquel, par sa nature, il est apte. « La justice consiste à s'occuper de ses affaires et à ne pas se mêler de celles d'autrui » (p. 433 *b*). Il ne faut pas croire qu'en affirmant cela Platon avait en vue seulement la division

que ces braves gens, ou que les politiciens qui font les lois, ce qui leur convient.

du travail ; ce qu'il veut est quelque chose en plus : c est que chaque individu demeure cantonné dans une sphère d'occupation déterminée et que la société soit divisée en castes. Il esquive la difficulté principale, qui est celle du choix *a priori* des hommes et de leur répartition dans ces castes, et s'en tire par un apologue. Le dieu qui a formé les citoyens a mêlé de l'or dans la composition des uns : ce sont les gouvernants ; de l'argent dans la composition d'autres : ce sont les guerriers ; de l'airain dans celle d'autres encore : ce sont les laboureurs (III, p. 415). Il suppose que les races se perpétueront ; mais si d'une race naît quelque enfant qui appartienne à une autre, les magistrats le feront passer d'une classe à une autre. Cette théorie ressemble à celle de M. de Lapouge. Pour cet auteur la race d'or serait celle des dolichocéphales blonds. Si, en effet, on pouvait reconnaître par quelques signes extérieurs, tels que la forme du crâne, la couleur des cheveux, des yeux, etc., les caractères et les aptitudes des hommes, le problème de la meilleure organisation sociale serait aisément résolu. Malheureusement, ces théories n'ont que des rapports encore indécis avec la réalité, et pour le moment on ne connaît d'autre moyen de choisir les hommes que celui d'essayer ce qu'ils savent faire, en les mettant en concurrence les uns avec les autres. C'est ce qui a lieu, bien que d'une manière assez imparfaite, dans nos sociétés, et l'histoire nous fait voir que leurs progrès se sont trouvés intimement liés avec l'extension de cet usage.

En cette question du choix des hommes, la tendance de Socrate et de Platon est nettement anti-démocratique. Ils sont frappés des mauvais choix que fait la démocratie athénienne et, ne voulant pas tenir compte des difficultés de l'opération, ils s'imaginent qu'un régime différent conduirait à des choix essentiellement meilleurs.

C'est là, du reste, une erreur commune ; la plupart des personnes qui s'occupent de questions sociales rendent responsables le régime politique et les lois, d'inconvénients qui dépendent au contraire de la nature des hommes, de leurs passions, de leur ignorance. Si ces personnes vivent sous un régime X, elles sont vivement frappées par les défauts qu'il présente et elles admettent, sans plus ample examen, qu'un certain autre régime Z n'aurait aucun de ces défauts. Naturellement, si elles vivaient sous le régime Z, le raisonnement serait inverse et ce serait alors le régime X qui serait cité comme étant exempt de défauts. Ces personnes ressemblent au malade de Dante, qui se tourne et se retourne sur son lit :

> Che non puo trovar posa in su le piume,
> Ma con dar volta suo dolore scherma.

Quand les masses populaires se laissent entraîner par ce sentiment, il en résulte des révolutions, dont généralement l'effet le plus clair est de substituer la domination de certains politiciens à celle de certains autres. En réalité, les choix de la démocratie athénienne n'étaient pas bien plus mauvais que les choix des démocraties modernes, et ceux-ci ne sont pas, en général, bien plus mauvais que les choix des oligarchies, des monarchies ou des autocraties. Les choix des gouvernants de la ville de New-York, ceux de la bureaucratie russe, ceux de la bureaucratie chinoise, sont faits avec des critériums essentiellement différents, et pourtant ils aboutissent à constituer des corporations qui se ressemblent en bien des points et dont la vertu et l'incorruptibilité ne paraissent pas trop farouches.

Les mêmes causes qui agissaient sur Platon ont agi de nos jours sur Auguste Comte et l'ont conduit aux mêmes conclusions. Auguste Comte, vivant dans une époque où des idées libérales et peu religieuses étaient en vogue, revient, par réaction, à un système qui ressemble étonnamment au catholicisme (1), et dont il se crée pape, de par sa propre autorité. Témoin des choix, en effet fort médiocres, de la démocratie française, il en devient l'adversaire et imagine un système de choix destiné à établir le despotisme le plus complet qui se puisse imaginer. Du reste, quant aux principes, il innove fort peu et ne fait souvent que délayer les idées de Platon. Celui-ci dit que sa République se réalisera quand les philosophes seront rois, et Comte établit une autorité spirituelle suprême exercée par les philosophes. Il n'a pas assez de mépris pour les gens qui osent faire usage de leur raison pour juger les pouvoirs publics. « La métaphysique négative, d'abord protestante, puis déiste, a bien pu faire prévaloir une telle incohérence... Nos diverses constitutions métaphysiques ont directement consacré un tel régime... qui semble offrir à tout citoyen un moyen général d'appréciation sociale, d'après lequel il serait dispensé de recourir à des interprètes spéciaux (2). » Heureusement la doctrine positive vient mettre ordre à cela ; elle conduit « à la séparation normale des deux puissances sociales » (I, p. 149). Auguste Comte avait-il conscience qu'en écrivant ces mots : « La raison publique flétrira désormais, comme étant à la fois perturbateur et arriéré, tout docteur qui prétendra commander et tout gouverneur qui voudrait enseigner (3) »,

(1) C'est ce qu'a bien vu JOHN. STUART MILL, *A. Comte et le posit.*, trad. franç., p. 153 : « M. Comte est accoutumé à tirer de la discipline de l'Eglise catholique la plupart de ses idées de culture morale. »

On peut consulter aussi LAURENT JUSTINIEN, dans *Association catholique*, I, p. 117 et suiv.

(2) *Syst. de polit. positive*, I, p. 146-147.

(3) *Syst. de polit. positive*, I, p. 202.

il ne faisait qu'appliquer le principe posé par Platon et suivant lequel chacun doit s'occuper de sa spécialité sans se mêler de celle d'autrui ?

Résumant son maître, un disciple de Comte dit : « On n'est plus arpenteur sans connaître la géométrie, ni astronome sans avoir étudié les mathématiques transcendantes... Ce n'est qu'en politique et en éducation qu'on se mêle de discuter et d'écrire à tort et à travers..., sans même connaître le premier mot de la science abstraite dont elles dépendent (1). »

Cette observation, qui reproduit presque littéralement celle que Xénophon met dans la bouche de Socrate, serait excellente si elle ne visait qu'à inculquer la nécessité d'étudier une chose avant d'en parler ; et l'on pourrait l'appliquer immédiatement à Comte, qui se permet de traiter des questions économiques sans savoir le premier mot de l'économie politique ; mais autant chez Socrate et Platon que chez les positivistes, elle a une toute autre portée, elle vise à imposer certaines choses et à subordonner une classe sociale à une autre. Or, sous cet aspect, elle n'est pas même vraie pour l'exemple qu'on nous donne des sciences mathématiques et physiques.

Comment prouve-t-on qu'on est compétent en ces sciences ? En faisant et publiant des recherches qui y sont relatives. Par conséquent, si pour faire ces recherches, on devait déjà être « compétent », ce serait un cercle vicieux. Le 30 octobre 1826, Abel présentait à l'Académie des sciences, à Paris, un mémoire « sur une propriété générale d'une classe très étendue de fonctions transcendantes ». Abel, alors, était un inconnu. Avant qu'il eût publié ce mémoire on aurait dû le ranger, à juste titre, parmi les incompétents. Legendre, Gauss,

(1) *La sociologie par Auguste Comte,* Résumé par Emile Rigolage, 1897, préf., p. III.

étaient les géomètres les plus « compétents » quant à la théorie des fonctions elliptiques. Abel osa se dispenser d'avoir recours à ces « interprètes spéciaux », l'esprit envahi par ce que A. Comte appelle « la métaphysique négative », il pense avec sa tête, il écrit sur les fonctions elliptiques. Du coup, le voilà hors de pair, et son nom vivra dans la mémoire des hommes, tant que les mathématiques seront connues. Legendre écrit à Crelle : « Ces productions de deux jeunes savants (Jacobi et Abel), qui m'étaient inconnus jusqu'alors, m'ont donné autant d'admiration que de satisfaction. Je vis par là que, sous différents rapports, ils avaient, chacun de son côté, perfectionné cette théorie dont je m'occupais presque exclusivement depuis plusieurs années... » C'est un rêve que de s'imaginer que les théories scientifiques s'imposent d'autorité. Elles sont, au contraire, et demeurent constamment exposées aux attaques de tous : compétents et incompétents ; et ce n'est que tant qu'elles y résistent victorieusement qu'elles règnent dans la science.

En outre, ainsi que nous l'avons déjà observé, nous ne subissons pas l'autorité de l'arpenteur ; chacun de nous choisit, pour mesurer son champ, l'arpenteur dans lequel il a confiance. Tant que l'astronome parlera de théories abstraites, l'ignorant le laissera dire, mais, s'il affirme que « ses mathématiques transcendantes lui ont révélé que l'ignorant doit lui donner une partie de ses biens », cet ignorant se mêlera parfaitement « de discuter et d'écrire à tort et à travers » pour savoir s'il lui convient de donner ce qu'on lui demande (1).

(1) Dans les *Oiseaux* d'Aristophane, un devin vient apporter un oracle de Bacis pour la nouvelle ville. Selon cet oracle, il fallait donner au devin un manteau, des chaussures et d'autres choses. Pisthétéros, auquel il s'adresse, ne conteste pas la « compétence » du devin pour expliquer les oracles, mais ce sont les

M. Rigolage (*loc. cit.*, p. 8) dit : « Il n'y a pas de liberté de conscience en astronomie, en physique, en chimie... en ce sens que chacun trouverait absurde de ne pas croire, de confiance, aux principes établis dans ces sciences par des hommes compétents. » Il se trompe. Au point de vue scientifique, les plus grandes découvertes ont eu leur point de départ dans le fait que des hommes jugés incompétents, jusqu'à ce que, précisément, ils eussent fait leurs découvertes, n'ont pas accepté de confiance « les principes établis par des hommes compétents ». Le bon Lodovico delle Colombe reproche à Galilée de ne rien comprendre à la philosophie et de parler de choses dans lesquelles il est absolument incompétent (1). Encore une fois, pourtant, ce furent alors les « incompétents » qui eurent raison.

objets demandés par le devin qu'il ne veut pas lui donner, et il le chasse.

(1) Ce type d'ignorant qui se croit savant est, en vérité, bien amusant. De nos jours, plusieurs auteurs l'ont imité, sans s'en douter, en répétant, contre l'usage des mathématiques en économie politique, les mêmes objections faites par Lodovico delle Colombe contre leur usage en astronomie. Cet auteur dit : « Altri, in niuna filosophia avendo fondamento, si danno alle matematiche, e quelle predicano per sovrane sovra tutte le altre facolta (*a*). E laddove ai tempi di Aristotile, esse erano in credite di scienze da fanciulli e prima di tutte apparate, come appo noi l'abbaco... (*b*) non dimeno questi tali moderni e solenni matematici dicono che quel divino ingegno di Aristotile non li intese, e che percio disse pazzie (*c*)... » Les notes suivantes sont de Galilée : « (*a*) E per tali sono predicate da tutti, eccetto che da alcuni che non sanno quello che le sono ; uno dei quali è il presente scrittore. (*b*) Tanto è maggiore la vergogna di questo autore perchè e' non sa (volendo fare professione di filosofo) quello che era il primo studio dei fanciulli che dovevano poi attendere alla filosofia. (*c*) Hanno ragione di cosi dire, poi chè ei commette molti e gravi errori in matematica, sebbene nè tanti nè cosi solenni, come fa quest'autore ogni volta che apre la bocca in questi propositi, palesandosi sopra tutti gli ignoranti ignorantissimo. »

Au point de vue pratique, les indifférents acceptent les principes exposés par les savants, les personnes qui y attachent de l'importance, les discutent; aucun homme ne persisterait à y « croire de confiance », si, au nom de ces principes, on le voulait dépouiller. A vrai dire, nous ne nous occupons des théories politiques et sociales qu'en raison de leurs applications. Si les gouvernants se contentaient de faire des théories abstraites, les gouvernés consentiraient volontiers à ne pas s'en mêler. Mais il s'agit de bien autre chose ; c'est à l'argent et à la liberté des gouvernés qu'en veulent les gouvernants, et les gouvernés se défendent comme ils peuvent.

A. Comte fût-il le plus savant des hommes passés, présents et futurs, cela n'empêchera pas bien des gens de se refuser à se prêter aux momeries de la religion positiviste qu'il prétend instituer. Nous ne contestons pas la compétence de Comte pour établir que, « dans la principale prière quotidienne, l'effusion dure moitié moins que la commémoration (1). » Mais, en vérité, nous ne nous soucions ni de l'effusion ni de la commémoration.

Quant au choix des hommes, Comte ne fait faire aucun progrès aux théories de Platon ; il glisse le plus légèrement possible sur ce qui forme la difficulté principale des organisations aristocratiques et, ne pouvant résoudre cette difficulté, il tâche simplement de la dissimuler.

La classe des capitalistes se recrutera principalement, mais non nécessairement, par l'hérédité. Chaque fonctionnaire public, et tout le monde l'est dans le système de Comte, peut choisir son successeur. « Mais l'organi-

C'est tout ce que l'on peut répondre, encore de nos jours, aux critiques des méthodes exactes et scientifiques de l'économie politique.

(1) *Syst. de polit. posit.*, I, p. 115.

sation sociale reste néanmoins assujettie continuellement à des tendances anarchiques, qui, depuis l'abolition nécessaire du régime des castes, méritent la principale sollicitude du sacerdoce régulateur. En effet, la loi naturelle du classement humain ne concerne directement que la subordination des offices, sans régler leur répartition effective entre les chefs de famille. Cette distribution personnelle ne pouvant plus résulter de la seule naissance, chacun, la jugeant arbitraire, s'en plaint habituellement, et souvent à juste titre... Quoique le perfectionnement du régime humain doive de plus en plus diminuer ces abus naturels, ils conserveront toujours assez de gravité pour exiger l'intervention continue du pouvoir spirituel » (II, p. 327).

Les magistrats de Platon « doivent surtout prendre garde au métal dont l'âme de chaque enfant est composée, et si leurs propres enfants ont reçu un mélange de fer ou d'airain, ils ne doivent pas en avoir compassion, mais les envoyer aux travaux de l'industrie ou de la terre. Au contraire, si les ouvriers et les laboureurs ont des fils dans l'âme desquels se mêle l'or ou l'argent, ils les honorent en les élevant à la condition de gardiens et de magistrats » (*Civit.*, III, p. 415). C'est exactement ce que propose Comte, sauf qu'il appelle « pouvoir spirituel » ce que Platon appelle magistrats : ἄρχοντες. Même, dans certains détails, il y a identité. Les capitalistes de Comte doivent aussi, si leurs fils sont incapables, ont l'âme mêlée de fer ou d'airain, dirait Platon, laisser à d'autres leur fortune, faire passer dans leur classe ceux qui ont de l'or ou de l'argent dans l'âme. Les magistrats de Platon doivent persuader, par des fables, les citoyens à se contenter de leur condition ; « le pouvoir spirituel [de Comte] doit continuellement inspirer, aux individus et aux classes, une sage résignation envers les imperfections nécessaires de l'harmonie sociale (1) ». Le plagiat est évident, mais, vu la mégalomanie dont était atteint Auguste Comte, il est presque certainement inconscient (2).

Les Saint-Simoniens ne donnent aucune nouvelle solution du problème du choix des hommes. Seulement, ils appellent *institution sociale* ce que Platon appelait *magistrats*, et Comte, *pouvoir spirituel*. « Transportons-nous dans un monde nouveau. Là, ce ne sont plus des propriétaires, des capitalistes isolés, étrangers par leurs habitudes aux travaux industriels, qui règlent le choix des entreprises et la destinée des travailleurs. Une institution *sociale* est investie de ces fonctions, si mal remplies aujourd'hui (3). »

(1) *Syst. de polit. posit.*, II, p. 329.

(2) Comte n'est guère bienveillant pour l'auteur qu'il pille. Parlant de Socrate, il dit : « Malgré son bon sens et sa probité, cet estimable discoureur participa certainement aux diverses aberrations propres à l'élaboration vicieuse dont l'institution est surtout due à son étroit génie, qui repoussait aveuglément l'essor scientifique au nom d'une vague préoccupation de la morale. Toutefois, la réprobation finale d'une telle phase doit se concentrer sur son brillant successeur, qui prolongea jusqu'à nos jours sa désastreuse influence, intellectuelle et sociale, quoique la transition monothéique ait dû lui procurer une glorification provisoire. » (*Syst. de polit. posit.*, III, p. 343.) On sait que les haines entre sectaires d'une même religion sont des plus vives.

Il faut noter que l'attitude reprochée par Comte à Socrate est identique à celle que prend Comte lui-même. Nul plus que lui n'a réprouvé « l'intellect perturbateur » ; et dans sa lettre au Tzar Nicolas, il dit que le positivisme « ne sanctifie la science qu'en disciplinant les savants, de manière à proscrire, comme oiseux et même nuisibles, presque tous les travaux académiques. » (*Loc. cit.*, III, préf. p. XLVI.) C'est ce que Socrate pensait des travaux qui, de son temps, correspondaient aux « travaux académiques » du temps de Comte. Le motif de cette réprobation est le même pour les deux auteurs : « Une vague préoccupation de la morale. »

(3) *Doct. Saint-Sim.*, *Exposition*, p. 139.

Nous retombons d'ailleurs dans les classes habituelles ; ces prétendus réformateurs innovent fort peu. Les Saint-Simoniens ont aussi les trois classes : des prêtres, des savants, des industriels. Plus précisément nous devons considérer : « Le PRÊTRE général ou SOCIAL, le PRÊTRE de la *science* et le PRÊTRE de l'*industrie* (1)... Déterminer le but de l'activité humaine, commander les travaux par lesquels ce but peut être atteint, les distribuer, les coordonner en les rapportant à leur fin, classer les hommes, les unir, voilà la fonction religieuse et politique, qui se résout tout entière dans la fonction sacerdotale, qui n'a point d'autre objet. Le prêtre social, le prêtre de l'unité révèle à l'humanité sa destination générale et lui rappelle sans cesse qu'elle ne peut l'accomplir que par les travaux unis de la science et de l'industrie. Après avoir fait choix des hommes qui peuvent l'aider à lier ces deux ordres de travaux, il nomme le prêtre de la science et le prêtre de l'industrie, et partage entre eux tous les autres individus, selon leurs aptitudes à suivre l'une ou l'autre carrière » (p. 478).

Morelly a imaginé, pour choisir les chefs de sa Société communiste, un système de roulement. Son but est celui auquel visaient les petites démocraties grecques : faire en sorte que chaque citoyen arrive à son tour au pouvoir. Les démocraties modernes sont trop nombreuses pour espérer d'atteindre un tel but ; elles doivent se contenter d'apaiser le plus grand nombre possible d'appétits, en multipliant les fonctions publiques. Au fond, il est loin d'être sûr que le tirage au sort, surtout s'il était accompagné d'une δοκιμασία (2) un peu sérieuse, ne donnerait

(1) Ces différentes manières de souligner appartiennent au texte que nous citons. Ce sont de vrais enfantillages. Il n'est pas inutile d'en tenir compte, pour bien connaître l'état d'esprit des gens qui s'y livrent.

(2) On appelait ainsi, à Athènes, l'examen auquel étaient sou-

pas, en certains cas, des choix qui ne serai pas plus mauvais que ceux du suffrage universel (1) ; il aurait l'avantage de soustraire ces choix à l'intrigue et autres agissements fort peu recommandables des politiciens, et entraînerait probablement un moindre gaspillage des deniers publics.

La pauvreté de l'imagination des réformateurs, quant aux systèmes du choix des hommes, est remarquable. Nous revenons toujours au même point. Incapables de résoudre nous-mêmes le problème du choix des hommes, nous nous déchargeons de ce soin sur le hasard, un système de roulement, un corps spécial ou un individu ; sur les *magistrats* de Platon, le *prêtre social* de Saint-Simon, le *pouvoir spirituel* d'Auguste Comte, etc. Mais qui nous assure que ces gens auront les lumières qui nous manquent? Et que, les ayant, ils en feront bon usage? *Sed quis custodiet ipsos custodes?*

Les partisans de « l'État éthique » escamotent encore plus complètement le problème du choix des hommes. Chez eux, toute réalité physique disparaît et l'on voit apparaître une certaine entité abstraite et métaphysique nommée *État*. Pour Rodbertus, c'est « une providence sociale ». Il n'a pas de peine à démontrer que « l'État »

mis les citoyens désignés par le sort, ou élus, pour remplir certaines fonctions. Il ne portait pas sur des aptitudes professionnelles, mais sur certaines conditions d'état civil, de mœurs, etc. On vérifiait si le nouveau magistrat était réellement citoyen, s'il respectait ses parents, honorait les dieux nationaux, s'il avait rempli ses devoirs militaires, payé ses impôts, etc. Les fonctions religieuses auxquelles la βασίλισσα devait présider rendaient nécessaire de demander à l'archonte-roi si sa femme était vierge quand il l'avait épousée et si elle n'avait pas eu de relations avec un autre que son mari. Il ne faut pas s'étonner de ces bizarreries ; elles étaient raisonnables pour les hommes de ce temps.

(1) ARISTOTE, *Polit.*, V, 2, 9 : « A Hérée on remplaça l'élection par le tirage au sort, parce que la première ne donnait que des intrigants (ὅτι ᾑροῦντο τοὺς ἐριθευομένους). »

règlera excellemment toute activité sociale, car, sa définition étant admise, cette proposition revient à dire que la providence est la providence, mais il n'a pas l'air de se douter qu'il existe un problème bien autrement important que celui prétendument résolu par cette tautologie, c'est-à-dire qu'il s'agit de trouver le moyen de faire descendre sur la terre cette « providence », de transformer en quelque chose de concret cette abstraction métaphysique ; en d'autres termes : de *choisir* les hommes qui doivent servir de corps et d'organes à cette « providence ».

Certes, si l'on admet que l'on peut avoir un individu ou des individus doués d'omniscience, infiniment vertueux et infiniment bons, ce qu'on a de mieux à faire c'est de remettre en leurs mains tout pouvoir, et l'exposé du système d'organisation sociale tient entièrement en ce peu de mots.

Mais le problème réel est tout autre. Il consiste à trouver la manière d'effectuer les choix les moins mauvais qu'il est possible avec des hommes imparfaits, c'est-à-dire plus ou moins ignorants, plus ou moins vicieux, tels enfin que nous les connaissons.

L'ARGUMENT DE L'UNITÉ. — Si nous connaissions la meilleure solution d'un problème, il est évident qu'il nous conviendrait de l'adopter uniformément, d'avoir un procédé unique et de ne pas introduire de variété en cette matière. Ainsi, par exemple, nous savons que, pour obtenir la surface d'un rectangle, il suffit de multiplier sa base par sa hauteur; donc, si nous voulons savoir quelle est la surface d'un rectangle dont la base est 6 centimètres et la hauteur 4 centimètres, nous n'avons qu'à multiplier ces deux nombres. Si, au contraire, on se mettait à faire des essais multiples et variés avec des petit carrés de papier de un centimètre de côté, pour finir par découvrir qu'il en tient 24 dans ce rectangle, on n'aboutirait par ce procédé « anarchique » qu'à une énorme perte de temps.

Mais déjà, sans abandonner le terrain du calcul, si nous avons à trouver la racine d'une équation d'un degré supérieur au 4e, il nous faut recourir à des tentatives, et même pour le 3e degré il peut y avoir avantage à ne pas employer les formules connues et à résoudre l'équation par tentatives.

Sur le terrain concret des arts, nous ignorons toujours ou presque toujours quelle est la meilleure solution, ainsi la condition pour l'unité de la solution n'est pas remplie et cette unité n'est pas avantageuse. Supposons que, pour produire une certaine marchandise A, « l'organisation anarchique de la production » emploie plusieurs procédés : I, II, III, IV. Pour simplifier, supposons que chacun de ces procédés donne 100 kilogrammes de A, le premier avec une dépense de 85, le second, de 90, le troisième, de 95, le quatrième de 100. Il est clair que ce n'est pas là la manière la plus économique de produire A. Si l'on substituait un seul procédé à cette variété de procédés, et, ceci est un point essentiel, si ce procédé unique était le premier, toute la quantité produite de A ne coûterait que 85, par chaque 100 kilogrammes, et l'on réaliserait une économie de 30, sur « la production anarchique ». Mais, pour que cette conclusion subsiste, il faut que le procédé choisi soit le premier; si c'était le dernier, « la production unifiée », au lieu de présenter un avantage sur « la production anarchique », donnerait une perte de 30. La « production anarchique » est donc loin d'être la plus économique, mais les pertes qu'elle nous inflige sont la rançon de notre ignorance, elles ne peuvent disparaître qu'avec celle-ci. Si les personnes, qui ont choisi les différents procédés, n'étaient pas sujettes à erreur, elles auraient toutes choisi le procédé I et l'unification des procédés aurait eu lieu naturellement.

Cette unification tend aussi à se produire sous l'influence de la concurrence, qui remplace le choix *a priori* par le choix *a posteriori*, ou qui, en d'autres termes, applique la méthode expérimentale. Les entreprises, qui produisaient avec les coûts de 90, 95, 100, sont détruites par la concurrence, au profit de celle qui produit avec le coût de 85. C'est certainement une méthode imparfaite, car il aurait mieux valu ne pas commencer par créer des entreprises pour les détruire ensuite. Cela donne lieu à une destruction de richesse et inflige des souffrances morales et physiques aux hommes. Mais existe-t-il une autre méthode plus parfaite, un autre moyen d'obtenir le même résultat à un moindre prix? Voilà le problème à résoudre.

A la demande qui vient d'être faite, les réformateurs répondent oui, parce qu'ils s'abusent sur la difficulté du choix et parce qu'ils suppriment la condition qui est indispensable pour que l'unification de la production ou de certaines autres organisations sociales soit avantageuse. Ils sont d'autant plus portés à faire cela qu'ils ne brillent généralement pas par un excès de modestie et que leur science est, du moins à leur propre avis, extrêmement étendue. Comment des hommes aussi extraordinairement doués pourraient-ils ignorer la meilleure solution à donner à chaque problème particulier? Aussi Platon nous renseigne-t-il longuement et minutieusement sur tous les détails de l'éducation, et A. Comte pousse sa touchante sollicitude pour notre perfection morale jusqu'à nous apprendre que dans toute composition importante, en prose, chaque tiers de chapitre doit être divisé en « sept sections, composées chacune de sept groupes de phrases, séparées par les alinéas usités.

Normalement formée, la section offre un groupe central de sept phrases, que précèdent et suivent trois groupes de cinq, etc. (1) ». Il ne lui vient pas en tête que le problème qu'il s'est posé pourrait avoir d'autres solutions, et qu'il est des gens d'assez mauvais goût pour préférer le style clair et limpide d'auteurs qui ignoraient la composition « normale » de la phrase, tels que Montaigne, Voltaire, Laplace, Courier, au prolixe verbiage du *Système de politique positive.*

Chaque nouveau réformateur ne réfléchit pas assez que si ses prédécesseurs avaient réussi à *unifier* l'organisation sociale, il n'aurait pas pu produire son système. Si la société s'était cristallisée dans les formes que voulait Platon, nous n'aurions pas eu les œuvres de Rousseau, de Morelly, de Fourier, de Comte, ce qui n'aurait peut-être pas été un grand malheur, mais nous aurions été aussi privés des œuvres de Galilée, de Newton, de Lavoisier, de Watt, de Darwin, etc., et cela n'aurait certes pas été à notre avantage. Même lorsqu'ils s'entendent sur certains points, les réformateurs se combattent avec acharnement sur d'autres. De nos jours, dans les congrès socialistes, on échange parfois des injures et même des horions, à défaut de bonnes raisons. M. Brunetière partage avec Comte, qu'il copie, l'amour de l'*unité* et la haine de « l'individualisme perturbateur » ; ainsi que Comte il éprouve une vive antipathie pour la liberté de penser des Grecs et l'oppose au respect des Romains pour l'autorité. Mais si Comte vivait encore et qu'on l'enfermât avec M. Brunetière, on pourrait craindre de voir ces deux auteurs finir par s'entre-dévorer ; tandis que, grâce à la variété de l'organisation sociale et à la liberté, ils ont pu écrire tant qu'ils ont

(1) *Synthèse subjective*, I, p. 755.

voulu, et la perte, pour la société, se réduit simplement à quelques rames de papier et à des frais d'impression.

Les réformateurs anciens dans nos sociétés et, jusqu'à ces derniers temps, les réformateurs chinois, objectaient qu'ils n'innovaient pas, mais qu'ils ne faisaient que revenir à l'unité ancienne, dont leurs contemporains s'étaient écartés. Nos réformateurs modernes ont une autre réponse. Ils se sont emparé de la conception de l'évolution et l'appliquent plus ou moins bien à leurs doctrines. Les doctrines du passé étaient bonnes pour le temps où elles se sont produites, la doctrine du réformateur X est bonne pour le temps où vit ce réformateur. Du reste, cette idée avait cours bien avant qu'on parlât couramment d'évolution. Voici comment s'expriment les Saint-Simoniens : « Le monde attendait un sauveur... Saint-Simon a paru; — Moïse, Orphée, Numa ont organisé les travaux matériels; — Jésus-Christ a organisé les travaux spirituels ; — Saint-Simon a organisé les travaux religieux. — Donc Saint-Simon a résumé Moïse et Jésus-Christ. » Et d'une manière plus condensée : « Moïse a promis aux hommes la fraternité universelle ; Jésus-Christ l'a préparée ; Saint-Simon la réalise (1). » Inutile d'ajouter que ce n'est pas à Saint-Simon, mais à Auguste Comte que l'évolution aboutit, pour les positivistes ; elle aboutit à Marx ou au collectivisme, pour un certain nombre de nos socialistes.

Maintenant, on remonte même bien plus haut que Moïse ; c'est depuis l'hypothétique nébuleuse solaire que nous suivons l'évolution jusqu'à ce qu'elle reçoive son digne couronnement par l'avènement inévitable du

(1) *Exposition*, p. 40. Plus loin, p. 97 : « ... aujourd'hui l'humanité s'achemine vers un état *définitif*,... où le progrès pourra s'opérer sans interruption, sans crises... »

collectivisme. L'unité statique se change donc en une unité dynamique. L'unification s'étend dans l'espace mais non dans le temps. Chaque époque doit avoir une organisation unifiée, mais l'organisation d'une époque peut, et même souvent doit différer de celle d'une autre. Il y a pourtant une tendance à mettre un terme à ce cycle quand on arrive à l'organisation désirée par les réformateurs. Le régime féodal devait enfanter le régime bourgeois, celui-ci doit fatalement se changer dans le régime collectiviste ; mais arrivé là, on s'arrête. Quand le monde aura fait cet effort, il se reposera. Il est incontestable, selon les positivistes, que la société a passé par trois phases ; la phase théologique, la métaphysique et la positive; mais il ne paraît pas qu'il y ait rien au delà de cette dernière. C'est le couronnement de l'édifice. Du reste, même dans les détails, il est bon d'arrêter le mouvement de perpétuel devenir. Par exemple, « quoique le culte doive se rapporter à l'ensemble de la durée humaine, sa partie historique ne recevra jamais d'accroissement notable, ce qui permet aujourd'hui de l'instituer définitivement (1) ». Ainsi l'histoire s'arrête à Comte. L'évolution était excellente pour nous amener au positivisme : ce résultat atteint, nous pouvons la laisser de côté. Elle se serait arrêtée bien avant, si le monde avait fait bon accueil aux préceptes de Platon. Cet auteur voulait que tout fût immuable ; non seulement les lois et les coutumes mais même les chants et les jeux des enfants devaient être tels. Lorsqu'on aura fixé — dit-il — les chants et les jeux qui conviennent à la jeunesse, quiconque osera innover, chanter ou jouer d'une manière autre que celle prescrite par la loi, sera puni par les magistrats (2). Ces dispositions ne sont pas pour déplaire aux « éthiques »

(1) *Syst. de polit. positive*, IV, p. 141.
(2) *De leg.*, 800 *a*.

nos contemporains. C'est convenablement pourchasser « l'individualisme » que de lui enlever jusqu'au refuge qu'il pourrait trouver dans les jeux.

Morelly, au XVIIIe siècle, s'inspire des idées de Platon ; il dit : « Les magistrats veilleront avec soin à ce que les lois et règlements pour l'éducation des enfants soient partout exactement observés, et surtout à ce que les défauts de l'enfance qui pourraient tendre à l'esprit de propriété soient sagement corrigés et prévenus. Ils empêcheront aussi que l'esprit ne soit imbu dans le bas âge d'aucune fable, conte ou fiction ridicule (1) ». L'évolution,

(1) M. BERTHELOT, *Science et morale*, p. 33, ne veut pas qu'on amuse les enfants par des contes : « Depuis les origines de l'histoire, et il y a soixante ans encore, la première enfance était bercée par les nourrices à l'aide de contes de fées et de fantômes, dont les images persistantes obsédaient ensuite la vie humaine. Aujourd'hui, parmi les classes cultivées du moins, ces contes ne sont plus récités. Aussi les ogres, les vampires, les anges et les diables... ne hantent plus les imaginations des hommes de notre temps, sans que leur esprit ou leur moralité en aient été aucunement affaiblis. Il en sera de même, quand les vains rêves et affirmations des croyances théologiques auront cessé d'être enseignés. »

Mais notre auteur ne dédaigne pas de composer lui-même des contes qui n'ont guère plus de réalité que les contes de fées. Tels sont ceux de son discours : *En l'an 2000*. Il nous dit que « un jour viendra où chacun emportera pour se nourrir sa petite tablette azotée, sa petite motte de matière grasse... tout cela fabriqué économiquement et en quantités inépuisables par nos usines... Ce jour-là..., il n'y aura plus ni champs couverts de moissons, ni vignobles, ni prairies remplies de bestiaux » (*loc. cit.*, p. 513). Sa science est tellement étendue, qu'il sait pertinemment qu'alors « l'homme gagnera en douceur et en moralité, parce qu'il cessera de vivre par le carnage et la destruction des créatures vivantes... la terre deviendra un vaste jardin, arrosé par l'effusion des eaux souterraines, et où la race humaine vivra dans l'abondance et dans la joie du légendaire âge d'or » (*loc. cit.*, p. 514).

Cette théologie chimique n'a pas même le mérite de la nouveauté.

naturellement, doit s'arrêter au système de Morelly : « Il y aura une espèce de code public de toutes les sciences, dans lequel on n'ajoutera rien à la métaphysique ni à la morale, au delà des bornes prescrites par la loi. » Les découvertes « physiques, mathématiques ou mécaniques » demeurent seules permises.

En 1900, en France, on réclamait une loi, dite du *stage scolaire*, en vertu de laquelle nul n'aurait pu avoir un emploi de l'Etat s'il n'avait passé trois années dans les établissements scolaires de l'Etat. En vertu d'une telle loi, un Laplace ne pourrait pas enseigner l'astronomie s'il avait le malheur de n'avoir pas fait son stage scolaire. On a tenté de justifier cette loi au moyen de l'argument de l'uniformité : tous les Français ne devant avoir que les principes qu'ils puisent dans les établissements de l'Etat. Par une rare inconséquence, on laisse d'ailleurs enseigner dans ces établissements les principes de la « lutte des classes », ce qui ne semble pas, en vérité, le meilleur moyen d'*unifier* ces classes.

Souvent, de nos jours, l'argument de l'*uniformité* revêt la forme d'un argument contre « l'individualisme ». Un individu A veut imposer à ses concitoyens ou à tous ses semblables un certain système X. Un autre individu B ne veut pas de ce système, il résiste, et à cette action négative, il n'est pas rare que s'ajoute une action positive et qu'il veuille, à son tour, imposer à A un autre système Y. Frappé du fait de la résistance, A déclare que B est un « individualiste », et il n'a pas tort en un certain sens, car en effet l'opposition de B est bien une opinion individuelle, mais celle de A n'en est-elle pas une aussi ? M. Brunetière croit que l'unité morale et religieuse réalisée par le catholicisme est le salut de la France, et, au nom de cette uniformité, il veut persécuter les républicains libres-penseurs, les juifs et les francs-maçons. Mais ces républicains lui rendent la monnaie de sa pièce. Ils invoquent précisément cette même « unité morale » pour exclure des fonctions publiques les citoyens qui n'auront pas fait un stage scolaire, qui auront appartenu à une congrégation religieuse, ou, en résumé, qui ne leur plaisent pas. Au nom de la liberté, ils repoussent le système de M. Brunetière, mais ils se hâtent d'oublier leurs principes libéraux quand il s'agit d'imposer leur propre système. De même M. Brunetière n'a pas assez de dédain pour la liberté quand il y voit un obstacle à son système, mais il l'invoque pour repousser le système de ses adversaires. Comment décider, entre un catholique intransigeant et un jacobin, lequel des deux est un « individualiste » ? Tout critérium nous fait défaut, tant que ce terme n'aura pas été mieux défini.

Au fond, les raisonnements qu'on fait sur ce sujet ont une prémisse implicite. Pour A, cette prémisse est que le système X est tellement juste et bon que seuls quelques individus subversifs peuvent y être opposés. Pour B, c'est le système Z qui possède ces qualités. Chacun croit que l'opinion qu'il adopte est la meilleure, et cela est naturel, car autrement il ne l'adopterait pas. De là à vouloir imposer cette opinion par la force il n'y a qu'un pas, et il est aisément franchi quand on se dit qu'au fond on ne fait qu'imposer ce qui est vrai, juste et bon. La plupart des opinions des hommes vulgaires, et ces hommes forment l'immense majorité de la race humaine, deviennent des religions. La foi est généralement intolérante et c'est en quoi elle s'oppose à la science. Jamais personne n'a été persécuté pour avoir refusé de croire au théorème du carré de l'hypothénuse, tandis qu'on a emprisonné, pendu, brûlé des gens dont l'unique tort était de ne pas avoir, sur des matières incompréhensibles, la même opinion que les personnes qui disposaient de la force. Les lois de la gravitation universelle sont un peu plus certaines que les subtiles inepties au nom desquelles l'Inquisition a fait périr tant d'hommes ; pourtant jamais un Newton ou un Laplace n'ont demandé qu'on imposât par la force la croyance à ces lois, tandis qu'un Bossuet affirmait que « le prince doit employer son autorité pour détruire dans son Etat les fausses religions ». Il est entendu que la vraie religion est celle de Bossuet et que toutes les autres sont fausses ; c'est d'ailleurs ce que tout fanatique affirme de sa propre croyance. La phrase de Bossuet résume la doctrine des jacobins ; cette phrase on la répète encore de nos jours, au lieu du « prince » on y nomme le « gouvernement de défense républicaine », et elle est dirigée contre la religion qui fut chère à Bossuet. Il faut ajouter qu'actuellement une religion pseudo-scientifique est en train de se former, et qu'elle est tout autant exclusive et intolérante que d'autres religions. On divinise la *Science* et l'on dogmatise en son nom, en violant outrageusement les règles les mieux établies des recherches expérimentales et scientifiques.

Il n'y a pas longtemps qu'en plusieurs pays la loi punissait l'auteur qui, par ses écrits, portait atteinte au principe de la propriété individuelle ; il est possible que dans quelque temps, en ces mêmes pays, la loi punisse l'auteur qui aura la hardiesse de médire de la propriété collective (1). Aujourd'hui on peut parler librement de l'une et de l'autre. C'est ainsi qu'autrefois, l'édit de Milan, en 313, exprime qu'il parut à Constantin et à Licinius augustes « que c'était une bonne et très raison-

(1) « L'heure approche, dit M. Jaurès, où nul ne pourra parler devant le pays, du maintien de la propriété individuelle sans se couvrir de ridicule et sans se marquer soi-même d'une marque d'infériorité. » (Cité par *Les Débats*, 19 septembre 1901.)

nable disposition de ne refuser à aucun individu, chrétien ou autre, la faculté de suivre la religion qui lui convient le mieux ». Mais, comme on sait, cette tolérance ne dura pas et bientôt les chrétiens, autrefois persécutés, devinrent persécuteurs. Il est probable que de même les socialistes, qui maintenant réclament la liberté là où ils sont persécutés, ne manqueront pas, dans l'avenir, à peine ils seront les maîtres, de l'enlever à leurs adversaires (1).

Présenté de la sorte, l'argument de l'unité conduit à une absurdité manifeste ; mais il ne faut pas nous arrêter à la surface, nous devons tâcher d'arriver au fond des

(1) Un journal qui ne cesse de reprocher aux catholiques contemporains l'intolérance de l'inquisition au Moyen Age, après avoir reproché à M. Compayré d'avoir « opposé les résistances les plus vives à la création d'une Université populaire », ajoute : « A la séance solennelle de rentrée des facultés, il a osé *(sic !)* prononcer les paroles suivantes : « Diderot avait risqué cette définition hardie : « Une Université, c'est une école dont la porte est ouverte indistinctement à tous les enfants d'une nation. » Mais ce n'était là qu'une fantaisie d'un esprit fertile en paradoxes... Ne recommençons pas, dans un autre domaine, l'expérience des bataillons scolaires, qui ont disparu après avoir, quelques années, joui de la faveur publique. On y jouait au soldat. Ne jouons pas au savant. » Quel est l'avis du grand maître de l'Université sur ce fonctionnaire de l'instruction publique qui tourne en dérision l'honneur même des fonctions dont il est revêtu ? »

De cela il appert que, selon certains *libéraux*, il existe une opinion orthodoxe au sujet des Universités populaires, de laquelle on ne saurait s'écarter sans s'exposer à être dénoncé aux autorités et livré au bras séculier. Il est même permis de ne pas trop être exact quand on charge ces nouveaux hérétiques. Il faut en effet observer que M. Compayré n'ayant aucune fonction dans les vénérables Universités populaires, on s'éloigne quelque peu de la vérité en affirmant qu'il « tourne en dérision des fonctions dont il est revêtu ». Il paraît d'ailleurs que les paroles de M. Compayré n'avaient pas été exactement rapportées. Cela importe peu pour notre observation, qui vise seulement les conséquences qu'on voulait en tirer contre leur auteur.

choses et de voir si les exagérations des partisans de ce principe ne cachent pas quelque vérité.

D'abord, il y a une vérité subjective. Chez bien des animaux et chez l'homme existe un sentiment qui rend extrêmement pénibles et déplaisantes certaines dissemblances entre l'aspect ou la manière d'être d'un individu et celle de la généralité. Si l'on teint une poule blanche en rouge et qu'on la remette avec ses compagnes, elle sera assaillie à coups de bec ; le chien a assez d'intelligence pour reconnaître son maître sous des habits différents, mais les animaux de l'espèce bovine attaquent souvent leur maître qui vient de changer de vêtement. Un critérium des plus sûrs du progrès de la civilisation paraît être la tolérance pour les nouvautés. Cette tolérance distinguait précisément Athènes des autres cités plus arriérées. Les peuples barbares ne tolèrent aucune nouveauté ou variété, même des plus insignifiantes, et se rapprochent fort, sous cet aspect, des animaux ; les peuples civilisés admettent en certaines choses la nouveauté et la variété. Pourtant, chez ces peuples, les foules ont encore un assez vif sentiment de misonéisme. En outre, et c'est ce qui prouve la force du sentiment d'hostilité aux déviations d'un type commun, ce sentiment persiste précisément pour les choses qui paraissent les plus indifférentes. Par exemple, la liberté des opinions politiques est maintenant absolue en Angleterre ; dans cet État monarchique, on peut dire et imprimer que le meilleur gouvernement est celui d'une république, mais un individu qui se promènerait dans les rues de Londres, vêtu comme un gentilhomme du siècle passé, serait certainement maltraité par la populace ; une dame qui ferait ses visites avec une crinoline serait exclue de la bonne société. La coutume impose une foule de règles que chacun doit observer sous peine d'être en butte à la malveillance de ses semblables. La logique n'a rien à voir en cela, et l'homme qui cède à ces sentiments d'antipathie ne raisonne pas plus que le taureau qui se précipite, tête basse, contre un chiffon rouge. Si l'on fait usage de la raison, on ne voit pas en quoi Pierre fait du tort à Paul parce qu'il croit devoir employer, pour adorer Dieu, des formes légèrement différentes de celles qui plaisent à Paul. Pourtant c'est là une des divergences qui ont le don d'exciter au plus haut degré la haine des hommes, et des millions d'êtres humains ont péri victimes de cette haine. Les raisons qu'on donne pour la justifier ne soutiennent pas une minute l'examen. Pierre dit que Dieu est offensé par les croyances de Paul, mais même en admettant ce point de vue, il resterait à savoir comment et pourquoi c'est Pierre qui est chargé de venger les injures faites au tout-puissant. La vérité est que ces raisonnements, bien loin de déterminer l'action, n'ont été imaginés qu'*a posteriori* pour la justifier.

Nous voilà ainsi ramenés à une observation que nous avons déjà faite et que nous devrons encore rappeler plus d'une fois. Au-dessous du phénomène subjectif nous trouvons un phénomène objectif souvent fort différent.

Il y a, ensuite, dans l'argument de l'unité une vérité objective, qui a inspiré le précepte catholique : *in necessariis unitas, in dubiis libertas, in omnibus charitas.* En certaines choses l'unité est presque indispensable, en d'autres elle est fort utile ; cela donnerait raison aux partisans exclusifs de l'uniformité ; mais il faut ajouter qu'en d'autres choses cette uniformité est indifférente, et qu'en d'autres encore elle est décidément nuisible. La difficulté n'est donc pas d'en reconnaître l'utilité, mais de savoir précisément quelle est la limite où cette utilité cesse et où l'uniformité commence à devenir nuisible. Le problème est de quantité et non de qualité.

L'examen de la plupart des questions de la science sociale et de la science économique nous mène à une conclusion semblable, et son oubli est la cause de sophismes très répandus et d'interminables discussions oiseuses (1). Exprimons la chose en général. Supposons que, pour obtenir le maximum de bien-être, une certaine proportion de A et de B soit nécessaire à la société humaine. Les partisans de A n'ont aucune peine à démontrer que A est nécessaire ; c'est la vérité mais ce n'est pas toute la vérité, car il faudrait ajouter que B aussi est nécessaire ; de même la partie critique dans laquelle ils démontrent que B ne peut donner le maximum de bien-être est en général excellente, mais ici encore nous n'avons qu'une partie de la vérité, pour l'avoir entière, il faut dire que B *seul* ne peut donner ce maximum et qu'il doit se trouver uni à A en une certaine proportion. Inutile d'ajouter que les partisans de B tombent *mutatis mutandis* dans les mêmes erreurs. La discussion ainsi n'avance nullement, car elle ne porte pas sur le seul point qu'il est important de déterminer, c'est-à-dire sur la proportion dans laquelle doivent se trouver A et B.

Ce qui contribue encore à nous fourvoyer, c'est la conception erronée qu'il existe certains principes ab-

(1) Un bon exemple nous est fourni par List. Il reproche à Adam Smith d'avoir dit que l'épargne individuelle crée des richesses, et la justification de ce reproche consiste à observer que l'épargne ne nous enrichit pas toujours. Si nous suivons cette logique, il ne sera plus permis de dire qu'un lapin mâle, adulte, engendre des petits lapins, car : 1° pour cela il lui faut une femelle ; 2° même s'il a une femelle, il n'engendre pas *toujours* des petits lapins.

La plupart des raisonnements de List sont de cette force.

solus aptes à résoudre tous les problèmes, extrêmement complexes, de l'organisation sociale. On oublie que si, dans un phénomène théorique, on peut isoler à volonté une cause des autres, il y a au contraire dans tout phénomène concret un grand nombre de causes dont les effets s'entrecroisent.

Platon étend à l'individu le principe de l'unité. Il ne veut pas qu'un ouvrier en fer travaille en même temps le bois. Si quelque étranger exerce deux métiers à la fois, les magistrats doivent, par des châtiments, le forcer à être « un seul et non plusieurs » (*De leg.*, 847 *b*). Sous ces exagérations il y a le principe excellent de la division du travail, et ici encore le problème est de quantité, non de qualité.

La société humaine n'est pas une poussière d'atomes isolés, mais un tout organique où certaines règles doivent être nécessairement communes sous peine de maux extrêmement graves. C'est par une agréable fiction qu'Aristophane suppose, dans les *Acharniens*, que Dicéopolis conclut pour lui seul une trêve avec Lacédémone, avec laquelle demeurent en guerre tous ses concitoyens. En réalité, les choses ne sauraient se passer ainsi et il est bien évident que l'état de paix et celui de guerre sont et doivent être communs à toute une nation. Il faut aussi une certaine uniformité pour les lois; peut-être de nos jours la pousse-t-on trop loin, mais en tout cas chaque homme ne peut avoir un code spécial pour lui seul. De ces cas, où l'uniformité est évidemment utile, on passe, par degrés insensibles, à d'autres où elle est tout aussi évidemment nuisible. Il serait absurde, par exemple, de vouloir obliger tous les hommes indistinctement à manger à la même heure les mêmes qualités et la même quantité d'aliments. Entre ces cas intermédiaires se trouvent une foule d'autres cas pour lesquels il faut faire une sorte de bilan et voir de quel côté penche la balance.

Ici se place une observation fort importante. L'histoire et l'expérience journalière paraissent démontrer que là où cette uniformité est nécessaire, on ne peut guère espérer de l'établir et de la maintenir sans le secours d'un sentiment religieux. Cela ne serait pas nécessaire — observe Polybe (VI, 56) — si un Etat n'était composé que de sages. Cette restriction est peut-être superflue, car nous ne savons pas quels sont ces sages dont parle Polybe ni quelle serait la constitution d'une société qui en serait composée. Nous devons donc, si nous voulons être prudents, borner notre étude aux hommes tels qu'ils existent en réalité.

La nécessité d'un sentiment religieux — ce terme étant pris dans une très large acception — pour établir et maintenir une uniformité souvent nécessaire, parfois indispensable, excuse jusqu'à un certain point des divagations telles que celles d'Auguste Comte. L'intellect est réellement perturbateur, surtout d'ailleurs parce qu'il est extrêmement borné chez la plupart des hommes. Il faut agir par le sentiment sur le plus grand nombre des hommes, puisqu'il est impossible d'agir sur eux par le raisonnement. Sous cet aspect on peut dire que la religion, entendue dans le sens le plus large, est bien réellement le ciment indispensable de toute société. Il importe peu d'ailleurs, sous certains rapports, que l'on tisse le péplum pour Athéna, qu'on sacrifie à *Iuppiter optimus maximus,* ou que, dans un état plus avancé de l'évolution, l'on remplace ces dieux par des abstractions, telles que « l'Humanité » ou le « progrès socialiste » (1);

(1) Peut-être pourrait-on y ajouter la « synthèse chimique » de M. Berthelot; mais la puissance de cette nouvelle divinité,

le but est atteint si les hommes sont entraînés à une action commune par ces moyens. Il ne faut pourtant pas en abuser. Le haschish procurait de bons exécuteurs au *vieux de la montagne*, mais il ne saurait donner ni un général d'armée, ni un savant, ni même un des ouvriers intelligents dont a besoin l'industrie moderne. Scipion, avant de donner l'assaut à Carthage-la-neuve, promit à ses soldats l'assistance de Neptune. Instruit de l'effet des marées, que ceux-ci ignoraient, il attend le moment où l'eau commençait à baisser et ordonne aux soldats de se jeter dans un étang qui les séparait des murs de la ville. Les soldats obéissent et sont émerveillés en voyant l'eau se retirer, ils sont persuadés qu'une intervention divine se produit, font des prodiges de valeur et s'emparent de la ville (1). Il fut alors utile que les soldats aient eu foi en Neptune, mais il le fut encore plus que leur général connût le phénomène des marées.

Les hommes ont absolument besoin de sortir du domaine de la réalité, de faire des excursions dans le domaine de l'indémontrable. C'est pour cela qu'une religion leur est indispensable. Vouloir substituer la science à la religion est une absurdité. En ce sens on a eu raison de parler de « la faillite de la science ». Mais il faut ajouter que la science qui a fait faillite est celle qui a voulu sortir du domaine qui lui est propre, et qui a prétendu satisfaire des besoins non logiques et non expérimentaux des hommes, tandis qu'elle n'a rien à voir en dehors de l'expérience et de la logique.

La plupart des penseurs ont reconnu ce besoin reli-

pour exciter l'émotion et l'enthousiasme des hommes, paraît assez problématique.

(1) Polybe, qui rapporte ce fait, VI, 56, a fort bien noté l'importance de la religion à Rome.

gieux de l'être humain, mais souvent de ce fait ils ont tiré des conséquences erronées.

Un des sophismes les plus répandus consiste à vouloir prouver la réalité expérimentale et logique de certaines croyances et à donner pour preuves qu'elles sont bonnes et utiles aux hommes. Cette dernière proposition peut être vraie, mais n'a rien à faire, logiquement, avec la première.

Il était utile pour les Grecs de consulter l'oracle de Delphes quand ils voulaient fonder une colonie, mais cela ne prouve ni l'existence d'Apollon ni qu'il rendît des oracles. En réalité, à Delphes se trouvaient centralisés une foule de renseignements qui permettaient de décider en connaissance de cause la fondation d'une colonie. L'origine du sophisme qui nous occupe se trouve dans une conception qui, en un autre sens, a induit certains hommes à s'imaginer que la science pourrait remplacer la religion, c'est-à-dire on se figure que, seul, ce qui est vrai scientifiquement peut être utile à l'homme. Cette identité entre le « vrai » (1) et l'utile étant établie, on peut en tirer des conclusions en deux sens différents. 1° Puisque ce qui est utile est vrai scientifiquement, quand nous avons prouvé l'utilité d'une chose, nous avons aussi prouvé qu'elle est vérifiée par l'expérience et

(1) On entend souvent dire qu'il n'y a pas seulement la vérité scientifique, qu'il y en a une autre. Si par là on entend que la vérité scientifique n'est pas tout, ni subjectivement ni objectivement, on a parfaitement raison. L'inconnaissable nous entoure, le connaissable n'est qu'un tout petit ilot, au milieu d'un vaste Océan. Mais il ne faut pas donner le même nom à deux choses aussi différentes qu'une proposition qui se trouve vérifiée par l'expérience et qu'une proposition qui n'est pas susceptible de cette vérification. Si on leur donne le même nom, c'est qu'on veut tirer parti de la confusion ainsi établie, pour étendre subrepticement à une de ces propositions ce que l'on n'a admis que pour l'autre.

la logique ; c'est le sophisme que nous venons d'indiquer. 2° Puisque seul ce qui est vrai scientifiquement est utile, toute chose qui ne peut pas être prouvée par la logique et l'expérience est nuisible à l'homme, et comme l'essence de la religion est précisément d'être au delà de l'expérience, toute religion est nuisible. On tombe ainsi dans les divagations des philosophes du XVIIIe siècle et des « matérialistes » de notre époque.

Ce besoin d'identifier le non-réel et le réel est puissant chez l'homme, et comme le non-réel est parfois utile, il s'ensuit que même les personnes qui se rendent parfaitement compte que cette identité n'existe pas, sont obligées de s'exprimer comme si elles croyaient à son existence, pour ne pas offenser et contribuer à détruire des sentiments qui sont utiles à la société (1). D'autres personnes, en ces circonstances, finissent par se tromper elles-mêmes ; plus ou moins explicitement leur conception est qu'il serait utile qu'une certaine chose fût vraie scientifiquement et que, par conséquent, il faut admettre qu'elle est telle. C'est l'état d'esprit dans lequel se trouvent actuellement, par rapport à la théorie de la *valeur*, certains Marxistes instruits et intelligents. Au point de

(1) Il y a des époques où cela devient difficile. Par exemple, à une certaine époque, en Grèce et à Rome, les gens intelligents comprenaient l'absurdité expérimentale et logique des aventures des dieux du polythéisme, et pourtant beaucoup d'entre eux sentaient que, pour le bien de l'Etat, il était indispensable qu'ils eussent l'air d'y croire. Mais c'est une situation pénible et qu'il est difficile de prolonger indéfiniment ; et c'est peut-être là une des causes principales des maux des sociétés humaines.

Les hommes sont différents, et veulent paraître égaux ; ils ne sentent pas de la même manière, et ils veulent avoir une communauté de sentiments ; ils ne peuvent pas croire les mêmes choses, et ils veulent avoir une unité de croyance. D'une manière plus compréhensive : la société est hétérogène et les hommes veulent qu'elle paraisse homogène.

vue logique, ils ont certainement tort; au point de vue pratique de l'utilité pour leur cause, ils ont probablement raison. Le tout est de ne pas abuser d'une chose qui, en de certaines limites, peut être bienfaisante pour l'humanité; et il faut surtout comprendre qu'il y a sous ce rapport de grandes différences entre les hommes, que ce qui entraîne les uns ne persuade nullement les autres, que ce qui agit fortement sur eux, en de certaines circonstances, agit faiblement ou n'agit pas du tout en d'autres. Les études sur la psychologie de la foule ont donné des exemples de ce dernier fait, qui est d'ailleurs général.

Les Romains avaient compris que, dans l'usage de la religion, il y a un problème de quantité à résoudre. Ils distinguaient nettement la *religio* de la *superstitio*. Cette dernière, à l'origine, n'indiquait nullement ce que maintenant nous appelons superstition. Le romain avait des devoirs bien déterminés envers les dieux; il les accomplissait exactement, comme il payait une dette, mais rien de plus, aller au delà était de la *superstitio*. Le vieux Caton, qui du reste était un homme religieux, avait résolu ce problème de quantité pour les domaines ruraux. « Que le *villicus* — dit-il — ne se livre pas à d'autres pratiques religieuses que les *compitalia*, dans les carrefours ou près du foyer... qu'il ne consulte ni augure ni devin ni astrologue (1). »

Dans toute organisation sociale-religieuse, une lutte s'établit entre la *religio* et la *superstitio*. Une partie de

(1) *De re rus.* V. GELL., IV, 9, cite un vers d'un ancien poète :
Religentem oportet esse; religiosum nefas.
Il y ajoute un commentaire de Nigidius Figulus. *Vinosus, mulierosus, religiosus, nummosus, significat copiam quamdam immodicam rei supet qua dicitur. Quocirca religiosus is appellabatur, qui nimia et superstitiosa religione sese alligaverat, eaque res vitio assignabatur.*

la multitude tend toujours à verser dans cette dernière ; les chefs, plus sages, tâchent de la retenir dans la *religio*. Cette question entre la *religio* et la *superstitio* est capitale. Elle s'est posée dès les débuts de l'Église chrétienne et a beaucoup occupé les conciles et les pontifes. Rome a toujours tâché de se tenir en un juste milieu, endiguant les manifestations de piété excessive, essayant de les faire avorter, les réprimant au besoin.

La plupart des instincts des hommes se retrouvent chez les animaux : il en est un, celui d'ascétisme, qui n'existe que chez les hommes et dont il est bien difficile de démêler l'origine. On ne le voit guère chez les sauvages, au moins chez les plus misérables, mais il se développe rapidement avec le bien-être. Au sein de l'aisance, les hommes aiment à s'infliger eux-mêmes des souffrances. Les motifs qu'ils donnent pour justifier ces actions ont une importance secondaire ; on y reconnaît tous les caractères des explications *a posteriori* dont nous avons parlé dans l'*Introduction*. Un ancien Grec dira qu'il faut s'infliger quelques souffrances pour apaiser la jalousie qu'ont les dieux, des mortels trop heureux, et il citera l'histoire de l'anneau de Polycrate ; le fakir indien, l'ascète chrétien et autres semblables, croiront acheter la félicité céleste et éternelle au prix de souffrances terrestres et passagères ; le philosophe cynique affirmera que la vertu suffit pour le bonheur (1) et qu'on

(1) DIOG. LAERT., VI, 1, 11 : αὐτάρκη δὲ τὴν ἀρετὴν πρὸς εὐδαιμονίαν.

Les épidémies des Flagellants, en 1259 et en 1349, nous font voir la passion de l'ascétisme exaltée au plus haut degré. Ceux du XIVe siècle « se flagellaient à des moments déterminés. Les hommes se mettaient nus jusqu'à la ceinture et se frappaient avec des lanières armées de quatre pointes de fer, si énergiquement, dit un témoin oculaire, que parfois il fallait deux secousses pour détacher la pointe de la chair. Ils déclaraient que cet exerne doit avoir aucun souci des usages et des biens de la société ; le stoïcien esclamera que la douleur n'est point un mal et, jouant sur les mots, il voudra persuader que le sage seul est heureux et qu'il est libre dans les fers ; le moderne ascète éthique, n'ayant pas de Dieu personnel auquel offrir ses souffrances, et surtout celles des autres, les offre à l'*Humanité*, et s'imagine la combler de bienfaits en privant de quelque innocent plaisir son prochain (1).

Il est clair qu'ici encore il y a une question de mesure. Entre vivre uniquement pour jouir des plus grossiers plaisirs des sens, et vivre avec le seul but de se martyriser, entre s'empiffrer, comme font certains sauvages, et se laisser mourir de faim, il est une voie intermé-

cice, poursuivi durant trente-trois jours et demi, lavait l'âme de toute souillure et rendait le pénitent aussi pur qu'au jour de sa naissance ». H. C. LEA, *Hist. de l'Inq.*, trad. de S. Reinach, II, p. 457.

Du reste, ainsi qu'il arrive aussi de nos jours, l'ascétisme n'était nullement inconciliable avec le désir de s'approprier les biens d'autrui. Le zèle religieux des Flagellants se manifestait aussi par le pillage des juifs et, en général, des gens riches.

(1) RENAN, *Marc-Aurèle*, p. 234 : « La victoire de l'épiscopat fut, dans cette circonstance, la victoire de l'indulgence et de l'humanité. Avec un rare bon sens, l'Eglise générale regarda les abstinences exagérées comme une sorte d'anathème partiel jeté sur la création et comme une injure à l'œuvre de Dieu. » Et, p. 235 : « Le troupeau des fidèles, nécessairement de vertu moyenne, suivit les pasteurs. La médiocrité fonda l'autorité. Le catholicisme commence. »

S'est-on assez moqué, à la fin du XVIIIe siècle, des prescriptions de l'Eglise catholique touchant le maigre ! Voilà que maintenant les « abstinents » se posent des problèmes de ce genre : « peut-on, sans charger sa conscience, manger un poisson cuit au vin blanc, un civet de lièvre auquel, pendant la cuisson, on a ajouté un petit verre de vin de Bordeaux ? » Les rigoristes sont pour la négative. *Nil novi sub sole.*

diaire qui assure mieux le bien-être de l'individu et de l'espèce.

La théocratie catholique a dû livrer deux genres bien distincts de combats. D'une part, elle avait à lutter contre l'élite intellectuelle et scientifique, qui se séparait d'elle et se posait en rivale ; d'autre part, elle devait réprimer les excès de fanatisme, de superstition et d'ascétisme qui se faisaient jour de toute part.

Cela date de loin. Déjà, à l'époque des *montanistes*, la classe gouvernante de l'Église chrétienne avait réprouvé les excès de ce que nous pourrions appeler la *superstitio*. Depuis Voltaire, on est injuste envers la théocratie catholique, parce que, de parti pris, on ne voit et on ne veut voir que la moitié de son œuvre. Certes, la persécution des hommes qui créaient la science ou qui, seulement, voulaient penser librement, n'avait et ne pouvait avoir aucune utilité sociale et était, au contraire, extrêmement nuisible. D'ailleurs, fort heureusement, Rome échoua complètement dans cette partie de son œuvre. L'autre partie réussit mieux et nous a délivrés du joug de fanatiques redoutables. Il se peut que le même effet aurait pu être obtenu sans l'action de Rome, c'est ce que nous ignorons ; mais, en tout cas, cette action paraît bien avoir été au moins une des causes qui ont agi.

Que serait devenue l'Europe sous la tyrannie du sombre ascétisme des Cathares (1)? En nous l'évitant, Rome

(1) F. Tocco, *L'eresia nel medio evo* a fort bien décrit les tendances du catharisme. « Le vrai cathare — dit-il, p. 88 — à l'exemple du divin Maître, ne possède ni maisons, ni champs, ni d'autres richesses ; il met tout son avoir en commun avec les autres, et vit misérablement du travail de ses mains. » Il cite la lettre d'Erverinus à saint Bernard : *Dicunt qui se tantum Ecclesiam esse et apostolicae vitae veri sectatores permanent, ea quae mundi sunt non quaerentes, nec domum, nec agros, nec aliquid possidentes sicut Christus non possedit.* Plus bas, une autre citation

a mis un rayon de soleil dans la vie de millions et de millions d'humains. Quel aurait été notre avenir économique si Rome n'avait su endiguer le courant ascétique qui se manifestait par l'œuvre de saint François d'Assise et de ses compagnons? Les Flagellants nous préparaient-ils un meilleur avenir? Les Taborites, qui estimaient que toute étude littéraire ou scientifique ravalait le chrétien au niveau du païen, et qui voulaient brûler tous les livres à l'exception de la Bible et des paraphrases de la Bible, travaillaient-ils au progrès de la civilisation?

Indépendamment de ce progrès, il y a le charme de la vie qui, pour les malheureux humains, compte bien pour quelque chose. Buckle a décrit, de main de maître, les maux qu'un sombre ascétisme a pu infliger à l'Écosse (1); l'Italie y a heureusement échappé et a donné au monde les miracles de la Renaissance; aujourd'hui encore, son peuple se tient à l'écart de certaines aberrations et sourit gaiement aux déclamations de sombres thaumaturges.

nous les fait voir comme les précurseurs du Tolstoïsme: *Isti etiam haeretici omne bellum detestantur tanquam illicitum, dicentes quod non sit licitum se defendere* (*Moneta*, p. 513).

(1) *Hist. de la civil. en Angl.*, chap. XIX. « Nous qui vivons loin de cette époque et dans des pensées différentes, nous ne pouvons nous faire qu'une idée imparfaite de l'effet produit sur le peuple par ces épouvantables conceptions... Est-il surprenant qu'avec de pareilles idées, sa raison l'ait souvent abandonné, et qu'une folie religieuse se soit emparé des esprits, sous l'influence de laquelle, dans son sombre désespoir, la victime mettait fin à ses jours? » Plus loin: «... toutes les affections naturelles, tous les plaisirs de la Société, tous les amusements, tous les instincts joyeux du cœur humain, tout cela péché, péché à extirper! » « ... Donc tout plaisir, quelque léger qu'il soit par lui-même, ou quelque permis qu'il puisse paraître, il faut l'éviter soigneusement. » Certains éthiques, aujourd'hui, se rapprochent de cette manière de considérer la vie.

Autrefois il était entendu que les pouvoirs constitués, y compris l'Église, quelque peu moraux et ascètes qu'ils pussent être en réalité, représentaient officiellement la morale et l'ascétisme; les libéraux étaient des « libertins »; ils faisaient appel au plaisir des sens pour battre en brèche l'autorité. Tout le monde sait que la gravelure fait partie intégrante de la plupart des écrits des lettrés français qui préparaient la révolution de 1789. Au commencement du XIXe siècle, en France, Béranger chante encore le vin et l'amour, pour faire pièce aux « cagots »; plus tard, en Italie, c'est encore le vin et l'amour que chantent les « poètes subversifs » (1). Mais peu à peu la scène change, et vers la fin du XIXe siècle le parti révolutionnaire se tourne vers l'ascétisme et devient éthique. Il y a là un phénomène assez curieux dont l'explication pourrait être la suivante. Il n'y a de partis réellement actifs que les partis religieux et quelque peu fanatiques; le bon sens, la raison jouent un rôle effacé. Le côté faible de tout fanatisme est sa contradiction avec la nature de l'homme. Non seulement il s'oppose à la raison, mais encore il est en contraste avec les plaisirs des sens. Or, la plupart des hommes sont loin d'être insensibles à ces plaisirs; c'est même un caractère de l'individu sain physiquement et moralement, de les ressentir dans une juste mesure. Il y a donc là une force à laquelle on peut avoir recours pour agir sur les hommes;

(1) Carducci, quand il était « subversif », écrivait à l'occasion de l'anniversaire de la République française :

Vino e ferro vogl'io, come a'begli anni
Alceo chiedea ne'l cantico immortal :
Il ferro per uccidere i tiranni,
Il vin per festeggiarne il funeral.

C'est des chrétiens qu'il dit : *maledicenti a l'opre de la vita e de l'amore,...*

les auteurs de bon sens ne la dédaignent pas, car, jusqu'à un certain point, elle nous ramène à la réalité. Mais les auteurs qui parlent le langage de la raison et de la réalité ne créent guère rien ; ils peuvent simplement être des agents de destruction du parti religieux au pouvoir ; en cette œuvre, ils se trouvent, volontairement ou non, les alliés d'autres partis religieux, qui ne sont généralement pas très supérieurs au premier, et qui, quand ils arriveront à leur tour au pouvoir, se trouveront les adversaires décidés de leurs alliés de la veille. Voltaire est mort à temps ; s'il avait vécu, il aurait connu des fanatiques bien plus redoutables que ceux qu'il avait mis tant d'ardeur à combattre, et de « subversif » il serait devenu « conservateur » (1), jusqu'à ce que, bien entendu, ses alliés de la veille l'eussent envoyé à la guillotine (2). La plupart des gens qui s'emploient à renverser un système social ou politique, savent ce qu'ils veulent détruire mais se font les plus grandes illusions sur ce qu'ils contribueront à mettre à la place de ce système, et, s'ils pouvaient se l'imaginer, bon nombre d'entre eux seraient frappés de stupeur et d'horreur.

La question entre la *religio* et la *superstitio* se pose actuellement pour l'*ecclesia* socialiste, et donne aux chefs des soucis qui iront probablement en croissant. Jus-

(1) C'est parce qu'il ne tient pas compte du désappointement des gens entraînés dans un tout autre sens que celui dans lequel ils croyaient se mouvoir, que J. Janssen est injuste envers les *Humanistes* du temps de la Réforme.

(2) Mme Rolland écrivait à Lanthenas, le 30 juin 1790 : «...... Faites donc vendre les biens ecclésiastiques. Jamais nous ne serons débarrassés des bêtes féroces, tant qu'on ne détruira pas leurs repaires. Adieu, brave homme ; je me moque du sifflement des serpents. Ils ne sauraient troubler mon repos. » En effet, ces malheureux serpenteaux ne le troublèrent pas ; d'autres « bêtes féroces » s'en chargèrent, et Mme Rolland entendit un autre sifflement : celui du couperet de la guillotine.

qu'à présent les congrès socialistes l'ont résolue assez sagement. Ils se sont tenus à l'écart de la *superstitio* des *éthiques*, et; sinon complètement du moins en partie, de celle des hygiénistes (1). Les socialistes orthodoxes recommandent la sobriété mais n'excommunient pas l'homme coupable d'avoir joui de quelque plaisir des sens. En Allemagne, les députés socialistes ont été les adversaires les plus décidés de la *lex Heinze*. En France, une loi qui, si elle était approuvée, obligerait à détruire la plupart des auteurs classiques et à expurger Homère, Dante, Shakespeare, a été proposée non par les socialistes mais par M. Béranger.

Mais les plus grandes difficultés naîtront le jour du triomphe du socialisme. Elles auront aussi une autre cause. Certes, il y a parmi les socialistes des philanthropes et des gens qui sont animés du pur amour du prochain, ceux-ci se résigneront, si leur *religio* ne tient pas toutes ses promesses, comme se sont résignés les millenaires chrétiens, déçus dans leur attente ; mais il y a aussi un très grand nombre de personnes pour lesquelles la doctrine collectiviste n'est actuellement que la forme que prend la cupidité, le désir « individualiste » de s'approprier et de jouir des biens d'autrui. Aujourd'hui celui qui cède à ce désir invoque la « solidarité » ou les principes du collectivisme, il invoquera les principes de l'anarchie ou tous autres semblables sous un régime collectiviste. Le seul régime qui pourrait le satisfaire serait celui qui lui procurerait toutes les jouissances possibles sans le moindre travail. Déjà maintenant, les socialistes et les anarchistes en viennent aux mains, et parmi les socialistes se manifestent des

(1) Le Congrès socialiste, tenu à Lubeck en 1901, a refusé de mettre à l'ordre du jour du prochain Congrès la question de l'alcoolisme.

dissensions profondes ; ce sera bien pis quand ils auront toutes les responsabilités du pouvoir ; ils auront à lutter d'une part contre les incapables, les paresseux, les natures indisciplinées, de l'autre contre les forts, les habiles, les gens intelligents et énergiques, qui seront mécontents de la part qui leur est faite.

Pour maintenir l'unité dans leur société, il est fort probable que les socialistes copieront les mesures employées jusqu'à ce jour par les gouvernements. Or, ces mesures ont eu presque toujours une efficacité des plus restreintes. Quand on étudie l'histoire scientifiquement, sans parti pris, on est frappé des trésors d'énergie dépensés par les gouvernements, des souffrances innombrables infligées aux gouvernés, pour n'obtenir que des résultats nuls ou à peu près nuls. A quoi ont servi les persécutions contre Galilée? L'astronomie s'enseigne maintenant jusque dans les collèges des jésuites. Les jacobins ont tué bien des gens, cela n'a pas empêché la république d'être écrasée sous la botte de Napoléon Ier, ni la restauration de Louis XVIII de succéder au régime impérial. Au commencement de ce siècle, dans presque tous les États d'Europe, on persécutait les socialistes, cela les a-t-il empêchés de croître et de multiplier? Les anciens gouvernements de la péninsule italienne emprisonnaient, pendaient, fusillaient les *carbonari*, les mazziniens, tout individu qui rêvait à l'indépendance du pays. Les écrits les plus innocents étaient impitoyablement saisis. Cela a-t-il empêché la constitution du royaume d'Italie ? A une époque plus récente, jusqu'en 1900, le gouvernement italien s'est mis à persécuter les socialistes, précisément assez pour les empêcher de se diviser et pour leur donner l'auréole du martyr ; en fait, il est le principal auteur de leurs succès. En France, on a observé que le clergé, quand il jouit des faveurs du gouvernement, perd de l'influence, et qu'il en gagne si le gouvernement le persécute. A quoi ont servi les fameux décrets de Jules Ferry? En Allemagne, les lois exceptionnelles contre le socialisme ont eu pour seul effet de renforcer considérablement ce parti. Le *Kulturkampf*, contre les catholiques, a abouti à faire du centre catholique le parti qui domine dans le Reichstag.

Au fond, la physiologie et la pathologie sociales sont encore dans l'enfance ; si nous voulions les comparer à la physiologie et à la pathologie de l'homme, ce n'est pas à Hippocrate qu'il faudrait remonter, mais bien au delà. Les gouvernements agissent comme un médecin ignorant qui choisirait absolument au hasard des drogues dans la boutique d'un pharmacien et les administrerait à son malade.

Du reste, même pour les phénomènes dont la science connaît les lois, ils continuent d'agir aveuglément. L'expérience ne paraît rien leur enseigner et ils retombent constamment dans les mêmes erreurs. Par exemple, la loi de Gresham, suivant laquelle la mauvaise monnaie chasse la bonne, est une des mieux établies de l'économie politique. Eh bien ! tout récemment on a vu le gouvernement italien tâcher d'empêcher, au moyen des gendarmes, l'émigration de ses pièces d'argent divisionnaires, quand elles avaient cours à l'étranger, et s'étonner, s'irriter de l'insuccès complet de ses mesures. Le gouvernement d'un des pays les plus civilisés et les plus instruits de l'Europe, celui de la Confédération suisse, s'est mis à frapper des pièces d'or, croyant qu'elles demeureraient en circulation dans le pays, dont la monnaie métallique est chassée par le change défavorable. Au contraire, ce qui était bien facile à prévoir, à peine émises, elles ont été exportées, et même de préférence à d'autres, qui, étant déjà un peu usées, ne pesaient pas autant que des pièces neuves. Le gouvernement s'est irrité de cet effet de la loi de Gresham et il a défendu, par une circulaire, à ses employés, de vendre ces pièces aux banquiers ! De même les banques d'émission, ayant immobilisé leurs ressources, et ne voulant pas recourir aux seules mesures efficaces pour rendre le change favorable, importent de la France, à grands frais, des écus d'argent, pour changer leurs billets. Ensuite elles s'étonnent et s'irritent de ce que ces écus, à peine mis en circulation, sont exportés. Autant vaudrait s'étonner et s'irriter de ce que l'eau qui tombe sur les montagnes coule dans la vallée.

Une commission officielle déclarait solennellement que pour que le change devînt favorable à la Suisse, une banque centrale était nécessaire ; et par une singulière ironie du sort, à peine ce rapport était publié, le change devenait favorable, sans aucune banque centrale ! Ce phénomène pouvait d'ailleurs être facilement prévu, car il n'est que la conséquence de lois économiques fort connues. Bientôt après, la cause qui avait rendu le change favorable, c'est-à-dire l'importation de capitaux étrangers, ayant cessé d'agir, on vit de nouveau le change devenir défavorable. Il y eut ainsi épreuve et contre-épreuve.

On ne voit pas pourquoi le gouvernement collectiviste serait, en ses efforts pour établir l'unité, plus habile ou plus heureux que les gouvernements qui se sont succédé jusqu'à ce jour. Il est donc fort probable qu'il n'obtiendra pas des efforts différents et que l'unité que rêvent maintenant les socialistes demeurera une pure utopie.

CHAPITRE VII

LES SYSTÈMES THÉORIQUES

(*Suite*).

Les sophismes par association d'idées. — La polémique tire parti des sens divers qui s'attachent à un mot pour créer des équivoques. — La *vraie* liberté. — Kettler. — Comment l'équivoque de la *vraie* liberté se retourne contre ses auteurs. — La *liberté* des éthiques. — Comment elle arrive à signifier la contrainte. — La *liberté* selon Hegel. — La *création* de la liberté. — La *liberté* est, à ce qu'on prétend, le « pouvoir sur les choses ». — La richesse non gagnée. — Sens nébuleux et inconséquences de cette théorie. — On ne peut pas séparer dans le produit la part qui revient à chacun des facteurs de la production. — *Plus-value, sur-travail, degré d'exploitation du travail.* — Sophismes cachés par ces termes. — Ambiguïté du terme *valeur.* — Riche moisson de sophismes qu'on en a tirée. — Association d'idées évoquées par les termes : jacobin, socialiste, solidarité, etc. — Les prétendues lois historiques. — Tendance des réformateurs modernes à se poser comme des révélateurs de lois historiques. — Difficultés qui s'opposent à ce que, en général, les déductions empiriques pour établir les prétendues lois historiques se vérifient. — Les Saint-Simoniens. — Vague et incohérence de leurs théories historiques. — Celles d'Auguste Comte ne sont guère meilleures. — Les inductions des socialistes. — Les discussions sur l'intérêt. — Motifs objectifs. — Formes qu'ils donnent au raisonnement. — Les considérations éthiques et sentimentales mêlées aux considérations économiques. — Polémique de Bastiat et de Proudhon. — Questions sur la « légitimité » de l'intérêt. — Les transformations des biens économiques et l'origine de l'intérêt. — Les capitaux. — Le terme « capital » indique chez les socialistes une tout autre chose que chez les économistes. — Les socialistes ont développé des conceptions erronées, qu'ils ont trouvées chez les économistes. — Stérilité des disputes sur les mots. — Le « capital est une catégorie historique ». — La réalisation pratique et l'impossibilité scientifique. — Pourquoi l'on tient à établir une confusion entre le « capital » des socialistes et celui des économistes. — Comment ce ne sera, en grande partie, que la forme du loyer du capital qui pourra disparaître grâce à la socialisation des moyens de production. — Répartition de l'obligation d'épargner. — Les municipalités socialistes et le capital. — Répartition de l'épargne, pour la production. — Les prix. — Comment ils servent de mécanisme pour obtenir la meilleure répartition des moyens de production et des produits. — Proudhon et ce qu'il nomme « capital ». — Procédé qui consiste à faire flotter un terme entre des définitions différentes. — Les métaux précieux identifiés avec la richesse. — Métonymie prise à la lettre. — Différents genres de travail. — L'or considéré comme chose vaine. — L'économie monétaire. — La division du travail. — Rapport des erreurs au sujet de la monnaie avec les théories erronées de l'intérêt. — Erreurs scientifiques et erreurs vulgaires au sujet de la circulation de la monnaie.

Les sophismes par association d'idées. — Cette catégorie, si on la prenait dans son sens le plus général, comprendrait à peu près tous les faux raisonnements. En effet, les propositions qui pèchent par défaut d'observation ou de logique ne sont acceptées que grâce aux associations d'idées que suggèrent les termes employés. Mais ici nous restreindrons cette catégorie aux raisonnements dont l'erreur dépend principalement, presque exclusivement, d'associations d'idées.

Les termes employés dans le langage ordinaire ont généralement, outre leur notation principale, tout un cortège de notations accessoires, et, parmi celles-ci, il en est qui impliquent l'approbation ou le blâme. C'est un bon procédé de polémique que d'employer en faveur de sa thèse seulement des termes qui sont associés à une idée d'approbation (1). On y parvient en changeant par des définitions le sens des termes. A cette fin, les définitions les plus obscures sont les meilleures. Elles paraissent extrêmement profondes et un grand nombre d'hommes croient y voir des choses merveilleuses qui n'existent que dans leur imagination. C'est tout simplement un cas d'auto-suggestion et d'hallucination.

Supposons que deux termes, A et B, s'opposent l'un à l'autre ; que A s'associe à des idées d'approbation, B, à des idées de blâme. Si l'on est partisan de la chose que B représente, il faut bien se garder de la nommer par le terme qui lui est propre ; on changera la définition de A, en sorte que A représente cette chose, et, d'un seul coup, on lui aura acquis l'approbation qui s'attache à A. Pour se débarrasser des objections du petit nombre de personnes qui aiment la clarté et la rigueur scientifique, il sera bon de parler avec mépris de l'étroitesse de leur esprit, étroitesse qui les empêche de comprendre et d'apprécier la profonde définition donnée pour A. Alors tout homme désireux d'être réputé intelligent se gardera bien de se mettre en aussi mauvaise compagnie et acceptera, les yeux fermés et sans la comprendre, la définition en question.

Par exemple, les hommes désirent, en général, la liberté et craignent la contrainte. Le premier terme s'associe à des idées agréables, le second à des idées désagréables ; pour leur faire accepter la contrainte, il serait donc bon de la baptiser du nom de « liberté ».

Il faut se hâter d'ajouter que les personnes qui se livrent à cette opération sont généralement de bonne foi.

(1) Voir au sujet des sophismes de ce genre : *Tactique des assemb. lég. suivie d'un traité des sophismes politique*, par J. BENTHAM, II, p. 175 et suiv. ; JOHN STUART MILL, *Logique*, II, liv. V, chap. VII, § 1.

Leur raisonnement peut être blâmable au point de vue de la logique, il ne l'est pas au point de vue de la morale, et elles ne tâchent de persuader autrui que de ce dont elles sont convaincues.

Un moyen ancien et un peu naïf pour changer le sens du terme : *liberté*, consiste à distinguer une *vraie* et une *fausse* liberté. La *vraie* liberté est celle de faire le bien, la *fausse* celle de faire le mal.

Cette distinction a été renouvelée de nos jours par monseigneur Kettler (1), qui découvre peut-être un peu trop ses batteries, en commençant par noter l'attraction extraordinaire qu'exerce sur les hommes ce terme de *liberté*.

Comme le problème à résoudre consiste à déterminer quelles sont les choses qui doivent être libres, et quelles sont celles pour lesquelles doit avoir lieu la contrainte, on ne voit pas à quoi peut servir la proposition énoncée ; elle ne fait que déplacer la difficulté, qui maintenant se retrouve tout entière dans la recherche de ce qui est bien, et de ce qui est mal. En réalité, cette proposition n'a qu'un but : celui d'attacher, par association d'idées, certaines notions agréables à la contrainte. Elle fait même d'une pierre deux coups, car elle attribue à la contrainte les notions d'approbation qui appartiennent à la liberté et à ce qui est bien.

Le problème de savoir si Paul doit être libre de faire ce qu'il juge être mal n'est qu'exceptionnel. Bien plus important est le problème de savoir si Paul doit être libre de faire ce qu'il juge être bien, mais que Pierre estime être mal. Si monseigneur Kettler demande à un musulman s'il convient que la vraie liberté est celle « du bien et du vrai », le musulman pensera que, le

(1) *Freiheit, Autorität und Kirche*, Mainz, 1862.

bien et le vrai étant ce qui est contenu dans le Koran, on lui demande d'acquiescer à la proposition que la *vraie* liberté est celle de suivre les prescriptions du Koran et il répondra affirmativement ; mais comme pour monseigneur Kettler « le bien et le vrai » se trouvent seulement dans les enseignements de l'Église catholique, notre musulman se trouvera, sans qu'il le sache ni le veuille, avoir acquiescé à la proposition que la *vraie* liberté est seulement celle de suivre les prescriptions de l'Église catholique (1).

Au reste, point n'est besoin d'avoir recours à un cas hypothétique, en voici un réel. Les Jacobins français ont maintenant retourné contre les coreligionnaires de monseigneur Kettler l'argument de « la liberté du vrai et du bien ». On leur faisait observer qu'ils offensaient outrageusement les principes de liberté dont ils se ré-

(1) Funck-Brentano nous apprend, *La Politique*, p. 292, que « l'homme ne possède point à l'égard de son prochain la liberté du mal ». C'est fort bien dit, mais maintenant il s'agit de nous donner un critérium pour savoir ce que c'est que le *mal*. Les accusateurs de Socrate estimaient qu'on donnait à ce philosophe « la liberté du mal », en lui permettant d'enseigner aux jeunes gens que le choix des magistrats par le sort n'est pas le meilleur. C'est encore pour empêcher la « liberté du mal à l'égard de son prochain », que les théologiens romains condamnèrent Galilée et les propositions subversives qu'il énonçait au sujet du mouvement de la terre. Encore et toujours pour éviter la liberté du mal, le gouvernement de « défense républicaine » persécute maintenant les catholiques en France. Du reste, quel est le législateur qui, édictant une loi, n'affirme pas qu'elle a pour but d'empêcher le mal ? Ce n'est donc pas le principe même qui est en question, mais la manière de l'appliquer.

Dira-t-on que, lorsqu'un ouvrier a un salaire insuffisant, le mal est évident ? Mais encore ici la question à résoudre est tout autre. Elle consiste à savoir si, certaines conditions économiques étant données, une augmentation réelle, et non seulement nominale, de ce salaire est ou n'est pas possible. Et il faut savoir si, pour éviter un mal, on ne tombe pas en un autre pire.

clament et qu'ils prétendent révérer dans leur « déclaration des droits de l'homme », par le dessein qu'ils manifestaient de priver du droit d'enseigner le citoyen qui, une fois dans sa vie, aurait eu le malheur d'appartenir à une congrégation religieuse (1), et du droit d'obtenir un emploi du gouvernement le citoyen qui n'aurait pas fait un *stage scolaire* de trois années dans les établissements de l'Etat. Ils ont répondu que la liberté qu'ils entendent respecter est seulement celle du vrai et du bien, et nullement celle des catholiques, qui enseignent l'erreur et font le mal.

Les « éthiques » et certains socialistes modernes mettent en œuvre un moyen plus subtil et plus ingénieux pour effectuer le tour de passe-passe moyennant lequel on donne à la contrainte le nom de la liberté. Leur sophisme a pour origine le sens amphibologique du terme *liberté*. Lorsqu'on traite de l'organisation sociale, l'acception plus générale du terme *liberté* est celle de l'absence de contrainte par la loi ou les pouvoirs publics ; exceptionnellement on peut aussi entendre par *liberté* la puissance effective d'accomplir certaines actions. Quand on dit qu'un serf n'est pas libre de quitter la terre à laquelle il est attaché, on n'entend pas, par là, qu'il est dans l'impossibilité physique de se mouvoir, mais que la loi le lui défend. *Libre* est pris ici dans l'acception qu'il a généralement. Mais si l'on disait, ce qui pourtant est un sens un peu forcé, que l'homme n'est pas libre de voler dans

(1) La loi qui a été votée pendant que ce livre était en cours d'impression paraît admettre que cette incapacité cesse pour l'individu qui ne fait plus partie d'une congrégation. Mais des poursuites judiciaires ont été entamées contre des religieux qui, s'étant fait séculariser, croyaient avoir de nouveau acquis tous les droits dont jouissent les autres citoyens. Les prétextes qui servent à justifier ces persécutions importent peu ; c'est uniquement le fait de la persécution que nous voulons relever.

l'air, on aurait en vue une impossibilité physique. Le même sens amphibologique se retrouve, bien plus accentué, dans le terme : *pouvoir*. Le sens de *peut* est essentiellement différent dans les deux propositions : « le serf ne *peut* pas s'éloigner de la terre à laquelle il est attaché ; l'homme ne *peut* pas voler dans l'air ». Quand on dit que l'homme qui a atteint sa majorité est *libre* de disposer de sa fortune, on entend simplement que la loi ne s'y oppose pas, mais personne n'a jamais entendu exprimer par ces termes que, s'il n'a pas de fortune, les pouvoirs publics lui en fournissent une, dont il peut disposer. Dans l'ancien royaume de Naples, les habitants n'étaient pas *libres* de lire Voltaire, c'est-à-dire que les pouvoirs publics le leur défendaient. Parmi ces habitants il y en avait qui auraient *pu* lire Voltaire, d'autres qui ne l'auraient pas *pu*, par exemple, parce qu'ils étaient aveugles ou qu'ils ne savaient pas lire.

Il faut noter que c'est dans l'acception qu'il a généralement que le terme de *liberté* fait naître, par association d'idées, des sensations agréables et que le défaut de liberté est odieux. Les éthiques ont précisément eu en vue de tirer parti de cette circonstance et c'est pour cela qu'ils ont donné comme définition de la *liberté* l'acception que ce terme n'a que dans des cas fort exceptionnels. Si un Français n'est pas *libre* de lire Dante dans l'original parce qu'il ignore l'italien, cette circonstance peut être malheureuse pour lui, mais n'entraîne, par association d'idées, aucune impression odieuse au sujet de l'organisation sociale. Mais si ce Français sait l'italien et n'est pas *libre* de lire Dante seulement parce que le gouvernement le lui défend, cela fait naître un sentiment de blâme envers l'organisation sociale où de pareils abus peuvent avoir lieu. Il s'agit maintenant de transporter au premier cas les sentiments qui ne s'observent que dans le second. Pour celà, nous dirons, avec les *éthiques*, que la vraie liberté est le pouvoir qu'a l'homme sur les choses. Cette définition étant admise, il est clair que le Français qui ne peut pas lire Dante, parce qu'il ne sait pas l'italien, n'a pas de « pouvoir » sur cet ouvrage, n'est pas *libre* ; et le vrai moyen de le rendre libre c'est de le *contraindre* à apprendre l'italien, car alors, il aura un « pouvoir » sur cette chose qui se nomme la *Divina Commedia*. Ayant ainsi volontairement établi une confusion entre deux choses essentiellement différentes, mais que nous indiquons par un seul et même terme, les qualités qui n'appartiennent qu'à l'une de ces choses se trouvent naturellement transportées à l'autre. Si, par définition, vous donnez le nom de souris à l'éléphant, vous pourrez dire ensuite que la souris est le plus grand des mammifères terrestres.

Les « éthiques » veulent exprimer une proposition parfaitement raisonnable dans le fond, ils veulent dire que la liberté est pour l'homme un moyen, non un but ; il importe peu que le choix soit libre si les objets sur lesquels peut porter le choix font défaut. Vous me laissez libre de choisir, pour mon dîner, une truite ou un poulet, mais je ne puis avoir ni l'un ni l'autre. Cette *liberté* m'est inutile, je préfère la *contrainte* si elle me procure sûrement un de ces deux aliments.

Ce raisonnement est irréprochable et, en fait, il n'a jamais été sérieusement contesté. Mais présenté sous cette forme, il conduit à la conclusion que la liberté ne suffit pas au bonheur humain, qu'il faut y ajouter d'autres conditions. Or, le but des « éthiques » est bien différent, ils ne se contentent pas d'ajouter quelque chose à la liberté, ils la veulent remplacer, et c'est pour cela que, sans en avoir le plus souvent conscience, ils se trouvent induits à en changer la définition.

Résumant les idées de Hegel sur cette définition, M. Ch. Andler (1) écrit : « La liberté c'est l'esprit ayant conscience de soi comme de la réalité dernière. Et il faut que la liberté soit, sans quoi il n'y aurait pas d'existence véritable. C'est donner de la liberté une définition juste, que de l'appeler la conformité de la pensée à l'être. Mais d'habitude on prend cette définition en un sens extrinsèque qui la fausse. Il ne peut y avoir de conformité de la pensée à l'être que par leur identité. La vérité est une identité si profonde de la pensée et de l'être qu'elle est un être pensant. »

La *liberté* doit être *réalisée* par l'Etat ; mais que faut-il entendre par ce terme? Hegel va nous le dire : « L'Etat est la réalité de l'Idée morale, l'esprit moral en tant que volonté substantielle, apparente, claire à elle-même, qui se pense et se sait, et qui accomplit ce qu'elle sait, dans la mesure où elle le sait (2). » Si cela n'est pas assez clair, on peut ajouter : « L'Etat, en tant qu'il est la réalité de la volonté substantielle, réalité qui réside dans la conscience de son existence particulière élevée jusqu'au sentiment de sa généralité, représente ce qui est rationnel en soi et pour soi (3). » Enfin, pour tout dire : « L'Etat est en soi le tout moral, la réalisation de la liberté, et c'est le but absolu de la raison que la liberté

(1) *Les origines du socialisme d'Etat en Allemagne*, Paris, 1897, p. 25.

(2) Hegel's Werke, VIII Band, *Grundlinien der Philosophie des Rechts*, § 257 : « Der Staat ist die Wirklichkeit der sittlichen Idee, — der sittliche Geist, als der offenbare, sich selbst deutliche, substantielle Wille, der sich denkt und weiss, und das was er weiss, und insofern er weiss, vollführt. »

(3) *Loc. cit.*, § 258, « Der Staat ist als die Wirklichkeit des substantiellen Willens, die er in dem zu seiner Allgemeinheit erhobenen besonderen Selbstbewusstsein hat, das an und für sich Vernünftige. »

existe réellement (1). » Nous voilà fort bien renseignés !

Tout cela est incompréhensible et ressemble aux divagations d'un rêve. Or, il faut noter que l'Hegelianisme a dominé la pensée de la plupart des économistes « éthiques » et d'une partie des socialistes, jusqu'à Marx inclusivement.

On peut tirer tout ce que l'on veut de semblables définitions. Toute proposition logique établit un rapport de convenance entre un sujet A et un attribut B ; on ne saurait réfuter cette proposition si l'un des termes est

(1) *Loc. cit.*, p. 319 : « Der Staat an und für sich ist das sittlich Ganze, die Verwirklichung der Freiheit, und es ist absoluter Zweck der Vernunft, dass die Freiheit wirklich sei. »

Je crois devoir loyalement mettre sous les yeux du lecteur d'autres interprétations, que des Hegeliens donnent de ces passages. Des traductions moins littérales et qui serreraient de plus près le sens (si tant est qu'il y ait un sens quelconque) seraient les suivantes : I. « L'Etat est l'idée morale, réalisée, visible, intelligible à elle-même, qui se pense, sait ce qu'il y a en elle ; et ce qu'elle sait, dans la mesure où elle le sait, l'accomplit. » II. « L'Etat est ce qui est rationnel en soi et pour soi, parce qu'il est la réalisation de l'idée substantielle, réalisation qui est accomplie dans sa conscience individuelle élevée au degré de l'universalité. » III. « L'Etat pris en soi est le tout moral, la réalisation de la liberté, et c'est un but absolu de la raison que la liberté se trouve réalisée. »

Cette exégèse pourra paraître tout ainsi inintelligible que le texte. Le lecteur voudra bien ne pas s'attendre à ce que je lui explique ce que c'est que « l'idée morale intelligible à elle-même » ; j'avoue humblement n'avoir pas la moindre, la plus lointaine notion de ce monstre.

Si les dignes représentants de cette « idée morale qui se pense » se contentaient de prélever les tribus qu'ils imposent en écus « idéaux qui se pensent », on s'entendrait aisément avec eux ; mais c'est des écus en bel et bon argent qu'ils veulent. Leur point de départ est dans les nuages de la métaphysique, mais leur point d'arrivée est sur le terrain solide des biens tangibles. Il y a là un passage du non-réel au réel, qui ne laisse pas d'être assez inquiétant pour ceux qui en doivent faire les frais.

défini d'une manière inintelligible. Si, par exemple, j'ignore ce que c'est que A, comment puis-je nier que l'attribut B lui convient? Une certaine entité nommée *Etat* ayant été définie comme étant « la réalité de l'idée morale » ou « la réalisation de la liberté », ou, ce qui est encore plus clair : « l'Idée morale qui se pense et se sait », cela suffit pour justifier toutes les divagations des éthiques et des socialistes de la chaire ; car le nombre de gens ayant rencontré sur leur chemin une « Idée qui se pense » ou une « volonté substantielle » étant excessivement borné, et personne n'ayant jamais vu cette « réalité de l'idée morale » ni ne sachant précisément ce que c'est, il est impossible de prouver qu'un attribut quelconque ne lui convient pas. Des raisonnements, où se trouvent de telles entités inconnues, ne peuvent agir que par association d'idées, grâce aux sentiments plus ou moins vagues qu'ils suscitent.

Si l'on regarde fixement des nuages, on finit par y découvrir toutes sortes de figures d'animaux, des paysages, etc. ; le vague et le flottant des contours des images se prêtent admirablement à varier ces figures, et l'on peut y voir tout ce que l'on désire (1). Un effet semblable est produit par ces raisonnements vagues et inin-

(1) Il paraît que, dans les passages de Hegel que nous venons de citer, on peut voir l'idée de l'évolution : comme il faut un point de départ pour toute évolution, quelque chose qui évolue, on imagine, à l'origine, quelque chose qui finit par devenir une chose réelle, consciente, enfermant tout l'univers dans sa conscience : une conscience cosmique. L'Etat est une étape dans cette évolution.

De même, des personnes graves et prudentes ont cru que Dante, en parlant du *veltro*, avait prophétisé le règne de Victor Emmanuel Ier, roi d'Italie.

Cette interprétation de la *Divina Commedia* est tout aussi certaine que l'exégèse Hegelienne, mais il faut avouer qu'elle est au moins plus intelligible.

telligibles ; bien des hommes y voient toutes sortes de choses et les trouvent d'autant plus admirables qu'ils les comprennent moins.

Il faut voir avec quelle hauteur et quel dédain les gens, qui s'abandonnent à ces rêveries, parlent des personnes qui s'obstinent à demeurer dans la réalité. M. Andler dit : « Il est surprenant, pour le sentiment français, que des hommes songent à *créer la liberté*... Pour créer la liberté, il suffit de laisser faire, nous disent les économistes (1). Et les juristes français du code civil entendaient de même que la *liberté* n'est pas autre chose que le pouvoir de tout faire en deçà de certaines limites infranchissables définies par la loi. La *justice* est de se tenir à l'intérieur de ces limites... Le *Nachtwächterstaat*, raillé par Lassalle, est bien l'État défini par les juristes français. Déjà, aux yeux de la philosophie allemande, c'est là une liberté médiocre et négative. Elle n'existe que pour ceux qui possèdent, elle est formelle et vaine pour les autres. La vraie liberté, au regard des philosophes allemands, est le pouvoir sur les choses, et il n'y a pas de liberté sans une propriété réelle » (*loc. cit.*, pp. 20-21).

Il faut noter ici le passage entre deux propositions qui, à première vue et pour les gens qui raisonnent par association d'idées, sans se soucier de la logique, peuvent passer pour équivalentes, mais qui, au contraire, sont

(1) S'ils disent cela, ils ont grand tort, s'expriment fort mal, et sortent entièrement du domaine de la science économique. Celle-ci étudie les faits économiques et les uniformités qu'ils présentent, elle n'a rien à démêler avec la « création de la liberté » pas plus que l'astronomie n'a à s'occuper d'horoscopes. Il est vrai que Képler en tirait, mais, ce faisant, il était astrologue, et ce n'est que lorsqu'il s'occupait de ses admirables travaux sur le mouvement de la planète Mars, ou d'autres semblables, qu'il était astronome.

essentiellement différentes. On commence par nous dire que la liberté est le pouvoir sur les choses, et puis, tout à coup, ce pouvoir se réduit à *une* propriété, sans que la qualité ni la quantité de cette propriété soient indiquées. La propriété d'un moucheron suffira-t-elle? Ou celle d'un mètre carré de terre? Si la liberté est le pouvoir sur *les* choses, celui qui n'a qu'*une* propriété n'a aucunement la liberté, car il manque du pouvoir sur toutes les autres choses qui ne sont pas cette propriété.

Notre auteur continue : « Le droit consiste en un nantissement effectif, sans quoi la personne n'est pas libre. Il faut que la personnalité puisse se déployer toute et se fasse un corps dans la réalité matérielle. La *justice* serait alors un rapport rationnel entre la propriété et la personnalité. Or, c'est précisément ce que soutient le socialisme » (*loc. cit.*, p. 21). Un nantissement de quoi? Qu'est-ce qu'un « rapport rationnel entre la propriété et la personnalité », et comment se distingue-t-il d'un rapport non-rationnel? Ce sont là des termes qui semblent signifier quelque chose, mais sous lesquels il n'y a rien.

Chez un très grand nombre de peuples, le mariage est prohibé entre les personnes unies par certains degrés de parenté, libre au delà. D'après ce qui précède, il paraît que c'est là une manière incorrecte de s'exprimer. Le mariage n'est libre que s'il y a un « nantissement effectif ». Ainsi, si A veut épouser B, l'État doit se charger d'obtenir le consentement de B. Mais qu'adviendra-t-il si B ne veut pas de A et veut épouser C? Comment s'y prendra l'État pour « nantir effectivement » ces individus? C'est un problème qui semble insoluble, même pour le dieu inconnu qu'on nomme « réalité concrète de la liberté ».

Ce changement de sens du terme de *liberté* a pour origine un dessein théorique et ne doit pas être confondu avec un changement analogue, qui est simplement le résultat d'une survivance.

A la fin du XVIIIe siècle et dans le premier tiers du XIXe, les partis démocratiques demandaient la liberté dans son sens propre, c'est-à-dire qu'ils demandaient l'abrogation des dispositions restrictives dont souffraient les classes populaires. Le mouvement que l'on nomme « progrès » avait lieu dans cette direction, et les partis qui le favorisaient pouvaient alors, sans contradiction, se réclamer de la liberté et du « progrès ». Mais quand toutes les atteintes à la liberté des classes populaires eurent disparu, le mouvement se continua dans le sens des intérêts de ces classes, intérêts qui actuellement ne consistent plus à réclamer pour soi la liberté, cette réclamation n'ayant plus d'objet, mais bien à enlever cette même liberté à autrui. En somme, alors comme maintenant, c'est uniquement l'intérêt d'une classe qui est en jeu, et il est parfaitement logique de demander, au nom de cet intérêt, qu'on annule d'abord les dispositions restrictives contraires à cette classe et qu'on en établisse ensuite d'autres qui lui soient favorables. Le terme « progrès » a un sens assez vague pour pouvoir s'appliquer aussi bien à une chose qu'à l'autre. Mais le terme de *liberté* a cessé de pouvoir s'appliquer aux réclamations actuelles, et ce n'est que par la survivance d'un terme, que les partis qui actuellement sont favorables à la contrainte se nomment libéraux. Il est d'ailleurs beaucoup d'autres exemples de ce genre de survivance.

On pourrait croire que le changement de sens du terme de *liberté* a eu pour but de justifier cette survivance. Cela peut être vrai en quelques cas. Mais, en général, les masses populaires s'embarrassent fort peu de ces subtilités théoriques, qui demeurent à l'usage presque exclusif de certains membres des élites en décadence.

Ceux-ci, se sentant plus ou moins vaguement traîtres à leur propre classe, dont ils préparent la ruine, recherchent avidement des sophismes et des prétextes propres à rassurer leur conscience, sans d'ailleurs trop se soucier de la valeur logique des raisonnements dont ils se payent.

Dans la théorie de la richesse non gagnée, de l'*unearned increment,* l'association des idées joue aussi un grand rôle. C'est surtout la *rente* économique que l'on vise en employant le terme *unearned increment*, mais, au fond, il peut s'appliquer à toute richesse qui n'est pas le fruit du travail.

L'usage de ce terme a pour but de résumer une certaine théorie, et de la résumer d'une manière assez vague pour qu'elle échappe à une analyse rigoureuse, qui en ferait voir l'inanité. Cette théorie affirme que seule la richesse qui est le fruit du travail est légitime ; celle qui n'a pas cette origine n'a pas été gagnée, d'où le terme *unearned increment,* par conséquent, n'est pas légitime, ni justement acquise.

Il faut d'abord observer que cette théorie est acceptée en un sens et appliquée en un autre. On l'accepte dans le sens moral. Bien qu'on parle du travail, c'est l'effort qu'on a en vue. L'homme qui accomplit cet effort mérite une récompense, il n'en mérite aucune s'il n'accomplit aucun effort. On applique la théorie dans le sens économique, c'est-à-dire qu'au travail, à l'effort, on substitue le résultat obtenu, ce qui est loin d'être la même chose. Un cordonnier maladroit ou distrait peut voir ses efforts n'aboutir qu'à gaspiller le cuir qu'on lui a remis, tandis qu'un autre fera une bonne paire de souliers ; or c'est, en réalité, les souliers qu'on paye, sans se soucier de l'effort.

En y réfléchissant un peu, on s'aperçoit, en outre, que

la théorie doit prendre une forme quantitative, sinon elle ne signifie rien du tout. Comme l'a déjà fait remarquer F. Ferrara, le travail, l'effort ne manquent jamais, seulement, il est des cas, tel que celui du rentier qui se donne seulement la peine d'aller toucher ses coupons, où cet effort est minime et absolument hors de proportion avec la somme de richesse qu'il procure. Il ne faut donc pas se borner à dire que l'homme qui accomplit un effort mérite une récompense, il faut ajouter que cette récompense doit être proportionnelle à l'effort accompli ou en quelque autre rapport quantitatif avec celui-ci. La théorie devient ainsi plus précise, mais elle est inapplicable, car nous n'avons aucun moyen de mesurer et de comparer les efforts accomplis par des hommes différents. Du reste, même si nous écartions cette difficulté, en supposant que les hommes sont tous semblables et en estimant grossièrement leurs efforts, nous arriverions encore à des résultats qui sont loin d'être ceux auxquels visent les gens qui blâment l'*unearned increment*. Ainsi, par exemple, les ouvriers maladroits devraient être payés plus cher que ceux qui sont habiles, car, en général, un ouvrage coûte d'autant moins de peine qu'on sait mieux le faire (1).

Ensuite, cette théorie repose sur une erreur, qu'on trouve d'ailleurs à l'origine de bien d'autres théories semblables. On suppose implicitement qu'on peut séparer, dans le produit, la part qui revient à chacun des facteurs de la production ; ce qui n'est pas.

Pour avoir de la lumière, il faut une lampe, une mèche, de l'huile. Il est absolument impossible de dire quelle part de l'intensité lumineuse revient à chacun de ces éléments. Pour avoir un veau, il faut un taureau et une

(1) Voir le chap. x.

vache ; essayez un peu de déterminer quelle part du veau revient au taureau, et quelle part, à la vache ? Pour obtenir une certaine production économique, il faut l'usage du sol, de capitaux mobiliers, du travail. On ne saurait déterminer la part de chacun de ces éléments dans le produit, et toutes les tentatives, qui ont été faites en ce sens, ne reposent que sur des sophismes.

Il faut d'ailleurs noter que les choses que nous venons de désigner par un seul terme : *sol, capitaux mobiliers, travail,* sont en réalité fort complexes et multiples. Il n'y a pas un seul travail, par exemple, il y en a un grand nombre.

Un homme coupe un habit, un autre le coud. Comment distinguerez-vous dans l'habit la part de chacun ? Or, si vous ne parvenez pas à faire exactement ce partage, il en résultera nécessairement qu'un des hommes aura plus qu'il ne lui revient, l'autre moins ; le premier jouira d'un *unearned increment.*

En outre, le prix du produit dépend d'une foule de circonstances absolument étrangères au travail. Il suit de là que, dans toute rémunération, il y a un *unearned increment,* si tant est que ce terme ait un sens quelconque.

Des menuisiers, qui travaillaient à préparer l'Exposition de Paris, gagnaient 8 fr. par jour. Des menuisiers, accomplissant pour le moins un travail équivalent, en Italie, ne gagnent que 4 fr. par jour. Si nous admettons, ce qu'à vrai dire personne ne sait, que tous ces menuisiers accomplissent le même effort, et que nous prenions, en outre, comme base de la rémunération, ce que gagnent les seconds, nous trouverons que, dans le salaire des premiers, il y a 4 fr. d'*unearned increment ;* il y en aurait plus si nous comparions l'effort des menuisiers de Paris avec celui, qu'on suppose au moins égal, des malheureux manouvriers agricoles qui, dans l'Italie du Sud, gagnent 75 centimes en travaillant 12 heures par jour.

C'est précisément pour couper court à toutes ces recherches et pour y substituer les vagues impressions qui naissent d'association d'idées, que l'on fait usage de la dénomination de richesse *non gagnée* pour indiquer certains revenus (1).

Ces considérations ne sont pas non plus étrangères à l'usage du terme *plus-value, Mehrwerth ;* chez Marx et d'autres auteurs, il en est de même pour les termes *sur-travail* et autres semblables. Une grande partie des raisonnements de Marx convainquent précisément, grâce aux associations d'idées qu'entraînent ces termes.

« La production de plus-value n'est donc autre chose que la production de valeur, prolongée au delà d'un certain point. Si le procès de travail ne dure que jusqu'au point où la valeur de la force de travail payée par le capital est remplacée par un équivalent nouveau, il y a simple production de valeur ; quand il dépasse cette limite, il y a production de plus-value (2). » Le sur-travail est le travail nécessaire à produire la plus-value. « La somme du travail nécessaire et du sur-travail, des parties de temps dans lesquelles l'ouvrier produit l'équivalent de sa force de travail et la plus-value, cette somme forme la grandeur absolue de son temps de travail, c'est-à-dire la journée de travail » *loc.* (*cit.*, p. 98). Le rapport de la plus-value au « capital variable » donne « le degré d'exploitation du travail ». De la sorte, Marx trouve, en un exemple, que « le laboureur emploie... plus de la moitié de sa journée de travail à la production

(1) Voir, chap. x, un exemple analogue, à propos du produit *intégral* du travail.

(2) MARX, *Le Capital,* I, trad. franç., p. 83, chap. VII.

d'une plus-value que diverses personnes se partagent entre elles sous divers prétextes » (*loc. cit.*, p. 94).

Tous ces termes : plus-value, sur-travail, degré d'exploitation du travail, sont calculés, on le voit, pour jeter le blâme, par association d'idées, sur le « capitaliste », qui usurpe cette plus-value, qui contraint à ce sur-travail, qui exploite ainsi l'ouvrier (1).

Mais on pourrait aisément renverser ce raisonnement. Par exemple, une société coopérative de production emprunte à des gens qui ont épargné. Elle paye comme loyer de cette épargne une certaine somme qui est nécessaire pour que l'épargne se constitue et pour qu'elle se transforme en capital. Les travailleurs appartenant à cette société coopérative ont donc acheté « la force du capital » — comme le capitaliste avait acheté la « force de travail ». — Pour produire ce loyer, il suffirait d'employer le capital (si l'on veut matérialiser la conception : de faire travailler les machines achetées avec l'épargne louée) un certain nombre d'heures, par exemple quatre heures par jour ; les ouvriers, au contraire, emploient le capital, font travailler les machines, huit heures par jour. Il y a donc là un *sur-travail* des machines, un *sur-emploi* du capital — comme il y avait précédemment un sur-travail des ouvriers — et les ouvriers de la société coopérative usurpent la plus-value

(1) Les marxistes reconnaissent eux-mêmes un contenu de ce genre dans le raisonnement de Marx. BENEDETTO CROCE, *Sulla concezione materialistica della storia*, p. 17 : « Lo stesso concetto di *sopravalore* non è forse un concetto morale... ? E senza il presupposto morale, come si spiegherebbe non chè l'azione politica del Marx, quel tuono di violenta indignazione e di satira amara che si sente in ogni pagina del *Capitale* ? » C'est fort bien, mais quand on s'adresse au sentiment, il ne faudrait pas vouloir se donner l'air de ne s'adresser qu'à la raison. B. Croce, postérieurement, a modifié l'opinion que nous venons de citer. Nous en parlerons plus loin.

qui résulte de ce sur-travail ou de ce sur-emploi et exploitent le capital — comme précédemment les capitalistes usurpaient la plus-value et exploitaient les travailleurs.

Bien plus, la même terminologie peut s'appliquer à une association d'ouvriers. Deux individus A et B s'associent pour fabriquer des pots à fleur ; A les façonne, B les fait cuire au four. Ils produisent chaque jour une somme de 4 francs, qu'ils partagent fraternellement, A en prend 2, et B aussi 2.

Si nous voulons maintenant rendre odieux un de ces individus, par exemple, B, nous exprimerons encore exactement les mêmes faits, mais avec une autre terminologie. Puisque, en une journée, les associés produisent pour 4 francs de pots et que A ne reçoit que 2 francs, il est clair qu'il ne reçoit que la moitié de la valeur du produit, en d'autres termes : la valeur du produit d'une demi-journée. Le travail que A accomplit pendant cette demi-journée est donc celui qui est nécessaire pour produire la rémunération que A reçoit ; le travail de l'autre demi-journée est un « sur-travail », qui donne une « plus-value » usurpée par B. Le « degré d'exploitation » de A se mesure par le rapport du sur-travail au travail nécessaire. En ce cas hypothétique, le rapport est de cent pour cent.

Voilà B rendu odieux et A digne de pitié. Mais que B ne se désole pas trop. Un raisonnement exactement semblable peut démontrer, toujours par les associations d'idées que fait naître un judicieux usage des termes, que c'est au contraire A qui exploite B et qui s'approprie la plus-value et le sur-travail.

Lorsqu'on soutient la thèse que le « capital » usurpe la plus-value produite par les travailleurs, on ne saurait répondre au raisonnement par lequel on fait voir que B s'approprie la plus-value produite par A, que B n'usurpe rien, son intervention étant nécessaire pour la production des pots, car on pourrait observer de même que l'intervention du « capitaliste » qui fournit le tour à potier et le four est tout aussi nécessaire. La vraie réponse, dans le cas où il s'agit de l'usurpation de la plus-value par les capitalistes, est celle qui est donnée par Marx même, lorsqu'il commence par établir que la valeur est uniquement produite par le travail. Cela étant admis, il est clair, en effet, que si une portion de cette valeur va à d'autres qu'aux travailleurs, elle va à de purs parasites, elle est usurpée. Sous cette forme la démonstration devient logique et ne fait plus appel à de simples associations d'idées. Il reste seulement à examiner si les prémisses du raisonnement sont vraies.

Marx, à vrai dire, ne dédaigne aucun moyen de tirer parti des associations d'idées. Quand il fait le calcul de la plus-value, il dit : « Ces chiffres n'ont de valeur qu'à titre d'explication » (I, p. 94). Ainsi il se met à l'abri de toute objection qu'on pourrait faire à ces chiffres un peu fantaisistes. Mais il insinue immédiatement que la différence ne doit pas être grande ; il ajoute : « En effet, il a été supposé que les prix sont égaux aux valeurs. Or, on verra dans le livre III que cette égalisation, même pour les prix moyens, ne se fait pas d'une manière aussi simple. » Il y a bien d'autres causes d'erreur, il y a bien d'autres différences que celles qui résulteraient seulement de cette explication !

Mais il y a plus. Bien que « ces chiffres n'aient de valeur qu'à titre d'explication », Marx a grand soin de les choisir de manière que la plus-value paraisse considérable ; dans le cas d'une filature il trouve 153 0/0 pour la plus-value ; le travail nécessaire est 3 heures 31/33, le sur-travail 6 heures 2/33. Par association d'idées, le lecteur est indigné de cette exploitation scandaleuse de l'ouvrier. Dans le cas du laboureur, dont nous avons parlé, la plus-value ressort à 100 0/0. De la sorte, ces chiffres ont en réalité une bien autre valeur que celle d'une simple explication ; ils concourent à faire naître chez le lecteur précisément des sentiments qui sont favorables à la thèse de l'auteur. D'autre part, si vous essayez de détruire cette impression, en faisant observer que ces chiffres sont en dehors de la réalité, on peut toujours vous répondre que votre objection est vaine, puisqu'ils ne sont donnés qu'à titre d'explication.

Le terme de *valeur* est souvent aussi employé non dans un sens rigoureusement défini, mais uniquement en vue des idées qu'il suggère. On a donné un si grand nombre de définitions différentes de ce terme qu'on finit par ne plus s'y reconnaître, et le mieux est peut-être de renoncer à l'employer en économie politique. Stanley Jevons s'est engagé dans cette voie, en proposant de substituer le *taux d'échange* à la *valeur* d'échange.

L'équilibre économique naît du contraste entre les goûts des hommes et les obstacles pour se procurer la satisfaction de ces goûts. Toute la théorie de l'équilibre économique peut être exposée sans faire usage du terme *valeur d'échange* ou d'un autre équivalent (1).

Ce terme de *valeur* fait naître en nous une foule de sentiments. Si notre attention se porte plus spécialement sur nos goûts, ce qui *vaut*, pour nous, est ce qui les satisfait. C'est en suivant cette voie et en isolant cette conception que les économistes ont défini la *valeur d'usage*. Mais si nous portons notre attention sur les obstacles, ce qui *vaut* est ce qu'on ne peut obtenir si ce n'est en surmontant des obstacles. Dans ce

(1) *Giornale degli Economisti*, Rome, septembre 1901.

sens, l'eau ne *vaut* rien pour un homme qui se trouve à côté d'une fontaine, tandis que, dans le premier sens, elle *vaut* beaucoup pour ce même homme. Comme la présence des obstacles nous cause un sentiment de gêne et de peine, et que pour les surmonter, lorsque cela est possible, il faut faire un effort, l'idée de *valeur* s'associe à celles de peine et d'effort. Une tentative pseudo-scientifique pour préciser ces conceptions, nées par association d'idées, conduit à identifier la *valeur* avec le travail.

Les obstacles se manifestent souvent à nous sous une forme différente de celles qu'ils font réellement, et sous cette forme nous les surmontons par l'*échange*. La difficulté qu'il y a à se procurer des diamants ne se présente pas, à la dame qui en désire, sous la forme du travail et des services des capitaux mobiliers et fonciers nécessaires pour avoir ces diamants, mais sous la forme du *prix* qu'ils ont et qui synthétise toutes ces difficultés. De là un troisième sens, qui, par association d'idées, s'attache au terme *valeur*. Un homme n'a aucun goût pour un usage direct de l'or, il se trouve possesseur d'un immense trésor de pièces d'or. Dans le premier sens, cet or ne *vaut* rien pour lui, dans le second sens, rien ou fort peu, dans le troisième sens, il *vaut* beaucoup, car, par son moyen, il peut se procurer tout ce qu'il désire. Cela, bien entendu, s'il est sur un marché où ce qu'il désire peut s'obtenir en échange de pièces d'or; s'il était au milieu d'un désert, cet or ne *vaudrait* rien, dans tous les sens.

Du fait noté que le *prix* synthétise en quelque sorte les obstacles, naît encore et toujours, par association d'idées, l'illusion passablement naïve que l'on peut diminuer les obstacles en agissant artificiellement sur les prix. Cette illusion ressemble à celle d'un homme qui s'imaginerait diminuer la distance qu'il doit effectivement parcourir pour aller de Paris à Londres, en faisant dessiner une carte géographique sur laquelle cette distance parût moindre qu'elle n'est en réalité, ou bien à celle d'un homme qui, en faisant retoucher une photographie, s'imaginerait embellir réellement la personne qu'elle représente. A ces conceptions erronées se rattache aussi, en partie, celle de la monnaie-signe.

Parmi les nombreuses acceptions du terme *valeur* il faut encore noter celle d'*utilité*. Quand une personne dit : « l'usage du thé ne me *vaut* rien », le terme *vaut* a un sens différent de ceux que nous avons déjà notés, il signifie que l'usage du thé n'est pas favorable à la santé de cette personne. Du reste, le thé peut lui plaire (*valoir* dans le premier sens), il peut y avoir des difficultés à se le procurer (*valoir* dans le second sens), on peut, en l'échangeant, obtenir des choses que l'on désire (*valoir* dans le troisième sens). Cette quatrième acception du terme *valeur* a été explicitement exclue par les économistes qui ont défini la *valeur d'usage*, mais il n'est pas facile de s'en débarrasser. C'est par l'ambiguité qu'elle donne au terme : *valeur*, que s'explique le sophisme contenu dans la demande : « Pourquoi l'air et l'eau, qui sont extrêmement utiles, ne *valent*-ils rien et pourquoi le diamant, qui est si peu utile, *vaut*-il beaucoup ? »

Ces sens nombreux et quelque peu vagues d'un même terme donnent naissance à beaucoup d'équivoques qui ont été et sont encore une source d'erreurs toujours renaissantes, en économie politique.

A ces associations d'idées dont l'origine est plus ou moins scientifique, il en faut ajouter d'autres plus grossières, dictées par la passion. C'est ainsi qu'au commencement du XIXe siècle, tout libéral était appelé *jacobin*. Ensuite on a appelé ses adversaires *communistes* ou *socia-*

listes. Maintenant, au contraire, en quelques pays, tels que la France, un grand nombre de personnes tiennent à être socialistes. On distingue d'ailleurs un vrai et un faux socialisme, un bon et un mauvais. Inutile d'ajouter que c'est au vrai et au bon qu'on se fait gloire d'appartenir. Même le général de Gallifet a déclaré, à la Chambre, qu'en ce sens il était socialiste.

Il y a ainsi des termes à la mode. A la fin du XVIIIe siècle, il fallait être « sensible » ; au plus fort de la Révolution française le *sans-culottisme* était le critérium qui servait à classer les hommes ; en 1848 la « fraternité » était fort en honneur, maintenant elle est démodée et bien déchue. A notre époque il faut être « solidaire ». Il y a une rage vraiment comique d'user de ce terme même en des acceptions qui sembleraient lui être complètement étrangères. En France, tout discours officiel doit renfermer une ou plusieurs fois le terme de « solidarité » ; on le trouve même dans de simples réclames commerciales(1). Les politiciens qui l'emploient semblent avoir pour but d'évoquer des idées plus ou moins nuageuses et qui sont semblables à celles qu'évoque le terme de socialisme. La solidarité est une sorte de socialisme atténué à l'usage des politiciens qui désirent faire la concurrence au marxisme et à d'autres sectes socialistes.

(1) On est arrivé jusqu'à découvrir une « solidarité surnaturelle » ! Ce n'est pas une plaisanterie. GEORGES GOYAU, *Autour du catholicisme social*, 1re série, p. 74 : « Le dogme catholique, en effet, nous fait entrevoir une véritable organisation de la solidarité surnaturelle... » ; p. 76 : « Au surplus, grâce au dogme de la communion des saints, grâce au collectivisme surnaturel qui en est le résultat... » Nous ignorons si ce collectivisme est marxiste, ou « intégral », comme celui de Benoît Malon. L'auteur a négligé de renseigner ses lecteurs sur ce point important.

N'oublions pas « l'égalité », qu'il faut, du moins en théorie, honorer de quelques grains d'encens (1).

LES PRÉTENDUES LOIS HISTORIQUES. — Les systèmes socialistes anciens sont habituellement présentés comme un retour aux sages institutions des ancêtres, ou comme ayant été découverts par le raisonnement. Il y a une tendance parmi les auteurs des systèmes modernes à se donner comme des révélateurs de lois historiques dont l'action est fatale. Ces auteurs sont simplement des prophètes qui annoncent ce qui doit arriver ; que leur prophétie trouve ou non des croyants, cela ne changera rien à la marche des choses. Plusieurs circonstances ont probablement influé pour engager les réformateurs dans cette voie. D'abord le grand développement pris de nos jours par les sciences positives. Le réformateur désire mettre ses élucubrations sous le couvert des méthodes et des résultats de ces sciences respectées et jeter sur ses adversaires le discrédit qui s'attacherait, par exemple, à une personne entreprenant de nier les lois les mieux établies de la chimie et de la physique. C'est ainsi qu'à Athènes, une foule de lois étaient données comme appartenant à Solon, bien que ce législateur n'y eût jamais songé. Nos réformateurs se sont trouvés aux prises avec des adversaires qui leur opposaient de prétendus *droits* de l'individu, la tradition, et des conceptions sentimentales et métaphysiques. Ils ont voulu avoir l'air de mettre la

(1) En pratique, c'est autre chose. Une amusante saynète, *L'Echelle*, représentée à Paris, en 1901, met sur la scène des personnages qui, chacun à son tour, réclament l'*égalité* quand ils s'adressent à un supérieur, et l'oublient singulièrement quand ils s'adressent à un inférieur. « Alors, à quoi sert donc que nos pères aient fait 89 ? », disent-ils au supérieur ; mais avec l'inférieur c'est un autre langage. Chacun rabroue celui qui est au-dessous de lui, jusqu'à un pauvre mendiant qui, n'ayant plus où exercer sa supériorité, s'en prend à son chien.

science de leur côté ; ce qui d'ailleurs ne les a pas empêchés de faire des raisonnements métaphysiques, tout autant que leurs adversaires.

Ensuite il faut noter que le mouvement actuel de réforme étant démocratique, il y a un avantage pour le réformateur à avoir un rôle en apparence effacé, et à se contenter d'être le prophète des lois de la nature au lieu de prétendre être le créateur du nouveau système.

Les disciples de Saint-Simon croient que leur maître a découvert les lois de l'histoire, Auguste Comte estime que c'est à lui que cet honneur est échu, Marx et Engels le revendiquent à leur tour. Comme ces auteurs sont loin de s'accorder entre eux, il faut nécessairement que quelqu'un d'eux se trompe ; ils pourraient d'ailleurs être tous dans l'erreur.

« Mais quelle est cette nouvelle manière d'envisager l'*histoire* (1), disent les Saint-Simoniens, de faire, pour ainsi dire, raconter au *passé l'avenir* de l'humanité ? De quelle valeur est donc cette *preuve*, apportée par nous à l'appui de nos rêves d'avenir ? Une science nouvelle, une science aussi *positive* que toutes celles qui méritent ce titre, a été conçue par SAINT-SIMON : cette science est celle de l'*espèce humaine* ; sa méthode est la même que celle qui est employée en astronomie, en physique ; les faits y sont classés par série de termes homogènes, enchaînés par ordre de *généralisation* et de *particularisation*, de manière à faire ressortir leur *tendance*, c'est-à-dire à montrer la loi de *croissance* et de *décroissance* à laquelle ils sont soumis. »

(1) *Doctrine Saint-Simonienne, Exposition*, Paris, 1855, p. 18. Ce sont les auteurs qui soulignent les termes que l'on trouvera ainsi indiqués dans les citations que nous faisons. Ces auteurs abusent remarquablement du système de souligner les mots. Il est d'ailleurs notoire que certaines personnes exaltées donnent dans ce travers.

Cela serait excellent, si effectivement la chose était faisable. Malheureusement, elle présente, jusqu'à présent, de grandes difficultés.

Celles-ci sont de deux genres. D'abord, ce qui est le cas le plus favorable à l'usage de la méthode, supposons que nous ayons à étudier un phénomène bien défini et mesurable. Il s'agit alors de faire ce que les mathématiciens appellent une interpolation en dehors des limites. On sait combien les résultats en sont incertains et souvent erronés. Si les phénomènes sociaux étaient uniformément croissants (ou décroissants), on pourrait facilement déduire le futur du passé ; on a observé qu'un phénomène a augmenté d'intensité par le passé, on en déduirait qu'il augmentera encore d'intensité à l'avenir. Mais les phénomènes sociaux présentent, en général, une marche ondulée. Il y a des périodes où l'intensité croît, d'autres où elle décroît. Il est bien difficile de savoir si la période d'accroissement observée jusqu'à présent ne va pas, tôt ou tard, être suivie d'une période de décroissement (1).

Pour fixer les idées considérons un exemple : celui de l'accroissement de la population. Ici le phénomène est bien défini, il est mesurable, les méthodes mathématiques d'interpolation sont applicables. Eh! bien, même en ce cas, on ne peut du passé déduire ce qui se passera dans un avenir tant soit peu éloigné (2). On interpole les chiffres de la population en Angleterre, de 1801 à 1891, et l'on obtient ainsi une certaine loi, qui s'est vérifiée par le passé. Bien loin d'en pouvoir déduire la loi que suivra à l'avenir la population de l'Angleterre, une seule chose est certaine et c'est qu'il est absolument impossible que la population de l'Angleterre continue à

(1) *Cours*, II, § 578.

(2) *Journal de la Société de statistique de Paris*, novembre 1897.

augmenter selon cette loi ! « La surface de l'Angleterre et du pays de Galles est de 37.239.351 *acres*, et l'on trouve que si la loi d'accroissement observée de 1801 à 1891 pouvait continuer encore pendant près de 658 ans, à partir de cette dernière époque, il y aurait un habitant par mètre carré. Or, comme il est certain qu'une population aussi dense ne pourrait pas vivre, quels que fussent les progrès économiques, il est aussi certain que la loi d'accroissement observée de 1801 à 1891 ne pourra pas continuer à se vérifier pendant ce laps de temps » (*Cours*, I, § 211).

Ensuite une difficulté bien plus considérable encore se présente ; elle consiste en ce que les phénomènes qu'on veut interpoler ne sont ni mesurables ni même bien définis. En ce cas la prétendue loi, déduite de l'observation du passé, n'est le plus souvent qu'une pure illusion ; elle représente seulement certains rapports qui existent entre les sentiments, presque toujours fort vagues, que l'étude de ce passé fait naître en nous.

Le résumé de la doctrine Saint-Simonienne continue ainsi : « Une première application de cette science vient justifier la tendance de l'espèce humaine vers *l'association universelle*, ou, en d'autres termes, la décroissance croissante de *l'antagonisme*, exprimé successivement par ces mots : *familles*, *castes*, *cités*, *nations*, HUMANITÉ, d'où résulte que les sociétés, constituées primitivement pour la *guerre*, tendent à se confondre en une ASSOCIATION *pacifique* UNIVERSELLE (1) ».

Tout cela n'est pas faux, mais vague et incohérent. Pour mieux juger de cette méthode, appliquons-la au passé. A l'époque où l'empire romain existait dans toute sa gloire et où la *pax romana* comblait de ses bienfaits

(1) *Loc. cit.*, p. 18-19.

la région de la Méditerranée, on aurait pu faire exactement ce même raisonnement, qui, quelques siècles plus tard, à l'époque des invasions des barbares, aurait reçu le plus éclatant démenti. Continuons : arrivé à l'époque de la féodalité, où l'état de guerre était devenu général, on aurait pu faire un raisonnement contraire au précédent, et il n'aurait pas mieux été vérifié par les faits.

Supposons un individu vivant à l'époque où la royauté a disparu en Grèce et à Rome, supposons-lui les connaissances historiques nécessaires et la tendance à se livrer à des raisonnements du genre de celui que nous venons de noter. Il découvrira facilement une grande loi historique. Partout, excepté chez les barbares, la royauté a disparu ou s'est extrêmement affaiblie, l'ère des tyrans, en Grèce, a duré fort peu, le régime oligarchique et le régime démocratique règnent sans conteste. Tel est donc évidemment le sens dans lequel marche l'humanité. Pourtant bientôt en Grèce, avec Alexandre, et ensuite à Rome, avec Auguste, ce sens va entièrement changer. De nouveau on pourra, par une science tout aussi *positive* que celle de Saint-Simon, d'Auguste Comte, ou de Marx, déduire une nouvelle loi historique, et de nouveau les faits se chargeront de la démentir. Sous Auguste, ou sous Trajan, pouvait-on raisonnablement prévoir la féodalité ?

Lucrèce entonne le péan de la victoire du matérialisme sur la religion :

> *Quare Religio, pedibus subiecta, vicissim*
> *Obteritur, nos exaequat victoria coelo* (1).

(1) *De rerum natura*, I, 79-80 : « Ainsi la religion fut à son tour foulée aux pieds, et notre victoire nous égala au ciel. » Autant pour ces vers que pour celui qui est cité plus bas, I, 102, il est curieux de voir que la plupart des traducteurs, pour ne pas scandaliser leurs lecteurs, traduisent *religio* par

C'était bien là le sens dans lequel marchait alors le monde romain et les prévisions de Lucrèce étaient tout autant justifiées par les faits que celles de Saint-Simon. Pourtant bientôt le vent va tourner, les cultes orientaux envahiront Rome, puis viendront les guerres de religion, les ténèbres du Moyen-Age, et ce n'est plus seulement du passé, mais bien du présent qu'on pourra alors dire :

Tantum Religio potuit suadere malorum.

Combien n'a-t-on pas rétrogradé depuis la philosophie d'Aristote ou, si l'on veut, depuis le dialogue de Cicéron : *De natura deorum* (1), pour arriver à la naïve crédulité des hagiographes chrétiens, crédulité qui est même supérieure à celle que nous voyons dans les homérides ?

Ces prétendues lois générales reposent d'ailleurs souvent sur des observations fort restreintes et extrêmement incomplètes. Les Saints-Simoniens nous disent : « Un tableau général du développement de l'espèce humaine, embrassant le monothéisme juif, le polythéisme grec et romain, et le christianisme jusqu'à nos jours fait ressortir avec évidence cette loi du PROGRÈS (2). JÉRU-

superstition. Mais ce n'est pas le sens que donne Lucrèce à ce terme ; c'est bien de la religion qu'il veut parler.

(1) Le scepticisme de Cicéron disparaîtra pour renaître bien des siècles plus tard : « Ex quo exsistit et illud, multa esse probabilia, quae quanquam non perciperentur, tamen quia visum haberent quemdam insignem et illustrem, his sapientis vita regeretur » (*Loc. cit.*, I, 5). Et, parlant de l'opinion qu'on peut avoir touchant les dieux : « Profecto eos ipsos, qui se aliquid certi habere arbitrantur, addubitare coget doctissimorum hominum de maxima re tanta dissensio » (I, 6). (Ceux-mêmes qui croient avoir trouvé quelque chose de certain seront contraints de douter, en voyant, sur ces choses, les dissensions des hommes les plus doctes). C'est ce qu'on pourrait répéter, mais certes en vain, aux fidèles que compte, de nos jours, la religion socialiste.

(2) Ce mot est imprimé en très grandes capitales ; c'est un

SALEM, ROME des CÉSARS et ROME du monde chrétien : voilà les trois grandes cités initiatrices du genre humain. MOÏSE, NUMA, JÉSUS, ont enfanté des peuples morts ou mourant aujourd'hui » (p. 19).

Ce tableau général du développement de l'espèce humaine n'embrasse qu'une partie du bassin de la Méditerranée ; il ignore la Chine, le Bouddhisme, le Mahométisme ; l'ancienne civilisation égyptienne n'a pas l'honneur d'une simple mention. L'allusion à Numa ne paraît pas appartenir à une critique historique bien rigoureuse (1). Si la science des Saint-Simoniens est « aussi positive que toutes celles qui méritent ce titre », il faut bien avouer, qu'en ce cas au moins, elle n'est pas extrêmement éclairée.

Auguste Comte croit avoir découvert la loi générale de l'évolution des sociétés, et plusieurs personnes ont admiré cette œuvre, exposée dans le *Système de philosophie positive*. Dans un livre postérieur, il répète : « Tel fut le double but de l'élaboration fondamentale par laquelle, de l'aveu des principaux penseurs actuels, j'ai complété et coordonné l'ensemble de la philosophie naturelle, en établissant la loi générale de l'évolution humaine, tant sociale qu'intellectuelle. Je ne dois pas revenir ici sur cette grande loi, qui déjà n'est plus contestée... Elle proclame, comme on sait, le passage nécessaire de toutes nos spéculations quelconques par trois états successifs : d'abord l'état théologique, où dominent franchement des fictions spontanées, qui ne comportent aucune preuve ; ensuite l'état métaphysique, que caractérise

honneur dû au nouveau dieu qu'il désigne, honneur partagé par le mot PÈRE qui, un peu plus bas, sert à désigner Saint-Simon.

(1) La même année, 1828, dans laquelle fut fait cet exposé de la doctrine Saint-Simonienne, est celle qui vit paraître la troisième édition de l'*Histoire romaine* de Niebuhr.

surtout la prépondérance habituelle des abstractions personnifiées ou entités; et enfin l'état positif, toujours fondé sur une exacte appréciation de la réalité extérieure (1). »

Cette loi, même à ne la considérer que comme loi des spéculations humaines, est loin d'être exacte, ainsi que plusieurs auteurs l'ont déjà observé. Les différents états dont parle Comte ne se présentent pas avec la succession régulière voulue par sa théorie, et des spéculations théologiques peuvent parfaitement succéder à des spéculations métaphysiques. Auguste Comte nous fournit lui-même involontairement un curieux exemple de ces retours au passé. Non seulement ses ouvrages abondent de considérations purement métaphysiques, mais ses derniers travaux nous ramènent au fétichisme ou à un état qui n'en diffère guère (2). La terre devient un grand Fétiche. « Obligée de subir constamment les lois fondamentales de la vie planétaire, la Terre, quand elle était intelligente, pouvait développer son activité physicochimique de manière à perfectionner l'ordre astronomique en changeant ses principaux coefficients. Notre planète put ainsi rendre son orbite moins excentrique, et dès lors plus habitable, en concertant une longue suite d'explosions analogues à celles d'où proviennent les comètes, suivant la meilleure hypothèse. Reproduites avec sagesse, les mêmes secousses, secondées par la mobilité végétative, purent aussi rendre l'inclinaison de l'axe terrestre mieux conforme aux futurs besoins du Grand-Être (3). A plus forte raison la Terre put-elle alors mo-

(1) *Syst. de pol. posit.*, I, p. 33.

(2) Comte reconnaît lui-même que le fétichisme est, sous certains aspects, proche du positivisme.

(3) Ce terme désigne l'Humanité. Autre fétiche, très grand fétiche, le Zeus des fétiches positivistes.

difier sa figure générale (1)...» Les aventures de la Terre racontées par Hésiode sont tout aussi réelles, mais nous semblent d'une lecture plus agréable. Il est vrai que Comte daigne admettre ques ces élucubrations sont des fictions, mais « réduite à ce domaine normal, la féticité concourt avec la positivité pour constituer la synthèse subjective, de manière à consolider la synergie en développant la sympathie (2)...»

Ensuite, en admettant que la loi indiquée soit réellement celle des spéculations humaines, nous n'aurions pas encore « la loi générale de l'évolution humaine ». Ce sont deux choses qui peuvent être fort différentes.

Enfin, si, poussant à l'extrême nos concessions, nous admettons d'avoir bien là l'expression générale de la loi de l'évolution humaine, cette loi est tellement générale et vague qu'on n'en peut rien tirer quant à l'organisation concrète de la société ; et si Comte tombe dans l'illusion de pouvoir rattacher cette organisation à la loi générale qu'il a énoncée, c'est qu'il néglige la logique et qu'il pontifie au lieu de raisonner rigoureusement.

Les socialistes contemporains insistent beaucoup sur la dépendance mutuelle des hommes. La solidarité des hommes (ici le terme de solidarité est pris dans son sens propre) s'accroît de plus en plus et les socialistes en concluent à l'avènement du collectivisme. Le fait est certain, la conséquence n'en découle pas logiquement. La division du travail accroît la mutuelle dépendance (la solidarité) ; les entreprises ou les hommes qui n'exécutent qu'une petite partie d'un tout, sont dans un état de mutuelle dépendance, sont solidaires des entreprises ou des hommes qui exécutent les autres

(1) *Synthèse subjective*, p. 10-11.

(2) *Synthèse subjective*, p. 12. Platon aussi réglemente minutieusement la fiction, pour le plus grand bien de sa république.

parties. Mais ce phénomène peut indifféremment se produire avec des entreprises individuelles ou des entreprises collectives. Division du travail et coopération ne sont que deux aspects différents d'un même phénomène. Si vous considérez le résultat de la production, vous voyez la coopération ; si vous considérez la répartition de la production, la part de chaque coopérateur, vous apercevez la division du travail.

Marx, Engels et, à leur suite, bon nombre de collectivistes croyaient qu'une loi historique devait fatalement amener dans un court espace de temps une concentration toujours plus grande des richesses, des crises économiques toujours plus intenses, et, comme conséquence, l'effondrement de l'organisation actuelle et l'avènement du collectivisme. « La Bourgeoisie produit avant tout ses propres fossoyeurs. Sa chute et la victoire du Prolétariat sont également inévitables (1) ». Quant à l'époque où cet événement devait se produire, on peut voir maintenant que les prévisions étaient erronées, Engels lui-même, à la fin de sa vie, l'a reconnu dans l'avant-propos de l'ouvrage de Marx, *Die Klassenkämpfe in Frankreich*, etc. Actuellement, imitant les millénaires, bien des

(1) *Manifeste du parti communiste*, publié en 1848. Une autre prophétie de ce *Manifeste* ne s'est pas mieux réalisée : « C'est vers l'Allemagne surtout que se tourne l'attention des communistes, parce que l'Allemagne se trouve à la veille d'une révolution bourgeoise, et parce qu'elle accomplira cette révolution dans des conditions plus avancées de la civilisation européenne et avec un prolétariat infiniment plus développé que l'Angleterre et la France n'en possédaient au XVIIe et au XVIIIe siècle, et que, par conséquent, la révolution bourgeoise allemande ne saurait être que le court prélude d'une révolution prolétarienne. » Cinquante-trois ans se sont écoulés, la révolution bourgeoise n'est pas venue et, à plus forte raison, le « court prélude » n'est pas encore terminé. Marx et Engels n'étaient décidément pas de bons prophètes.

croyants socialistes ont simplement renvoyé à une date un peu plus éloignée la réalisation de ces prophéties.

Il faut pourtant observer qu'ici l'erreur est de celles auxquelles n'échappent pas les raisonnements scientifiques. De même la théorie du *matérialisme historique* ne saurait être entièrement acceptée, mais c'est une théorie scientifique.

Les discussions sur l'intérêt. — Il est naturel que les classes qui possèdent moins désirent s'approprier les biens des classes qui possèdent plus (1), et de tout temps, elles ont tâché de trouver des raisonnements, bons ou mauvais, pouvant, en apparence du moins, justifier leur conduite.

Ces raisonnements se développent en deux sens principaux. D'une part, ils font appel aux sentiments de pitié, qui existent presque nécessairement chez l'homme vivant en société, à de vagues sentiments d'égalité, de justice, à des principes religieux, à des comparaisons entre le riche oisif, supposé vicieux, et le pauvre laborieux, supposé honnête; enfin ils exploitent la riche mine du sentiment. D'autre part, ils tendent à prouver que l'hétérogénéité sociale, en vertu de laquelle les personnes qui font usage de l'épargne pour la production ne sont pas les mêmes personnes qui la possèdent, est nuisible au bien-être général. C'est une proposition qui pourrait être scientifiquement vraie, et à laquelle, en tout cas, il n'y a aucune objection à faire *a priori*. Mais on ne s'y arrête pas; entraîné par la passion, on va plus loin; ce n'est pas seulement aux possesseurs de l'épargne qu'on s'en prend mais à l'épargne

(1) Certains socialistes l'avouent d'ailleurs franchement. C'est ainsi que, en France, à propos de la confiscation des biens des congrégations, ils disaient : « Nous commençons par le milliard des congrégations, pour finir par celui de Rothschild. »

elle-même, et l'on nie que son usage puisse avoir une valeur. Si dans nos sociétés cette valeur existe, c'est simplement parce qu'on a séparé artificiellement le producteur des moyens de production, il n'y a qu'à les réunir, soit en « socialisant » les moyens de production, soit de tout autre manière, pour que cette valeur disparaisse.

Des deux sens que nous venons de noter, le premier prédomine généralement. La chose est facile à expliquer : les raisonnements auxquels on se livre ont avant tout un but pratique de propagande, et il ne faut pas oublier que c'est principalement en s'adressant au sentiment qu'on persuade les hommes. Parfois c'est explicitement que l'on écarte les raisonnements purement scientifiques, tel est, par exemple, le point de vue de certains partisans de la théorie « du droit au produit intégral du travail » ; mais un point intéressant à noter, c'est que même les auteurs qui paraissent ne vouloir traiter que la question économique finissent toujours tôt ou tard par y mêler des considérations éthiques et sentimentales.

Sous ce rapport, la polémique de Bastiat et de Proudhon est typique. Ces deux auteurs ne font des excursions sur le terrain de l'économie que pour en sortir au plus tôt ; on voit évidemment que leur attention est ailleurs. Le but de la discussion, dit Bastiat, est de résoudre ce problème : « L'intérêt du capital est-il légitime ? (1) ». Ni l'un ni l'autre des deux adversaires n'éprouve le besoin de définir rigoureusement les deux termes : *intérêt du capital* et *légitime*, entre lesquels l'un affirme, l'autre nie qu'il existe un rapport de convenance.

On ne sait ce qu'ils entendent précisément par *intérêt*.

(1) *Œuvres compl. de F. Bastiat*, Paris, 1854, V, p. 133.

Tous deux confondent le loyer de l'épargne avec le loyer des capitaux ; dans le loyer des capitaux ils ne distinguent pas la part due à la rente. Bastiat dit : « Celui qui prête une maison, un sac de blé, un rabot, une pièce de monnaie, un navire, en un mot une *valeur,* pour un temps déterminé, rend un *service.* Il doit donc recevoir, outre la restitution de cette valeur à l'échéance, un *service équivalent.* Vous convenez qu'il doit en effet recevoir quelque chose (1)... c'est ce quelque chose que j'appelle *intérêt.* » Proudhon va chercher l'origine de l'intérêt dans le contrat à la grosse. « Cette *part* de bénéfice, par laquelle s'exprime la participation du capitaliste ou industriel, qui engage ses produits ou ses fonds, c'est tout un dans le commerce, a reçu le nom latin d'*interesse*, c'est-à-dire participation, *intérêt* (2). » Voilà donc que la prime d'assurance se trouve englobée dans l'*intérêt* ; ainsi nous rétrogradons au delà de saint Thomas, qui distinguait, au moins, le *periculum sortis.* Quant au terme *légitime,* sa conception est encore plus vague, chez nos auteurs. Dans sa première lettre, Bastiat paraît prendre pour critérium de la *légitimité* le service que reçoit l'emprunteur: celui qui emprunte un rabot, reçoit un service, donc il doit quelque chose pour l'usage de ce rabot. Mais Proudhon met le critérium de la *légitimité* dans la peine que prend le prêteur. Or, dit-il — « celui qui prête dans les conditions ordinaires du métier de prêteur, ne se *prive* pas... du capital qu'il prête. Il le prête, au contraire, précisément parce que ce prêt ne constitue pas pour lui une privation ; il le prête, parce qu'il n'en a que faire pour lui-même, étant suffisamment d'ailleurs

(1) *Loc. cit.*, p. 113. C'est Chevé qui admettait cela. La polémique, commencée par une lettre de Chevé, fut continuée par Proudhon.

(2) *Loc. cit.*, p. 174.

pourvu de capitaux... » (p. 125). Ensuite apparaît, d'une manière subsidiaire, un nouveau critérium : le prêt « produit un bénéfice qui permet au capitaliste de vivre sans travailler. Or, vivre sans travailler, c'est, en économie politique aussi bien qu'en morale, une proposition contradictoire, une chose impossible » (p. 125). Bastiat répond au premier argument que le prêteur a créé le capital par son travail précisément pour le prêter (p. 138). Le critérium de la légitimité se trouve donc ici dépendre de l'intention. C'est un mauvais terrain, et Proudhon réplique victorieusement : « Dans ma première réponse, je vous avais fait observer que celui qui prête ne se *prive* pas de son capital. Vous me répondez : Qu'importe, s'il a créé son capital tout exprès pour le prêter ? En disant cela vous trahissez votre propre cause. Vous acquiescez, par ces paroles, à mon *antithèse*, qui consiste à dire : La cause secrète pour laquelle le prêt à intérêt légitime hier, ne l'est plus aujourd'hui, c'est que le prêt, en lui-même, n'entraîne pas privation. Je prends acte de cet aveu » (p. 151). Là-dessus, Bastiat revient, pour un moment, à sa conception primitive, et il répète : « J'avais fait résulter la légitimité de l'intérêt de ce que le prêt est un *service*... » (p. 158) ; mais après une nouvelle réponse de Proudhon, il paraît se persuader que la position n'est pas tenable ; il change encore une fois de critérium de la légitimité, et se rapproche, sur ce sujet, de la manière de voir de Proudhon. Il objecte à celui-ci : « Vous le dites vous-même : « Si la peine du créancier est zéro, l'intérêt doit être zéro ». — Donc qu'avons-nous à rechercher ? Ceci : Est-il possible qu'un capital se forme sans peine ? Si c'est possible, j'ai tort ; le crédit doit être gratuit. Si c'est impossible, c'est vous qui avez tort, le capital doit être rémunéré » (p. 194).

Voilà un bon exemple des inconvénients des discussions qui portent sur des termes qu'on n'a pas rigoureusement définis. Toute cette logomachie aurait été évitée si l'on avait commencé par dire ce que l'on entendait par *légitime*.

Mais nous ne sommes pas au terme des équivoques. Le motif des tergiversations de Bastiat, c'est l'erreur de sa théorie générale de la valeur (1). Elle se manifeste ici dans le terme *peine* employé qualitativement, tandis qu'il devrait l'être quantitativement. Il est bien évident que lorsque Proudhon parle de la *peine* du créancier, il n'entend pas une peine quelconque, aussi minime soit-elle, mais une peine sinon rigoureusement proportionnelle, au moins comparable au bénéfice que lui procure l'intérêt. Il ne suffit donc pas, quand on veut se mettre à ce point de vue, de rechercher si un capital se forme sans peine, mais il faut rechercher s'il se forme sans une peine à peu près proportionnelle au bénéfice que son possesseur en retire. Mais alors, si tel est le critérium qu'on adopte pour la *légitimité*, c'est Bastiat qui a tort. Pas plus dans le prêt que dans aucune autre forme d'échange, on ne parviendra à démontrer l'équivalence entre la peine qu'a coûté l'objet échangé et le bénéfice qu'on retire de l'opération.

Les transformations que subissent les biens économiques peuvent se diviser en trois classes : 1° les transformations matérielles ; 2° les transformations dans l'espace ; 3° les transformations dans le temps. Les deux premières sont plus facilement saisies par nos sens, ce qui fait qu'on les a considérées exclusivement. Elles sont les seules qui paraissent « mériter » une rémunération ; la troisième n'en mérite aucune, étant chose vaine et frivole (2).

(1) Voir chap. IX.

(2) Dans ses œuvres, M. Irving Fischer a présenté d'excellentes

Bien loin qu'il en soit ainsi, et M. Böhm-Bawerk a eu le très grand mérite de faire jaillir la vérité sur ce point, c'est au contraire une des transformations économiques des plus importantes. Le perfectionnement des méthodes de production s'obtient en substituant la voie indirecte à la voie directe (par exemple pour amener de l'eau d'une localité à une autre, on établit un acqueduc au lieu d'envoyer des hommes puiser l'eau avec des seaux) ; or, la voie indirecte allonge précisément le temps de la transformation des biens économiques.

Comme nous l'avons déjà fait remarquer, la théorie des transformations économiques peut s'établir sans faire usage de la notion de capital, mais l'introduction de cette notion facilite beaucoup l'exposé des faits, surtout quand on veut faire cet exposé avec le langage vulgaire, sans avoir recours aux mathématiques.

Supposons une machine à vapeur employée à élever de l'eau. Si nous considérons la période de temps pendant laquelle la machine sert, au delà de laquelle elle est mise au rebut, le produit obtenu sera une certaine quantité d'eau élevée à une certaine hauteur. Pour l'obtenir on a consommé : une machine à vapeur, une certaine quantité de charbon, d'huile et d'autres fournitures, de travail, etc. On peut dire que, économiquement, toutes ces choses consommées se sont transformées dans le produit.

Mais si l'on ne considère qu'une période de temps assez courte, par exemple un an, il y a avantage, pour l'exposé des faits, à faire deux catégories des choses transformées. On mettra dans l'une la machine qui, après la période d'un jour, d'un mois, d'un an, subsiste encore sans s'être beaucoup consommée ; et dans l'autre, le charbon, l'huile, le travail, etc., qui sont entièrement

observations au sujet de cette transformation dans le temps.

consommés dans les périodes considérées. Comme il est commode d'avoir un terme pour désigner les objets qui se trouvent dans la première catégorie, on les appelle des capitaux. On mettra aussi dans cette catégorie la somme d'épargne qui est nécessaire pour se procurer les approvisionnements et le travail. Cette épargne, que l'on peut appeler épargne-capital, est constamment consommée par les dépenses et régénérée par les recettes. Elle constitue le fonds de roulement d'une industrie.

En réalité, il n'y a pas de ligne de démarcation bien nette entre la première et la seconde catégorie, car c'est par des degrés insensibles qu'on passe d'un genre de consommation à l'autre. Il devient quelque peu arbitraire, selon que l'on établira la comptabilité, de faire passer un objet de la catégorie des matériaux de consommation, par exemple, à celle des capitaux. Supposons un jardinier qui use une bèche chaque année. Pour établir son bilan, il peut mettre parmi ses consommations la valeur de cette bèche. Ou bien il peut supposer que la bèche est un capital, alors la dépense qu'il fait pour acheter chaque année un de ces outils se trouvera parmi les frais d'entretien de ce capital. Le résultat du bilan demeure évidemment le même dans un cas et dans l'autre.

Parmi les capitaux il en est qui s'obtiennent par la transformation de l'épargne, par exemple les machines; il en est d'autres qui ne s'obtiennent pas ou qui s'obtiennent difficilement par cette transformation, par exemple la surface du sol. Pour obtenir les premiers il faut : 1° avoir d'abord l'épargne, c'est-à-dire effectuer une première transformation dans le temps ; 2° transformer cette épargne en capitaux, ce qui implique des transformations matérielles et dans l'espace, accompagnées, comme toutes les transformations économiques, d'une transformation dans le temps.

Toutes ces considérations sont objectives ; elles concernent les objets transformés indépendamment du système d'organisation de la société.

Les conceptions de capital et du rôle du capital dans la production sont très variées chez les différents économistes ; beaucoup d'entre elles se rapprochent pourtant de celles que nous venons d'exposer.

Mais chez les socialistes modernes la notion de capital est tout autre. Ils ont pris pour critérium de classification non plus les qualités objectives des choses mais les rapports dans lesquels elles se trouvent avec les hommes qui les emploient. Les moyens de production sont ou ne sont pas des *capitaux*, selon qu'ils ne sont pas ou qu'ils sont mis en œuvre par leur propriétaire. Ainsi, si la machine dont nous avons parlé précédemment appartient à l'ouvrier qui la met en œuvre, elle n'est pas un *capital*, si elle appartient à une personne différente de cet ouvrier, elle est un *capital*.

Cette classification est parfaitement admissible. Chaque auteur a le droit de classifier les objets de la manière qu'il juge être la meilleure pour exposer sa théorie. Il est seulement nécessaire, s'il veut se faire comprendre, que l'on sache exactement à quoi correspond chaque terme, et que le même terme ne serve pas à désigner des choses différentes.

Le manque d'originalité des auteurs socialistes, en fait d'économie politique, est remarquable. En ce cas, comme en celui de la valeur, supposée mesurée par le travail, ils n'ont fait que développer des notions erronées qu'ils ont trouvées chez les économistes.

Adam Smith mêle le critérium objectif avec le critérium subjectif. Il dit (1) : « Quand la société est encore

(1) *Rech. sur la nat. et les causes de la rich. des nations*, trad. franç., Guillaumin, 1881, liv. II, p. 323-324.

dans cet état d'enfance où il n'y a aucune division du travail, où il ne se fait presque point d'échanges et où chaque individu pourvoit lui-même à tous ses besoins, il n'est pas nécessaire qu'il existe aucun fonds accumulé ou amassé d'avance pour faire marcher les affaires de la société..... Mais, quand une fois la division du travail est généralement établie, un homme ne peut plus appliquer son travail personnel qu'à une bien petite partie des besoins qui lui surviennent. Il pourvoit à la plus grande partie de ces besoins par les produits du travail d'autrui achetés avec le produit de son travail... Il faut donc qu'en attendant il existe quelque part un fonds de denrées de différentes espèces, amassé d'avance pour le faire subsister et lui fournir, en outre, la matière et les instruments nécessaires à son ouvrage (1). »

La circonstance objective de l'accumulation, qui est nécessaire pour la transformation dans le temps, est ici mêlée à une circonstance dépendante de l'organisation sociale, c'est-à-dire à la division du travail et à la séparation du possesseur de capitaux et des hommes qui en font usage.

Chez les successeurs d'Adam Smith, le caractère objectif du capital s'accentue. Ricardo appelle capital les moyens de production, même quand ils sont employés par leur propriétaire. J.-B. Say, avec son admirable clarté, observe qu'il faut « que l'homme industrieux possède des produits déjà existants, sans lesquels son industrie, quelque habile qu'on la suppose, demeurerait dans l'inaction ». Il range dans cette catégorie : 1° les outils, les instruments ; 2° « les produits qui doivent fournir à l'entretien de l'homme industrieux, jusqu'à ce

(1) Tout cela est aussi nécessaire à un homme isolé. La division du travail est un fait concomitant, elle n'est pas une cause.

qu'il ait achevé sa portion de travail dans l'œuvre de la production »; 3° les matières brutes. « La valeur de toutes ces choses compose ce qu'on appelle un *capital productif*. Il faut encore considérer comme un capital productif la valeur de toutes les constructions, de toutes les améliorations répandues sur un bien-fonds et qui en augmentent le produit annuel, la valeur des bestiaux, des usines, qui sont des espèces de machines propres à l'industrie (1). » Bastiat, contre lequel bataille Lassalle, donne aussi ce sens au terme capital, et il parle du capital d'un Robinson. Enfin, un auteur contemporain, M. Paul Leroy-Beaulieu, dit : « Ces approvisionnements, ces outils et ces installations... sont ce que l'on appelle le capital (2). » Le critérium objectif est donc celui qui finit par dominer dans la science économique (3).

Rien n'est plus stérile que de disputer sur les mots. Adoptons donc, pour un moment, la nomenclature des auteurs socialistes et désignons par le terme *capital* S les moyens de production qui sont mis en œuvre par

(1) *Traité d'écon. polit.*, Guillaumin, 1861, p. 65-66.

(2) *Traité théor. et prat. d'écon. pol.*, I, p. 123.

(3) Chez John Stuart Mill, il y a encore quelque confusion. Il dit, liv. I, chap. IV, § 3 : « Tout fonds dont le propriétaire peut tirer un revenu, sans pour cela que le fonds diminue ou se dissipe, est, pour son possesseur, l'équivalent d'un capital. » Voilà donc apparaître une nouvelle catégorie d'objets, ceux qui ne sont pas des capitaux objectivement, mais des capitaux pour quelqu'un. Mill essaye, immédiatement après, de porter remède à la confusion qu'il vient de faire : « Mais il faut se garder d'étendre inconsidérément à un point de vue général une proposition qui s'applique à l'individu ; c'est là une cause trop ordinaire des nombreuses erreurs économiques qui se sont accréditées. Dans le cas ci-dessus, ce qui est virtuellement capital pour l'individu est ou n'est pas capital pour la nation, selon que le fonds, que dans notre exemple il n'a pas dissipé, a été ou non dissipé par quelque autre. » Voilà encore une troisième catégorie : les capitaux pour la nation !

d'autres que par leur propriétaire. Il nous faut maintenant un terme pour désigner ce que, jusqu'à présent, nous avons appelé capital. Puisque l'arc et les flèches sont un *capital* S s'ils sont loués par leur possesseur à un autre chasseur, et ne le sont plus si ce possesseur les emploie directement, il nous faut un terme pour les désigner indépendamment de cette circonstance. Puisque le terme de *capital* est monopolisé par d'autres, contentons-nous d'une simple lettre de l'alphabet pour désigner des objets déterminés, et nommons X ce que nous avons jusqu'ici nommé capital; ou bien, pour rappeler cette origine, nous pourrons désigner aussi ces objets sous le nom de *capital* X. Comme nous ne raisonnons que sur des choses, les termes par lesquels on les désigne n'ont, pour nous, pas la moindre importance. Nous désirons seulement nous exprimer clairement et nous nous refusons à jouer sur les mots, en désignant, par le même terme, des choses différentes.

Les biens économiques jouent différents rôles dans la production; c'est là une qualité objective, et c'est de la considération de cette qualité qu'a origine la notion de ce que les économistes appellent capital, et que nous nommerons maintenant X. En outre, ces biens peuvent être considérés par rapport au sujet, et distingués selon que l'homme, qui les met en œuvre pour la production, est ou n'est pas leur possesseur. De là a origine la notion de ce que certains auteurs nomment *capital*, et que nous indiquerons maintenant par le terme de *capital* S.

Cette manière de s'exprimer n'est pas commode, et nous aurions volontiers évité au lecteur le soin et l'ennui d'avoir à se rappeler ce que c'est que le *capital* S, le *capital* X (ou X tout court), auxquels va bientôt s'ajouter un autre capital : le *capital* P. Mais cette terminologie est rendue nécessaire par l'obstination de certaines personnes à vouloir disposer d'un terme dont le sens est déjà fixé. D'une part, il est oiseux de trop s'arrêter sur ces questions de terminologie, et d'ailleurs cela ne servirait absolument de rien, car nous ne pouvons pas empêcher un auteur de désigner par le terme de capital ce qu'il veut : même une oie, s'il le juge à propos. D'autre part, quand le même terme désigne plusieurs choses différentes, il est indispensable, si l'on veut éviter des amphibologies, d'ajouter au moins certains signes à ce terme, pour qu'une quelconque de ces choses puisse être distinguée des autres.

Les définitions précédentes étant posées, nous devons admettre, sans la moindre difficulté, la proposition de Lassalle, que le *capital* S est une « catégorie historique ». A vrai dire, Adam Smith pourrait un peu, sauf la phraséologie, en revendiquer la propriété, car, avant Lassalle, il avait observé que le *capital* S naît de la division du travail, et il avait insisté sur la manière dont cette « catégorie historique » se formait. Du reste, d'autres pourraient aussi faire valoir des droits sur cette conception.

Nous admettrons aussi que la production de nos sociétés est une production *capitaliste*, et que le *capital* S disparaîtrait le jour où les moyens de production seraient « socialisés ». Cela résulte de la définition même du terme *capital* S et ne saurait, en aucune manière, être contesté.

Les économistes ont eu grand tort de livrer bataille là-dessus. Ils y ont été poussés par plusieurs motifs. D'abord, la manie qu'ont les hommes de disputer sur les mots. On discute pour savoir *ce que c'est* que le capital ; comme si nous n'étions pas libres de donner ce nom à ce qu'il nous plaît de nommer ainsi ! Il n'est que juste pourtant d'observer, à ce propos, que les économistes, ayant déjà défini ce terme, avaient quelques droits à ce qu'on n'en donnât pas une nouvelle définition. Un chimiste peut donner le nom qu'il lui plaît à un nouveau corps qu'il a découvert, mais s'il lui prenait fantaisie d'appeler oxygène, le soufre ; fer, le mercure, etc., les autres chimistes trouveraient que c'est là une logomachie. Cette raison serait péremptoire contre la définition des socialistes s'ils ne l'avaient pas dérivée des conceptions mêmes d'anciens économistes.

Ensuite le but utilitaire, qu'a eu jusqu'à présent l'économie politique, a eu pour effet de mêler les considérations éthiques, juridiques, pratiques et exclusivement scientifiques. Les difficultés ou, si l'on veut, l'impossibilité de la réalisation pratique sont souvent confondues avec l'impossibilité scientifique, qui résulte de ce qu'une chose est en contradiction avec les uniformités (lois) que l'expérience nous fait connaître. Pour mieux faire comprendre la chose, prenons des exemples dans d'autres sciences. Il est impossible de déterminer les éléments d'un triangle dont on ne connaît qu'un côté et un angle ; c'est-à-dire que cette détermination serait en contradiction avec les uniformités très générales sur lesquelles repose la géométrie. C'est une impossibilité scientifique. Il y a des difficultés et, en certains cas, une impossibilité pratique, pour déterminer les éléments d'un triangle dont on connaît un côté fort petit par rapport aux autres, et les deux angles adjacents à ce côté, chacun fort proche d'un angle droit. C'est pour cela qu'on ne peut pas déterminer la parallaxe du soleil par la mesure d'une base sur la terre, et de deux angles aux extrémités de cette base.

Au point de vue utilitaire, quand cette impossibilité est constatée, tout est dit. Au point de vue scientifique, il y a une différence essentielle entre cette impossibilité et l'impossibilité géométrique de déterminer un triangle dont on connaît seulement un côté et un angle. Pour lever la première, il suffirait d'avoir des moyens plus précis de mesure ; pour lever la seconde, il faudrait se trouver dans un monde tellement différent de celui où nous sommes, qu'il est inconcevable.

Il est difficile de retirer de l'acide sulfurique du commerce, produit au moyen des pyrites, de l'acide sulfurique absolument exempt d'arsenic. Cette difficulté peut être très grande, mais elle est essentiellement différente de l'impossibilité d'obtenir de l'anydride sulfurique d'un corps qui ne contient pas de soufre.

Revenons à l'économie politique. On laisse subsister les conditions de la libre concurrence et l'on veut fixer les prix par une loi de maximum. Cela est-il possible ? Il y a des difficultés pratiques ; c'est à celles-ci que s'attachent la plupart des auteurs ; ils n'en voient pas d'autres. Pourtant, en ce cas, il y a quelque chose de plus que des difficultés pratiques, il y a une impossibilité logique. On donne une condition de trop (1). C'est comme si on disait à un ouvrier : « Vous allez me façonner ce bloc de pierre, je veux qu'il ait, en même temps, la forme d'un cube et celle d'une sphère. » Il est clair qu'il y a, à cela, une impossibilité logique.

Il y a d'énormes difficultés pratiques pour « socialiser » les moyens de production, mais il n'y a aucune difficulté scientifique du genre de celles que nous venons de signaler. Lassalle a donc raison de dire que le *capital* S est une « catégorie historique » et non une « catégorie logique ».

Pourtant cette insistance à vouloir changer le sens que

(1) Les inconnues du problème sont déjà déterminées par les équations se rapportant à la libre concurrence. En ajoutant l'équation qui détermine ses prix, il y a plus d'équations que d'inconnues. *Cours*, § 593.

donnent les économistes au terme capital est un peu suspecte. N'y aurait-il pas, à ce changement, le même avantage que nous avons vu être attaché au changement de sens du terme « liberté » ? La chose mérite d'être examinée.

La « socialisation » des moyens de production n'a évidemment pas pour but de se procurer seulement le plaisir de voir disparaître une « catégorie historique » ; on vise des bénéfices un peu plus concrets.

La disparition du *capital* S entraîne celle du loyer de ce *capital* S. Il paraît donc, à première vue, que les travailleurs gagneront tout le montant de ce loyer. C'est peut-être pour fortifier cette opinion qu'on tient tant à confondre le *capital* S avec ce que, maintenant, nous avons appelé X (capital des économistes).

Il faut observer que la disparition de la « catégorie historique » *capital* S n'affecte nullement la « catégorie logique » ou, pour mieux dire, objective X. Que l'on « socialise » ou non les moyens de production, il faudra toujours, pour avoir des poussins, une poule et un coq ; et, pour disposer de ces animaux, il est nécessaire de les avoir *épargnés*, de ne pas les avoir mangés, quand ils étaient petits poulets. La disparition du *capital* S entraîne seulement cette conséquence que la poule et le coq devront appartenir à l'homme même qui veut faire naître des poussins, ou bien que cette poule et ce coq seront « socialisés ».

Or, le loyer du *capital* S comprend des dépenses qui sont aussi nécessaires pour X, et puisque X demeure, ces dépenses demeureront aussi. Il y a d'abord les dépenses pour l'amortissement et la prime d'assurance. La poule et le coq, pour être « socialisés », n'en seront pas moins mortels, ils ne seront pas moins sujets aux épizooties ; les maisons « sociales » auront besoin de réparations comme les maisons privées, et elles seront aussi sujettes à disparaître par un incendie ou autre cas fortuit (1). Otons donc du loyer brut ces primes. De ce qui reste, il faut encore déduire la partie qui est employée, sous le régime du *capital* S, à augmenter et perfectionner les moyens de production. Sous le nouveau régime, ces moyens appartiendront à la communauté, mais il n'en est pas moins vrai que ce que coûtent ces moyens n'est pas disponible pour la consommation, que les travailleurs n'en jouissent pas. Si l'on fait toutes ces déductions, il reste simplement ce que consomment actuellement les détenteurs du *capital* S. C'est là, en réalité, la seule somme dont pourront jouir les travailleurs s'ils exproprient, sans indemnité, les possesseurs actuels des capitaux.

Il faudrait pourtant encore faire une déduction. Les capitalistes actuels distribuent les X entre les différentes

(1) Quand il s'agit du loyer de l'épargne, il est des auteurs qui s'imaginent que la prime d'assurance disparaîtrait avec la « socialisation » de l'épargne. Aujourd'hui, si Pierre prête à Paul, il a besoin d'une prime d'assurance, car Paul peut ne pas rendre l'argent, mais si nous considérons la société dans son ensemble, ce que Pierre perd, Paul le gagne ; il y a donc compensation.

Ce raisonnement suppose que, dans l'état actuel, quand l'épargne n'est pas rendue, c'est simplement parce que Paul ne veut pas la rendre. Mais ce n'est là qu'un cas exceptionnel, généralement il ne la rend pas parce qu'il ne peut pas, et il ne peut pas parce que l'épargne a disparu, parce qu'elle a été détruite, soit que Paul l'ait gaspillée, soit qu'il ait eu le malheur de la perdre, malgré tous ses bons soins.

Or, quand l'épargne sera « socialisée », on en perdra encore. Il y aura encore des navires qui feront naufrage ; à moins que les hommes ne deviennent omniscients, ils se tromperont encore, ils seront, par exemple, encore exposés à dépenser beaucoup d'épargne pour chercher une couche de houille et à ne rien trouver. La prime d'assurance de l'épargne existera donc encore.

branches de la production. Quand ils auront disparu, il faudra bien qu'il y ait des gens qui remplissent cette fonction : ce seront des employés de l'Etat socialiste, et leur salaire devrait être déduit de la somme précédente. Mais laissons cela pour le moment.

La disparition du loyer du *capital* S n'entraîne donc pas la disparition des dépenses causées par X (capital des économistes), ainsi que tendait à le faire croire la confusion qu'on voulait faire entre ces deux termes ; et l'avantage que les travailleurs retireront de l'abolition du *capital* S ne saurait dépasser le montant des consommations des capitalistes actuels ; pourvu, bien entendu, qu'on suppose que le nouveau régime n'affectera pas la quantité de la production.

Cela, quant aux anciens *capitaux* S, formés sous le régime actuel et expropriés sans indemnité. Voyons ce qui arrivera pour les nouveaux X, qu'on devra obtenir au moyen de la transformation de l'épargne.

Il s'agit, par exemple, de construire un nouveau chemin de fer. Il faut pour cela : 1° épargner une certaine quantité de biens économiques ; 2° les transformer en ce chemin de fer.

1° Il importe peu que l'épargne résulte de ce que chaque citoyen épargne effectivement une partie de ce qui lui est distribué, ou bien qu'elle résulte de ce qu'on ne lui distribue pas cette portion, en tout cas il en est privé. Comment l'Etat socialiste répartira-t-il cette obligation d'épargner ? S'il demande à chacun une portion égale (s'il diminue la part de chacun d'une portion égale), il est certain que le maximum de bien-être ne sera pas atteint. Ce poids grèvera fort différemment les citoyens. Les hommes sont loin d'être égaux, ils ressentent différemment une même privation. Par exemple, les vieillards seront fort peu satisfaits de voir diminuer leur part dans les distributions, pour qu'on construise un chemin de fer, qu'ils ne verront jamais. Si l'Etat veut bien le permettre à ses administrés, ceux-ci procèderont entre eux à une nouvelle répartition, qui augmentera le bien-être de la population. Un vieillard, par exemple, dira à un jeune homme : « Cette année, en vue de construire un chemin de fer, on distribue en moins, à chaque citoyen, 20 kilogrammes de viande. Au lieu de faire ce sacrifice, je préférerais recevoir 10 kilogrammes en moins chaque année, jusqu'à la fin de mes jours. Ne pourriez-vous pas prendre à votre charge les 10 kilogrammes qu'on me demande en plus cette année? A partir de l'année prochaine, jusqu'au jour de ma mort, je vous donnerai 10 kilogrammes par an, sur ma part. » Le jeune homme accepte et, si le vieillard vit encore trois ans, ce jeune homme aura reçu 20 kilogrammes de viande en compensation des 10 kilogrammes qu'il a fournis. Cette quantité de 10 kilogrammes, fournie par le jeune homme, a été employée dans la production, par exemple elle a servi à nourrir les ouvriers qui travaillaient au chemin de fer; d'autre part, il en tire un profit; ces 10 kilogrammes de viande que le jeune homme a fournis au lieu du vieillard sont donc quelque chose qui ressemble beaucoup au *capital* S. Si ce jeune homme vit longtemps et qu'il fasse souvent des opérations semblables, il pourra, vers la fin de ses jours, vivre sans travailler, et scandaliser ainsi les bons éthiques qui existeront alors. Le vieillard ne recevra pas, hélas! le « produit intégral de son travail », puisqu'il devra chaque année prélever sur ce produit les 10 kilogrammes de viande qu'il a promis de donner au jeune homme. Que deviendra le droit nouveau qu'on a eu tant de peine à établir?

Il y aurait un moyen d'éviter tous ces malheurs métaphysiques et éthiques, tout en obtenant le vulgaire maximum de bien-être matériel que recherchent les hommes, ce serait d'avoir un instrument qui, comme le thermomètre mesure les températures, pût mesurer les sensations des hommes. On pourrait alors répartir entre eux les bénéfices et les charges, en sorte qu'aucun échange ne fût plus avantageux entre eux. Malheureusement, nous n'avons pas la moindre idée d'un instrument semblable (1).

Sans avoir besoin de recourir à des cas hypothétiques, voyons ce qui se passe là où existent des municipalités socialistes. C'est à l'emprunt qu'elles ont généralement recours pour se procurer ce qui leur est nécessaire pour « socialiser » les industries qu'elles entendent exercer. Elles créent donc, d'une part, le *capital* S, qu'elles abolissent de l'autre. Un Etat socialiste aura de grands besoins, il aura beaucoup d'appétits à satisfaire ; à moins que les hommes ne deviennent entièrement différents de ceux que nous connaissons, il y en aura beaucoup qui aimeront jouir dans le présent en promettant de payer dans l'avenir ; le gouvernement socialiste sera donc poussé, par ses électeurs, à rechercher l'épargne là où il peut en trouver, à encourager par des primes le petit nombre d'hommes qui produisent cette épargne ; pour tout dire, en un mot, il sera poussé à emprunter. Le *capital* S renaîtra sous une forme légèrement différente : celle de titres de la dette publique. Les ouvriers ne recevront pas le « produit intégral de leur travail », car, sur ce produit, il faudra prélever le montant du ser-

(1) Même avec cet instrument, on verrait apparaître de nouveau, à la grande surprise des pseudo-économistes, certains rapports qui ne sont autres que les prix. Bien plus, parmi ces rapports ou prix, on en trouverait qui seraient affectés à l'usage des X (capitaux) et qui correspondraient parfaitement à ce que, actuellement, on appelle l'intérêt.

vice de la dette ; on verra encore des gens qui jouissent de l'*unearned increment*. Ces « catégories historiques » peuvent être supprimées pour un moment, mais il n'est pas facile de les empêcher d'apparaître de nouveau.

2° Supposons pourtant qu'on y parvienne. L'Etat socialiste a chaque année une certaine quantité d'épargne qu'il transforme en X, c'est-à-dire en moyens de production. Comment s'y prendra-t-il pour répartir cette quantité entre les différents usages qu'on en peut faire ?

Cette quantité d'épargne ne sera pas infinie. Si elle l'était, tous les hommes auraient des biens économiques à satiété ; ce serait un état de chose fort heureux, il n'y aurait plus de problèmes économiques à résoudre, et il est inutile de nous en occuper. La quantité d'épargne étant limitée, ce que l'on consacre à un usage est enlevé à un autre. Supposons, par exemple, que la Belgique soit devenue un Etat socialiste. Pour se procurer du vin, il faut décider si l'on cultivera la vigne en Belgique ou si l'on construira des navires qui iront chercher ce vin à Bordeaux. Cultiver la vigne en Belgique est possible avec des serres. Actuellement, on en cultive ainsi et l'on obtient de grandes quantités de raisins. Il s'agit de savoir s'il convient mieux à la collectivité d'employer son épargne à construire des bateaux à vapeur ou des serres. On ne prétendra pas qu'il est indifférent à la collectivité d'employer son épargne au hasard; il faut donc faire un choix.

Soient, en général, A et B deux moyens de se procurer du vin, et supposons, pour simplifier, que A et B emploient chacun le même nombre d'heures d'ouvriers, chaque jour. Si, en outre, A et B ont besoin de la même quantité d'épargne, et que A donne une quantité de produit plus grande que celle que donne B, ce sera le moyen de production A qu'il conviendra d'adopter (1), c'est-à-dire que l'épargne devra s'employer en A plutôt qu'en B. Si B est le procédé dont on avait fait usage jusqu'alors, il faut l'abandonner et le remplacer par A. L'avantage qu'on trouvera à cela, c'est-à-dire le surplus de produit que donne A, représentera le gain que la collectivité obtient en conséquence des deux faits suivants : 1° elle avait de l'épargne disponible ; 2° elle l'a employée en A. Puisque l'épargne appartient à la collectivité, il peut sembler juste que ce gain appartienne aussi à la collectivité. Mais en ce cas, les ouvriers qui travailleront en A ne recevront pas le « produit intégral de leur travail », ils exécuteront un sur-travail et produiront une plus-value, qui ira à la collectivité.

Pour éviter cela, on peut leur distribuer directement le gain que procure l'usage de l'épargne en A plutôt qu'en B. En ce cas, ces ouvriers auront le produit intégral de leur travail ; mais ce sera au dépens des autres membres de la collectivité, lesquels ont épargné sans que la rémunération de leur travail ait augmenté.

Les simplifications que nous venons de faire pour traiter notre problème se présenteront bien rarement en pratique, autant dire jamais. En réalité, les conditions de la production avec B seront entièrement différentes de celles avec A. Un des cas les plus simples est celui où pour B il faut plus d'épargne et moins de travail (2)

(1) C'est en vue de simplifier ainsi le problème, que Marx a imaginé le *temps socialement nécessaire* pour une production. On suppose alors que le moyen de production qu'on doit adopter est déterminé techniquement, et l'on supprime le problème qui consiste à le déterminer économiquement.

(2) Cette locution est impropre, car il faut, en général, différents genres de travail, et on ne peut pas les sommer. Il faudrait dire : une moindre dépense de travail, évaluée en numéraire.

En général, dans ce qui suit, nous acceptons le point de vue

que pour A. Le problème qu'aura à se poser l'Etat socialiste, en ce cas, sera le suivant : « La peine que j'imposerai à mes administrés par ce surplus d'épargne est-elle moindre ou plus grande que le plaisir qui résultera pour eux de la diminution du travail ? »

Cette comparaison a une forme singulière. Il s'agit de comparer une peine prise en une fois à une infinité de petites sommes de plaisir dont nous jouirons jusqu'à un avenir éloigné. Par exemple, l'Etat socialiste dira à ses administrés : « Nous vous proposons d'employer cette année une partie des hommes qui cultivent actuellement des choux à faire un quai dans un port. Il est certain que cette année vous mangerez moins de choux, il vous manquera la quantité qu'auraient produité ces hommes. En compensation, pendant un très grand nombre d'années, vous aurez moins de peine pour débarquer les marchandises qui arrivent dans ce port. Même en tenant compte des réparations du quai, vous trouverez qu'à la fin de l'année vous aurez travaillé moins. Ainsi la collectivité va perdre pendant une année la jouissance que lui procurerait, par exemple, mille kilog. de choux, et elle aura, par compensation, l'avantage de travailler un jour de moins chaque année pendant fort longtemps. Cela vous convient-il, ou ne vous convient-il pas ? Faites votre choix. »

Les administrés seront bien embarrassés. La comparaison qu'on leur demande de faire est d'autant plus difficile que les mangeurs de choux ne sont pas les mêmes personnes dont le travail sera facilité par le nouveau

vulgaire selon lequel on parle de sommes de travail, de plaisir et de peine d'une collectivité. Cela n'est pas rigoureux, car ainsi on somme des quantités hétérogènes. *Cours*, § 642 et suiv. Le raisonnement peut être rendu rigoureux si on introduit les considérations mathématiques de l'équilibre économique.

quai. Il y aurait un moyen de résoudre le problème qui nous occupe, ce serait de constituer en une sorte de société coopérative les personnes qui travailleront moins, grâce au nouveau quai, et de leur dire : « Si on vous fait ce quai, combien, chaque année, donnerez-vous aux mangeurs de choux ? » Alors la comparaison devient relativement facile, car chaque homme n'a plus qu'à comparer les peines et les plaisirs qu'il ressent.

Mais ainsi renaîtra le *capital* S, et les travailleurs du port n'auront pas le « produit intégral de leur travail », ils produiront une plus-value, dont s'engraisseront les mangeurs de choux, ils feront un sur-travail. Cherchons donc autre chose.

Les travailleurs du port ne jouiront pas directement de l'avantage que procure le quai ; ils continueront à travailler comme par le passé, l'avantage du quai sera reporté sur les marchandises débarquées, dont les prix baisseront et tous ceux qui emploient ces marchandises profiteront de la baisse. Ce n'est encore là qu'une demi solution, qui laisse en dehors une partie des mangeurs de choux, c'est-à-dire les personnes qui, même indirectement, ne font pas usage de ces marchandises. Quant à celles qui en tirent parti indirectement, elles seront certes remarquablement intelligentes et savantes si elles parviennent à se rendre compte de l'influence de la baisse des prix de ces marchandises sur leur bien-être. Les poutrelles de fer sont employées pour bâtir les hôtels ; si elles coûtent moins cher, les hôtels coûteront moins aussi, et l'hôtelier vous fera payer moins cher votre chambre. Si il n'y a plus d'hôteliers, ce sera l'État socialiste qui vous fera payer moins cher la chambre. Sachant cela, essayez un peu de calculer l'avantage que vous aurez, au bout de l'année, grâce au fait qu'on a établi dans un port un quai qui facilite le débarquement des poutrelles, et si vous y parvenez vous aurez droit à ce que tout l'univers admire votre science.

Il y aurait un moyen d'éviter ces difficultés. Ne nous embarrassons pas de tous ces comptes. Ne sommes-nous pas tous « solidaires »? A quoi bon rechercher péniblement ce que gagne l'un et ce que perd l'autre? L'État emploiera l'épargne dont il dispose aujourd'hui à faire un quai, demain à faire une digue, après demain un chemin de fer, etc. A la fin, il y aura à peu près compensation entre les personnes qui tirent parti de ces travaux; et si la compensation n'est pas bien exacte, nous sacrifierons la différence sur l'autel de la « solidarité ».

Les personnes qui raisonnent de la sorte ne comprennent pas que le problème principal à résoudre n'est pas celui d'établir cette compensation d'une manière plus ou moins parfaite, mais bien de déterminer quel est l'usage de l'épargne qui est le plus avantageux à la collectivité. Hypnotisées par les considérations de droit et de morale qu'elles ont constamment devant les yeux, elles en sont arrivées à ne plus comprendre qu'il y a en outre un problème économique à résoudre.

Si l'État socialiste fait aujourd'hui un quai, demain une digue, après demain un chemin de fer, etc., comme nous venons de le supposer, il pourrait établir une compensation même parfaite entre les gens qui jouissent de ces travaux, et, malgré cela, tous ces travaux pourraient être moins utiles à la collectivité que d'autres. Si vous donnez à Pierre une grive et à Paul un merle, il y a compensation, vous les traitez à peu près de la même manière, et si tel est votre critérium de « justice sociale », vous pouvez dire que cette justice est satisfaite. Mais elle le serait également si Pierre et Paul recevaient chacun un bœuf, tandis que leur bien-être matériel serait considérablement augmenté. Il est donc bien évident que la condition de la « justice sociale » ne suffit pas seule pour déterminer le phénomène économique ; qu'elle le laisse indéterminé. Observez en outre que si vous donniez une oie à Pierre et un bœuf à Paul, votre « justice sociale » ne serait plus satisfaite, et pourtant le bien-être de Pierre et celui de Paul auraient augmenté, en comparaison de ce qu'ils étaient quand Pierre avait une grive, et Paul un merle.

L'Etat socialiste, qui dispose de toutes les marchandises, de tout le travail, de tous les X (capitaux des économistes), aura à résoudre des problèmes extrêmement compliqués, pour tirer parti de ces choses au mieux des intérêts de ses administrés. Pour mettre un peu d'ordre dans ce chaos, il sera bien obligé, tôt ou tard, de placer au moins quelques étiquettes sur ces choses, pour indiquer celles qui sont plus ou moins précieuses (1). Un tel système d'étiquettes existe actuellement : il est constitué par les prix.

Parmi ces étiquettes, il devra y en avoir une qui indiquera jusqu'à quel point l'usage de l'épargne est précieux. Pour avoir cette indication, il faut au moins tenir compte de deux choses (2) : 1° de la quantité d'épargne existante et des usages qu'on en peut faire ; 2° de la difficulté plus ou moins grande de constituer une nouvelle quantité d'épargne.

Il est clair que dans un pays neuf, où tout est à faire, la même quantité d'épargne est plus précieuse que dans un pays qui a déjà la plus grande partie de son outillage. Une nouvelle invention, qui, pour être mise en œuvre,

(1) Le vague de cette expression dépend de ce que nous tâchons d'expliquer avec le langage vulgaire des propositions qui ne deviennent rigoureuses que grâce à l'usage des mathématiques.

(2) Cette énumération est explicative, non limitative.

demande une grande quantité d'épargne, rend plus précieuse l'épargne existante. Dans un même pays, à égalité de circonstances, l'épargne devient moins précieuse à mesure que sa quantité augmente.

La peine que coûte la formation de la nouvelle épargne dépend des circonstances qui accompagnent cette formation. Supposez, par exemple, une communauté agricole, composée d'hommes à peu près semblables et se livrant aux mêmes travaux. Cette année, la récolte manque ; les membres de la collectivité préféreront travailler plutôt qu'épargner : l'épargne sera fort précieuse par rapport au travail. L'année prochaine la récolte est extrêmement abondante ; les membres de la collectivité épargneront sans peine : l'épargne deviendra moins précieuse par rapport au travail.

Il faut que l'étiquette mise sur l'épargne tienne compte de toutes ces circonstances et de bien d'autres encore. On y inscrira donc certains chiffres qui indiqueront l'évaluation que l'on fait de l'usage de l'épargne. Cette évaluation correspondra à ce que actuellement on appelle *intérêt* de l'épargne (1).

Des étiquettes analogues seront mises sur les autres marchandises, et l'on aboutira ainsi à établir un système de prix.

Si l'on s'imagine parfois pouvoir s'en passer, c'est qu'on simplifie arbitrairement le problème et qu'on arrive ainsi à remplacer les étiquettes quantitatives (prix) par des étiquettes qualitatives. Personne ne suppose qu'on puisse s'en passer entièrement. Quelque organisa-

(1) Nous avons beaucoup simplifié le problème. En réalité, il n'y a pas un seul genre d'épargne, il y en a un grand nombre. Par exemple, il faut distinguer l'épargne qu'on peut employer pendant un laps assez long de temps, de celle qui n'est disponible que pendant un laps assez court de temps.

tion sociale qui existe, on ne prendra pas au hasard de l'or ou du bronze pour la construction des machines à vapeur; l'on n'emploiera pas l'épargne de la société à bâtir des palais au milieu du Sahara. En ces cas extrêmes, une étiquette qualitative suffit, et l'on peut même s'en passer avec un peu de bon sens. Mais les cas intermédiaires sont bien autrement nombreux; et les problèmes que doit résoudre la pratique, bien autrement compliqués. Jamais on ne s'est posé le problème d'employer l'or au lieu de fer pour les rails de chemin de fer; mais on s'est demandé si, au lieu de fer, on devait faire usage d'acier, et de quelles espèces d'acier. On se demande chaque jour s'il convient d'employer l'épargne à la construction de nouveaux chemins de fer, de nouveaux canaux, de nouvelles usines, etc.

Pour répondre à ces questions, il faut, ne fut-ce que comme artifice comptable, avoir un système de prix des marchandises et de l'usage des X (capitaux des économistes). L'État socialiste sera forcément conduit à établir ainsi les comptes de son administration. Ce système de prix est le moyen de résoudre le problème qui consiste à disposer la production économique de manière à obtenir le maximum de bien-être pour la collectivité.

Cette proposition peut être établie plus brièvement, généralement et rigoureusement, grâce aux théories de l'économie politique mathématique. Il faut bien comprendre que les prix n'existent pas seulement parce qu'il y a des contrats de vente et d'achat, ainsi qu'on serait tenté de le croire. Supposons que ces contrats de vente et d'achat soient absolument abolis. Des hommes étant donnés, dont on connait les goûts, on demande comment la collectivité devra organiser la production et la répartition pour qu'il en résulte le maximum de bien-être pour les membres de cette collectivité?

Pour résoudre ce problème, l'économie politique mathématique fournit un système d'équations. Il s'agit de déterminer les inconnues qui se présentent dans ces équations. Or, pour cela, on trouve qu'il est utile de faire usage d'un système d'inconnues auxiliaires, qui ne sont autres que les prix. Ainsi les prix, qui ont une existence propre, lorsque, pour résoudre le problème, on a recours à des contrats, apparaissent ici comme un artifice algébrique pour résoudre un système d'équations.

Comment ces deux choses, en apparence si différentes, peuvent-elles devenir égales ? Y a-t-il simplement une coïncidence fortuite, qui, en ce cas, paraît bien extraordinaire ?

Il n'y a pas de coïncidence fortuite. Les prix des contrats et les inconnues auxiliaires, introduites pour résoudre les équations de l'équilibre, coïncident, parce que le marchandage de la libre concurrence est un moyen de résoudre pratiquement les équations de l'équilibre économique, et que ce moyen est à peu près le même que celui dont on fait usage lorsqu'on a recours aux inconnues auxiliaires (1).

Il y a une analogie remarquable avec la mécanique rationnelle. Si vous demandez les conditions d'équilibre d'un système de points matériels liés entre eux, la mécanique vous fournit un système d'équations qui résolvent le problème. Pour tirer les inconnues de ces équations, il est convenable de faire usage d'un système d'inconnues auxiliaires, qui sont les tensions des liens.

(1) Pour la démonstration de toutes ces propositions, nous sommes obligés de renvoyer au *Cours* et au *Giornale degli economisti*, mars et juin, 1900.

Nous avons établi, dès 1892 (*Giornale degli economisti*, mai), l'analogie des équations de Lagrange pour l'équilibre mécanique (principe des vitesses virtuelles) et des équations de l'équilibre économique.

Or, les prix s'introduisent dans les équations de l'économie politique, précisément de la même manière que les tensions des liens dans les équations de la mécanique rationnelle (1).

La solution du problème économique ne préjuge en rien celle des problèmes juridiques, moraux ou autres que l'on voudra se poser. C'est-à-dire que si, par la solution de ces derniers problèmes, on a réussi à formuler certaines règles pour la répartition, la théorie économique nous enseignera ensuite comment résoudre le problème d'obtenir le maximum de bien-être qui est compatible avec ces règles.

Proudhon a aussi une certaine entité, différente de celles que nous venons de considérer, et à laquelle il donne le nom de capital. Ce système de donner le même nom à des choses différentes est, on le comprend aisément, éminemment propre à éclaircir les idées et à faciliter la recherche de la vérité !

N'ayant, comme nous l'avons déjà dit, aucune intention d'obscurcir, par des amphibologies, les problèmes que nous avons à résoudre, nous sommes contraints de désigner par un nom spécial la chose que Proudhon appelle « capital », nous la désignerons par *capital* P. Ce *capital* P est différent du *capital* S dont nous avons parlé, mais le but dans lequel l'un et l'autre ont été introduits dans la théorie est le même. Il s'agit d'établir une confusion entre les choses nommées *capital* S, ou *capital* P, avec les autres choses que nous avons nommées X (capital des économistes), afin de pouvoir étendre à ces dernières choses les propositions qu'on démontre, ou qu'on suppose pouvoir démontrer plus facilement, pour les premières. Il est bien entendu que nous ne pré-

(1) *Cours*, II, p. 411-412.

tendons nullement que les auteurs qui se livrent à cette opération aient le dessein de tromper ; le plus souvent, comme nous l'avons expliqué dans l'Introduction, ils se trompent eux-mêmes.

Naturellement, Proudhon ne s'exprime pas comme s'il définissait une certaine entité dont il a besoin dans son étude ; il cherche, ainsi que les autres auteurs, ce que c'est que le capital. « Ce n'est pas simplement une accumulation de produits, comme dit Say : — ce n'est pas même encore une accumulation de produits faite en vue d'une reproduction ultérieure, comme le veut Rossi : tout cela ne répond point à la notion du capital. Pour que le capital existe, il faut que le produit ait été, si j'ose ainsi dire, authentiqué par l'échange (1). » Cela est expliqué par un exemple : « Ainsi le cuir, sortant de la boucherie, est le produit du boucher : quand vous en empliriez une halle, ce ne serait jamais que du cuir, ce ne serait point une valeur, je veux dire une valeur *faite ;* ce ne serait point capital, ce serait toujours produit. Ce cuir est-il acheté par le tanneur, aussitôt celui-ci le porte, ou, pour parler plus exactement, en porte la *valeur* à son fonds d'exploitation, dans son avance, conséquemment la répute capitale. Par le travail du tanneur, ce capital redevient produit ; lequel produit, acquis à son tour, à prix convenu par le bottier, passe de nouveau à l'état de capital, pour redevenir encore, par le travail du bottier, produit » (p. 244).

Ce *capital* P diffère donc du X, qui représente une catégorie objective. Proudhon s'explique clairement : « S'il n'existait au monde qu'un seul homme, un travailleur unique, produisant tout pour lui seul, les produits

(1) *Lettre de Proudhon à Bastiat, Œuvres comp. de Bastiat*, V, p. 244-245.

qui sortiraient de ses mains resteraient produits : ils ne deviendraient pas capitaux. Son esprit ne distinguerait point entre ces termes : *produit*, *valeur*, *capital*, *avance*, *reproduction*, *fonds de consommation*, *fonds de roulement*, etc. De telles notions ne naîtraient jamais dans l'esprit d'un solitaire » (p. 245.) Cela est évident quant au « capital », pourvu qu'on remplace ce terme par *capital* P, dont la définition vient d'être donnée. En effet, du moment que le fait de l'échange est, par définition, une des caractéristiques du *capital* P, il en résulte que, puisque là où il n'y a qu'un individu il ne peut y avoir d'échange, il ne peut pas non plus y avoir de *capital* P. Mais il y aura du X (capital des économistes). Cet homme isolé distinguera parfaitement le bois qu'il brûle de celui qu'il emploie pour faire sa grange. Quant à *valeur*, *avance*, *fonds de consommation*, *fonds de roulement*, on peut certainement en changer le sens et y attacher, de par une nouvelle définition, la caractéristique de l'échange, mais si ces termes conservent le sens qu'ils ont ordinairement, il y aura parfaitement des *valeurs* pour l'homme isolé ; celui-ci saura bien que le blé qu'il garde, chaque année pour la semence, est chose bien distincte du blé dont il peut faire du pain, et qu'il constitue un *fonds de roulement*, une *avance*, indispensable pour la culture du blé, et entièrement distinct du *fonds de consommation*.

D'autre part, le *capital* P est différent du *capital* S dont nous avons parlé, car ce dernier a pour caractéristique d'être mis en œuvre par un autre que son propriétaire, tandis que le *capital* P peut appartenir à la personne qui l'emploie. Ce qui importe, c'est qu'il l'ait acheté, s'il l'avait produit lui-même ce ne serait pas du *capital* P.

Il faut ajouter que cette notion, jusqu'à présent très claire, s'obscurcit un peu par la suite. Proudhon dit :

« J'appelle donc capital, *toute valeur faite, en terres, instruments de travail, marchandises, subsistances, ou monnaies, et servant ou étant susceptible de servir à la production* » (p. 247). Par ce qui précède, il semblerait que *valeur faite* doit s'entendre d'une valeur qui a été soumise à l'échange. Mais voilà que Proudhon ajoute : « Dans toute entreprise qui se fonde, l'entrepreneur, qui, au lieu d'argent, engage dans son industrie des instruments ou des matières premières, commence par en faire l'estimation vis-à-vis de lui-même, à ses risques et périls ; et cette estimation, pour ainsi dire unilatérale, constitue son capital ou sa mise de fonds » (p. 247). C'est différent de ce qu'on nous disait tantôt ; on nous parlait alors d'échange effectif, ici l'on ne voit plus qu'une sorte d'échange potentiel, et c'est le fait d'évaluer ou de ne pas évaluer certains objets qui sert de critérium pour les classer ou ne pas les classer parmi les *capitaux* P. Un peu plus loin, Proudhon revient à sa première définition, il se plaint que Bastiat ne l'ait pas comprise. « On appelle *valeur faite*, dans le commerce, une lettre de change, par exemple, ayant une cause réelle, revêtue des formes légales... Par analogie, je dis que des meubles, des souliers, et tous autres produits sont reconnus valeurs faites, non pas lorsque la confection en est achevée... mais après qu'ils ont été appréciés contradictoirement, que la valeur en a été fixée, la livraison effectuée ; et cela encore, seulement pour celui qui les achète... Pour celui-là, dis-je, et pour lui seul, le produit devient valeur faite, en un mot, capital » (p. 302-303).

Il faut noter ce procédé qui consiste à faire flotter un terme entre des définitions différentes, car il est d'usage courant. Quand on s'en sert, on n'est jamais à court : on peut, comme la chauve-souris de la fable, se dire oiseau ou rat, selon les circonstances.

La définition de Proudhon se meut entre deux extrêmes : d'une part, il s'agit d'éviter certaines conséquences, de l'autre, de ne pas perdre de vue le but pour lequel elle a été créée. Ce but est de démontrer que, par une organisation convenable de la circulation, on peut annuler le loyer des X, que l'on confond avec les *capitaux* P ; et c'est de là que vient la nécessité de donner à l'échange un rôle prépondérant parmi les caractéristiques des *capitaux* P.

Pour mettre sous une forme rigoureuse le raisonnement de Proudhon, il faudrait s'exprimer ainsi : Le fait de l'échange transforme un produit en *capital* P, le coût de production, pour l'unité de temps, de ce *capital* P, est égal aux frais pour effectuer cet échange, égal au loyer qu'on paye pour l'usage de ce *capital* P. Or, dans l'état actuel, l'échange s'effectue grâce à l'usage de la monnaie métallique (1), les détenteurs de cette monnaie ont donc seuls le pouvoir de transformer les produits en *capital* P ; pour cela, ils se font payer tribut. C'est ce tribut qui constitue les frais de production du *capital* P, et qui, par conséquent, est l'origine du loyer de ces capitaux. Si nous pouvions remplacer la monnaie métallique par un *médium* dont l'usage fût gratuit, le coût de production (rapporté à l'unité de temps) du *capital* P

(1) *Lettre de Proud. à Bast.*, *Œuvres comp. de Bast.*, V, p. 222-223. « D'où vient... que les maisons se louent, que les terres s'afferment, que les marchandises vendues à terme portent intérêt ? Cela vient précisément de l'usage de l'argent ; de l'argent qui intervient, comme un agent fiscal, dans toutes les transactions ; de l'argent qui empêche les maisons et les terres, au lieu de se louer, de s'échanger, et les marchandises de se placer au comptant. L'argent donc, intervenant partout comme capital supplémentaire, agent de circulation, instrument de garantie, c'est bien lui qu'il s'agit de payer, c'est bien le service qu'il rend, qu'il est question de rémunérer. »

tomberait à zéro et, par conséquent, son loyer aussi serait nul (1).

Cette démonstration est rigoureuse, grâce à la définition qui a été donnée du *capital* P; définition qui, de parti pris, écarte la conception de la différence de prix des biens présents et des biens futurs, et qui fait reposer la notion de *capital* P exclusivement sur le fait de l'échange.

Mais si nous la présentons ainsi, nous n'atteignons pas le but dans lequel nous l'avions établie. D'abord, c'est des *capitaux* P qu'elle traite, tandis qu'en réalité nous visons les X (capitaux des économistes). Le moyen de parer à cet inconvénient a déjà été indiqué : nous établirons une confusion entre les *capitaux* P et les X, en donnant à tous le même nom de « capitaux » ; ainsi les conclusions qui n'étaient valables que pour les premiers seront tout naturellement étendues aux seconds. Ensuite le principal défaut des démonstrations claires et rigoureuses est d'appeler l'attention sur les points faibles que présentent les prémisses. Si nous insistons trop sur le fait de l'échange, la personne que nous voulons convaincre finira par s'apercevoir que le *capital* P est différent des X. Il faut donc, une fois ce point établi par la définition, détourner l'attention des auditeurs par des digressions. C'est ce que fait très habilement Proudhon. Il raconte l'histoire de l'*intérêt*, il recherche son étymologie, il s'en prend à la Banque de France et crie de toutes ses forces : au voleur! Il se livre à des con-

(1) *Loc cit.*, p. 130 : « Si le crédit commercial et hypothécaire, en autres termes, si le capital argent, le capital dont la fonction est exclusivement de circuler était gratuit, le capital maison le deviendrait lui-même bientôt; les maisons ne seraient plus en réalité capital, elles seraient marchandises... » Et p. 170 : « Est-il, oui ou non, possible d'abolir l'intérêt de l'argent, par suite la rente de la terre, le loyer des maisons, le produit des capitaux... »

sidérations morales et politiques. Enfin, il mêle et brouille toutes ces choses. C'est un excellent moyen de polémique, mais aussi un déplorable procédé scientifique.

LES MÉTAUX PRÉCIEUX IDENTIFIÉS A LA RICHESSE. — M. Novicow a donné le nom d'illusion *chrysoédonique* « à l'erreur consistant à considérer l'or comme la source de nos jouissances ou, en d'autres termes, à le confondre avec la richesse (1) ». Cette erreur est des plus anciennes, c'est simplement une métonymie prise à la lettre : on s'exprime en mettant le signe pour la chose signifiée, et l'on finit par prendre ce signe pour cette chose. Un changement semblable dans le sens des termes n'a pas eu lieu seulement pour l'or ou les métaux précieux ; le terme *pecunia* nous reporte à un temps où les troupeaux étaient la richesse principale (2).

Quand on répète l'apostrophe de Virgile :

> *Quid non mortalia pectora cogis,*
> *Auri sacra fames?*

c'est généralement l'avarice qu'on a en vue ; mais il est des gens qui semblent n'en faire qu'une seule et même chose avec la soif de l'or, métal ou monnaie. C'est ce qu'on a répété récemment à propos de la guerre du Transvaal. Or, en fait, les hommes se sont battus de tout

(1) *Les gaspillages des sociétés modernes*, Paris, 1894, p. 67.

(2) M. BRÉAL et A. BAILLY, *Dict. étym. latin.*, s. v. *pecus* : « Les anciens expliquaient *pecunia* par les têtes de bétails qui étaient gravées sur les plus vieilles monnaies. Mais il est probable que *pecunia* a d'abord signifié « richesse en bétail », puis d'une façon générale « richesse ». Par un changement de sens inverse, κτήματα en grec moderne désigne les animaux domestiques, les bêtes de somme. En gothique, le mot correspondant à *pecu* est *faihu*, lequel signifie « bétail » et « propriété » : allemand, *Vieh* « bétail », anglo-saxon *feoh* « bétail, prix, récompense » (de là l'anglais *fee* « gratification) ». Sanscrit *paçu-s* (masculin) et *paçu* (neutre) « bétail ». »

temps pour s'emparer de la richesse, n'importe sous quelle forme elle existait. Des mines de cuivre, d'étain, de houille, etc., ne sont ni moins ni plus précieuses que des mines d'or ou d'argent; sauf naturellement les circonstances qui peuvent influer sur le coût de transport, qui, à valeur égale, est plus élevé pour la houille que pour le cuivre, plus élevé aussi pour le cuivre que pour l'argent, etc. Quand les Boers ont envahi le Transvaal, l'existence des mines d'or n'était pas encore connue. C'est pour s'emparer des terres, c'est-à-dire de la richesse sous une autre de ses formes, qu'ils ont fait la guerre aux Cafres, et en ont tué un grand nombre. En outre, les ayant vaincus, ils les ont réduits en une sorte d'esclavage ; c'est encore de la richessse, sous une de ses formes : celle du travail humain, dont ils s'emparaient. Beaucoup de guerres, au temps de l'antiquité classique, avaient précisément pour but de s'emparer des terres de l'ennemi et de lui enlever le plus grand nombre possible d'hommes et de femmes, pour en faire des esclaves. Les peuples pasteurs se font la guerre pour s'enlever leurs troupeaux. Enfin, tout prouve que c'est la richesse sous toutes ses formes que convoitent les hommes et non sous une de ses formes exclusivement.

Tibulle use d'une licence permise aux poètes, lorsqu'il exclame : « Périsse quiconque recueille la verte émeraude et teint avec la pourpre de Tyr la neige des toisons ; il fait naître l'avarice (1). » Mais le simple bon sens nous avertit que ce sont, au contraire, les goûts et les passions des hommes qui les poussent à rechercher certains objets précieux.

(1) II, 4 :

O pereat, quicumque legit viridesque smaragdos,
Et niveam Tyrio murice tinguit ovem !
Hic dat avaritiae causas.....

La théorie qui identifie l'or à la richesse, comme d'autres théories du même genre, n'est pas exprimée rigoureusement ; la forme la plus nette qu'elle revêt est celle de la *théorie mercantile*, mais en général on se tient beaucoup plus dans le vague ; on fait usage de termes destinés plutôt à faire naître certains sentiments qu'à exprimer un raisonnement tant soit peu logique. Sous ce rapport, c'est dans le paragraphe relatif aux sophismes par associations d'idées que nous aurions dû traiter ce sujet.

La première idée qu'on évoque, lorsqu'on attribue à l'or les maux de la société, est celle dont nous venons de parler, c'est-à-dire l'idée de cupidité et d'avarice. C'est là un exemple remarquable de l'importance absolument insignifiante du raisonnement et de la logique en ces sortes de choses. Il suffirait d'un peu de réflexion, sans la moindre connaissance scientifique, pour repousser cette association d'idées : les littérateurs et les romanciers ayant souvent décrit sous les plus vives couleurs la passion du paysan pour la terre, la cupidité avec laquelle il la désire, l'avarice qu'elle lui inspire. Puis, si l'on se décidait à faire un effort, bien faible en vérité, de raisonnement, on se demanderait si, dans les pays où le papier-monnaie a remplacé l'or, la cupidité et l'avarice ont disparu ; et l'on s'apercevrait alors qu'il est absurde de marier indissolublement les idées de ces passions à celle de l'or.

Vient ensuite l'idée de richesse. L'homme qui a de l'or c'est l'homme qui est riche : c'est « l'homme aux écus » de Marx ; et cette idée entraîne avec elle tout un cortège de conceptions, défavorables à cet homme, favorables aux pauvres qu'il « exploite ». Or, il est vrai que l'homme qui a beaucoup d'or est riche, mais la proposition inverse est fausse ; il n'est pas vrai que l'homme riche est celui qui a beaucoup d'or : qu'il est « l'homme aux écus » ou aux louis d'or. Autrefois c'était l'homme qui avait des troupeaux, des terres (1), aujourd'hui c'est l'homme qui, grâce au mécanisme de crédit, en usage dans nos sociétés, peut disposer d'une grande quantité de biens économiques. Dans les pays où ce mécanisme est le plus perfectionné, comme en Angleterre, l'homme riche n'a qu'une portion insignifiante de sa fortune sous forme de monnaie ; « l'homme aux écus » n'a pas d'écus ! Il pourrait naturellement en avoir, s'il voulait convertir en monnaie métallique les biens économiques qu'il possède ; mais c'est ce qu'il se garde bien de faire (2).

Il y a des gens qui se figurent que quand un individu a déposé une somme à la caisse d'épargne ou dans une banque, cette somme y demeure sous forme de monnaie métallique. De temps à autre, des journaux citent le chiffre élevé qu'atteignent les dépôts en compte courant dans les banques, et se lamentent sur ce que cette somme « dorme et demeure stérile » dans les caisses des banques (3).

La conception de l'homme qui a de l'or se rattache

(1) Cic., *De rep.*, II, 9, 16 : *Tum res erat in pecore et locorum possessionibus, ex quo pecuniosi et locupletes vocabantur.*

(2) La masse de monnaie qui circule dans un pays n'est qu'une petite fraction de la richesse de ce pays. Voir, au chap. XIV, un exemple.

(3) Voici une des plus récentes statistiques des *Joint-Stock Banks.*

Au 30 juin 1901, ces banques avaient :

	milliers de livres sterling
En caisse	59 870
Dépôts à intérêt et en compte-courant	383 638

Ainsi l'encaisse n'est qu'une fraction entre 1/6 et 1/7 du total des dépôts.

souvent à celle du « spéculateur ». On n'a pas une idée très nette de ce qu'est précisément ce monstre étrange ; une chose seule est certaine : c'est un être pervers et abominable que tout le monde devrait pourchasser et détruire : il serait bon de payer une prime pour sa destruction, comme pour celle des vipères. Mais puisque malheureusement le « progrès » n'est pas encore arrivé jusque-là, il faut au moins lui rendre la vie dure et le traiter à peu près comme on traitait les juifs au Moyen Age. Là-dessus apparaissent, plus ou moins vaguement, pour former le fond du tableau, tous les préjugés contre l'intérêt du capital, la richesse qui n'est pas acquise par « le travail », « l'exploitation » des travailleurs, etc.

En outre, il y a une tendance à considérer le travail qui a pour but la production de l'or, comme étant d'une qualité inférieure. L'homme qui produit de l'or se met au service des passions honteuses de ses semblables, il ne produit rien d'utile, de nécessaire à la vie ; le travail de l'agriculteur, auquel nous devons nos aliments, est évidemment d'une nature plus relevée. A propos de mines d'or, nous avons lu cette phrase : « Les besoins de l'homme le poussent à cultiver la terre ; ses vices, à exploiter les mines. »

On aboutit ainsi à une conclusion opposée à celle qui affirmait que l'or était la seule richesse : maintenant il est considéré comme chose entièrement vaine et inutile. Ces propositions bien qu'étant contradictoires subsistent ensemble et sont énoncées avec une égale assurance par les mêmes personnes. Ce n'est d'ailleurs pas là un fait isolé ; dans la logique des « foules » deux propositions contradictoires peuvent être vraies ensemble.

On est surpris de voir qu'Aristote tombe en une

erreur qui a quelques points de commun avec celle que nous venons de mentionner ; et c'est là une bonne preuve que les qualités les plus éminentes de l'esprit, le génie même, ne saurait suppléer l'étude systématique d'une science. C'est ainsi qu'actuellement des personnes fort intelligentes se font remarquer par l'absurdité des propositions qu'elles affirment en économie politique. Aristote ne pouvait étudier cette science, qui de son temps n'existait pas ; mais nos contemporains pourraient en prendre connaissance, avant de trancher les questions qu'elle traite.

Il y a contradiction entre le § 14 et le § 16, liv. I, chap. III, de la *Politique*, Dans le premier paragraphe la monnaie est représentée comme une chose utile par elle-même (1), dans le second comme une chose absolument vaine. « En effet — dit Aristote — un homme, malgré tout son argent, ne pourra-t-il pas manquer des objets de première nécessité? Et n'est-ce pas une plaisante richesse que celle dont l'abondance n'empêche pas de mourir de faim? C'est comme ce Midas de la mythologie, dont le vœu cupide faisait changer en or tous les mets de sa table (2). »

La contradiction qui se trouve chez Aristote provient de ce que la monnaie joue effectivement deux rôles dans le phénomène économique (3), et peut-être le génie d'Aristote lui a fait vaguement deviner ce que la science économique n'a établi que bien plus tard ; et il n'a pas songé à faire disparaître la contradiction qui résultait de la manière dont il expose les deux points de

(1) Coraï introduit dans le texte une négation qui change le sens de la phrase et fait disparaître la contradiction. Mais cette correction est arbitraire et ne semble pas pouvoir être admise.

(2) Trad. de Barthélemy-Saint-Hilaire.

(3) *Cours*, § 276.

vue. Il faut d'ailleurs noter qu'il est exact, ainsi que l'affirme Aristote au § 14, que la monnaie est chose utile par elle-même, c'est-à-dire est une marchandise qui sert à faciliter les échanges. Et il est aussi, exact, ainsi que l'affirme Aristote au § 16, que c'est une erreur de placer l'opulence dans l'abondance de l'argent. C'est la démonstration de cette seconde proposition qui est erronée, et d'où naît la contradiction avec la première proposition. L'opulence ne consiste pas dans l'abondance d'une seule marchandise et le défaut des autres. Midas mourrait de faim parce qu'il changeait tout en or, mais il serait mort également de faim s'il avait tout changé en vin. Dans nos sociétés, un homme qui possède du vin en abondance se procure tous les autres biens qu'il désire, grâce à l'échange, sans que la loi ait le moins du monde donné au vin le caractère de monnaie. De même cet homme, s'il n'avait que de l'or, pourrait se procurer d'autres biens, en les obtenant des hommes qui aiment à se parer d'objets d'or, et cela sans que la loi intervint pour donner le caractère de monnaie à l'or.

En réalité, la monnaie métallique n'est pas la richesse, mais seulement une petite partie de la richesse. Elle n'est pas tout, mais elle n'est pas non plus rien dans le phénomène économique ; elle y joue un rôle assez important, en facilitant la production et la distribution des biens. N'en déplaise à messieurs les « éthiques », l'homme qui extrait l'or de la terre, celui qui travaille à préparer le papier dont sont fait les *chèques*, celui qui construit une locomotive, une ligne télégraphique, un bureau de poste, un bateau à vapeur, etc., coopèrent tous, sans s'en douter, à nous procurer notre pain quotidien et à satisfaire aussi bien les besoins les plus urgents que ceux qui le sont moins.

La science économique nous explique comment cela a lieu, de la même manière qu'une autre science nous explique que ce que nous croyons être le lever et le coucher du soleil et des étoiles n'est qu'une illusion, et qu'il n'est pas vrai du tout que le soleil se plonge tous les soirs dans l'Océan.

D'autres erreurs sont plus subtiles, ont au moins quelque apparence de raison. En parlant de la monnaie, nous faisons penser, par association d'idées, à l'organisation économique chez laquelle apparait la monnaie : à « l'économie monétaire ». Cette économie monétaire est tenue responsable des maux de la société, c'est elle qui a séparé le travailleur des moyens de production, et qui a permis au capitaliste de l'exploiter.

Ici il y a quelque chose sous les mots. Il est incontestable, en effet, que les phénomènes qui s'observent dans une société où règne l'économie monétaire sont différents de ceux qui s'observent dans une autre société. Reste à savoir en quels rapports se trouvent ces phénomènes avec l'économie monétaire, et si ce rapport est celui des effets à leur cause.

Il y a encore autre chose. Deux séries de faits se trouvent être concomitants : la division du travail et l'usage étendu de la monnaie ; et, par là, cet usage se trouve réellement en rapport avec les faits qui séparent le travailleur de ses moyens de production, et qui font apparaître le « capitaliste » (1). L'erreur consiste à supposer que la cause de ces phénomènes est l'économie monétaire, tandis que s'il y avait réellement une cause (en réalité c'est d'un rapport de mutuelle dépendance qu'il s'agit), c'est plutôt dans le régime de la division du travail, ou, si l'on veut remonter plus haut, dans le ré-

(1) C'est du *Capital* S qu'il s'agit ici.

gime de la propriété privée, qu'il faudrait la chercher.

La division du travail peut, il est vrai, se concevoir même avec une organisation dans laquelle le travailleur ne serait pas séparé des moyens de production. Un paysan ne produit que du blé sur sa terre, un autre ne produit que de la laine ; ils échangent leurs produits ; la division du travail existe sans que le travailleur ait été séparé des moyens de production. Observons en passant que cela prouverait que ce n'est pas l'économie monétaire qui est la « cause » de cette séparation, puisque dans l'état que nous venons de supposer la monnaie pourrait être en usage pour faciliter les échanges.

En y réfléchissant un peu, on s'aperçoit que nous avons donné un sens beaucoup trop restreint au terme : division du travail. La société est constituée d'éléments hétérogènes, et la division du travail consiste à employer ces éléments, dans la production, chacun à la place qu'il peut mieux remplir. Or la moindre observation enseigne que tous les hommes n'ont pas les mêmes facultés pour épargner, on voit dans la société des avares, des prodigues, et entre ces deux extrêmes se trouvent tous les degrés intermédiaires. Sous un régime de propriété privée, il arrivera souvent que l'homme le plus capable de mettre en œuvre l'épargne ne sera pas l'homme le plus capable de la constituer. La division du travail fera occuper à chacun de ces hommes la place qui est la plus convenable pour la production. De même tous les hommes n'ont pas, à un égal degré, les qualités nécessaires pour bien diriger une entreprise. Sous un régime de propriété privée, il peut arriver, et les faits prouvent qu'il arrive souvent, que l'homme qui possède une grande quantité de moyens de production n'est pas l'homme le plus capable de les mettre en œuvre, et vice versa. Dans ces circonstances, il y a avantage réciproque pour l'individu qui est riche et n'a qu'une médiocre capacité de direction, et pour l'individu qui est pauvre mais qui possède cette capacité, à se séparer chacun des moyens de production qu'il possède ; et il y a aussi avantage pour la société en général, car la production augmente. La *capitaliste* S, le fermier, l'entrepreneur, le travailleur, apparaissent. Il y a ainsi une infinité de différences entre les capacités des hommes ; et ces capacités ne correspondant pas et ne pouvant correspondre, sous un régime de propriété privée, à la distribution des biens économiques, il est nécessaire, pour tirer de ceux-ci le meilleur parti possible, de séparer, dans la production, l'homme des biens qu'il possède. En outre, il est bien connu que la production de la plupart des marchandises devient plus facile et moins coûteuse lorsque cette production est concentrée dans un certain nombre d'entreprises (1) ; de là une nouvelle et très puissante cause de séparation de l'homme des biens qu'il possède en propre. Or à mesure que la division du travail sépare ainsi les productions et les concentre en des centres divers, il faut que parallèlement se développent les moyens de distribution des capitaux et des produits, c'est ainsi que les moyens de transport : routes, canaux, navires, etc., acquièrent une grande importance, que naissent des mécanismes de distribution tels que les différentes sociétés industrielles et commerciales, et que l'usage de la monnaie s'étend. Mais la monnaie métallique est un moyen coûteux pour effectuer la distribution des biens économiques ; aussi les peuples les plus civilisés l'ont-ils remplacée, en grande partie, par d'autres moyens beaucoup

(1) Il ne faut pourtant pas croire que cette concentration soit indéfiniment avantageuse. Il y a, en général, pour chaque genre d'entreprise, un certain point qui correspond au maximum d'avantage de la concentration. *Cours*, § 719.

plus économiques, tels que les virements chez les banquiers, les chèques, etc., la monnaie métallique n'agissant plus que pour l'assurance des transactions et la régularisation de la circulation.

Si l'on veut conserver les avantages de la division du travail et éviter qu'un homme fasse usage de moyens de production qui appartiennent à un autre homme (c'est-à-dire supprimer le *capital* S), on se pose un problème dont une solution pourrait être l'extension des sociétés coopératives à toute la production, ou bien l'établissement de la propriété collective des moyens de production : leur « socialisation ». Ces organisations peuvent parfaitement subsister avec une « économie monétaire » ; et même jusqu'à présent, on n'a pas trouvé des mécanismes de distribution qui, d'une manière ou d'une autre, ne fassent aucun usage de quelque genre de monnaie. La propriété collective des moyens de production pourrait coexister avec la division du travail. Quant à l'épargne, il serait seulement défendu aux épargneurs de faire directement usage de l'épargne dans la production, ils devraient la prêter à l'État. Ils se trouveraient dans une situation analogue à celle des producteurs de marchandises soumises à des monopoles. Par exemple, en certains pays, on vous permet de cultiver le tabac, mais vous devez vendre votre récolte au gouvernement.

Il est bon d'observer que ni les sociétés coopératives, ni la *socialisation* des moyens de production n'effacent la séparation de l'homme des moyens de production qu'il emploie. C'est jouer sur les mots que de vouloir identifier une part de propriété collective à une propriété privée. Un individu qui achète une action de chemin de fer, devient un des propriétaires collectifs de ce chemin de fer, mais cette propriété ne lui inspire certes pas les sentiments que lui inspire la propriété du champ qu'il possède en propre ; et elle ne le garantit nullement des tracasseries et même des injustices des personnes qui administrent le chemin de fer. Il y a des actionnaires de banques qui, pour leurs affaires, se servent d'une banque dont ils n'ont pas d'actions, parce qu'ils ne s'entendent pas avec la direction de celle dans laquelle ils sont intéressés.

Toutes ces questions doivent être étudiées séparément et leur solution est loin de dépendre exclusivement de l'existence de l'économie monétaire.

De nombreuses erreurs qui se rapportent à l'intérêt et à la circulation pourraient se déduire logiquement des conceptions erronées, dont nous avons parlé, sur la nature de la monnaie. Nous exprimons une simple possibilité logique de ces déductions, parce qu'en réalité ces erreurs ont souvent une existence indépendante, et elles répondent plutôt à un besoin du sentiment qu'à un besoin de la raison.

Si la monnaie est la richesse, la monnaie étant de sa nature une matière inerte et stérile, l'intérêt ne représente qu'une spoliation légale qui ne repose sur aucun rapport objectif économique. *Nummus non parit nummos.* « Ne cherche pas un produit du cuivre et de l'or, matières infécondes », dit saint Grégoire de Nysse (1). Cette conception n'est pas toujours aussi clairement exprimée, peu à peu elle se voile, et, chez Marx, elle n'apparaît plus que dans le fond du tableau, évoquée par simple association d'idées, suggérée mais non exposée. On pourrait faire une curieuse étude à ce sujet, en recherchant, pour chaque théorie de l'intérêt, l'influence qu'a pu avoir cette conception.

La monnaie est la richesse, mais d'autre part, quand

(1) *Cours*, § 430, note.

elle circule, la monnaie n'est pas consommée ; sauf une usure assez légère, elle se conserve toujours dans le même état. C'est donc uniquement par la « circulation » que la richesse nous est utile. Cette conception a une interprétation scientifique et une interprétation vulgaire. L'interprétation scientifique se trouve chez plusieurs auteurs, ayant quelque teinture d'économie politique ; sa forme la plus parfaite est peut-être celle que lui a donnée Proudhon, qui a su la développer en des sophismes vraiment ingénieux et subtils, et dont nous verrons plus loin des exemples.

Sous sa forme vulgaire, elle a fourni à Bastiat le sujet d'un de ses pamphlets (1). Il l'exprime ainsi : « Thésauriser, c'est dessécher les veines du peuple. — Le luxe des grands fait l'aisance des petits. — Les prodigues se ruinent, mais ils enrichissent l'Etat. — C'est sur le superflu du riche que germe le pain du pauvre. » Sous une forme semblable, on l'a vu apparaître dans les plaidoiries d'avocats défendant de généreux prodigues, probablement en vertu de l'axiome que l'avocat doit donner, en faveur de son client, aussi bien les mauvaises raisons que les bonnes. On l'a vue aussi récemment dans un arrêt rendu par un magistrat (2), dont les con-

(1) *Sophismes Economiques ; Epargne et Luxe.*

(2) Le président du tribunal de Château-Thierry, abrogeant de sa seule autorité les dispositions du code qui donnent un conseil judiciaire au prodigue, émaillait son arrêt des considérants suivants : « Attendu que dans l'intérêt du bien-être général, il importe que les capitaux, surtout lorsqu'ils sont considérables, ne restent pas concentrés et immobilisés dans les mêmes mains, et soient, au contraire, mis en rapide circulation. Que c'est actuellement le seul moyen de faire participer le plus grand nombre à la fortune publique et de faciliter le retour à la masse de ce qui, depuis une ou plusieurs générations, en était sorti au profit d'un seul. Qu'un conseil judiciaire se comprendrait bien mieux pour l'avare qui, se privant sordidement de tout, frustre

naissances en science économique paraissent être aussi étendues que remarquables.

La diffusion de cette erreur est une nouvelle preuve du peu de part qu'a la raison dans la formation des opinions des hommes. En laissant de côté des cas étrangers à la question, comme celui d'un avocat qui a recours à des sophismes pour défendre un généreux client, et en nous bornant à l'examen de la valeur logique et expérimentale que peut intrinsèquement avoir cette opinion, la moindre réflexion suffit pour en faire voir l'erreur. Si les hommes avaient toujours consommé, pour leurs besoins ou leurs plaisirs, la totalité des biens économiques qu'ils produisaient, il n'y aurait jamais eu de civilisation et les hommes vivraient dans un état qui ne serait guère supérieur à celui des animaux sauvages. Le

ainsi, chose bien plus grave, la collectivité humaine du bien-être que, pour certains de ses membres, vivant de leur travail ou de leur industrie, elle est, par la force des choses, en droit d'attendre d'une circulation au moins normale des capitaux, etc. »

Quand un « avare » emploie ses « capitaux » à faire construire un chemin de fer, creuser un canal, établir une usine, etc., en souscrivant des actions de ces entreprises, ou quand il emploie ses « capitaux » en améliorations agricoles, ou qu'il les prête à l'Etat, il paraît que ces « capitaux » ne circulent pas. Pour qu'ils « circulent » il est indispensable de les dépenser à faire la fête.

Les *Débats* du 21 septembre 1901 plaisantent agréablement cette nouvelle jurisprudence, qui aboutit à donner un conseil judiciaire à l'avare, et c'est peut-être la seule manière dont on puisse en parler. Le conseil de l'avare « devra, par les moyens les plus sûrs et les plus énergiques, mettre son client en état de dépenser ses revenus d'abord, et bientôt son capital... Il lui communiquera l'habitude et le goût du jeu ; il l'introduira dans les principaux tripots de la capitale... Il s'occupera enfin, et ce ne sont point les moins délicates de ses occupations, de découvrir parmi les aimables personnes pour qui sont faits les belles robes et les beaux bijoux, celles qui ont fait preuve de la plus grande aptitude à dissiper les trésors de l'avare au gré de leurs caprices... »

défrichement et la culture des terres, la fabrication des armes et des outils, la production des navires et de ce qui est nécessaire pour la navigation, même la domestication des animaux, supposent la formation et l'existence de l'épargne. A mesure que la civilisation progresse, la quantité d'épargne qu'elle doit mettre en œuvre augmente, et les deux choses nous apparaissent comme indissolublement liées. Sans épargne, en grande quantité, les peuples modernes n'auraient pu avoir leurs routes, leurs canaux, leurs chemins de fer, leurs navires, leurs usines, et leurs terres drainées, amendées, améliorées de toutes façons.

Ce qui peut, jusqu'à un certain point excuser, dans les temps passés, l'erreur relative à la circulation de la monnaie, c'est qu'autrefois il y avait des avares qui thésaurisaient les métaux précieux. Alors, en effet, quand il y a des gens qui thésaurisent, non seulement d'ailleurs des métaux précieux mais des biens économiques quelconques, ces gens, et avec eux la société, perdent le produit que pourraient fournir ces biens économiques employés dans la production.

Mais à notre époque et chez les peuples civilisés, grâce à la sécurité de la propriété, la thésaurisation des particuliers n'existe plus ou n'est qu'une exception sans importance; et pour s'imaginer que, de nos jours, les avares, ou les gens riches en général, accumulent de l'or ou une monnaie quelconque et les soustrayent à la circulation, il faut ne pas avoir la moindre, la plus lointaine notion des phénomènes économiques, et en parler à peu près comme un aveugle parle des couleurs.

TABLE DES MATIÈRES

CHAPITRE PREMIER

PRINCIPES GÉNÉRAUX DE L'ORGANISATION SOCIALE

CHAPITRE II

LES SYSTÈMES SOCIALISTES EN GÉNÉRAL

CHAPITRE III

SYSTÈMES RÉELS

CHAPITRE IV

SYSTÈMES RÉELS

(*Suite*).

CHAPITRE V

LES SYSTÈMES RELIGIEUX

CHAPITRE VI

LES SYSTÈMES THÉORIQUES

CHAPITRE VII

LES SYSTÈMES THÉORIQUES

(*Suite*).

FIN DU TOME PREMIER

IMPRIMERIE BUSSIÈRE. — SAINT-AMAND (CHER)

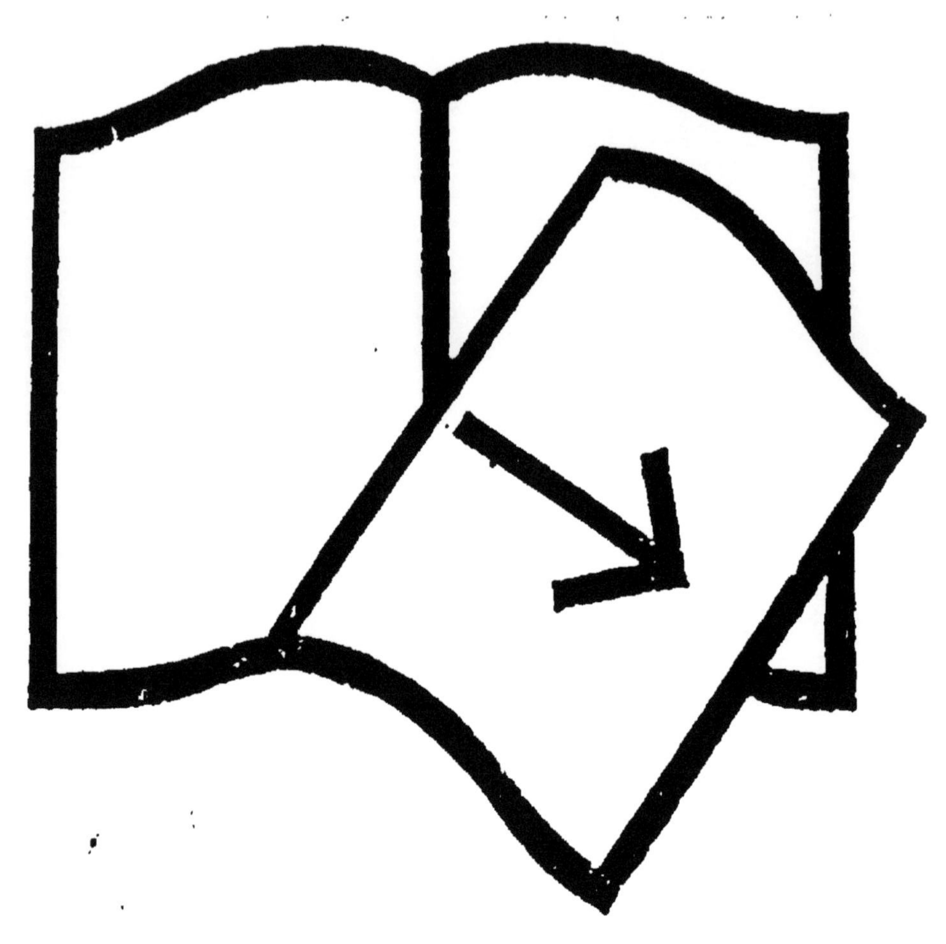

Documents manquants (pages, cahiers...)

NF Z 43-120-13

www.ingramcontent.com/pod-product-compliance
Ingram Content Group UK Ltd.
Pitfield, Milton Keynes, MK11 3LW, UK
UKHW012149240726
13966UKWH00001B/213